Linguagens e práticas
da cidadania no século XIX

PROPONENTE E COORDENADOR ACADÊMICO DO CEO/PRONEX
José Murilo de Carvalho

COORDENADORA EXECUTIVA DO CEO/PRONEX
Gladys Sabina Ribeiro

COMISSÃO EDITORIAL
Lúcia Maria Paschoal Guimarães;
Lúcia Maria Bastos Pereira das Neves;
Manoel Luiz Lima Salgado Guimarães (in memorian);
Alexandre Mansur Barata;
Ivan de Andrade Vellasco;
Adriana Pereira Campos.

APOIO TÉCNICO
Márcia Azevedo

PESQUISADORES DO CEO/PRONEX
Adriana Pereira Campos – UFES
Alexandre Mansur Barata – UFJF
Álvaro Pereira Nascimento – UFRRJ
Anita Correia Lima de Almeida – UNIRIO
Carlos Gabriel Guimarães – UFF
Gladys Sabina Ribeiro – UFF
Ivan de Andrade Vellasco – UFSJ
José Murilo de Carvalho – UFRJ
Keila Grinberg – UNIRIO
Lucia Maria Bastos Pereira das Neves – UERJ
Lucia Maria Paschoal Guimarães – UERJ
Manoel Luiz Lima Salgado Guimarães (in memorian) – UFRJ
Marcello Otávio Néri de Campos Basile – UFRRJ
Marco Morel – UERJ
Mariza de Carvalho Soares – UFF
Martha Abreu – UFF
Ricardo Salles – UNIRIO
Silvana Mota Barbosa – UFJF
Tania Maria Tavares Bessone da Cruz Ferreira – UERJ
Valdei Lopes de Araújo – UFOP
Vitor Izecksohn – UFRJ

Linguagens e práticas
da cidadania no século XIX

Gladys Sabina Ribeiro
Tânia Maria Tavares Bessone da Cruz Ferreira
(orgs.)

Copyright© 2010 Gladys Sabina Ribeiro e Tânia Maria Tavares Bessone da Cruz Ferreira

Publishers: Joana Monteleone/ Haroldo Ceravolo Sereza/ Roberto Cosso
Edição: Joana Monteleone
Editor assistente: Vitor Rodrigo Donofrio Arruda
Revisão: Íris de Morais Araújo
Projeto grafico, capa e diagramação: Sami Reininger

Imagem da capa: *Rua Direita* (Rue Droite) de Johann Mortiz Rugendas

CIP-BRASIL. CATALOGAÇÃO-NA-FONTE
SINDICATO NACIONAL DOS EDITORES DE LIVROS, RJ

L727

LINGUAGENS E PRÁTICAS DA CIDADANIA NO SÉCULO XIX
Gladys Sabina Ribeiro/ Tânia Maria Tavares Bessone da Cruz Ferreira (orgs.)
São Paulo: Alameda, 2010.
370p.

Inclui bibliografia
ISBN 978-85-7939-054-8

1. Cidadania – Brasil – História. 2. Brasil – História – Império, 1822-1889. 3. Imprensa – Brasil – História. 4. Imprensa e política – Brasil. I. Ribeiro, Gladys Sabina, 1958-. II. Ferreira, Tania Maria Bessone da C. (Tania Maria Bessone da Cruz), 1949-

10-4521.   CDD: 981.04
           CDU: 94(81)"1822/1889"

021497

ALAMEDA CASA EDITORIAL
Rua Conselheiro Ramalho, 694, Bela Vista
CEP: 01325-000 – São Paulo – SP
Tel. (11) 3012-2400
www.alamedaeditorial.com.br

Sumário

Apresentação ... 7

Parte I – A construção da cidadania através dos impressos ... 9

Capítulo 1 – O debate sobre os direitos do cidadão na imprensa da Independência ... 11
Isabel Lustosa

Capítulo 2 – Ilusões Acalentadas: Miguel Antônio de Melo e seu Projeto de uma Lei Fundamental para Portugal em 1827/1828 ... 25
Guilherme Paulo Pereira das Neves

Capítulo 3 – Retórica e convencimento no Primeiro Reinado: a política como prática cidadã no Parlamento ... 45
Aline Pinto Pereira

Capítulo 4 – A cidadania no final do primeiro reinado (1830): Lopes Gama e as instituições representativas ... 79
Ariel Feldman

Capítulo 5 – A radicalidade dos exaltados em questão: jornais e panfletos no período de 1831 a 1834 ... 75
Gladys Sabina Ribeiro

Parte II – Processos políticos e cidadania nas Províncias ... 107

Capítulo 1 – O Maranhão e a transição constitucional no mundo luso-brasileiro (1821-1825) ... 109
Marcelo Cheche Galves

Capítulo 2 – A conjuntura política da Bahia após a Sabinada: a imprensa e a proposta de retorno ao absolutismo ... 135
Dilton Oliveira de Araújo

Capítulo 3 – Cidadania, trabalho, voto e antilusitanismo no Recife na década de 1860: os meetings no bairro popular de São José ... 153
Suzana Cavani Rosas

Capítulo 4 – L'Amazzonia è nostra. Emigração e interesses comerciais nos vapores da linha Gênova-Belém-Manaus (1897-1906)   177
Paulo César Gonçalves

Capítulo 5 – Contribuição para o estudo da imprensa federalista e republicana no Império do Brasil: Rio de Janeiro, Pernambuco e Bahia (1820-1840)   203
Silvia Carla Pereira de Brito Fonseca

PARTE III – IMPRESSOS, CORRESPONDÊNCIA E POLÍTICA NA CONSTRUÇÃO DA CIDADANIA   229

Capítulo 1 – Folhinhas e Almanaques: História e Política no Império do Brasil (1824-1836)   231
Lúcia Maria Bastos Pereira das Neves

Capítulo 2 – Família e política nas Regências: possibilidades interpretativas das cartas pessoais de Evaristo da Veiga (1836-1837)   247
Marcos Ferreira de Andrade

Capítulo 3 – Estratégias de cidadania e de sociabilidade no Oitocentos através das cartas de um comerciante português.   273
Raimundo César de Oliveira Mattos

Capítulo 4 – Encontros e desencontros em José do Patrocínio: a luta contra a indenização aos "Republicanos de 14 de maio"   295
Humberto Fernandes Machado

Capítulo 5 – Reverenciando as letras: espaços de consagração e construção da cidadania   321
Tânia Maria Tavares Bessone da Cruz Ferreira

Capítulo 6 – A quimera da Atlantida e a luso-brasilidade (1915-1921)   339
Lúcia Maria Paschoal Guimarães

Notas Bibliográficas   365

Apresentação

Este livro recolhe algumas apresentações do Simpósio Temático número 27, intitulado "Linguagens e práticas da cidadania", que aconteceu no xxV Seminário Nacional de História – História e Ética, em Fortaleza, de 12 a 17 de julho de 2009. Esse simpósio, em âmbito nacional, dá continuidade às reflexões iniciadas no Seminário "Linguagens políticas da cidadania", realizado na ANPUH regional de 2008, em Seropédica, no Rio de Janeiro, e coordenado pelas professoras Lúcia Maria Paschoal Guimarães e Lúcia Bastos Pereira das Neves. Cumpre também os objetivos maiores do projeto de PRONEX "Dimensões da cidadania no século xix",[1] cujo proponente e coordenador acadêmico é o professor José Murilo de Carvalho. Procura, desta forma, conjugar os objetivos presentes nos projetos integrados que estão no Centro de Estudos do Oitocentos (UFF) e no Núcleo de Redes de Poder e Relações Culturais (UERJ).

Ao visar ampliar, nuclear e renovar as reflexões sobre as dimensões da cidadania no que se refere aos temas, propostas metodológicas e abordagens teóricas, tem por objetivo maior compreender as particularidades do longo caminho percorrido pelo fenômeno da cidadania até o que se convencionou chamar de cidadania plena.[2]

Os artigos pretendem dar ênfase aos valores e práticas sociais definidoras da esfera pública; privilegiar os processos de participação política, como o exercício do direito de

---

1 CARVALHO, José Murilo de. Projeto de PRONEX (Edital 2006) "Dimensões da cidadania no século xix". Rio de Janeiro: Faperj, 2006.

2 CARVALHO, José Murilo de. *Cidadania no Brasil: o longo caminho.* Rio de Janeiro: Civilização Brasileira, 2001.

representar e de se fazer representar junto ao governo, e ressaltar a constituição de direitos a partir das vivências dos indivíduos no cotidiano, na imprensa e nos movimentos populares. Procurou-se contemplar as distintas realidades das províncias brasileiras do Oitocentos.

O livro foi imaginado dentro de três divisões temáticas. A primeira parte cuida da construção da cidadania através dos impressos. A segunda aborda os processos políticos e a cidadania nas províncias, e, finalmente, a terceira os impressos e a correspondência na construção política da cidadania.

Estão, assim, presentes nesta obra pesquisadores e estudiosos que trabalham com a temática da cidadania e que participam de diferentes instituições, sejam elas pós-graduações, universidades ou institutos de pesquisa.

Rio de Janeiro, 4 de junho de 2010.
Gladys Sabina Ribeiro
Tânia Maria Tavares Bessone da Cruz Ferreira

Parte I
A construção da cidadania através dos impressos

Capítulo 1
O debate sobre os direitos do cidadão na imprensa da Independência

Isabel Lustosa

Um dos temas com que trabalhei em minha tese de doutorado, "Insultos impressos: a guerra dos jornalistas na Independência (1821-1823)", defendida no IUPERJ, em 1997, foi a participação dos mais variados atores no debate que animou a imprensa que fez a Independência e de como o caráter inicialmente pedagógico de nossos primeiros jornais – todos preocupados em preparar o povo para a nova era que ali se iniciava – foi sendo desvirtuado pelo próprio fazer da política.

Creio que outra contribuição importante de *Insultos impressos* foi recuperar a linguagem que se falava no Brasil daquele tempo, refutando a ideia de que apenas a linguagem erudita do começo do Novecentos nos chegou através dos impressos. A liberação da imprensa possibilitara a escritores e leitores brasileiros a abertura para uma multiplicidade de ideias e atitudes, e fez com que gente das mais diversas origens e formações aproveitasse a porta aberta pela imprensa para se lançar na vida pública. No calor das discussões, cada vez mais intensas, o recurso a formas de expressão oral da língua portuguesa era recorrente. Assim, aforismos, expressões populares, até mesmo chulas, que eram elementos da linguagem popular do Brasil do começo do século XIX foram conservados nas páginas desses jornais, nos proporcionando a possibilidade de identificar muitas permanências, falares que chegaram aos nossos dias.

O Correio do Rio de Janeiro e seus leitores

Esse estilo de escrever mais coloquial vai ser especialmente adotado pela imprensa produzida pelo grupo que Lúcia Bastos classificou de elite brasiliense em oposição à elite coimbrã.[1] O líder mais representativo da elite brasiliense foi Joaquim Gonçalves Ledo e a maior parte de seus seguidores e aliados estavam vinculados à Maçonaria de orientação francesa. Sendo um grupo mais permeável à participação de elementos de extração mais popular, o grupo de Ledo atraiu gente como João Soares Lisboa, editor do *Correio do Rio de Janeiro*. O estilo jornalístico de Soares Lisboa se revela desde o primeiro número onde, tal como faziam seus colegas, ao apresentar o jornal se compromete a inserir toda a correspondência recebida desde que não encerrem "diatribes e sarcasmos". Ele conclui esse editorial dizendo: "não prostituiremos a nossa folha a semelhante linguagem: argumentar é próprio do homem livre, bem educado; atacar é próprio de quem não teve educação, nem adquiriu sentimentos de honra."

O jornal de Soares Lisboa teve decisiva importância para os acontecimentos de 1822 e foi, sem sombra de dúvida, a folha mais claramente radical do Rio, alinhando-se com as posições que depois seriam defendidas por Cipriano Barata e Frei Caneca em Pernambuco.[2] Lançado em abril de 1822, o *Correio* foi o que primeiro pediu a criação de uma Assembleia Constituinte no Brasil e esteve à frente dos acontecimentos que resultaram na Aclamação de D. Pedro como Imperador do Brasil, a 12 de outubro daquele ano. Soares Lisboa também publicou inúmeros editoriais insistindo para que fosse incluída a cláusula do juramento prévio do Imperador à Constituição que a Assembleia iria fazer e combateu o direito de veto do Imperador às leis que a mesma Assembleia fizesse.[3]

---

[1] NEVES, Lúcia Maria Bastos Pereira das. *Corcundas, constitucionais e pés-de-chumbo – a cultura política da Independência – 1820-1822*. Rio de Janeiro: Faperj: Revan, 2003, p. 51.

[2] Apesar da inteligente análise do discurso do jornalista produzida por Gladys Sabina Ribeiro (v. RIBEIRO, Gladys Sabina. "Nação e cidadania nos jornais cariocas da Independência: o *Correio do Rio de Janeiro* como estudo de caso". In: CARVALHO, José Murilo de, e PEREIRA DAS NEVES, Lúcia Maria Bastos (org.). *Repensando o Brasil do Oitocentos – Cidadania, Política e Liberdade*. Rio de Janeiro: Civilização Brasileira, 2009, p. 218), onde questiona o radicalismo de Soares Lisboa, continuo a pensar que, no contexto onde expressou suas ideias, irmãs das que defenderiam em Recife o frei Caneca e Cipriano Barata, Soares Lisboa era um radical.

[3] Posições que confirmam o seu radicalismo, pois estiveram no centro da ruptura entre José Bonifácio e Joaquim Gonçalves Ledo e agitariam os debates na Assembleia Constituinte de 1823. Para conhecer a trajetória de João Soares Lisboa, ver LUSTOSA, Isabel. *Insultos impressos: a guerra dos jornalistas na Independência (1821-1823)*. São Paulo: Companhia das Letras, 2000, especialmente os capítulos 3 e 5.

O estilo apaixonado de Soares Lisboa e o ímpeto com que assumia a defesa de temas polêmicos tornaram-no alvo de muitos ataques. Pequeno comerciante português estabelecido no Rio de Janeiro há mais de vinte anos, João Soares Lisboa, que viera de Portugal muito moço, não tinha curso superior, não estivera em Coimbra.[4] Possivelmente por conta de sua modesta ocupação e dos poucos estudos, os adversários levantaram a suspeita de que não eram dele os escritos publicados no *Correio*. Também, suponho que por motivo oposto, diziam que não eram autênticas as cartas enviadas pelos leitores. Para confirmar a autenticidade das mesmas, João Soares Lisboa convidou a todos que quisessem conferir as assinaturas – por sinal, reconhecidas por tabelião tal como mandava a lei – a comparecerem à tipografia, ou à sua casa, que ficava na Rua da Vala (hoje, Uruguaiana), junto ao número 61, da Ouvidor.

De fato as cartas de seus leitores, ao contrário da maior parte das publicadas nos outros jornais, parecem mesmo autênticas. Através delas, os leitores do *Correio do Rio de Janeiro* manifestam opiniões, críticas e reivindicações que demonstram uma consciência muito clara dos seus direitos e uma vontade firme de fazê-los valer. Esse espírito estará presente tanto nas cartas publicadas na primeira fase do jornal, entre abril e outubro do mesmo ano de 1822, quanto na segunda, entre maio e novembro de 1823. Um fato que demonstra as contradições daquela fase de nossa vida política: mesmo estando seu redator preso, o *Correio do Rio de Janeiro* não só circulou como acolheu cartas de leitores.

O Júri comprovando as expectativas sobre a Nova Ordem

Uma circunstância interessante para se observar o espírito que dominava os leitores do *Correio do Rio de Janeiro* foi a reação ao processo, julgamento e absolvição do jornalista João Soares Lisboa em meados de 1822. Soares Lisboa fora processado por ter publicado artigo criticando o então Príncipe Regente, D. Pedro, por ter decretado que seriam indiretas as eleições para escolher os deputados que formariam a primeira Assembleia Constituinte brasileira. Por conta desse artigo, Soares Lisboa foi alvo do primeiro julgamento que fez uso do sistema de jurados no Brasil.

---

4   Para informações sobre a categoria de comerciante a que pertencia Soares Lisboa, ver Neves, Lúcia Maria Bastos Pereira das. *Corcundas, constitucionais e pés-de-chumbo – a cultura política da Independência – 1820-1822*. Rio de Janeiro: Faperj: Revan, 2003, p. 82.

> Tínhamos a pouco acabado de escrever as linhas que acima ficam e eram duas e meia da tarde quando fomos intimados pelo escrivão do Crime da Corte e Casa de Suplicação para, em 24 horas, escolhermos de 24 Ilustres cidadãos, 8, que devem ser nossos juízes de fato sobre uma acusação que de nós fez o Procurador da Coroa, França, por causa do nº 64 do nosso periódico.[5]

Era o que preceituava o decreto lavrado por José Bonifácio sobre os crimes de abuso da liberdade de Imprensa.[6]

Antes mesmo do julgamento, começaram as manifestações dos leitores em defesa do jornalista. No dia 9/7/1822, um deles escrevia lembrando que, como aquele seria o primeiro júri brasileiro, tinha de *fazer época*. Apostava, otimista, que não seria manchada a *aliança da liberdade*, condenando-se como *subversivo do sistema constitucional brasílico* um dos "cidadãos que primeiro levantou a voz pela sua solene emancipação; exceto se tiver por juízes homens interessados em aniquilar este mesmo sistema, o que nunca é de supor (sic)."

Levado a júri em 1º de agosto, João Soares Lisboa foi absolvido. Seu jornal se viu recheado de cartas em que o triunfo da instituição dos jurados era o principal tema. A absolvição de Soares Lisboa, sabidamente um homem sem padrinhos, pareceu aos leitores do *Correio* uma prova cabal da eficácia das instituições liberais e de que uma nova ordem estava de fato se instaurando.

Um leitor assinando-se *Um homem que pensa livremente* congratulava-se com todos os *cidadãos constitucionais* pelo bom êxito do seu processo e indagava: "Que seria da liberdade da Imprensa, dessa pedra angular do edifício constitucional, se V.M. fosse condenado? Quem mais se atreveria a escrever com franqueza?".[7]

No número seguinte, outro leitor escrevia:

> Tive notícia, por um íntimo amigo meu, do resultado que teve a causa pela qual fora V.M. citado perante o Tribunal de Jurados.

---

5   *Correio do Rio de Janeiro*, 08/07/1822.

6   Para um relato mais detalhado das circunstâncias que implicaram no processo do jornalista, ver: LUSTOSA, Isabel. *Insultos impressos: a guerra dos jornalistas na Independência (1821-1823)*. São Paulo: Companhia das Letras, 2000, p. 216 a 226.

7   *Correio do Rio de Janeiro*, nº 92, 03/08/1822.

> Parabéns portanto a V.M., parabéns ao Brasil por gozar as primícias das novas saudáveis Instituições, vendo imparcialmente administrada a Justiça em favor de um cidadão. É seu venerador: Um homem que pensa livremente.

Mais entusiasmado ainda se mostrava o *Amigo da Verdade* que assim se manifesta: "Minha alma exulta de prazer por ver já o resultado do tribunal dos Jurados da Liberdade da Imprensa".[8] Nesta linha, o *Firme Constitucional* não via senão *transportes de alegria em todos os verdadeiros constitucionais* pelo bom êxito do processo de João Soares Lisboa. Mas louvava também aos "justos cidadãos, juízes de fato, pela Constitucionalidade com que julgaram" aquela causa.[9] *Hierpino, Brasileiro Adotivo*, faz um elogio ainda mais caloroso à integridade do júri e ressalta sua importância no estabelecimento da instituição no Brasil:

> Ah! este primeiro júri faz muita honra aos seus ilustres membros pela sua imparcialidade, retidão e modo de proceder. Faz também, pelos mesmos motivos, muita honra à Nação. A inocência sempre triunfa... Mas que! não, nem sempre... não lhe valeu a inocência, ou nulidade dos crimes arguidos. Valeu-lhe sim. Quer que lho diga? Valeu-lhe sim (eu lho digo, ainda mesmo sem saber se V.M. quer que lho diga) valeu-lhe a integridade dos juízes.[10]

Uma família negra quer ir ao Teatro

O entusiasmo dos leitores do *Correio* com o resultado do julgamento de Soares Lisboa reforçava a fé em que uma nova ordem estava se instaurando no Brasil. O principal benefício que esta nova ordem trazia era a mudança na situação dos homens livres. A absolvição de alguém pobre e de pouco prestígio junto às elites, como João Soares Lisboa, parecia indicar que a lei seria mesmo igual para todos com a adoção do sistema constitucional. Esse espírito vai se refletir em uma série de outras manifestações envolvendo disputas relativas aos direitos inerentes à cidadania. Temas que passam a frequentar cada vez mais a seção de cartas em que as pessoas que as escreviam reivindicavam direitos que acreditavam ter.

---

8   *Correio do Rio de Janeiro*, nº 95, 07/08/1822.
9   *Correio do Rio de Janeiro*, nº 94, 06/08/1822.
10 *Correio do Rio de Janeiro*, nº 98, 10/08/1822.

Um dos documentos que reflete a amplitude de sentidos contida nessa vontade de cidadania é a carta de João José Pereira. Em uma das poucas cartas assinadas que foram publicadas no *Correio do Rio de Janeiro*, João José protesta contra a discriminação que sofriam no teatro os homens negros livres:

> Tenho ouvido dizer que é cidadão todo o homem livre nascido no território brasileiro, seus filhos e os escravos que alcançaram alforria. Como é, Sr. Redator, que dando-se ao negro e ao pardo escuro, uma insígnia militar e honras correspondentes ao grau que ocupa ou na Milícia, ou na Igreja, ou nas Letras, se não permite a esse homem estar com sua mulher e filhas num camarote na casa da Ópera, fazendo os indiscretos liberais e mal-educados os maiores insultos ao infeliz que se quer divertir e instruir-se naquela casa? (...) Igualdade é nome vão?! (...)[11]

A carta de João José Pereira reclama não das autoridades mas sim dos "indiscretos liberais e mal-educados" que o impediam de, com sua mulher e filhas, desfrutar um direito que lhes era garantido por lei: o de ir ao teatro ou a qualquer outro lugar. Pela lei, todos eram iguais, pois, como indaga nas últimas linhas de sua carta, "igualdade é nome vão?"

Mas é a frase que abre a carta que indica a difusão de uma ideia de cidadania que era então partilhada: "Tenho ouvido dizer que é cidadão todo o homem livre nascido no território brasileiro, seus filhos e os escravos que alcançaram alforria". Na afirmação com que inicia essa sentença, João José demonstra que a ideia relativa a esses direitos circulava na sociedade. Ao mesmo tempo, toca em um ponto importante: a certeza que tinham todos de que, de acordo com a Constituição, o escravo não era um cidadão brasileiro. Ou seja, não tinha os mesmos direitos de cidadania que o negro e o pardo livres. Direitos que inclusive os ex-escravos tinham e estavam dispostos, como o demonstra João José, a defender. O que evidencia também o grande fosso que separava os homens livres de cor dos escravos e demonstra, na prática, a impossibilidade da união de forças entre ambos no Brasil: eram lutas diferentes. Como que a demonstrar essa distância, a profundidade desse fosso, lembra ainda João José Pereira que, ao negro ou ao pardo escuro, no Brasil daquele tempo, eram conferidas

---

11   *Correio do Rio de Janeiro*, nº 23, 28/08/1823.

"insígnias militares" ou ainda "honras correspondentes ao grau que ocupa na Milícia, na igreja ou nas letras".[12]

A vontade que esse homem negro tinha de instruir a si e à sua família, inclusive suas filhas, abre também uma perspectiva muito interessante. Afinal, não fazia muito tempo que às mulheres de boa família do Rio os espaço públicos, afora as igrejas, eram totalmente vedados. A própria instrução das mulheres era bastante desconsiderada.[13] Imaginar que um homem de cor no começo do século XIX fosse ao teatro com sua mulher e suas filhas e não se intimidasse com as provocações dos liberais (termo também usado aqui em sentido negativo) denota vontade de concretização de uma cidadania que parecia avançar rapidamente para se consolidar.

Outras palavras

Em sua tese de doutorado, Lúcia Bastos realizou profunda investigação acerca dos sentidos que conceitos como liberalismo, despotismo, república e democracia tiveram no contexto da Independência. Foi então, segundo a autora, que se consolidou "um novo vocabulário político herdado da Ilustração e identificado com o liberalismo e o constitucionalismo".[14] Mesmo expressões já conhecidas tiveram seu sentido ampliado no âmbito das manifestações políticas que marcaram o período, ao mesmo tempo em que, lembra ainda a autora, procedimentos diferentes passaram a fazer parte do cotidiano dos indivíduos do mundo luso-brasileiro: cortes, eleições, voto, deputado.[15]

---

12 Para uma discussão recente sobre a distinção entre os direitos dos homens livres de cor e dos escravos, bem como sobre as reivindicações de ambos, ver artigo de Hebe Mattos, incluído na "Bibliografia".

13 Ver a este respeito: LUCCOCK, John. Notas sobre o Rio de Janeiro e partes meridionais do Brasil. São Paulo: Martins, 1942, p. 84; DEBRET, Jean-Baptiste. Viagem pitoresca e histórica ao Brasil. São Paulo: Círculo do Livro/Livraria Martins, 1985, p. 361-2; EDMUNDO, Luís. O Rio de Janeiro no tempo dos Vice-Reis (1763-1808). Coleção Brasil 500 anos. Brasília: Senado Federal, 2000, p. 285; e Silva, Maria Beatriz Nizza da. A Gazeta do Rio de Janeiro (1808-1822) – Literatura e Sociedade. Rio de Janeiro: Editora da UERJ, 2007, p. 105.

14 NEVES, Lúcia Maria Bastos Pereira das. Corcundas, constitucionais e pés-de-chumbo – a cultura política da Independência – 1820-1822. Rio de Janeiro: Faperj: Revan, 2003, p. 226.

15 NEVES, Lúcia Maria Bastos Pereira das. Corcundas, constitucionais e pés-de-chumbo – a cultura política da Independência – 1820-1822. Rio de Janeiro: Faperj: Revan, 2003, p. 197.

Exemplar dessa mudança vai ser a correspondência inserida no *Correio do Rio de Janeiro* por alguém que, por ironia, escolheu autodenominar-se *Asno*. Em sua carta ele entra em um tema sutil e importante para que tenhamos uma noção de quanto essas questões estiveram presentes naquele contexto. O missivista questiona a permanência da manutenção da palavra "vassalo" para identificar o portador dos passaportes que então se usavam para circular dentro do Brasil.

> Sr. Redator do Correio:
> Eu sou um asno e asno de não pequeno calibre e como tal é preciso que todos me conheçam e V.M. por sua bondade o publique no seu jornal, já, já, já. Deu-me a mania para querer saber a razão porque se teima a escrever nos passaportes = vassalos ? = e a que pude descobrir mais coerente ao meu modo de pensar foi a seguinte: que assim como há jumentos manhosos como certos homens, há também certos homens manhosos como jumentos. A Deus, Sr. Redator! Muitas recomendações às senhoras D.D. Imprensas, porque se elas se não compadecerem dos nossos corpos, não sei que será de nossas almas. Sou de V.M. já sabe quem; um revisor dos passaportes; e de testador da tal palavrinha = vassalos = porém = Muito asno.[16]

Esse atento *Asno* pretende chamar a atenção através das "senhoras donas imprensas", como diz, para a manha de certos homens – *manhosos como jumentos* –, que teimariam em conservar nos passaportes o termo relativo a um tempo em que havia vassalos e não cidadãos. Sua preocupação, como "revisor de passaportes", é a permanência do uso da tal palavrinha, de que é "detestador" e que esta permanência seja intencional no sentido de reduzir os cidadãos novamente a vassalos. Ou seja, seria um ardil dos absolutistas secretamente desejosos da volta do antigo sistema. O interessante é pensarmos como aquela conquista recente, a ideia de direitos do cidadão, necessitava de uma espécie de vigilância permanente para que nem mesmo nos detalhes houvesse a possibilidade de se voltar ao antigo regime.

As mudanças eram tão rápidas e radicais que, por mais esquisitas que parecessem, como a da convocação de mulheres para servir nas milícias, seriam plausíveis. Por conta disto é que alguém que se assinava *Inimigo das Ordens mal-entendidas*

---

16 *Correio do Rio de Janeiro*, 24/05/1822.

escreveu ao mesmo redator do *Correio do Rio de Janeiro*, pedindo-lhe informação sobre o assunto.

> Estando hoje em casa de um meu vizinho, vi um oficial, e um soldado de milícias do Regimento deste Distrito de Inhomerim (por ordem de seu Coronel) chegar-se ao dono da casa, exigindo o número de suas filhas, seus nomes, idades, circunstâncias etc. etc. o que me fez supor que também as mulheres são compreendidas no alistamento, a que se mandou proceder no §18 das Instruções para o Recrutamento.
> Digne-se Sr. Redator tirar-nos deste embaraço, inserindo esta no seu periódico, que nisto faz um relevante serviço às moças cá da roça, que estão em brasa com a tal novidade.[17]

É bem possível que o oficial, o soldado e mesmo o Coronel estivessem se aproveitando da dificuldade de circulação das informações naquele tempo de poucas e perigosas estradas para se informar sobre as moças do lugar. Mas a dúvida do correspondente é indicativa de que tal como a possibilidade de que as mulheres votassem nas eleições, a de que viessem a apresentar armas era algo que podia figurar no horizonte do possível.

O clima de mudança e de mobilização do tempo será patenteado por outra correspondência também inserida no *Correio do Rio de Janeiro*. Esta nos dá ainda uma pista de que, além da manifestação através dos jornais, a sociedade se mobilizava de outras maneiras. Tal mobilização, que incluía os abaixo-assinados,[18] deveria ser frequente, pois chegou a provocar a reação de um leitor que se assinava: *o Campista curado da peste*. Ele escreveria ao *Correio do Rio de Janeiro* para queixar-se de que a sua *Pátria* (Campos dos Goitacazes), há tempos, sofria da *hipodemia* [sic] *de nós abaixo assinado*:

> De maneira que qualquer controvérsia de qualquer çapateiro que haja, a primeira cousa que sai em cena é o tal papelinho contagioso; o qual, sendo lido por aqueles que tem ronha no cachaço, dizem: nós abaixo assinados, mas com a franqueza, ou fraqueza, como querem chamar alguns dos meus patrícios, com a qual assinam, com esta mesma se retratam como de próximo aqui sucede.[19]

---

17   *Correio do Rio de Janeiro*, nº 97, 09/08/1822.
18   É bom lembrar o quanto um documento reunindo 8 mil assinaturas foi fundamental para que D. Pedro declarasse que ficaria no Brasil em 9 de janeiro de 1822, o Dia do Fico.
19   *Correio do Rio de Janeiro*, nº 101, 14/08/1822.

Note-se que no protesto desse leitor campista a menção ao sapateiro, palavra aqui grafada começando com um c cedilha, como então se usava. Pouco democrático como se pode concluir, o leitor inimigo dos "nós abaixo assinados" condena a prática tanto por seu uso por parte de gente simples, como os sapateiros, como também pela sua excessiva disseminação. Assim, na aurora da nossa vida de nação independente, pelo menos em Campos dos Goitacazes, não havia falta de mobilização em defesa dos direitos do cidadão, ao contrário.

Os direitos dos presos

Em uma época em que ainda se usavam grilhões nos pés, mãos e pescoços dos presos, os direitos deles seriam outro tema a entrar em debate.[20] O próprio Soares Lisboa, que ficaria detido entre abril de 1823 e novembro do mesmo ano, denunciaria, através do *Correio*, as péssimas condições em que viviam os presos. Revelava que junto com ele, na mesma sala chamada *livre*,[21] estavam outras 16 pessoas, quase todas detidas por *vergonhosas e ridículas frioleiras*, e que ainda não tinham sido sentenciadas. Algumas delas estavam presas há mais de nove meses.

> Esta pequena amostra de violências, despotismos e injustiças é só relativa ao pequeno departamento da chamada sala livre, a qual é livre de cômodos, de limpeza e de entrarem e saírem com facilidade corpos de gente habitados por almas piedosas que se dignem visitar os encarcerados; porque os guardas ou chaveiros, com razão, se enfadam pelo moto contínuo de abrir e fechar a grade, e por isso conservam as visitas batendo à porta, algumas vezes ¼ de hora, e

---

20   Em 1823, João Soares Lisboa recorreria à Assembleia Constituinte solicitando que fosse aliviado dos ferros. O padre Francisco Muniz Tavares (Recife, 1793-1876), um dos implicados na Revolução Pernambucana de 1817, relata no livro que sobre ela escreveu que Antônio Carlos, que estivera preso junto com ele na Bahia, fora posto a ferros, consistindo estes em grilhões nos pés e corrente ao pescoço. Ver Lustosa, Isabel. *Insultos impressos: a guerra dos jornalistas na Independência (1821-1823)*. São Paulo: Companhia das Letras, 2000, p. 290-1.

21   *Sala livre* era a designação que se dava à prisão para gente qualificada. Era destinada aos presos que tinham menagem. Ver Barreto, Paulo Tedim. "Casas de Câmara e Cadeia". In: *Revista do Patrimônio Histórico e Artístico Nacional*, nº 11. Rio de Janeiro: Ministério da Educação e Saúde, 1947, p. 394.

> tomando no enquanto ativíssimo álcali volátil amoniacal, por ser naquela grade o lugar urinatório. (...) Ora se na parte livre se acham tantos cidadãos tão atrozmente oprimidos; o que acontecerá no xadrez e enxovias desta mesma imunda prisão, nos calabouços, e subterrâneos da Ilha das Cobras?!!![22]

Pouco menos de um ano antes, em carta datada de 10 de junho de 1822 e assinada pelo mesmo correspondente que se autodenominava *Asno*, o *Correio* já havia publicado um protesto contra as condições em que viviam os presos. Através daquela correspondência seu autor colocara em pauta a discussão dos limites da ação do Estado na repressão e punição de delitos bem como as condições em que deveria se dar a legítima privação de liberdade.

> Ainda continuo a ser asno como lhe participei na outra, que trata dos Passaportes; e tão asno que só lhe poderei merecer desculpa e compaixão mostrando a razão, porque sou asno: sabe com que agora estou embirrado, que não ando em para trás nem para diante; (...).
> Embirrei agora de querer saber a razão, porque a trancos e barrancos se conservam incomunicáveis nesta Fortaleza, sem poderem defender-se dois Ministros de Jesus Cristo? O primeiro é aquele contra quem se disse cobras e lagartos (sem prova satisfatória) em certo Periódico desta Cidade (de que eu sou assinante por interposta pessoa) cujo infeliz jaz há 35 dias em um quarto fechado (...) o segundo é um pobre religioso que naturalmente está em trabalhos por algumas intrigas amorosas de alguma Senhora Moça lá da Roça (...)

Para questionar a legalidade das prisões e o fato dos dois padres estarem presos em condições desumanas, o correspondente do *Correio* recorre a uma lei do antigo regime: o Alvará de 5 de março de 1790. No citado alvará estaria determinado que: "não pode o Réu estar retido em segredo por mais de 5 dias', 'em caso nenhum possa alguém ser lançado em masmorra estreita, escura ou infecta' – 'pois que a prisão deve só servir para guardar a pessoa e jamais para a flagelar etc., etc." A novidade não dizia respeito diretamente aos

---

22   Enxovias eram as prisões colocadas no andar térreo. O acesso a elas se fazia através de um alçapão aberto no piso do sobrado e a elas se descia por "escadas de mão", isto é, escadas móveis (*idem*).

direitos criados pela nova ordem. Ela reside aqui no ato de protestar através da imprensa para garantir a efetivação daquele direito.

Assim, nas vésperas da Independência, um sábio *Asno* se valia da liberdade de imprensa, este sim um direito criado pela Nova Ordem, para denunciar o desrespeito aos direitos dos presos e para protestar contra as más condições em que eles eram mantidos. E o missivista concluía reclamando do não cumprimento da lei por parte de quem tinha a obrigação de cumpri-la e cobrando a punição das mesmas autoridades que, desse ponto de vista, estariam fora da lei: "sou asno e tão grande asno que esbirro em querer saber a razão porque se pratica o contrário do que as leis mandam e porque se não castigam os que são infratores delas".

Se seu protesto soa tão atual aos leitores do século XXI é certamente porque as expectativas otimistas daqueles brasileiros do começo do século XIX até hoje não se confirmaram. Os exemplos que reuni aqui demonstram como, através da imprensa, naquela aurora da nossa vida política se esboçava uma consciência do que seriam os direitos do cidadão. Consciência e Direitos que, por conta dos tortuosos caminhos que seguiu a nossa História, não chegaram a se estabelecer e desenvolver.

Referências Bibliográficas

BARRETO, Paulo Tedim. "Casas de Câmara e Cadeia". In: *Revista do Patrimônio Histórico e Artístico Nacional*, nº 11. Rio de Janeiro: Ministério da Educação e Saúde, 1947, p. 362-443.

DEBRET, Jean-Baptiste. *Viagem pitoresca e histórica ao Brasil*. São Paulo: Círculo do Livro/Livraria Martins, 1985.

EDMUNDO, Luís. *O Rio de Janeiro no tempo dos Vice-Reis (1763-1808)*. Coleção Brasil 500 anos. Brasília: Senado Federal, 2000.

LUCCOCK, John. *Notas sobre o Rio de Janeiro e partes meridionais do Brasil*. São Paulo: Martins, 1942.

LUSTOSA, Isabel. *Insultos impressos: a guerra dos jornalistas na Independência (1821-1823)*. São Paulo: Companhia das Letras, 2000.

MATTOS, Hebe. "Racialização e cidadania no Império do Brasil". In: CARVALHO, José Murilo de, e PEREIRA DAS NEVES, Lúcia Maria Bastos (org.). *Repensando o Brasil do Oitocentos – Cidadania, Política e Liberdade*. Rio de Janeiro: Civilização Brasileira, 2009, p. 349 a 391.

Neves, Lúcia Maria Bastos Pereira das. *Corcundas, constitucionais e pés-de-chumbo – a cultura política da Independência – 1820-1822*. Rio de Janeiro: Faperj: Revan, 2003.

Ribeiro, Gladys Sabina. "Nação e cidadania nos jornais cariocas da Independência: o *Correio do Rio de Janeiro* como estudo de caso". In: Carvalho, José Murilo de, e Pereira Das Neves, Lúcia Maria Bastos (org.). *Repensando o Brasil do Oitocentos – Cidadania, Política e Liberdade*. Rio de Janeiro: Civilização Brasileira, 2009, p. 207 a 238.

Rizzini, Carlos. *O livro, o jornal e a tipografia no Brasil (1500-1882) - com um breve estudo geral sobre a informação*. Rio de Janeiro/São Paulo/Porto Alegre: Liv. Kosmos Ed./ Erich Eichner & Cia. Ltda., 1946.

Silva, Maria Beatriz Nizza da. *A Gazeta do Rio de Janeiro (1808-1822) – Literatura e Sociedade*. Rio de Janeiro: Editora da uerj, 2007.

Capítulo 2
Ilusões Acalentadas:
Miguel Antônio de Melo e seu Projeto de uma Lei Fundamental para Portugal em 1827/ 1828

Guilherme Paulo Pereira das Neves [1]

Em 1827 ou 1828, saiu à luz em Paris um pequeno volume em português de 202 páginas, em papel ordinário, sem nome de autor e com um título gigantesco:

> Projeto para a reforma da lei fundamental da monarquia portuguesa, ajustado ao gênio, caráter, foros, usos e costumes da nação respectiva, com as únicas alterações e acrescentamentos que a diversidade dos tempos e das circunstancias persuadem necessárias, maiormente depois das grandes convulsões políticas, que a referida nação tem padecido entre os anos de 1820 e 1827, tudo para eficaz remédio dos males pretéritos e vigoroso impedimento da renovação de iguais ou semelhantes no futuro.

Num dos exemplares conservados na Biblioteca Nacional de Lisboa, a folha de rosto traz, apesar da leitura difícil, a inscrição manuscrita: "Auctor/ O Exmo. Sñr. Conde de

---

1 Agradeço a Faperj e o CNPq, instâncias às quais agradeço os auxílios que tornaram possível esta comunicação, como também a Gladys Sabina Ribeiro (UFF) e tânia Maria Tavares Bessone da Cruz Ferreira (UERJ), coordenadoras deste Simpósio Temático, por a terem acolhido. Uma primeira versão do texto foi apresentada em mesa- redonda da 27ª Reunião da Sociedade Brasileira de Pesquisa Histórica (SBPH), Instituto Histórico e Geográfico Brasileiro, Rio de Janeiro, 22-24 de julho de 2008.

Murça/D. Miguel Antonio de Mello". Informação confirmada por autoridades como Francisco Inocêncio da Silva e Vítor Ramos, que datam a publicação de 1827.[2]

Até bem pouco tempo atrás, o autor não passava de um nome em algumas poucas obras.[3] Ultimamente, ressurgiu nas notas de pé de página de O Sol e a sombra de Laura de Mello e Souza e ganhou alguma densidade com a apresentação e eventual publicação de comunicações que andei fazendo nos últimos anos.[4] Hoje, tento resgatar-lhe mais uma dimensão, a de pensador político.

---

[2] Foi Vítor Ramos, A edição de língua portuguesa em França (1800-1850): repertório geral dos títulos publicados e ensaio crítico, Paris, Fundação Calouste Gulbenkian, 1972, p. 69, quem me revelou a existência da obra, depositada na Biblioteca Nacional de Paris (hoje, Bibliothèque National de France) Tolbiac – Rez-de-jardin – magasin, 8- OR- 300, indicação que permanece válida no catálogo on line da instituição. Sem identificação do autor, também integra o acervo da Biblioteca Nacional de Lisboa, onde um dos exemplares se encontra, porém, em estado precário (S.A. 5284//1P). Em outro, porém, cuja cópia me foi enviada, aparece a observação manuscrita que atribui a obra ao conde de Murça, Miguel Antônio de Melo. A publicação dessa obra em Paris terá significado que, como tantos outros, durante esses anos difíceis, Miguel Antônio de Melo viajou para a França a fim de distanciar-se da gestão miguelista? Ainda não é possível dizê-lo. Para as informações biográficas, ver Arquivos Nacionais/Torre do Tombo (ANTT), Registro Geral das Mercês (RGM), entre outros, D. Maria I, Livro (L.) 10, f. 322; L. 18, f. 13 e f. 310; L. 19, f. 219v; L. 22, f. 70v; L. 31, f. 13; e D. João VI, L. 8, f. 70v; L. 14, f. 90v e f. 117; L. 15, f. 89 e f. 112; L. 21, f. 105 e 129; L. 26, f. 19. ANTT, Chancelarias, D. Maria I, L. 50, f. 36; L. 61, f. 356; L. 73, f. 238; L. 74, f. 292; L. 76, f. 134v; e D. João VI, L. 26, f. 19; L. 33, f. 157v. Cf. também: "Almanaque de Lisboa de 1807", Revista do Instituto Histórico e Geográfico Brasileiro (RIHGB), Rio de Janeiro, Imprensa Nacional, 1971, apêndice ao v. 290, p. 232; J. C. Cardozo de Castelbranco e Torres, Memorias contendo a biografia do vice Almirante Luiz da Motta Feo e Torres, a Historia dos Governadores e Capitães Generais de Angola desde 1575 até 1825 e a Descrição Geografica e Política dos Reinos de Angola e Benguela, Paris, Fantin, 1825, p. 296-7; Domingos de Araujo Affonso & Ruy Dique Travassos Valdez, Livro de oiro da nobreza, Braga, Tipografia da Pax, 1933, v. 2, p. 293-6; Judite Cavaleiro Paixão & Cristina Cardoso, Do Erário Régio ao Tribunal de Contas: os Presidentes, apr. de Alfredo José de Sousa, Lisboa, Tribunal de Contas, 1999; e www.sgmf.pt/Cultures/pt/SGMF/Internet/ Historia/Indice/ (acesso em 08/03/2007).

[3] Ver, por exemplo, João Pandiá Calógeras, O marquez de Barbacena, 2ª ed., São Paulo, Cia. Ed. Nacional, 1936, p. 16 ("Brasiliana", 5ª série, 2).

[4] O primeiro texto foi apresentado ao 3º Colóquio do Pólo de Pesquisas sobre Relações Luso-Brasileiras, "Entre Iluminados e Românticos", realizado no Real Gabinete Português de

* * *

Miguel Antônio de Melo nasceu em 1766, morreu em 1836 e há trinta anos me acompanha. É o responsável por uma interessantíssima "Informação da Bahia de Todos os Santos" de 1797, que se conserva anônima na Biblioteca Nacional do Rio de Janeiro e que comecei a utilizar, logo após o meu ingresso na UFF, a fim de mostrar aos alunos dos primeiros períodos como é possível lidar com uma fonte.[5] Diante do entusiasmo e da curiosidade crescentes que a qualidade dos trabalhos finais apresentados nessa disciplina foi gerando com o tempo, decidi aproveitar duas viagens de pesquisas a Portugal, custeadas pelo Projeto PRONEX de que participo, para melhor enquadrar a personagem.

O resultado ainda não foi – nem poderá ser – completamente bem-sucedido. Apesar disso, o material recolhido não deixa de viabilizar uma ideia da trajetória empreendida por D. Miguel. Nuno Gonçalo Monteiro situa a família como de primeira nobreza, pertencente a um conjunto que, por meio da concessão de títulos, se viu elevado à categoria dos *grandes* entre 1789 e 1830.[6] Data de 1795 a primeira referência relevante que tenho a seu respeito: a nomeação para o governo de Angola, quando tinha cerca de 30 anos. Após fazer escala em Salvador e no Rio de Janeiro, lá chegou no final de julho de 1797, tendo por ajudante de ordens ao jovem Felisberto Caldeira Brant Pontes (1772-1842), futuro

---

Leitura em 24 e 25 de abril de 2006, e pode ser lido em www.realgabinete.com.br/coloquio/3_coloquio_outubro/index.htm (acesso em 8 março de 2007). O segundo, "Miguel Antônio de Melo, agente do império ou das Luzes? Dilemas da geração de 1790", saiu em Ronaldo Vainfas & Rodrigo Bentes Monteiro (orgs.), *Império de várias faces*: relações de poder no mundo ibérico da época moderna, São Paulo, Alameda, 2009, p. 369-92.

5   Na Divisão de Manuscritos da Biblioteca Nacional, o documento sobre a Bahia tem a cota I-31,21,34 nº 2. Agradeço, em particular, a Débora Souza da Rosa e Lana Meyer Andrade Martires, que encontraram na internet e reproduziram em seus trabalhos um retrato de Miguel Antônio de Melo (ver www.sgmf.pt/NR/rdonlyres/5687C9BA-2CAD-45D8-9ACE-75DA5FB7E047/2990/DmiguelAntóniodeMelodeAbreuSoaresdeBritoBarbosa1.pdf, com acesso em 09/03/2007), e a Guilherme P. Bresciani Cerqueira Linhares, cujo empenho me levou ao Instituto Histórico e Geográfico Brasileiro (IHGB) para examinar um rascunho da dita "Informaçam", do qual consta com clareza a assinatura do autor e cuja cota (que, em seguida, resgatei em uma antiga anotação, provavelmente trazida por outro aluno em anos anteriores) é lata 358, pasta 28, com a data de 30 março de 1797.

6   Cf. *O crepúsculo dos grandes: a casa e o patrimônio da aristocracia em Portugal (1750-1832)*, Lisboa, Imprensa Nacional/ Casa da Moeda, 1998, p. 75 sobretudo.

marquês de Barbacena – o que talvez explique a presença de vários documentos seus no IHGB.[7] Ainda que, em 1800, tenha sido emitida para si uma carta patente de governador de Pernambuco, nunca assumiu o cargo. Em meados de 1802, passou o lugar em Angola para seu tio materno, irmão caçula de Antônio de Noronha, um dos governadores de Minas estudados por Laura de Mello e Souza, e retornou a Lisboa.[8] Desaparece então

---

[7] Cf. "Carta do governador para D. Rodrigo de Souza Coutinho, comunicando-lhe a chegada e posse do governo etc." 24 ago. 1797, *Arquivos de Angola*, Luanda, v. 2, nº 11, ago. 1936, p. 345-7. Se a escala em Salvador está evidenciada pela mencionada "Informação da Bahia", a no Rio de Janeiro não só deduz-se de um comentário de D. Miguel, sobre ter visto cochonilha muito boa na cidade, em seu ofício de 30 jul. 1799, "Acerca das riquezas desta Colônia e da possibilidade ou impossibilidade de as aproveitar", *Arquivos de Angola*, Luanda, v. 1, nº 4, nov. 1935, doc. 15 (este volume não traz numeração de páginas), como ainda de alguns documentos sobre a recepção inadequada que julgou merecer do conde de Resende, cuja localização e cópia agradeço à mestranda na UFF Cristiane Maria Marcelo. Nas citações de fontes da época, atualizou-se a ortografia e adaptou-se, sempre que necessário ao bom entendimento do texto, a pontuação um tanto extravagante do período.

[8] Cf. "Comunicação de Dom Miguel Antônio de Melo de haver feito a entrega do governo de Angola a Dom Fernando Antônio de Noronha", 24 agosto de 1802, *Arquivos de Angola*, Luanda, v. 2, nº 10, jul. 1936, p. 265-6. Neste ofício, D. Miguel esclarece ter consigo, desde 9 out. 1801, instruções acerca de seu destino após a chegada de seu sucessor. No entanto, estavam em desacordo com aquelas, para que assumisse o governo de Pernambuco, que este trouxera. Além disso, embaraçava-o "ler no Almanaque de Lisboa do corrente ano nomeado Governador de Pernambuco o Tenente General Sebastião Xavier da Veiga Cabral, que sei é falecido". Diante disso, prefere retornar a Lisboa, ao invés de seguir para o Recife. Essa decisão de D. Miguel coincide, aproximadamente, com a partida de Pernambuco do bispo Azeredo Coutinho, criatura de D. Rodrigo, e, grosso modo, com o início do processo que, iniciado pela Paz de Amiens em 25 março 1802, conduzirá este último a pedir demissão, cerca de um ano depois, da presidência do Real Erário (31 agosto de 1803). Trata-se, por conseguinte, de um episódio a investigar. Para o relacionamento familiar, além de Laura de Mello e Souza, "Os limites da dádiva: Dom Antônio de Noronha", *in O Sol e a Sombra: Política e Administração na América Portuguesa do século XVIII*, São Paulo, Companhia das Letras, 2006, p. 350-402, em especial, p. 384-7, 392 e 396 (nota 101); para o pai de D. Miguel, João Domingos (ou Domingues) de Melo e Abreu, que se casou com Joaquina Mariana de Noronha, irmã de D. Antônio e de D. Fernando, cf. ANTT, RGM, D. José I, L. 13, folha [f.] 189; D. Maria I, L. 10, f. 323; L. 18, f. 13; L. 20, f. 180; L. 21, f. 52v; L. 22, f. 70v; L. 23, f. 249v; L. 27, f. 149v e 150v; L. 28, f. 19.

novamente até 1806, quando se torna governador dos Açores, onde enfrentou a crise de 1807/1808.[9] Do *Almanaque de Lisboa* de 1807, ele já consta como correspondente do número da Academia Real das Ciências. Em 1816, recebeu carta de conselheiro da fazenda e, por essa época, nascem-lhe os primeiros filhos. Após o movimento liberal de 1820, a reação absolutista de 1823 e o primeiro exílio do infante D. Miguel, irmão mais novo de D. Pedro I, volta a ressurgir, em 1825, sob as vestes de presidente do Real Erário e secretário de estado do último gabinete, dito *absolutista*, de D. João VI.[10] Com o intuito de "dar-lhe um público Testemunho da estimação em que tenho sua Pessoa e Serviços", D. João VI o fez, então, no ano seguinte, pouco antes de morrer, 1º conde de Murça.

Tanto na mencionada "Informação da Bahia", quanto em documentos referentes a sua administração na África e nas ilhas do Atlântico, nota-se certo tom crítico em Miguel Antônio de Melo, bastante semelhante, por exemplo, ao de um Luís dos Santos Vilhena,

---

[9] No Arquivo do Tribunal de Contas, Lisboa, cuja indicação agradeço a Alexandre Mendes Cunha (UFMG, Faculdade de Economia), é possível constatar nos 13 volumes referentes a 1807 dos "Livros de registro das folhas de assentamento de ordenados, tenças, pensões e esmolas impostas em rendimentos vários, 1760-1833" (nº 4.737-4.749) que os pagamentos deste ano não foram realizados em sua integralidade, passando a integrar a dívida pública as quantias faltantes, que somente foram quitadas, muitas vezes, anos mais tarde. Isso dá uma ideia do abatimento e dos problemas enfrentados no reino após 1808, em decorrência das invasões, da transferência da corte, da crise econômica geral, da intromissão inglesa e da atuação da junta de governo.

[10] Provavelmente por efeito do que registra, "segundo se diz", Innocencio Francisco da Silva, *Diccionario Bibliographico Portuguez*, Lisboa, Imprensa Nacional, 1862, v. 6, p. 223, é recorrente a informação de que Miguel Antônio de Melo participou da Comissão criada por decreto de 18 junho de 1823 para a elaboração de uma Carta Constitucional. Não obstante, nem Francisco Manuel Trigoso de Aragão Morato nas *Memórias começadas a escrever por ele mesmo em princípios de 1824 e terminadas em 15 de Julho de 1835* (1777 a 1826), revistas e coordenadas por Ernesto de Campos de Andrada, Coimbra, Imprensa da Universidade, 1933, nem as análises recentes, que pude consultar, incluem D. Miguel na composição de tal comissão. Cf. José Henrique Rodrigues Dias, *José Ferreira Borges: Política e Economia*, Lisboa, Imprensa Nacional-Casa da Moeda, 1988, p. 209-32, em particular, nota 9, p. 213; António Manuel Hespanha, *Guiando a Mão Invisível: Direitos, Estado e Lei no Liberalismo Monárquico Português*, Coimbra, Almedina, 2004, p. 125-152; e António Pedro Mesquita, *O Pensamento Político Português no Século XIX: uma Síntese Histórico-Crítica*, Lisboa, Imprensa Nacional-Casa da Moeda, 2006, p. 67-119.

além de afinado às preocupações de Rodrigo de Souza Coutinho.[11] É o que ocorre quando aponta as deficiências da defesa e do abastecimento de Salvador; quando protesta contra as remessas de degredados para Luanda sem processo formal; quando analisa a causa da emigração açoriana; e ainda quando demonstra a frustração em que ficava diante da falta de meios para atuar, como achava apropriado, a fim de estender a civilização a Angola.[12] A presença de tais ideias e atitudes revelam afinidades com um certo ambiente reformista,

11 Cf. *A Bahia no século XVIII*, notas e comentários de Braz do Amaral, apresentação de Edison Carneiro, Bahia [Salvador], Itapuã, 1969, 3v. Para Rodrigo de Souza Coutinho, além de uma excelente coletânea de seus principais textos (citada adiante), dispõe-se agora da magnífica biografia elaborada por Andrée Mansuy-Diniz Silva intitulada *Portrait d'un homme d'État: D. Rodrigo de Souza Coutinho, Comte de Linhares, 1755-1812*, Paris, Centre Culturel Calouste Gulbenkian, cujo 1º volume, "Les années de formation, 1755-1796", foi publicado em 2002, com o apoio da Comissão Nacional para as Comemorações dos Descobrimentos Portugueses (Lisbonne), e cujo 2º, "L'homme d'État, 1796-1812", surgiu em Paris, Centre Culturel Calouste Gulbenkian, 2006.

12 Os documentos sobre degredados encontram-se em Lisboa, Arquivo Histórico Ultramarino (AHU), Conselho Ultramarino, Angola, caixa 93, documentos 4, 5 e 10. Quanto à sua frustração, que faz com que chegue a dizer que "Angola não é o Brasil", veja-se o ofício de D. Miguel de 8 mar. 1800, *Arquivos de Angola*, Luanda, v. 1, nº 4, nov. 1935, doc. 16. Da mesma forma, em carta a D. Rodrigo de 14 jun. 1799, em que expunha "a precária situação defensiva em que se encontra Angola contra os assaltos dos corsários estrangeiros", entre outras expressões semelhantes, D. Miguel indagava: "Aqui não há gente, não há Navios e não há Petrechos, nem Armamentos, nem Munições de guerra e nestas tristíssimas circunstâncias, que hei de fazer?" *Arquivos de Angola*, Luanda, v. 2, nº 10, jul. 1936, p. 353. Apesar disso, embora não tenha desconhecido conflitos e tensões, o governo de Miguel Antônio de Melo na colônia africana, entre 1797 e 1802, ao que tudo indica, foi o mais ativo e esclarecido após o longo governo do pai de D. Rodrigo, Francisco Inocêncio de Souza Coutinho, de 1764 a 1772. Veja-se: Gastão Sousa Dias, *Os portugueses em Angola*, Lisboa, Agência Geral do Ultramar, 1959; A. da Silva Rego, *O Ultramar português no século XVIII (1700-1833)*, Lisboa, Agência Geral do Ultramar, 1970; Carlos Couto, *Os capitães-mores em Angola no século XVIII (subsídio para o estudo da sua actuação)*, Luanda, Instituto de Investigação Científica de Angola, 1972; Maria Goretti Leal Soares, "Governadores e magistrados letrados no governo de Angola durante o século XVIII", *Anais de História de Além-Mar*, Lisboa, v. 5, p. 481-506, 2004; Catarina Madeira Santos, "Entre deux droits. Les Lumières en Angola (1750-v.1800)", *Annales HSS*, Paris, v. 60, nº 4, p. 817-48, juillet-août 2005. A tese desta última, *Um governo 'polido' para Angola: reconfigurar dispositivos de domínio (1750-c.1800)*, Tese de Doutorado, Lisboa/Paris, Univ. Nova de Lisboa/EHESS, 2005, ainda não pude consultar. Cf.

que parece caracterizar a regência de D. João, em especial, após a entrada de Rodrigo de Souza Coutinho no gabinete, em 1796. Reformismo cuja maior preocupação voltava-se para a conservação do império e a ampliação de seu potencial econômico, graças a um esforço de reconhecimento do território, de sistematização das informações disponíveis, de identificação dos motivos de descontentamento por parte dos fiéis vassalos e do estabelecimento de normas inspiradas pelas concepções do direito natural, em oposição à dominância do *casuísmo* na jurisprudência portuguesa, que Arno Wehling salientou.[13]

---

ainda Martins dos Santos, *Cultura, educação e ensino em Angola*, edição digital disponível em www.geocities.com/athens/troy/4285/ensino07.html, com acesso em 21/04/2006.

13 Cf. Rodrigo de Souza Coutinho, "Memória sobre o melhoramento dos domínios de Sua Majestade na América", *in Textos políticos, econômicos e financeiros (1783-1811)*, org. de Andrée Mansuy-Diniz Silva, Lisboa, Banco de Portugal, 1993, 2v., v. 2, p. 47-66. A mesma preocupação transparece da "Informaçam sobre a Bahia". Veja-se ainda o ofício de 30 abr. 1798 de D. Miguel "expondo a injustiça com que fora tratado o Soba de Socoval da jurisdição de Quilengues, no Governo da Capitania de Benguela", *Arquivos de Angola*, Luanda, v. 1, nº 6, mar. 1936, doc. 9. No "Ofício do Governador [...]" de 10 fev. 1800, diz D. Miguel: "por quanto nenhuma coisa é tão prejudicial ao Real Serviço, nem mais danosa ao sossego Público como faltar Lei para todos aqueles casos que por ela podem estar previnidos e que só pela vontade expressa do Supremo Imperante se podem regular com acerto", *Arquivos de Angola*, Luanda, v. 2, nº 10, jul. 1936, p. 255. Quanto ao domínio de D. Miguel da linguagem do direito natural, ver "Ofício de 31 de agosto de 1810 do Capitão-General para o conde das Galveias sobre o exercício de atos ilegítimos associados à atividade de corso", transcrito na tese de Ricardo Manuel Madruga da Costa, *Os Açores em finais do regime de Capitania-Geral, 1800-1820*, Horta (Ilha do Faial, Açores), Núcleo Cultural da Horta/Câmara Municipal da Horta, 2005, 2v., v. 1, p. 521, em que o governador cita Grócio e Pufendorf com naturalidade e pertinência. Agradeço ao autor e ao colega José Damião Rodrigues o acesso a esta obra. Arno e Maria José Wehling observam que, apesar de tendências inovadoras isoladas, "a atividade dos tribunais continuava orientada pelos praxistas tradicionais, incorporados à prática dos advogados e juízes e constantes dos manuais de prática forense". Cf. *Direito e justiça no Brasil colonial: o Tribunal da Relação do Rio de Janeiro (1751-1808)*, Rio de Janeiro, Renovar, 2004, p. 559. Para a questão das linguagens políticas presentes no universo político luso-brasileiro desse período, ver Guilherme Pereira das Neves, "Guardar mais silêncio do que falar: Azeredo Coutinho, Ribeiro dos Santos e a escravidão", *in* José Luís Cardoso (org.), *A economia política e os dilemas do império luso-brasileiro (1790-1822)*, Lisboa: Comissão Nacional para as Comemorações dos Descobrimentos Portugueses, 2001, p. 13-62. Alguns outros governadores nomeados na mesma época, como Antônio Manuel de Melo Castro e Mendonça, demonstram idêntica

Apesar da persistência desses traços ilustrados ao longo de toda a sua vida, um exame mais abrangente da documentação relativa a D. Miguel acabou por revelar, em seguida, outros aspectos, em especial a sua quase obsessiva preocupação com a religião e o enorme apego às tradições em que fora criado.[14] É essa ambiguidade que torna tão curioso o livro publicado em Paris, pois ele não deixa de constituir uma espécie de testamento político dessa personagem que permaneceu nos bastidores da ação turbulenta do período.

Na obra, com certeza, as Luzes não estão de todo ausentes. No título 21º e último, por exemplo, denominado "Providências diversas", D. Miguel manifesta-se pela abolição da tortura, da pena de morte cruelmente executada e da extensão da pena de infâmia aos descendentes; manifesta-se ainda pela elaboração de novos códigos – civil, criminal e comercial; pelo direito de ninguém poder "ser preso sem culpa formada", exceto em flagrante; pela proteção às descobertas úteis; pela inviolabilidade das casas dos cidadãos; e pela importância das boas estradas para o comércio.[15] Apesar

---

capacidade intelectual para analisar a realidade insatisfatória com que se defrontavam e idêntica preocupação de transformá-la; veja-se a sua "Memória sobre os objetos mais interessantes da Capitania de São Paulo...", publicada nos *Anais do Museu Paulista*, São Paulo, 18: 227-68, 1964. Cf. igualmente Ângela Domingues, "Para um melhor conhecimento dos domínios coloniais: a constituição de *redes de informação* no império português em finais de setecentos", *Ler História*, Lisboa, v. 39, p. 19-34, 2000 e Ronald Raminelli, "Ilustração e patronagem: estratégias de ascensão social no império português", *Anais de História de Além-Mar*, Lisboa, v. 6, p. 297-325, 2005. Ver ainda Kenneth Maxwell, "A geração de 1790 e a ideia do império luso-brasileiro", *in Chocolate, piratas e outros malandros: ensaios tropicais*, Rio de Janeiro, Paz e Terra, 1999, p. 157-207 e Maria Odila da Silva Dias, "Aspectos da Ilustração no Brasil", RIHGB, Rio de Janeiro, v. 278, p. 105-70, jan./mar. 1968.

14 Cf. *Arquivos de Angola*, Luanda, v. 2, nº 10, jul. 1936, p. 189-234, em especial, p. 14 e 206-7 (em 3 fev. 1800). Veja-se ainda a "Proposta do Governador sobre a forma de se distribuírem as importâncias destinadas pelo Erário à sustentação do Culto das diversas Imagens", 1 junho de 1801, *Arquivos de Angola*, Luanda, v. 2, nº 10, julho de 1936, p. 257-64 e, no "Ofício do Governador [...] contrariando várias propostas do Governador da Capitania de Benguela", 24 dez. 1798, *Arquivos de Angola*, Luanda, v. 2, nº 11, ago. 1936, p. 581-92, D. Miguel revela um tom agostiniano, à p. 585, ao dizer: "[...] os naturais do País, assim Pretos, como Mulatos, seguem o exemplo dos Brancos, *pela natural propensão que todos os homens temos por efeito do pecado para sempre seguirmos o pior*". [Grifo meu].

15 ABREU, Miguel António de Melo, *Projecto para a Reforma da Lei Fundamental da Monarquia Portuguesa, ajustada ao génio, carácter, únicas alterações e acrescentos que a diversidade dos*

disso, não é essa a impressão predominante com que se fica ao final de uma leitura do conjunto, impressão que procuro transmitir a seguir.

* * *

Talvez o primeiro indício nesse sentido seja a epígrafe escolhida para o livro, extraída da 33ª das *Cartas morais* de Sêneca, o jovem (c. 4 a.C.-65 d.C.).[16] Registrada em latim, deu algum trabalho compreendê-la, sem a assistência de José Murilo de Carvalho ou de Estêvão de Rezende Martins, a quem ainda posso recorrer nesses apertos. Segundo a tradução inglesa encontrada, o trecho escolhido por Miguel Antônio de Melo diz: "Deixarei de seguir nas pegadas de meus predecessores? Eu usarei [...] a velha estrada". Entretanto, ele trunca a frase, invertendo na realidade o sentido, pois o que se encontra no original de Sêneca, após a pergunta inicial, é: "Eu usarei *de fato* a velha estrada, *mas caso eu encontre uma mais curta e suave para viajar, abrirei a nova estrada*".[17] Anuncia-se, assim, desde o início, por parte de D. Miguel uma preocupação de não se afastar daquilo que os antepassados tinham estabelecido, o que sugere, de maneira bem forte, por que, mais de quatro décadas depois da Constituição dos Estados Unidos, ele insistisse em falar de *lei fundamental*.

Sem qualquer introdução, o texto inicia-se pela transcrição da Carta de Lei de 4 de junho de 1824, em que D. João VI "há por bem declarar instaurada a antiga, verdadeira e única Constituição da Monarquia portuguesa, mandando chamar a Cortes os três estados do reino".[18] Segue-se, então, uma "Advertência", em que D. Miguel exalta a figura de D. João, alude às circunstâncias que obstaram, nos anos seguintes,

---

tempos e das circunstâncias persuadem, maiormente depois das grandes convulsões políticas que a referida nação tem padecido entre os anos de 1820 e 1827, Paris, 1828, p. 144-82.

16 Sem dúvida, como sugere Peter Burke em artigo instigante, a escolha desses autores antigos não era gratuita. Ver "Tradição e experiência: a ideia de declínio, de Bruni a Gibbon", *in O mundo como teatro: estudos de antropologia histórica*, trad. de Vanda M. Anastácio, Lisboa, Difel, 1992, p. 195-221.

17 Em latim: "Non ibo per priorum vestigia? Ego *vero* utar via vetere, *sed si propiorem planioremque invenero, hanc muniam*". Ver http://www.faculty.fairfield.edu/rosivach/la101b/, em 20/07/2008. Em inglês: "Shall I not follow in the footsteps of my predecessors? I shall *indeed use the old road, but if I find one that makes a shorter cut and is smoother to travel, I shall open the new road*". Cf. http://www.stoics.com/seneca_ epistles_book_1.html, em 20/07/2008. Num caso como no outro, assinalei em itálico o que foi deixado de fora por D. Miguel.

18 ABREU, Miguel António de Melo, *Projecto para a Reforma da Lei Fundamental da Monarquia Portuguesa, ajustada ao génio, carácter, únicas alterações e acrescentos que a diversidade dos*

o cumprimento da mencionada carta de lei e considera que, após a morte do rei, seu filho e legítimo herdeiro, "mal informado acerca da história e do direito público português", além de "maliciosamente enganado por aqueles a quem ouviu sobre matéria tão grave e melindrosa", publicara a Carta de Lei de 29 de abril de 1826. Nessa Constituição para Portugal, D. Pedro "veio a condescender se adotassem doutrinas e fossem dadas providências que, por trazerem origem de teorias abstratas, [...] vieram a produzir as funestíssimas consequências que lastimosamente se tem verificado".[19]

Com isso, "grandes alterações essenciais" foram introduzidas

> na lei fundamental da monarquia portuguesa que conta já perto de oito séculos de antiguidade e à sombra da qual a nação portuguesa viveu sempre sossegada e feliz até a época da infame rebelião acontecida no ano de 1820; que a carta de lei de [...] 1826, por isso que encerra defeitos capitalíssimos, justamente tem desagradado e desagrada a maioria da nação portuguesa; e com especialidade e mais perfeito conhecimento de causa à parte mais sã e ilustrada da referida nação e aos sábios estrangeiros, que conhecem o que importam e o que valem certas teorias inventadas e propagadas pelos pseudofilósofos dos séculos 18º e 19º [...].[20]

Como resultado, renovaram-se

> animosidades de partidos, que desde junho de 1823 [...] pouco a pouco se tinham acalmado com esperanças bem fundadas de se virem com o tempo e maduras reflexões a extinguir, cuja renovação proveio da falta de vigor das autoridades públicas competentes em reprimirem [...] os excessos dos referidos partidos, que, sendo entre si diametralmente opostos e caminhando por extre-

---

tempos e das circunstâncias persuadem, maiormente depois das grandes convulsões políticas que a referida nação tem padecido entre os anos de 1820 e 1827, Paris, 1828, p. 10-1.

19 ABREU, Miguel António de Melo, *Projecto para a Reforma da Lei Fundamental da Monarquia Portuguesa...*, p. 15.

20 ABREU, Miguel António de Melo, *Projecto para a Reforma da Lei Fundamental da Monarquia Portuguesa...*, p. 20.

mos a fins diversos, são, sempre foram e serão perniciosíssimos à tranquilidade e prosperidade das nações cultas [...].[21]

Em consequência, por julgar indispensável rever o mais brevemente possível a Carta de Lei outorgada por D. Pedro, segundo os princípios daquela emanada de D. João, "um português honrado, católico verdadeiro, muito fiel vassalo de sua majestade fidelíssima e zeloso do bem comum da sua pátria", se resolvera "a compilar e ordenar o projeto adiante copiado para a reforma da Lei fundamental da monarquia portuguesa".[22]

* * *

Como mencionado acima, o *Projeto* compõe-se de 21 Títulos, cada um com variável número de parágrafos, que procurei resumir na Tabela em anexo, ao final.

Na impossibilidade de um exame minucioso, basta notar que, desconsiderando-se o último, uma espécie de miscelânea, com muitas propostas de cunho ilustrado, como disse, o centro de gravidade do *Projeto* encontra-se, ao que parece, nos Títulos 7º., 8º., 13º e 14º E é deles de que tenho condição de tratar, sumariamente, no tempo disponível. São de fato os dois pólos ao redor dos quais D. Miguel constrói sua argumentação para assegurar o que supõe ser a conversão da Constituição de 1826 em documento adaptado ao "gênio, caráter, foros, usos e costumes da nação portuguesa".

Se, nos dois primeiros, aborda o soberano, nos outros, retoma a ideia das Cortes como Poder Legislativo, mas completamente subordinadas ao trono. No 7º., desce a minúcias sobre a família real, tais como os títulos que merecem seus membros em cada circunstância; a condição dos filhos ilegítimos da casa real; a indicação de que as Cortes deverão atribuir ao rei e à rainha "convenientes dotações para decoroso tratamento de suas augustas pessoas", a conservação dos palácios reais etc. O seguinte começa por considerar o soberano a "suprema cabeça política da nação portuguesa", que "continuará a intitular-se rei", para, em seguida, afirmar que sua "real pessoa também continuará a ser contemplada como sagrada, inviolável e livre de toda e qualquer responsabilidade temporal pelo que obrar no exercício da soberania". Ele pode nomear e demitir livremente conselheiros e ministros de estado, assim como cabe a si convocar os estados do reino a Cortes, "nas épocas e pela forma na lei fundamental

---

21 ABREU, Miguel António de Melo, *Projecto para a Reforma da Lei Fundamental da Monarquia Portuguesa...*, p. 21.

22 ABREU, Miguel António de Melo, *Projecto para a Reforma da Lei Fundamental da Monarquia Portuguesa...*, p. 22.

estabelecidas", cuja reunião, no entanto, pode interromper ou dissolver a seu arbítrio. Da mesma forma, tanto tem o poder de encaminhar às Cortes novas leis, através de seus ministros, quanto de negar sanção àquelas aprovadas nos congressos de cada um dos estados. Além disso, ao rei cabe até mesmo estabelecer "as cores e ornatos da libré dos criados de diversos foros ou hierarquias de sua real casa".

No outro pólo, de acordo com o Título 13º., somente ao soberano "compete convocar os estados da monarquia a cortes", seguindo-se as formalidades de estilo, pelas quais os dois primeiros braços são bastante ampliados, enquanto o dos povos restringe-se aos procuradores de determinadas cidades e vilas dos reinos de Portugal e Algarve, mais dois em cada domínio ultramarino, com expressas recomendações de que sejam escolhidos segundo critérios específicos, muito detalhados, dentre os quais avultam a capacidade, mas também o "bom procedimento cristão, cível e político". No Título 14º., relativo à abertura das Cortes, o que importa em primeiro lugar são os rituais e formalidades, típicas do Antigo Regime, aos quais acrescentam-se, aqui e ali, algumas determinações quanto ao funcionamento das sessões.

Em artigo denso, proveniente da área do Direito, mas com aguda sensibilidade histórica, Airton Seelaender, ao tratar do papel das *leis fundamentais* na transição para a ideia de Constituição moderna, observa que, na Espanha, o "aristocrata Jovellanos" (1744-1811), adversário "dos desmandos do Absolutismo, mas ainda identificado com valores próprios da sociedade estamental", "chegou a sustentar que a Espanha não estaria sequer precisando de uma Constituição, por já a ter no seu antigo 'conjunto de leis fundamentais que fixam os direitos do soberano e dos súditos e os meios saudáveis de preservar uns e outros'".[23]

Algumas décadas mais tarde, seria diferente o caso de Miguel Antônio de Melo? No fundo, se lhe faltava a concepção moderna de Constituição, sobrava-lhe a consciência de uma sociedade composta por indivíduos de diferentes graduações, regulada pelos desígnios da Providência, e para a qual cabia registrar, miudamente, as características, à moda de um regulamento de Antigo Regime, a fim de que todos tivessem claro não só quais os seus respectivos direitos e deveres, como ainda *a honra* que competia a cada um.[24]

---

23 SEELAENDER, Airton Cerqueira Leite, "Notas sobre a constituição do direito público na idade moderna: a doutrina das leis fundamentais", *Revista Sequência*, Florianópolis, nº 53, p. 197-232, dezembro de 2006, citação na p. 215. Grifos no original.

24 Para a discussão da concepção de Constituição, ver ainda Carl Schmitt, *Teoría de la Constitución*, presentación y versión española de Francisco Ayala, epílogo de Manuel García-Pelayo, Madrid,

* * *

Para concluir. Em 1826, Honoré de Balzac, então ainda sem a *particule*, com 27 anos e autor já de alguns romances *góticos*, estabelecia-se no 6º *arrondissement* de Paris, *rue des Marais Saint-Germain*, hoje *Visconti*, para lançar-se numa aventura editorial e tipográfica que iria deixá-lo, dois anos depois, com dívidas suficientes para arruinar-lhe a saúde e compeli-lo à redação da extraordinária "Comédia Humana". E foi esse mundo da produção de livros em acelerado processo de mudança na direção de um negócio em moldes capitalistas e burgueses que ele descreveu mais tarde em *Ilusões perdidas*, cuja versão final apareceu em 1843.

Quase ao final desse romance, ocorre o célebre diálogo do protagonista, Lucien de Rubempré, com um misterioso cônego da catedral de Toledo – simples disfarce para mais uma encarnação do temível *Vautrin* – que, como um outro Fausto, salva o jovem do suicídio para colocá-lo a seu serviço e ao de uma filosofia cínica e oportunista; filosofia esta que Balzac evidentemente identifica com aquela predominante em seu tempo. Em certo momento, diz o religioso: "Sua sociedade não adora mais o verdadeiro Deus, mas o Bezerro de Ouro! Esta é a religião *de sua Carta*, que, na política, leva somente em conta a propriedade". E, logo em seguida, acrescenta: "Depois de ter sabido amealhar legalmente uma fortuna, quando for rico e marquês de Rubempré, você poderá permitir-se então o luxo de *pensar em honra*".[25]

Ora, para D. Miguel, ao contrário, a *honra* continuava a colocar-se acima da *riqueza*. Assim como ele não podia admitir que a sua voz tivesse passado a ser apenas mais uma na algaravia de vozes discordantes que brotavam da sociedade que se fizera mercado, sob a forma de partidos *perniciosíssimos à tranquilidade e prosperidade das nações cultas*.

Apesar disso, não foi dos prelos do conservador e endividado Balzac que saiu, naquele momento, o pequeno volume de D. Miguel sobre a Lei fundamental da

---

Alianza, 2006, em especial, p. 29, assim como Dieter Grimm, *Constitucionalismo y derechos fundamentales*, estudio preliminar de Antonio López Pina, trad. de Raúl Sanz Burgos y José Luis Muñoz de Baena Simon, Madrid, Trotta, 2006. Além disso, cf. o primeiro esboço de sistematização de uma história do conceito de "constituição" para o mundo luso-brasileiro em Lúcia M. Bastos Pereira das Neves & Guilherme Pereira das Neves, "Constituição", *in* João Feres Júnior (org.), *Léxico da história dos conceitos políticos no Brasil*, Belo Horizonte, Editora da UFMG, 2009, p. 65-90.

25   BALZAC, Honoré de. *Illusions perdues*, préf. de Gaëtan Picon. Paris: Gallimard, 1972 (Folio), p. 631. Grifos meus.

monarquia portuguesa; mas, sim, daqueles de Henri Fournier, seu conterrâneo e amigo ainda por alguns anos, um dos mais bem-sucedidos impressores da época, estabelecido na transversal *rue de Seine*, a poucos passos do endereço do escritor, como foi possível documentar graças à gentileza da professora Diana Cooper-Richet, que participou recentemente do II Seminário Brasileiro Livro e História Editorial (LIHED) no Rio de Janeiro e Niterói, cuja organização teve Tânia Bessone, ao lado de Aníbal Bragança, por responsável.[26]

No fundo, da mesma maneira que Balzac – e, talvez, todos nós –, D. Miguel pensava no passado, mas via-se constrangido a agir no presente.

---

26 Para Balzac editor/tipógrafo, cujo negócio ficava no nº 17 da *rue du Marais Saint-Germain*, hoje *Visconti*, ver, em primeiro lugar, Alfred Fierro, "Annexe: Balzac imprimeur", *in* Roger Chartier & Henri-Jean Martin (dir.), *Le temps des éditeurs: du romantisme à la Belle Époque*, Paris, Fayard/Cercle de la Librairie, 1990, p. 90-1 ("Histoire de l'édition française", 3). Cf. ainda "Honoré de Balzac et la rue Visconti", http://www.ruevisconti.com/Histoire/EnfantduMarais/Balzac.html; Philippe Kaenel, Autour de J.-J. Grandville: les conditions de production socio-profissionnelles du livre illustré romantique, *Romantisme*, v. 14, nº 43, p. 45-65, 1984, acessível em http://www.persee.fr, ambos com acesso em 18/07/2008. Infelizmente, ainda não foi possível consultar Patrick Berthier, *Balzac et l'imprimerie*, Paris, Imprimerie Nationale, 1999. No entanto, a gentileza da Profª Diana Cooper-Richet, Université de Versailles Saint-Quetin-em-Ivelines, a quem muito agradeço, viabilizou o acesso não só a Nicole Felkay, "Balzac et l'imprimeur Henri Fournier", *L'année balzacienne*, Paris, nº 5, p. 55-67, 1984, mas também parte do livro *Balzac et ses éditeurs, 1822-1837. Essai sur la librairie romantique*, Paris, Promodis/Cercle de la Librairie, 1987, da mesma autora, onde é possível encontrar uma gravura de Jean-Jacques-Isidore Gérard, justamente conhecido como Grandville (1803-1847), em que Fournier aparece (p. 302) distribuindo pilhas de moedas a artistas e escritores, como Lamartine e Balzac. Desse modo, foram esses trabalhos sobretudo que permitiram confirmar as suspeitas das relações entre Balzac e Henri Fournier, ao mostrar a trajetória semelhante dos seus pais respectivos, o nascimento comum em Tours, a frequência à mesma escola na infância, a amizade entre os dois até por volta de meados dos anos de 1830, quando Balzac processa Fournier por conta de uma edição não autorizada. A casa de Henri Fournier ficava na *rue de Seine* nº 14, praticamente, ao que tudo indica, na esquina da *rue des Beaux-Arts*.

Anexo

Tabela: Composição do *Projeto de Lei fundamental* de Miguel Antônio de Melo (1827)

Título	Assunto	p.	§s
1º	Da natureza do governo da nação portuguesa e dos territórios pertencentes à coroa respectiva	2	3
2º	Da representação nacional e dos poderes políticos diversos	2	5
3º	Dos vassalos portugueses	3	10
4º	Da religião	4	2
5º	Da sucessão da coroa	7	14
6º	Da regência da monarquia nos casos em que ela deva verificar-se	8	15
7º	Da família real e sua dotação	18	39
8º	Do soberano e suas prerrogativas	16	41
9º	Do Ministério	5	12
10º	Do Conselho de Estado	5	13
11º	Do Poder Legislativo	4	11
12º	Do Poder Judicial	4	8
13º	Do chamamento dos estados do reino a Cortes e de outros atos subsequentes até a celebração da abertura das mesmas	16	22
14º	Do ato da abertura das Cortes e outros que se lhe deverem seguir, assim como da duração das cortes ordinárias e outras matérias análogas	15	29
15º	Dos presidentes dos congressos, dos secretários e outros oficiais dos mesmos	5	6
16º	Por que maneira se comunicará o Poder Executivo com o Poder Legislativo e vice-versa	8	7
17º	Por que maneira se corresponderão entre si os braços do clero, da nobreza e dos procuradores dos povos quando as Cortes se acharem congregadas	3	2
18º	Das réplicas às consultas relativas a providências legislativas, assentadas em Cortes, às quais o soberano denegar a sua real aprovação	2	1
19º	Das arcas das memórias e petições	3	1
20º	Formulário para as cartas de lei, alvarás com força de lei e simples alvarás	5	5
21º	Providências diversas	42	70
Total		177	316

Referências Bibliográficas

Fontes

Manuscritas
Arquivo Histórico Ultramarino (AHU), Lisboa

Conselho Ultramarino, Angola, caixa 93, documentos 4, 5 e 10.

Arquivos Nacionais/Torre do Tombo
Chancelarias: D. Maria I, L. 50, f. 36; L. 61, f. 356; L. 73, f. 238; L. 74, f. 292; L. 76, f. 134v.

Chancelarias: D. João VI, L. 26, f. 19; L. 33, f. 157v.

Registro Geral das Mercês (RGM): D. José I, L. 13, folha [f.] 189.

Registro Geral das Mercês (RGM): D. Maria I, Livro (L.) 10, f. 322 e 323; L. 18, f. 13 e f. 310; L. 19, f. 219v; L. 20, f. 180; L. 21, f. 52v; L. 22, f. 70v; L. 23, f. 249v; L. 27, f. 149v e 150v; L. 28, f. 19; L. 31, f. 13.

Registro Geral das Mercês (RGM): D. João VI, L. 8, f. 70v; L. 14, f. 90v e f. 117; L. 15, f. 89 e f. 112; L. 21, f. 105 e 129; L. 26, f. 19.

Arquivo do Tribunal de Contas, Lisboa

"Livros de registro das folhas de assentamento de ordenados, tenças, pensões e esmolas impostas em rendimentos vários, 1760-1833" (nº 4.737-4.749).

Fundação Biblioteca Nacional do Rio de Janeiro

Divisão de Manuscritos. I-31,21,34 nº 2. "Informação da Bahia de Todos os Santos" de 1797.

Instituto Histórico e Geográfico Brasileiro

Lata 358, pasta 28. "Informação da Bahia de Todos os Santos" de 1797.

Impressas

"Almanaque de Lisboa de 1807", *Revista do Instituto Histórico e Geográfico Brasileiro (RIHGB)*. Rio de Janeiro: Imprensa Nacional, 1971 (apêndice ao v. 290).

Arquivos de Angola, Luanda, v. 1, nº 4, nov. 1935.

Arquivos de Angola, Luanda, v. 1, nº 6, mar. 1936.

Arquivos de Angola, Luanda, v. 2, nº 10, jul. 1936.

Arquivos de Angola, Luanda, v. 2, nº 11, ago. 1936.

Balzac, Honoré de. *Illusions perdues*, préf. de Gaëtan Picon. Paris: Gallimard, 1972 (Folio).

Coutinho, Rodrigo de Souza. "Memória sobre o melhoramento dos domínios de Sua Majestade na América", *in Textos políticos, económicos e financeiros (1783-1811)*, org. de Andrée Mansuy-Diniz Silva. Lisboa: Banco de Portugal, 1993, 2v., v. 2, p. 47-66.

[Melo, Miguel Antônio]. "Projecto para a reforma da lei fundamental da monarquia portuguesa, ajustado ao genio, carater, foros, usos e costumes da nação respectiva, com as unicas alterações e accrescentamentos que a diversidade dos tempos e das circunstancias persuadem necessarias, maiormente depois das grandes convulsões políticas, que a referida nação tem padecido entre os annos de 1820 e 1827, tudo para eficaz remedio dos males preteritos e vigoroso impedimento da renovação de iguais ou similhantes no futuro". Paris: Henri Fournier, s/d.

Mendonça, Antônio Manuel de Melo Castro e. "Memória sobre os objetos mais interessantes da Capitania de São Paulo...", *in Anais do Museu Paulista*. São Paulo, v. 18, 1964, p. 227-68.

Morato, Francisco Manuel Trigoso de Aragão. "Memórias começadas a escrever por ele mesmo em princípios de 1824 e terminadas em 15 de Julho de 1835 (1777 a 1826)", revistas e coordenadas por Ernesto de Campos de Andrada. Coimbra: Imprensa da Universidade, 1933.

Torres, J. C. Cardozo de Castelbranco e. "Memorias contendo a biografia do vice Almirante Luiz da Motta Feo e Torres, a Historia dos Governadores e Capitães Generais de Angola desde 1575 até 1825 e a Descrição Geografica e Política dos Reinos de Angola e Benguela". Paris: Fantin, 1825.

Vilhena, Luís dos Santos. *A Bahia no século xviii*, notas e comentários de Braz do Amaral, apresentação de Edison Carneiro. Bahia [Salvador]: Itapuã, 1969, 3v.

Livros e Artigos

Affonso, Domingos de Araujo & Valdez, Ruy Dique Travassos. *Livro de oiro da nobreza*. Braga: Tipografia da Pax, 1933, v. 2.

Burke, Peter. "Tradição e experiência: a ideia de declínio, de Bruni a Gibbon", *in O mundo como teatro: estudos de antropologia histórica*, trad. de Vanda M. Anastácio. Lisboa: Difel, 1992, p. 195-221.

CALÓGERAS, João Pandiá. *O marquez de Barbacena*, 2ª ed. São Paulo: Cia. Ed. Nacional, 1936 ("Brasiliana", 5ª série, 2).

COSTA, Ricardo Manuel Madruga da. *Os Açores em finais do regime de Capitania-Geral, 1800-1820*. Horta (Ilha do Faial, Açores): Núcleo Cultural da Horta/ Câmara Municipal da Horta, 2005, 2v.

COUTO, Carlos. *Os capitães-mores em Angola no século XVIII (subsídio para o estudo da sua actuação)*. Luanda: Instituto de Investigação Científica de Angola, 1972.

DIAS, Gastão Sousa. *Os portugueses em Angola*. Lisboa: Agência Geral do Ultramar, 1959.

DIAS, José Henrique Rodrigues. *José Ferreira Borges: Política e Economia*. Lisboa: Imprensa Nacional/Casa da Moeda, 1988.

DIAS, Maria Odila da Silva. "Aspectos da Ilustração no Brasil", RIHGB, Rio de Janeiro, v. 278, jan./mar. 1968, p. 105-70.

DOMINGUES, Ângela. "Para um melhor conhecimento dos domínios coloniais: a constituição de redes de informação no império português em finais de setecentos", *Ler História*, Lisboa, v. 39, 2000, p. 19-34.

FELKAY, Nicole. *Balzac et ses éditeurs, 1822-1837. Essai sur la librairie romantique*. Paris: Promodis/Cercle de la Librairie, 1987.

FELKAY, Nicole. *Balzac et l'imprimeur Henri Fournier, L'ánnée balzacienne*, Paris, nº 5, 1984, p. 55-67.

FIERRO, Alfred. "*Annexe: Balzac imprimeur*", *in* Roger Chartier & Henri-Jean Martin (dir.), *Le temps des éditeurs: du romantisme à la Belle Époque*. Paris: Fayard/Cercle de la Librairie, 1990 ("*Histoire de l'édition française*", 3).

GRIMM, Dieter. *Constitucionalismo y derechos fundamentales, estudio preliminar de Antonio López Pina*, trad. de Raúl Sanz Burgos y José Luis Muñoz de Baena Simon. Madrid: Trotta, 2006.

HESPANHA, Antônio Manuel. *Guiando a Mão Invisível: Direitos, Estado e Lei no Liberalismo Monárquico Português*. Coimbra: Almedina, 2004.

KAENEL, Philippe. "*Autour de J.-J. Grandville: les conditions de production socio-profissionnelles du livre illustré romantique*", *Romantisme*, v. 14, nº 43, p. 45-65, 1984, acessível em http://www.persee.fr (em 18/07/2008).

MAXWELL, Kenneth. "A geração de 1790 e a ideia do império luso-brasileiro", *in Chocolate, piratas e outros malandros: ensaios tropicais*. Rio de Janeiro: Paz e Terra, 1999, p. 157-207.

MESQUITA, Antônio Pedro. *O Pensamento político português no século XIX: uma síntese histórico-crítica*. Lisboa: Imprensa Nacional/Casa da Moeda, 2006.

MONTEIRO, Nuno Gonçalo. *O crepúsculo dos grandes: a casa e o patrimônio da aristocracia em Portugal (1750-1832)*. Lisboa: Imprensa Nacional/Casa da Moeda, 1998.

NEVES, Guilherme Pereira das. "Miguel Antônio de Melo, agente do império ou das Luzes? Dilemas da geração de 1790", *in* Ronaldo Vainfas & Rodrigo Bentes Monteiro (orgs.), *Império de várias faces: relações de poder no mundo ibérico da época moderna*. São Paulo: Alameda, 2009, p. 369-92.

_____. "Em busca de um ilustrado: Miguel António de Melo (1766-1836)". Anais eletrônicos do Colóquio "Entre Iluminados e Românticos", realizado no Real Gabinete Português de Leitura em 24 e 25 de abril de 2006, em www.realgabinete.com.br/coloquio/3_coloquio_outubro/index.htm (em 28/10/2009).

_____. "Guardar mais silêncio do que falar: Azeredo Coutinho, Ribeiro dos Santos e a escravidão", *in* José Luís Cardoso (org.), *A economia política e os dilemas do império luso-brasileiro (1790-1822)*. Lisboa: Comissão Nacional para as Comemorações dos Descobrimentos Portugueses, 2001, p. 13-62.

NEVES, Lúcia M. Bastos Pereira das & NEVES, Guilherme Pereira das. "Constituição", *in* João Feres Júnior (org.), *Léxico da história dos conceitos políticos no Brasil*. Belo Horizonte: Editora da UFMG, 2009, p. 65-90.

PAIXÃO, Judite Cavaleiro & CARDOSO, Cristina. *Do Erário Régio ao Tribunal de Contas: os Presidentes*, apr. de Alfredo José de Sousa. Lisboa: Tribunal de Contas, 1999.

RAMINELLI, Ronald. "Ilustração e patronagem: estratégias de ascensão social no império português", *Anais de História de Além-Mar*, Lisboa, v. 6, 2005, p. 297-325.

RAMOS, Vítor. *A edição de língua portuguesa em França (1800-1850): repertório geral dos títulos publicados e ensaio crítico*. Paris: Fundação Calouste Gulbenkian, 1972.

REGO, A. da Silva. *O Ultramar português no século XVIII (1700-1833)*. Lisboa: Agência Geral do Ultramar, 1970.

SANTOS, Catarina Madeira. "*Entre deux droits. Les Lumières en Angola (1750-v.1800)*", *Annales Hss*, Paris, v. 60, nº 4, juillet-août 2005, p. 817-48.

SANTOS, Martins dos. "Cultura, educação e ensino em Angola", edição digital disponível em www.geocities.com/ath ens/troy/4285/ensino07.html (em 21/04/2006).

SEELAENDER, Airton Cerqueira Leite. "Notas sobre a constituição do direito público na idade moderna: a doutrina das leis fundamentais", *Revista Sequência*, Florianópolis, nº 53, dez. 2006, p. 197-232.

SCHMITT, Carl. *Teoría de la Constitución*, presentación y versión española de Francisco Ayala, epílogo de Manuel García-Pelayo. Madrid: Alianza, 2006.

SILVA, Andrée Mansuy-Diniz. *Portrait d'un homme d'État: D. Rodrigo de Souza Coutinho, Comte de Linhares, 1755-1812*, v. 1, "Les années de formation, 1755-1796". Paris: Centre Culturel Calouste Gulbenkian, 2002.

_____. *Portrait d'un homme d'État: D. Rodrigo de Souza Coutinho, Comte de Linhares, 1755-1812*, v. 2, "L'homme d'État, 1796-1812". Paris: Centre Culturel Calouste Gulbenkian, 2006.

SILVA, Innocencio Francisco da. *Diccionario Bibliographico Portuguez*. Lisboa: Imprensa Nacional, 1862, v. 6.

SOARES, Maria Goretti Leal. "Governadores e magistrados letrados no governo de Angola durante o século XVIII", *Anais de História de Além-Mar*, Lisboa, v. 5, 2004, p. 481-506.

SOUZA, Laura de Mello e. "Os limites da dádiva: Dom Antônio de Noronha", *in O Sol e a Sombra: Política e Administração na América Portuguesa do século XVIII*. São Paulo: Companhia das Letras, 2006, p. 350-402.

WEHLING, Arno e Maria José. *Direito e justiça no Brasil colonial: o Tribunal da Relação do Rio de Janeiro (1751-1808)*. Rio de Janeiro: Renovar, 2004.

Sítios da Internet

http://www.faculty.fairfield.edu/rosivach/la101b/ (em 20/07/2008)
www.realgabinete.com.br/coloquio/3_coloquio_outubro/index.htm (em 08/03/2007)
http://www.ruevisconti.com/Histoire/EnfantduMarais/Balzac.html (em 18/07/2008)
www.sgmf.pt/Cultures/pt/SGMF/Internet/Historia/Indice/ (em 08/03/2007)
www.sgmf.pt/NR/rdonlyres/5687C9BA-2CAD-45D8-9ACE-75DA5FB7E047/2990/DmiguelAntóniodeMelo deAbreuSoaresdeBritoBarbosa1.pdf (em 09/03/2007)
http://www.stoics.com/seneca_ epistles_book_1.html (em 20/07/2008)

Capítulo 3
Retórica e convencimento no Primeiro Reinado: a política como prática cidadã no Parlamento[1]

Aline Pinto Pereira

> Se a palavra é característica do homem, é mais desonroso ser vencido pela palavra que pela força física.[2]

O propósito do presente artigo é discutir como a retórica foi apropriada por parlamentares e senadores, durante os embates travados na Assembleia Geral, quando eram latentes as discussões sobre a representação política no Primeiro Reinado. Interessa-nos demonstrar o quanto o discurso retórico foi um artifício essencial para a operacionalização da política, tal qual um instrumento de persuasão e de pressão, no momento em que demonstrar poder, erudição e distinção social eram prerrogativas inerentes àqueles que, segundo o artigo 11 da Carta outorgada de 1824, eram os representantes do Império do Brasil. Para tanto, consideraremos um dos muitos debates envolvendo deputados e senadores, com o intuito de demonstrar que, mais do que um jogo de palavras, a arte retórica e os confrontos no campo da linguagem se tornam ainda mais ricos se entendidos sob o prisma da prática política e social.

---

1 O presente artigo é uma versão ampliada da comunicação apresentada no xxv Simpósio Nacional de História – "História e Ética", em Fortaleza – julho de 2009.
2 Reboul, Oliver. *Introdução à retórica*. São Paulo: Martins Fontes, 2004, p. 25

Para tanto, recorremos ao texto de José Murilo de Carvalho,[3] que recomenda aos que pretendem se aventurar pelo campo analítico da história intelectual no Brasil o estudo dos "contrastes no campo da linguagem, dos estilos de pensar, dos modos do discurso e das práticas retóricas"[4] como alguns dos bons elementos auxiliares à compreensão dos principais embates políticos travados no século xix.

Após recuperar as raízes históricas da retórica na tradição secular da escolástica portuguesa e demonstrar o esforço do Marquês de Pombal para que houvesse uma renovação no método de ensino a partir das contribuições do frade Luis Antônio Verney – este último inspirado por *Aristóteles*, *Cícero* e *Quintiliano* –, José Murilo afirma que, tal como a tradição lusitana, o Brasil Colônia contou com um curso "de filosofia e de teórica do discurso e da linguagem", por iniciativa de Silvestre Pinheiro Ferreira. Este também redigiu um compêndio sobre o tema, publicado entre os anos de 1813 e 1820, intitulado *Prelecções Philosóphicas sobre a theórica do discurso e da linguagem, a esthética, a diceósyna e a cosmologia*.[5]

Ainda de acordo com José Murilo de Carvalho, Silvestre Pinheiro Ferreira achava que a retórica deveria ser aprendida em associação com a lógica e com a gramática, pois, nas palavras de Carvalho, "a arte de pensar não se devia separar da arte de falar com clareza, a retórica não devia ser enfeite, mas instrumento cotidiano de argumentação e persuasão".[6]

Ao afirmar a importância da retórica como um instigante instrumento para a prática da história intelectual e política do século xix, José Murilo de Carvalho discorre sobre a preocupação de autores como Chaïm Perelman em recuperar a pretensão dessa modalidade discursiva no campo das humanidades, apontando que, para além de convencer, esta pretende "persuadir, mover a vontade". A retórica embasa, nas palavras de Carvalho, o processo de convencimento e conduz à ação.

Assim, ele aponta algumas características da retórica que enriquecem as argumentações discursivas do século xix, sendo elas: "a estreita relação entre os argumentos e a pessoa do orador", que passa, obviamente, por uma intrínseca relação com o cânone da

---

3 CARVALHO, José Murilo de. "História Intelectual no Brasil: a retórica como chave de leitura". In: *Revista Topoi*, v. 1, Janeiro-Dezembro de 2000.

4 CARVALHO, José Murilo de. "História Intelectual no Brasil: a retórica como chave de leitura". In: *Revista Topoi*, v. 1, Janeiro-Dezembro de 2000, p. 127.

5 SILVA, Maria Beatriz Nizza da. *Silvestre Pinheiro Ferreira: ideologia e teoria*. Lisboa: Sá da Costa, 1975.

6 CARVALHO, José Murilo de. "História Intelectual no Brasil: a retórica como chave de leitura". In: *Revista Topoi*, v. 1, Janeiro-Dezembro de 2000, p. 134.

autoridade; o campo da argumentação como fonte importante de persuasão e, por fim, a importância do auditório, ou seja, do público ouvinte e/ou leitor.

Estas preocupações indicadas por Carvalho foram anteriormente expressas por Perelman, autor afeito aos estudos da Filosofia do Direito, quando afirmou:

> ...tal como uma assembleia parlamentar, [o auditório] deverá reagrupar-se em um todo para tomar uma decisão, e nada mais fácil, para o adversário, do que voltar contra o seu predecessor todos os argumentos por ele usados com relação às diversas partes do auditório, seja opondo-os uns aos outros para mostrar a incompatibilidade deles, seja apresentando-os àqueles a quem não eram destinados.[7]

Chaïm Perelman afirma que o *auditório* é o conjunto de pessoas a quem se quer influenciar e que dele depende a receptividade ao discurso. É o espaço da dialética, do exercício da razão. É primordial que o orador se adapte ao seu público, cujas opiniões se formam de acordo com o meio social e as redes de sociabilidades que tece cotidianamente, embora não deva perder de vista a individualidade e as particularidades de cada ouvinte e/ou leitor, determinantes para a tomada de um posicionamento.

Perelman recorre com frequência aos filósofos gregos, aos contratualistas e a outros autores para construir sua argumentação e demonstrar aos interessados a importância da retórica para o exercício intelectual. Percorre a história dessa técnica, o momento de seu ostracismo e propõe seu reavivamento. Não vamos nos remeter aos gregos e à sua influência para a gênese do bom argumentar, bem como não pretendemos demonstrar todas as fases atravessadas pela retórica.

Ao invés, consideramos mais interessante citar o trabalho de Iara Frateschi,[8] que, esmiuçando a dualidade entre os pensamentos formulados por Aristóteles e por Thomas Hobbes, nota como este último teria tentado desconstruir o entendimento de que o homem é evidentemente um ser político, refutando a máxima aristotélica e, posteriormente, a difusão da retórica. Por meio do trabalho de Frateschi, não é difícil concluir o quanto um homem que domina os recursos da linguagem é considerado perigoso, pois, quanto maior for sua instrução,

---

7 PERELMAN, Chaïm. *Tratado da Argumentação. A nova Retórica*. Coleção Justiça e Direito, 2ª ed. São Paulo: Martins Fontes, 2005, p. 34.
8 FRATESCHI, Iara. *A física da política. Hobbes contra Aristóteles*. Campinas: Editora da Unicamp, 2006.

seu conhecimento, maior será sua habilidade com as palavras e mais eficaz será o seu potencial contestatório – o que certamente não interessava ao autor de *O Leviatã*.

Ao expor como Hobbes procurou negar o *zoon politikon* do filósofo grego, Frateschi discorre sobre a teoria estoica da sociabilidade natural, endossada por Cícero, que em *De Officiis* defendeu: "os primeiros princípios da comunidade e da sociedade humana são a razão e a linguagem, as quais, 'por meio do ensino, da aprendizagem, da comunicação, do debate e do julgamento, unem os homens em uma espécie de sociedade natural'".[9]

Para a autora, Thomas Hobbes teria se preocupado em contrapor-se aos princípios defendidos por Aristóteles em sua obra a *Política*, bem como refutado a retórica como elemento analítico, para "demonstrar que o poder civil tem origem no contrato social".[10]

Frateschi nos leva a concluir que a vida política, por si, não existe se distanciada do conflito – aquele que Hobbes julgou ser possível minorar ou evitar –, dos enfrentamentos entre posicionamentos antagônicos, pois os homens são seres sociais. Nas palavras da autora, "(...) as sociedades civis não são meras reuniões, mas se erguem pela instituição de um poder comum. A aptidão para a vida social é adquirida e não natural: sociedade é fruto de uma escolha e não obra da natureza."[11]

E a sociedade, quando se organiza, não o faz de forma dissociada da política – esta se manifesta em todas as relações. O homem pleno, necessariamente, está integrado à vida social e política como condição para que exista e se relacione com seus semelhantes. E a política conta com *modus vivendi* específico, para o qual a retórica é indispensável, pois as palavras protagonizam os discursos públicos e as demais manifestações de pensamento no campo da política, da justiça e do direito, por exemplo, sendo estes dialógicos e dialéticos. Defender ideias no âmbito da instituição ou publicá-las em algum panfleto era uma intervenção direta na vida política do Império. Não era apenas discutir a política, mas executá-la, passando pelas quatro fases do sistema retórico: a intervenção, a disposição, a elocução e a ação.[12]

Quando nos referimos à retórica – arte ou conhecimento da técnica do emprego das palavras e dos recursos linguísticos – como instrumento auxiliar na análise de muitos dos embates políticos travados no século XIX, temos em mente que os homens sempre

---

9   Frateschi, Iara. *A física da política. Hobbes contra Aristóteles.* Campinas: Editora da Unicamp, 2006, p. 20.

10 Frateschi, Iara. *A física da política. Hobbes contra Aristóteles.* Campinas: Editora da Unicamp, 2006, p. 20.

11 Frateschi, Iara. *A física da política. Hobbes contra Aristóteles.* Campinas: Editora da Unicamp, 2006, p. 14 e 15.

12 Reboul, Oliver. *Introdução à retórica.* São Paulo: Martins Fontes, 2004, p. 43 e ss.

se valeram da linguagem como um recurso ao convencimento, sendo esta necessária à manutenção das relações sociais e à sua própria sobrevivência ao longo da história.

Porém, a linguagem se torna ainda mais expressiva se analisada a partir de sua relação com a política, com a coisa pública e, portanto, com uma dada construção de poder que toca o papel das instituições. Interessado em como as relações de força e de dominação se manifestam na sociedade, o antropólogo Georges Balandier afirma que o "poder político apodera-se das palavras" e que "todo poder se diz e se exerce por meio de uma linguagem específica".[13] Afirma ainda que o poder se manifesta sob o ponto de vista "simbólico, imaginário, linguístico", muitas vezes requerendo uma "representação, um *decorum*, um cerimonial e suas pompas, uma distância em relação aos súditos".[14]

Georges Balandier refere-se às hierarquizadas sociedades africanas, seu objeto de estudo, para discorrer sobre o poder e sua presença a partir dos referenciais simbólicos e linguísticos. Porém, sua análise contribui para que pensemos que, qualquer que seja a sociedade, a disputa pelo poder é a mola que a impulsiona, tal como veremos acontecer no Brasil do Oitocentos.

Em confronto entendido como um explícito jogo de forças, deputados e senadores envolveram-se em uma batalha política logo nos primeiros meses de 1826, quando se discutia os procedimentos e outras normas de protocolo sobre os acompanhantes de "Sua Majestade, o Imperador D. Pedro I", durante as sessões da Assembleia Geral. Tal discussão nos revela como Câmara e Senado, valendo-se da oratória como espetáculo público de distinção, já explicitavam suas divergências logo após a retomada das funções da Casa, bem como nos indica o quanto o polêmico tema da representação nacional era caro aos homens daquele período.

A (in) subordinação da política

Ao estudar a retórica, Oliver Reboul afirmou que "os meios de competência da razão são os argumentos".[15] E argumentos não faltaram à Câmara dos Deputados e ao Senado quando discutiram acerca das sessões preparatórias para a primeira legislatura, no início de maio de 1826. Vemos que a retórica se manifesta nesses discursos, por meio de um

---

13   BALANDIER, Georges. *O contorno. Poder e Modernidade.* Rio de Janeiro: Bertrand Brasil, 1997, p. 100.

14   BALANDIER, Georges. *O contorno. Poder e Modernidade.* Rio de Janeiro: Bertrand Brasil, 1997, p. 103.

15   REBOUL, Oliver. *Introdução à retórica.* São Paulo: Martins Fontes, 2004, p. XVII.

pensamento racionalizado, encadeado e fundamentado, quando as disputas no campo das palavras traduziam os embates na cena política.

A prática política se manifestava e se consolidava por meio dos virulentos debates entre oradores que, por meio de uma argumentação construída de forma consistente e nem sempre polida, ganhariam amplitude, inspirariam e até mesmo influenciariam pessoas, revelando o alcance do seu poder e prestígio político – o que era essencial no momento em que as instituições se consolidavam, como sugere o trabalho de Fernanda Paula Sousa Maia,[16] que apresenta reflexão sobre o discurso dos parlamentares portugueses no século XIX.

A proximidade entre os princípios que inspiraram o surgimento das duas Casas Legislativas, em meio às disputas pela consolidação de um governo constitucional, nos leva a considerar alguns dos apontamentos de Maia para entendermos a Assembleia Geral do Império do Brasil como o *lócus* construtor e divulgador de poder político, de representação e de simbologias sociais que seriam as formas legitimadoras do sistema político que se forjava.

De acordo com Fernanda Maia, a construção de uma dada legitimidade parlamentar necessariamente perpassava por dois aspectos, sendo um de caráter moral – o representante da nação, "investido das virtudes da honra e do dever",[17] deveria ser o guardião da pátria, o cidadão exemplar, de brio inabalável – e o outro de força simbólica, onde preponderava o modelo retórico, aliado às liturgias políticas. A autora constata que a exibição da erudição, com o fim último de impressionar o *auditório*, avalizava o "monopólio da competência"[18] e contribuía para o rearranjo da política:

> ... esta capacidade oratória era uma arma política importantíssima que o deputado sabia que podia dispor para conquistar ou entediar o auditório e que, quando associada a dotes dramáticos de efeitos

---

16 MAIA, Fernanda P. S. *O discurso parlamentar português e as relações Portugal-Brasil. A Câmara dos Deputados (1826-1852)*. Lisboa: Fundação Calouste Gulbenkian, 2002.

17 MAIA, Fernanda P. S. *O discurso parlamentar português e as relações Portugal-Brasil. A Câmara dos Deputados (1826-1852)*. Lisboa: Fundação Calouste Gulbenkian, 2002, p. 160.

18 MAIA, Fernanda P. S. *O discurso parlamentar português e as relações Portugal-Brasil. A Câmara dos Deputados (1826-1852)*. Lisboa: Fundação Calouste Gulbenkian, 2002, p. 163.

especiais, podia apaixonar os ouvintes, fazendo virar as suas opiniões e até decidir votações.[19]

A autora alerta que, na medida em que a vida parlamentar foi se cristalizando, a retórica ganhara novo vigor. Não era tão rígida quanto os cânones acadêmicos, incorporando características que deram maior frescor aos discursos. Embora não se menosprezasse o poder das palavras, a oratória que se exercitava durante os embates no Parlamento oitocentista vinha acrescida da emoção – elemento que fazia toda a diferença para cativar o auditório.

Fernanda Maia aconselha ainda que consideremos que o poder das palavras, quando somadas ao cerimonial específico da vida pública e política, ganhava uma "legitimidade reservada, restrita e altamente selecionadora",[20] pois eram os ritos cunhados no seio da própria instituição que auxiliavam na consagração do discurso, dando-lhe uma aura de distinção. As palavras ganhavam dignidade própria quando proferidas em um espaço físico que, "longe de ser um fenômeno casual e naturalmente dado, resulta antes de uma apropriação social, de um processo de construção e representação simbólica do próprio poder."[21]

O trabalho de Fernanda Paula Sousa Maia vem ao encontro de nossa interpretação para pensarmos o Parlamento brasileiro. A seguir, consideraremos uma das principais discussões travadas por senadores e deputados, no momento em que a Assembleia Geral fora reativada. As duas Casas Legislativas confrontaram-se em meio a entendimentos antagônicos sobre o protocolo quanto à instalação dos trabalhos. Como afirmou Rui Vieira da Cunha, o assunto em tela foi tema de umas das primeiras disputas entre Senado e Câmara, quando se colocou "os nobres e os cargos da Corte em situação bem demarcada no quadro nacional. Contrastá-los à representatividade parlamentar é sublinhar seu caráter honorífico e ilustrar seu conteúdo, sem impugnar sua existência."[22]

O Senado havia apresentado à Câmara a seguinte proposta para recepção ao Imperador, sugerindo a possibilidade de que outras pessoas não diretamente ligadas aos poderes do Legislativo tomassem parte das reuniões: "Haverá de um e de outro lado do

---

19 Maia, Fernanda P. S. *O discurso parlamentar português e as relações Portugal-Brasil. A Câmara dos Deputados (1826-1852)*. Lisboa: Fundação Calouste Gulbenkian, 2002, p. 164.

20 Maia, Fernanda P. S. *O discurso parlamentar português e as relações Portugal-Brasil. A Câmara dos Deputados (1826-1852)*. Lisboa: Fundação Calouste Gulbenkian, 2002, p. 166.

21 Maia, Fernanda P. S. *O discurso parlamentar português e as relações Portugal-Brasil. A Câmara dos Deputados (1826-1852)*. Lisboa: Fundação Calouste Gulbenkian, 2002, p. 167.

22 Cunha, Rui Vieira da. *O parlamento e a nobreza brasileira. Coleção Bernardo Pereira de Vasconcelos*. Série Estudos Políticos, v. 22. Brasília: Senado Federal, 1979, p. 84.

trono, cadeiras para a Corte que acompanhar sua Majestade, o Imperador, no caso de querer o mesmo Augusto Senhor dar-lhe assento."[23]

A proposta não havia contemplado aos deputados, tendo sido refutada pelos parlamentares, que contrapropuseram que se adotasse a regra que vigorava durante os trabalhos da Assembleia Constituinte Legislativa de 1823.[24] Ao resumirem a redação do artigo 7º do Regimento Interno, indicavam os deputados que:

> de um lado e de outro deveriam ficar de pé os oficiais-mores da Casa Imperial, da parte da direita o mordomo-mor e, os grandes do Império, e da esquerda, os mais oficiais-mores, conforme as suas diferentes graduações; os secretários de Estado terão assento raso à direita do mordomo-mor.[25]

Os deputados alegavam que não havia tempo para apreciação do tema – este supostamente exprimindo questões de mera formalidade, nas palavras de muitos dos parlamentares –, levando-nos a deduzir, num primeiro momento, que para a Câmara dos Deputados outros assuntos mais prementes deveriam ser apreciados pela Casa, tais como a lei de responsabilidade dos ministros, o projeto de abolição do comércio de escravos, a situação do Banco do Brasil, a criação do Supremo Tribunal de Justiça, dentre outros.

Pelo Senado, o Visconde de Barbacena dizia que, provisoriamente, optou-se por "seguir a prática das nações civilizadas, esperando, por isso, a geral aprovação do seu procedimento"[26] – argumento rechaçado pelo Secretário da Câmara, deputado Manuel José de Souza França. Desejando manter a prática que se adotara por ocasião da Assembleia Constituinte de 1823, Souza França discursou, discordando do Secretário do Senado:

---

23 Citado em CUNHA, Rui Vieira da. *O parlamento e a nobreza brasileira*. Coleção Bernardo Pereira de Vasconcelos. Série Estudos Políticos, v. 22. Brasília: Senado Federal, 1979, p. 79.

24 Cf. *Anais da Câmara dos Deputados*, sessões de 30/04/1826 a 05/05/1826.

25 CUNHA, Rui Vieira da. *O parlamento e a nobreza brasileira*. Coleção Bernardo Pereira de Vasconcelos. Série Estudos Políticos, v. 22. Brasília: Senado Federal, 1979, p. 80.

26 CUNHA, Rui Vieira da. *O parlamento e a nobreza brasileira*. Coleção Bernardo Pereira de Vasconcelos. Série Estudos Políticos, v. 22. Brasília: Senado Federal, 1979, p. 80.

> o exemplo das nações mais civilizadas não me convence. Porventura não seremos nós uma nação civilizada? Não saberemos guardar o decoro nacional? Não saberemos que coisa seja etiqueta? Não somos tapuias: somos também uma nação civilizada, a qual será muito indecoroso seguir exemplos de nações estrangeiras, quando temos uma lei e costumes nacionais (...) não há como desprezar um costume de que temos posse, só para imitar uma nação estrangeira (...) a vista da representação de uma nação inteira, não é indecoroso a um particular o ficar de pé.[27]

O argumento usado pelo Secretário da Câmara dos Deputados nos permite tecer duas considerações. A primeira é a de que, neste momento em que o Legislativo buscava firmar-se como uma das vertentes de representação do Brasil, os deputados rejeitavam qualquer interferência externa, pois entendiam que competia à Assembleia Geral traçar as diretrizes de como a Casa realizaria os seus trabalhos, marcando seu caráter autônomo e independente. Quando Manuel José de Souza França se refere às nações estrangeiras, logo nos remete à tradição parlamentar da Inglaterra, da França, da Espanha e de Portugal – países que influenciaram muito nossa história política e que, naquele momento, deveriam e xergar o Brasil como um corpo político capaz de deliberar sobre as agruras de sua política interna e externa.

O parlamentar desejava explicitar que uma das competências do Legislativo é discutir, opinar e preceituar sobre as demandas nacionais de acordo com os instrumentos legais que possui, sem, portanto, ser necessário consultar ou depender de qualquer exemplo estrangeiro. Vemos, porém, o quanto as palavras eram usadas de acordo com o interesse que se pretendia preservar, pois, se o argumento de Souza França para que não fossem tomados exemplos externos vale para este caso, muitas vezes era usado como asserção para outras querelas. Recorria-se, com frequência, a acontecimentos e feitos de outros países, sobretudo a França e os Estados Unidos, quando se necessitava de justificação para as digressões sobre temas como a liberdade dos povos, o direito dos cidadãos e a soberania da nação.

O segundo entendimento que advém do trecho em destaque acima é a leitura que Souza França, ao negar assento aos particulares sob a asserção de que "não há como desprezar um costume de que temos posse", indica ter sobre o passado Constituinte. O

---

27 CUNHA, Rui Vieira da. *O parlamento e a nobreza brasileira. Coleção Bernardo Pereira de Vasconcelos*. Série Estudos Políticos, v. 22. Brasília: Senado Federal, 1979, p. 80 e 81.

deputado não esteve sozinho ao afirmar que havia uma práxis já adotada quanto ao assunto em deliberação, que deveria ser a mesma que vigorava na Assembleia de 1823. Nicolau Pereira de Campos Vergueiro, ao sustentar seu parecer negativo à proposta dos senadores, dissera: nada há de mais decoroso do que satisfazer às leis e práticas nacionais; as leis e os costumes devem observar-se, enquanto se não demonstrar que são ociosos."[28] Concluiu declarando que, para o tema em pauta, tinham "lei e prática a seguir."[29]

Tanto a primeira observação, sobre a não interferência de uma nação estrangeira em assuntos de interesse nacional, quanto a concepção que os deputados, em sua maioria, demonstravam ter acerca da necessidade de se fazer valer o costume que vigia em 1823, permitem-nos afirmar que ancorando os antagonismos entre as duas Casas do Legislativo havia uma disputa pela representação, pela soberania. Esta não se distanciava do juízo que se fazia de um governo constitucional, já expresso na Assembleia Constituinte de 1823, convocada pelo Imperador no calor das hostilidades entre Brasil e Portugal.

Como nos demonstrou Vantuil Pereira ao investigar a luta pela efetivação dos direitos dos cidadãos no Primeiro Reinado, a Assembleia Constituinte, que se inspiraria no espírito liberal das Cortes de Lisboa, tinha sob sua responsabilidade a confecção da Constituição do Império do Brasil. Segundo o autor, uma das competências da Assembleia Constituinte era "analisar requerimentos, queixas, petições e reclamações de qualquer cidadão. Neste sentido, ela incorporava o artigo 14 das *Bases da Constituição Portuguesa*, que previa que todo cidadão podia apresentar seus reclamos, por escrito, ao Governo e às Cortes".[30] Segundo o autor, durante os trabalhos da Assembleia de 1823 já se evidenciava um "mosaico de forças políticas que tentavam consolidar as suas posições",[31] indicando a existência de um grupo que se aproximava da figura do Imperador e outro que, apresentando dissidências, entendia que os poderes legislativos, bem como as diretivas políticas do Império, deveriam se concentrar na própria Assembleia.

---

28 CUNHA, Rui Vieira da. *O parlamento e a nobreza brasileira*. Coleção Bernardo Pereira de Vasconcelos. Série Estudos Políticos, v. 22. Brasília: Senado Federal, 1979, p. 83.

29 CUNHA, Rui Vieira da. *O parlamento e a nobreza brasileira*. Coleção Bernardo Pereira de Vasconcelos. Série Estudos Políticos, v. 22. Brasília: Senado Federal, 1979, p. 83.

30 PEREIRA, Vantuil. *Ao Soberano Congresso: Petições, Requerimentos, Representações e Queixas à Câmara dos Deputados e ao Senado. Os direitos do cidadão na formação do Estado Imperial brasileiro (1822-1831)*. Tese de Doutorado. Niterói, 2008, p. 48.

31 PEREIRA, Vantuil. *Ao Soberano Congresso: Petições, Requerimentos, Representações e Queixas à Câmara dos Deputados e ao Senado. Os direitos do cidadão na formação do Estado Imperial brasileiro (1822-1831)*. Tese de Doutorado. Niterói, 2008, p. 48.

Então, quando observamos as declarações dos deputados Souza França e Nicolau Vergueiro acerca da necessidade de se reguardar o costume, as práticas adotadas pela Assembleia Constituinte de 1823, vemos que o "mosaico de forças políticas" indicado por Vantuil Pereira ainda persistia. E, quando deputados e senadores discutiam "meros" procedimentos de instalação dos trabalhos, digredindo se os particulares que acompanhavam o Monarca ficariam de pé ou sentados, tínhamos um reavivamento de uma disputa pelo poder político que não fora silenciada na ocasião do fechamento da Assembleia de 1823, em uma atitude arbitrária de D. Pedro. Discutia-se a representação e explicitava-se um novo entendimento a respeito da soberania, que não poderia estar circunscrita à realeza.

A Câmara dos Deputados se impunha como um dos vértices de representação da nação, muito à vontade para deliberar sobre o protocolo de recepção ao Imperador e aos seus acompanhantes aos trabalhos do Parlamento e para afirmar que "seria indecoroso à representação nacional, composta segundo a Constituição, pela presença do Imperador e das duas Câmaras, de (sic) algum particular tenha ali assento (...)."[32] Tal atitude demonstra que os princípios de ordenança da Assembleia Constituinte e Legislativa de 1823 não poderiam ser descartados.

Não interessava à Câmara dos Deputados, por conseguinte, ceder a uma proposta remetida pelo Senado, uma vez que se apressara em encaminhar um ofício aos deputados informando que o Imperador, como parte da representação nacional e para que se mantivesse o decoro de sua "sagrada pessoa", solicitava o conhecimento das matérias e dos projetos discutidos nas duas Casas Legislativas, pois a ele cabia também a sanção das leis. Os deputados reagiram criticamente à atitude do Senado, que não pode ser entendida como um simples gesto de precipitação política. Novamente citando o trabalho de Vantuil Pereira, é preciso dizer que os senadores foram antigos deputados da Assembleia de 1823, que obtiveram sucesso na defesa de uma política que garantisse amplos poderes à figura de D. Pedro. Diz o autor que:

> Previsto para abranger a metade da representação da Câmara dos Deputados, o Senado foi instalado em 1826, absorvendo 19 antigos deputados constituintes de 1823. Ou seja, 44% dos seus membros viveram a experiência frustrada da dissolução da Assembleia. Uma olhada rápida nesses parlamentares dá-nos mostras de que eles não estavam ali por um mero acaso. Foram remanescentes

---

32 CUNHA, Rui Vieira da. *O parlamento e a nobreza brasileira*. Coleção Bernardo Pereira de Vasconcelos. Série Estudos Políticos, v. 22. Brasília: Senado Federal, 1979, p. 83.

da Constituinte de 1823 homens como Felisberto Caldeira Brant, José da Silva Lisboa, José Joaquim Carneiro de Campos, Francisco Carneiro de Campos e Manoel Joaquim Nogueira da Gama.

Como não houve consenso entre a Câmara e o Senado sobre o protocolo que regeria as sessões no Parlamento, coube ao próprio D. Pedro I decidir como se daria o cerimonial de recepção a ele mesmo. Sua Majestade, então, acatou a sugestão daqueles que, politicamente, lhes foram mais próximos, sepultando a prática que fora adotada durante as sessões da Constituinte de 1823, e acirrando ainda mais os ânimos entre senadores e deputados.

Em uma tentativa de dirimir a animosidade entre as Casas Legislativas, o deputado José Antonio da Silva Maia afirmara que seus colegas deveriam defender a suas proposições, mas "não pela disseminação de ideias odiosas, tendentes a destruir a harmonia entre as duas Câmaras."[33] Segundo o parlamentar, os deputados não poderiam comportar-se como se o Senado fosse merecedor de estar sob suspeita, pois ambas as instituições tinham interesses nas questões de bem público.

Porém, para o seu colega Souza França, o Senado iludira a Câmara no tratamento dispensado ao assunto, uma vez que só iriam para a presença do imperante os projetos aprovados pelas duas instâncias, cabendo a S.M. o I. um voto deliberativo.[34] Para ele, era irrevogável a oposição da Câmara a um procedimento irregular, para que se não admitissem "abusos perigosos" em um futuro não muito distante, provavelmente temendo que o Legislativo fosse novamente silenciado, como ocorrera à Constituinte de 1823.

Manoel José de Albuquerque, deputado pelo Ceará, argumentava que os deputados deveriam refletir sobre a autoridade do Legislativo para formular o cerimonial do ato de instalação da Assembleia Geral. O Senado deveria tratar somente do cerimonial e não interferir em questões que deveriam ser pautadas pelos deputados.[35]

O significado de todo o dissabor causado pela atitude do Senado em transmitir as divergências e atualizar as discussões internas entre as duas Casas do Legislativo ao Imperador, revela-se nos argumentos apresentados por Bernardo Pereira de Vasconcellos e por Nicolau Pereira de Campos Vergueiro.

---

33 *Anais da Câmara dos Deputados*, sessões de 02/05/1826
34 *Anais da Câmara dos Deputados*, sessões de 02/05/1826.
35 *Anais da Câmara dos Deputados*, sessões de 02/05/1826.

Primeiramente, Bernardo de Vasconcellos afirma que o Senado infringiu um dos artigos da Constituição. Segundo ele, de acordo com a Carta outorgada o Imperador poderia sancionar ou não um projeto, mas não deveria decidir sobre as questões que suscitassem debate entre as Casas Legislativas. Para ele, a atitude do Senado era um estratagema político com o objetivo de desarticular as discussões e as deliberações que competiam à Câmara.[36] Acusava o Senado de não ter respeitado a Constituição de 1824, indagando se haveria razão para a Câmara autorizar a transgressão no Legislativo. Objetava que as desconfianças da Câmara eram legítimas, uma vez que o Senado deliberara contra a letra da lei, sem qualquer chamamento de reunião e ou de consulta aos deputados sobre a comunicação feita ao Monarca acerca da querela que se desenrolava na Assembleia Geral.

Em seguida, Nicolau Pereira de Campos Vergueiro externava que, como uma instância legítima de representação, a Câmara dos Deputados não podia admitir que não se respeitasse a Constituição de 1824. De acordo com o parlamentar, em pouco tempo após a reabertura do Parlamento, esta teria sido a terceira transgressão do Senado à outorgada: a primeira, ao rejeitar o regimento interno da Assembleia Constituinte de 1823, não o admitindo como lei; a segunda, ao substituir um artigo que concede a particulares uma prerrogativa contra a lei do regimento e a prática usada entre os parlamentares, "um privilégio tal, qual é o de um cidadão poder sentar-se à face da representação nacional simbolizada na pessoa do Imperador incorporado na assembleia geral."[37] Segundo Campos Vergueiro, ninguém podia duvidar que a alteração dos artigos só procederia depois de instalados os trabalhos legislativos. A terceira violação, segundo o deputado pela Província de São Paulo, teria sido a de levar um assunto ainda não apreciado ou deliberado pelas duas Casas Legislativas "ao Poder Executivo, sem ser confirmado nesta Câmara, sem ao menos a mesma ser consultada".[38]

A disputa política acima nos auxilia a elucidar o quanto era melindroso o jogo da política entre o Legislativo – Senado e Câmara dos Deputados, que disputavam espaço de atuação e desejavam se reafirmar como instâncias de representação da coisa pública – e o Poder Executivo, representado por um Monarca, que não se furtou a demonstrar sua intervenção e mando. Um assunto aparentemente simples pode se revelar um barril de pólvora. O que se viu foi um confronto, um debate sobre até que ponto o Imperador pode ser tornar maior do que a própria lei, do que a própria Constituição que outorgara,

---

36 *Anais da Câmara dos Deputados*, sessões de 02/05/1826 a 05/05/1826.
37 *Anais da Câmara dos Deputados*, sessões de 02/05/1826 a 05/05/1826.
38 *Anais da Câmara dos Deputados*, sessões de 02/05/1826 a 05/05/1826.

demonstrando a coexistência de princípios modernos e resquícios do Antigo Regime, conforme indicado por Lúcia Maria Bastos Pereira das Neves ao percorrer as transformações do sentido moderno de *Constituição* no período de 1821 e 1860.

No caso brasileiro, segundo Lúcia Bastos, nas discussões da Assembleia Constituinte havia quatro sentidos que norteavam os acalorados debates à época, sob a égide da tradição secular e dos novos significados no contexto pós-revoluções americana e francesa. São eles: a de um constitucionalismo histórico; a que se inspirou na divisão de poderes apregoada por Montesquieu; a que bebeu na teoria das garantias individuais de Benjamin Constant e, por fim, uma vertente mais democrática, "na qual constituição significava, sobretudo, um pacto político, ultrapassando seu sentido original de definir uma forma de governo e a autorização do território."[39]

Ainda de acordo com esta autora, essas ideias se fizeram presentes, de alguma forma, no texto constitucional de 1824. Todavia, lembra-nos que para alguns homens da época o fato de nossa Constituição – que muitas vezes era mencionada de forma sacralizada – ter sido outorgada e não promulgada já indicava que a vontade do soberano se faria muito mais imperativa que a própria letra da lei. Diz Lúcia Bastos que, naqueles termos, "o direito do rei precedia a Constituição, sem se fundamentar nessa. Encontrava-se, portanto, ausente, o elemento fundador do poder, característico do constitucionalismo moderno."[40]

A autora observa que a Carta de 1824 não apresentava grandes alterações em relação ao projeto formulado pelos constituintes, embora uma diferença seja fundamental para entendermos o jogo político que se desenhará nos anos subsequentes no Império do Brasil. Na versão de 1824, explicitava-se que aquele documento "não emanava da representação da nação, mas era concedida pela magnanimidade do soberano, o que a aproximava da Carta Constitucional francesa de 1814",[41] embora a autora ainda aponte

---

[39] BASTOS, Lúcia Maria Pereira das Neves. "Constituição: usos antigos e novos significados de um conceito no Império do Brasil (1821-1860)". In: CARVALHO, José Murilo de; NEVES, Lúcia M. Bastos P. (orgs.). *Repensando o Brasil do Oitocentos: cidadania, política e liberdade*. 1ª ed. Rio de Janeiro: Civilização Brasileira, 2009, p. 189.

[40] BASTOS, Lúcia Maria Pereira das Neves. "Constituição: usos antigos e novos significados de um conceito no Império do Brasil (1821-1860)". In: CARVALHO, José Murilo de; NEVES, Lúcia M. Bastos P. (orgs.). *Repensando o Brasil do Oitocentos: cidadania, política e liberdade*. 1ª ed. Rio de Janeiro: Civilização Brasileira, 2009, p. 193.

[41] BASTOS, Lúcia Maria Pereira das Neves. "Constituição: usos antigos e novos significados de um conceito no Império do Brasil (1821-1860)". In: CARVALHO, José Murilo de; NEVES, Lúcia

as influências das Constituições de 1791 da França, de 1812 da Espanha para o referido instrumento legal.

Segundo Bastos, não havia menção à soberania na Carta outorgada brasileira, mas, o artigo 11 revelava que esta seria partilhada pelo soberano e pela Assembleia Geral. Na Constituição de 1824, temos ainda o artigo 12 afirmando que todos os poderes do Império são delegações da nação.

Refletindo sobre as constatações de Lúcia Bastos ao investigar as diversas acepções para o termo *Constituição*, vemos que, no tocante aos principais léxicos políticos do Primeiro Reinado, o conceito de soberania se apresenta como um daqueles que também traz boa dose da dicotomia entre a tradição secular do Antigo Regime e os novos significados que oxigenavam a vida cotidiana.

O conceito de soberania, por exemplo, foi rediscutido, considerando-se a soberania da nação, e, consequentemente, noções como representação e opinião pública. É possível ir além, afirmando que a Revolução de 1789 também foi o marco zero para que se gestasse certa concepção de cidadania – como a luta dos cidadãos pelos seus direitos civis e políticos –, tendo em mente que o termo não pode ser compreendido à revelia de outros que lhe são essenciais, tais como identidade e sociabilidade.[42]

Diante do espírito moderno, a soberania será questionada a partir da noção de legitimidade e ao soberano não caberia mais a função de ser o detentor das leis, das necessidades e das vontades dos homens, estabelecendo deveres gerais e particulares sobre a atuação dos seus atores diante das redes de sociabilidade tecidas cotidianamente. Aqueles que buscavam maior protagonismo na vida pública e que experimentavam de forma mais ampla sua participação no âmbito do Estado passaram a pressionar as instituições e a interagir mais diretamente com as questões da justiça e da política, desafiando a concepção de que a soberania seria herança divina. Reivindicavam, portanto, maior inserção na vida política do Brasil oitocentista, como já demonstrado, dentre os mais diversos matizes,

---

M. Bastos P. (orgs.). *Repensando o Brasil do Oitocentos: cidadania, política e liberdade*. 1ª ed. Rio de Janeiro: Civilização Brasileira, 2009, p. 195.

42   Estas transformações estão discutidas no primeiro capítulo da minha dissertação de Mestrado. PEREIRA, Aline P. *Domínios e Império: o Tratado de 1825 e a Guerra da Cisplatina na construção do Estado no Brasil*. Dissertação de Mestrado. Universidade Federal Fluminense, Niterói, 2007.

por trabalhos como os de Mozart Linhares,[43] Andréa Slemian,[44] André Roberto Machado[45] e Vantuil Pereira,[46] para citar alguns.

Concomitantemente, vemos que as pessoas começaram a publicizar suas críticas e pensamentos, não aceitando a concepção de que o Monarca fora investido de poder divino para conduzir os anseios da sociedade. Pregava-se o direito à voz, à liberdade de representação, de opinar e de contestar os desmandos do Imperador, tal como fora feito pela Câmara dos Deputados diante da amálgama acima apresentada, envolvendo D. Pedro e o Senado. A colocação do parlamentar Lúcio Soares Teixeira de Gouvêa (Minas Gerais) nos permite considerar o quanto a soberania ou ainda a força de sua presença – mesmo que não dita explicitamente – se mostrava como tema imperativo e controverso no Brasil do século XIX:

> demais a pessoa de Sua Majestade Imperial é sagrada: o seu nome não deve ser proferido nos debates sobre quaisquer matérias, que se nos ofereçam a tratar. Os vocábulos admitidos, e que nos convêm, são o trono, o governo.[47]

Até 1831, o Monarca esteve no cerne da discussão política, onde as noções de pacto social e também de soberania eram reinventadas e reelaboradas a partir da pluralidade das práticas sociais e dos debates políticos em curso no Primeiro Reinado.[48] Ao considerarmos a disputa política pela representação no Brasil Império, envolvendo D. Pedro I, a Câmara dos Deputados e o Senado, acreditamos que a retórica cumpre um papel de enfatizar a existência da oposição de um grupo, as permanentes

---

43 SILVA, Mozart Linhares da. *O Império dos bacharéis: o pensamento jurídico e a organização do Estado-nação do Brasil*. Curitiba: Juruá Editora, 2003.

44 SLEMIAN, Andréa. *Sob o império das leis: Constituição e unidade nacional na formação do Brasil (1822-1834)*. Tese de Doutorado, FFLCH/USP, 2006. Tese, FFLCH/USP, 2006.

45 MACHADO, André Roberto de Arruda. *A quebra da mola real das sociedades: a crise política do Antigo Regime português na província do Grão-Pará (1821-1825)*. Tese, FFLCH/USP, 2006.

46 PEREIRA, Vantuil. *Ao Soberano Congresso: Petições, Requerimentos, Representações e Queixas à Câmara dos Deputados e ao Senado. Os direitos do cidadão na formação do Estado Imperial brasileiro (1822-1831)*. Tese de Doutorado, Niterói, 2008.

47 CUNHA, Rui Vieira da. *O parlamento e a nobreza brasileira*. Coleção Bernardo Pereira de Vasconcelos. Série Estudos Políticos, v. 22. Brasília: Senado Federal, 1979, p. 82.

48 Cf. SCHIAVINATTO, Iara Lis Franco. *Pátria Coroada: o Brasil como corpo político autônomo, 1780-1831*. São Paulo: Editora da Unesp, 1999.

relações pautadas por uma constante disputa pelo poder, onde o convencimento e a capacidade propositiva incidiam sobre os resultados. A retórica pode ser uma das vertentes que expressam a disputa pelo poder político, principalmente porque o representante de um Estado que estava em construção deveria fazer *jus* ao papel que desempenharia perante as instituições, já que sua força política também poderia ser medida pela dimensão do discurso, da eloquência, da erudição e, consequentemente, pelo alcance de sua persuasão.

Por meio da oratória pública, parlamentares e senadores legitimavam-se perante seu público e perante a sociedade civil, propagando seus entendimentos acerca de temas que pautavam a vida política da época, sempre circundando os debates sobre as liberdades, os direitos e a soberania. "O artifício retórico, argumentativo e persuasivo era um viés pelo qual homens estreitavam os caminhos que os conduziam à ação, marcados, sobretudo, pelo entendimento de que por meio do aprendizado cotidiano do jogo político – o que perpassava necessariamente pela oralidade e pela escrita convincente – havia a possibilidade de se interferir nos rumos da sociedade, tal como fizeram os membros da Assembleia Geral."

"Pelos discursos acima citados, vemos que a Câmara dos Deputados se entendia como o lócus de representação da nação e a grande sentinela da lei e da Constituição, levando-nos a crer que a soberania não pode ser compreendida de forma dissociada de certa concepção de justiça – o que nos remete ao pensamento de Iara Lis em artigo recente, quando a autora afirma que 'a emergência da monarquia constitucional no Brasil reside em parte nesse exercício de retomada do passado e de suas representações, a ponto de (re) significá-los.'"[49]

Por isso, nos é caro dar peso ao discurso que esses deputados e senadores produziram, pois as palavras podem ser imortalizadas. Permaneceram carregadas de sentidos e podem nos auxiliar a compreender melhor a conjuntura de uma época de muitas inquietações políticas, principalmente quando olhamos para os debates travados no âmbito do Parlamento, sob o princípio de universalidade da política.

Não imaginamos que as discussões tenham ficado restritas à instituição e a uma dada elite. Ganharam a rua por meio da imprensa e encontraram amplitude dentre os populares, que conheciam o efeito de vocábulos como pátria, liberdade, cidadão, pacto, soberania e constituição. Exercício de reflexão propiciado pela Revolução Francesa e pela

---

49 SCHIAVINATTO, Iara Lis Franco. "Questões de poder na fundação do Brasil: o governo dos homens e de si". In: MALERBA, Jurandir (org.). *A independência brasileira, novas dimensões*. Rio de Janeiro: Editora da FGV, 2006, p. 233.

difusão dos princípios iluministas, que produziram efeitos diversos, irreversíveis, deixando seus vestígios na ação política de todos os homens – conhecedores ou não da retórica, pois "cada um pode criticar os argumentos dos outros, contanto que produza os seus".[50]

Referências Bibliográficas

BALANDIER, Georges. *O contorno. Poder e Modernidade*. Rio de Janeiro: Bertrand Brasil, 1997.

BASTOS, Lúcia Maria Pereira das Neves. "Constituição: usos antigos e novos significados de um conceito no Império do Brasil (1821-1860)". In: CARVALHO, José Murilo de; NEVES, Lúcia M. Bastos P. (orgs.). *Repensando o Brasil do Oitocentos: cidadania, política e liberdade*. 1ª ed. Rio de Janeiro: Civilização Brasileira, 2009.

CARVALHO, José Murilo de. "História Intelectual no Brasil: a retórica como chave de leitura". In: *Revista Topoi*, v. 1, Janeiro-Dezembro de 2000.

CUNHA, Rui Vieira da. *O Parlamento e a nobreza brasileira*. Coleção Bernardo Pereira de Vasconcelos. Série Estudos Políticos, v. 22. Brasília: Senado Federal, 1979.

FRATESCHI, Iara. *A física da política. Hobbes contra Aristóteles*. Campinas: Editora da Unicamp, 2006.

MACHADO, André Roberto de Arruda. *A quebra da mola real das sociedades: a crise política do Antigo Regime português na província do Grão-Pará (1821-1825)*. Tese, FFLCH/USP, 2006.

MAIA, Fernanda Paula Sousa. *O discurso parlamentar português e as relações Portugal-Brasil. A Câmara dos Deputados (1826-1852)*. Lisboa: Fundação Calouste Gulbenkian, 2002.

PEREIRA, Aline P. *Domínios e Império: o Tratado de 1825 e a Guerra da Cisplatina na construção do Estado no Brasil*. Dissertação de Mestrado. Universidade Federal Fluminense, Niterói, 2007.

PEREIRA, Vantuil. *Ao Soberano Congresso: Petições, Requerimentos, Representações e Queixas à Câmara dos Deputados e ao Senado. Os direitos do cidadão na formação do Estado Imperial brasileiro (1822-1831)*. Tese de Doutorado. Niterói, 2008.

PERELMAN, Chaïm. *Tratado da Argumentação. A nova Retórica*. Coleção Justiça e Direito, 2ª ed. São Paulo: Martins Fontes, 2005.

REBOUL, Oliver. *Introdução à retórica*. São Paulo: Martins Fontes, 2004.

---

50 REBOUL, Oliver. *Introdução à retórica*. São Paulo: Martins Fontes, 2004, p. 231.

Schiavinatto, Iara Lis Franco. "Questões de poder na fundação do Brasil: o governo dos homens e de si". In: Malerba, Jurandir (org.). *A Independência brasileira, novas dimensões*. Rio de Janeiro: Editora da FGV, 2006.

_____. *Pátria Coroada: o Brasil como corpo político autônomo, 1780-1831*. São Paulo: Editora da Unesp, 1999.

Silva, Maria Beatriz Nizza da. *Silvestre Pinheiro Ferreira: ideologia e teoria*. Lisboa: Sá da Costa, 1975.

Silva, Mozart Linhares da. *O Império dos bacharéis: o pensamento jurídico e a organização do Estado-nação do Brasil*. Curitiba: Juruá Editora, 2003.

Slemian, Andréa. *Sob o império das leis: Constituição e unidade nacional na formação do Brasil (1822-1834)*. Tese de Doutorado, FFLCH/USP, 2006. Tese, FFLCH/USP, 2006.

Capítulo 4
A cidadania no final do primeiro reinado (1830): Lopes Gama e as instituições representativas [1]

Ariel Feldman

Este texto teve como ponto de partida um trabalho anterior. Neste trabalho pretérito, analisamos o periódico *O Carapuceiro*, escrito integralmente pelo monge, depois padre, Miguel do Sacramento Lopes Gama e publicado no Recife entre 1832 e 1842.[2] *O Carapuceiro* foi um imenso sucesso editorial. O fato de ter durado uma década, numa época em que os jornais tinham vida efêmera, já demonstra isso. A sua proposta era pretensiosamente apolítica, isto é, Lopes Gama afirmava que escrevia sobre moral e criticava os maus costumes; a carapuça vestiria quem quisesse. Demonstramos que essa gazeta exerceu forte influência política nos espaços públicos do Período Regencial (1831-1840).

---

1   Este texto é uma reflexão preliminar que faz parte de uma pesquisa mais ampla para uma tese de doutorado que pretende, através da biografia política de Lopes Gama, iluminar a compressão do processo de construção do Estado nacional brasileiro. São três as áreas de atuação de Lopes Gama, dentro das quais ele engendrou seus projetos de futuro: imprensa, parlamento e instrução pública. Entendemos essas três instituições como espaços públicos de primordial importância para a nova estrutura política que se construía.

2   Feldman, Ariel. *O império das carapuças:* espaço público e periodismo político no tempo das regências (1831-1842). Dissertação de Mestrado em História. Curitiba: ufpr, 2006. Disponível em http://www.poshistoria.ufpr.br/documentos/2006/Arielfeldman.pdf Conferir também do mesmo autor: "Uma crítica às Instituições representativas do período das regências (1832-1840)". *Almanack braziliense*, nº 4, nov. 2006, p. 65-81. Disponível em www.almanack.usp.br

E no contexto do que a historiografia convencionou chamar de regresso conservador,[3] Lopes Gama sustentou as bases ideológicas das reformas por que passariam várias instituições de caráter eletivo a partir de 1837. Em dezembro de 1841 era aprovada a reforma do Código de Processo Criminal, a qual retirou dos juízes de paz (cargo eletivo) grande parte da autoridade judicial e policial anteriormente exercida.[4] As altas patentes da Guarda Nacional, que também eram de caráter eletivo, voltariam a ser de nomeação imperial apenas em 1850.[5] Todas essas instituições de caráter eletivo – assim como o Júri popular – foram criticadas nas páginas de *O Carapuceiro*, com o argumento central de que o povo brasileiro não estava apto para a democracia. Ou, nas palavras de Lopes Gama: "o povo do Brasil é tão apto para a democracia como o muçulmano para conhecer a jurisdição do papa".[6] Esse ideário, veiculado em um periódico de grande circulação, e em uma linguagem coloquial e jocosa, exerceu importante influência para sustentar as reformas nas instituições eletivas.

Este texto, por sua vez, analisa o periódico escrito por Lopes Gama ainda no fim do primeiro reinado, *O Popular*. Tivemos acesso às edições publicadas no segundo semestre de 1830. São 51 números, de quatro páginas cada. A maneira pela qual esse jornal chegou até os dias atuais, encadernado sob o formato de livro e com numeração contínua, de 1 a 204, talvez indique como ele circulou ao longo da década de 1830 e 1840.[7] Em *O Popular*, Lopes Gama se preocupou em explicar alguns artigos da Constituição de 1824, dirigindo-se, sobretudo, para a "classe indouta".[8] Com toda a fragilidade desta comparação, *O Popular* teve, tal qual *O Federalista*, jornal norte-americano escrito entre 1787 e 1788, a função de consolidar a Carta Constitucional.[9] O jornal norte-americano atuou concomitantemente ao processo de aceitação da Constituição em 1787 pelos Estados

---

3 Sobretudo Mattos, Ilmar R. de. *O tempo saquarema*. A formação do Estado Imperial. São Paulo: Hucitec, 1990.

4 Um trabalho descritivo, mas rico em informações, sobre os juízes de paz é o de Vieira, Rosa Maria. *O Juiz de Paz do Império a nossos dias*. Brasília: Thesaurus, 1997.

5 Conferir Castro, Jeanne Berrance de. *A milícia cidadã: a Guarda Nacional de 1831 a 1850*. São Paulo/Brasília: Editora Nacional/i.n.i., 1977.

6 *O Carapuceiro*, nº 1 17/01/1838.

7 A coleção completa do jornal existe na Biblioteca Nacional. Esta contempla também 23 edições do primeiro semestre de 1831. Ainda não consultamos essa coleção. Utilizamos outra, a do Instituto Arqueológico, Histórico e Geográfico Pernambucano.

8 *O Popular*, nº 1 02/06/1830.

9 Conferir *O Federalista*. Russel: Campinas, 2003.

confederados. Já o brasileiro, foi escrito depois da Constituição de 1824 estar vigorando por seis anos, de ter sido rechaçada em Pernambuco pela derrotada Confederação do Equador (1824), e de ainda estar sofrendo relativa ameaça no início da década de 1830.[10]

Comentários introdutórios feitos, cabe frisar que este texto tem como objetivo analisar a opinião que Lopes Gama externou em *O Popular* em relação a instituições com certos traços democráticos, notadamente os Juízes de Paz, a Guarda Nacional e o Júri popular. Os juízes de paz foram projetados constitucionalmente em 1824, regulamentados em Lei de 15 de outubro de 1827 e tiveram seus poderes amplamente expandidos em 1832, com a promulgação do Código de Processo Criminal. As guardas nacionais foram criadas em agosto de 1831.

Apoio às instituições democráticas

Sobre os Juízes de Paz são poucas as referências em *O Popular*. Ao bem da verdade há duas. Ambas são elogiosas à instituição. Segundo Lopes Gama, demandas que "consumiriam anos e anos e toda a fortuna dos litigantes", os Juízes de Paz resolvem em menos de uma hora.[11] Em outro número, Lopes Gama diz que "apesar da inegável utilidade dessa instituição, alguns snrs. Juízes de Paz, principalmente pelo mato, tem cometido arbitrariedades, que se lhes não pode perdoar". Segue escrevendo que os afeiçoados ao governo absoluto "querem concluir que esses abusos nascem da natureza da instituição" ou "por serem tais juízes eleitos pelo povo". "Nada há mais sofístico" – retruca Lopes Gama –, "porque é mais fácil que eleições populares sejam bem acertadas, do que aquelas que são feitas a arbítrio do Imperante."[12]

Em relação à instalação do Júri popular que estava por ser feita, Lopes Gama também se mostrava otimista. Depois de constatar a agilidade que os Juízes de Paz conferiram aos processos, ele escreve que "ainda melhor será quando aparecer o Tribunal dos Jurados, ou

---

10 Sobre a sociedade secreta absolutista "Colunas do Trono e do Altar", que existiu em Pernambuco em fins da década de 1820 e início da década de 1830, conferir QUINTAS, Amaro. "O nordeste, 1825-1850". In: HOLANDA, Sérgio Buarque de (org.). *História Geral da Civilização Brasileira*. T. II, v. 2. São Paulo: Difusão Europeia do Livro, 1972; CARVALHO, Marcus J. M. de. "A *República dos Afogados*: a volta dos liberais após a Confederação do Equador". In: *Anais do XX Simpósio da Associação Nacional de História*. Florianópolis, 1999.

11 *O Popular*, nº 12 10/07/1830.

12 *O Popular*, nº 28 04/09/1830.

Juízes escolhidos pelo Povo, para o crime ou cível".[13] Alguns meses depois, traduziu um texto de Mr. Aignan[14] intitulado *O que é o Júri – Justiça Hrimitiva* [sic] *– Povos da Europa; Povos da Ásia*. O texto inicia assim: "Donde vem o Júri? Que país deu origem a essa bela planta, que só pode florescer no solo da liberdade?" Em seguida, o autor do texto que Lopes Gama traduziu em seu jornal diz que essas questões não são importantes, pois o "Júri (...) não é produto particular de terra alguma; é para mútua garantia dos cidadãos, a criação espontânea, a inspiração comum de todos os povos, que não são obcecados pela ignorância, comprimidos pelo terror, ou abatidos pela escravidão". O texto é longo, e foi subdividido em três números do jornal com a tradicional frase "continuar-se-á".[15] Ele descreve o sistema de justiça dos antigos assírios, egípcios e hebreus, tentando demonstrar os primórdios desta forma de se fazer justiça, o Júri. Mas o que importa, em suma, é a preocupação de Lopes Gama em defender esta instituição de caráter notadamente popular.

Em relação à Guarda Nacional não aparece nenhuma referência explícita nos 51 números que analisamos de *O Popular*. A ideia de criar milícias cidadãs já era aventada no Parlamento no ano de 1830. Mas a lei, muito semelhante à lei francesa feita meses antes, só seria promulgada em agosto de 1831. Era o contexto da revolução de julho de 1830 na França, que derrubou Carlos X, e da Abdicação de D. Pedro I, em abril de 1831, que foi considerada pelos coevos como a "nossa revolução".[16] Mas mesmo sem falar abertamente em criar guardas nacionais, Lopes Gama apoiou aquilo que foi um dos motivos da criação dessas milícias. Afirmou que o Exército e a Marinha estavam muito grandes e que era preciso reduzi-los.[17] Dessa forma, podemos supor, apenas supor, que ele apoiava a corrente de opinião que pressionou o Parlamento a criar a Guarda Nacional.

Assim, lançamos os seguintes questionamentos: como pôde a mesma pessoa apoiar a criação dessas instituições com traços democráticos para anos mais tarde criticá-las? Como pôde Lopes Gama colaborar com o estabelecimento de instituições e depois pretender reformá-las?

Temos em mente – e isso é algo até certo ponto óbvio – que em política as opiniões são extremamente mutáveis. A carreira política de um indivíduo é, na maior parte das vezes, repleta de aparentes contradições. Quando se traça uma biografia, não deve ser

---

13 *O Popular*, nº 12 10/07/1830.

14 *O Popular*, nº 37. Ainda não conseguimos informações precisas sobre esse autor, Mr. Aignan.

15 *O Popular*, nº 40 e 44.

16 Conferir MOREL, Marco. *O período das Regências*. Rio de Janeiro: Jorge Zahar, 2003.

17 *O Popular*, nº 34 25/09/1830.

raro encontrar mudanças de posições teóricas que se adaptam à situação e ao ambiente político.[18] E essa década, a de 1830, parece que teve dois momentos bastante distintos. "O avanço liberal" do início das regências e o "regresso conservador", a partir de 1837, foram dois contextos completamente diferentes. Assim, a mudança de posicionamento político não deve ser vista com estranheza, sobretudo nesse decênio. Aqui, entretanto, não queremos analisar as contradições de um discurso. Pelo contrário, pretendemos encontrar no ideário de Lopes Gama o oposto, isto é, aquilo que pode ter conferido uniformidade à sua atividade jornalística e política. Sem ter como objetivo encontrar coerência em suas ideias, o que por vezes pode acontecer em um trabalho biográfico, apenas tem-se como objetivo pensar quais formulações puderam, *a posteriori*, sustentar a crítica que esse monge beneditino fez ao longo da década de 1830, atestando a incapacidade do povo brasileiro para a democracia.

O equilíbrio entre as três formas de governo

Em sua defesa da Constituição, Lopes Gama sustentou em *O Popular* a ideia de que a monarquia constitucional representativa era o equilíbrio entre as três clássicas formas de governo: aristocracia, democracia e monarquia. Essa formulação, de origem inglesa, afirmava que o governo misto conseguiria extrair de bom o que cada uma dessas formas de governo tinha. Por outro lado, o governo misto tenderia a neutralizar os defeitos desses grandes modelos governamentais.[19] "A monarquia – escrevia Lopes Gama – "destrói a felicidade pública para satisfazer a ambição dos Áulicos, Nobres e Cortesãos que cercam o monarca." Prosseguia afirmando que a "Democracia é sujeita a intrigas e cabalas, a desenvoltura e anarquia". E, no que pode ser considerado o embrião da formulação que iria desenvolver melhor em *O Carapuceiro*, ele escreve que "um país, como o nosso, ainda falto de luzes e virtudes civis, tem poucos amigos, e muitos aduladores (...); por isso

18   Para apenas citar um exemplo de mudança de posicionamento político, temos o caso de Manoel Carvalho Paes de Andrade. Ele foi o líder da Confederação do Equador (1824). Exilou-se nos Estados Unidos após a restauração imperial. Voltou a Pernambuco no período das regências (1831), ocupando o cargo de presidente de província. Apoiou o golpe da maioridade em 1840, quando já era senador do Império. Nessa ocasião, afirmou que se outrora estava preocupado em derrubar reis, agora era preciso entronizar um. Conferir Costa, Francisco Augusto Pereira da. *Dicionário biográfico de pernambucanos célebres*. Recife: Fundação de Cultura da Cidade do Recife, 1981 [1882].

19   Lopes Gama lia periódicos ingleses. Conferir Pallares-Burque, Maria Lúcia Garcia. *Nísia floresta, O Carapuceiro e outros ensaios de tradução cultural*. São Paulo: Hucitec, 1996.

essa forma de Governo [a democracia] não nos convém". Já a Aristocracia era defeituosa porque nela "os Magistrados e Nobres, e os geralmente chamados grandes são tudo, e a maioria do Povo nada". Por fim, emendava:

> Cansadas as nações de passarem pelos degraus ensanguentados de todas as três formas de governo; fatigados os maiores filósofos em procurar um governo, que evitasse o maior número de males, produzindo o maior número de bens;[20] foi descoberto enfim o Governo Monárquico-Constitucional-Representativo. Esta forma é misto das três, e que tem sido abraçada pelas nações mais modernas e sábias, e respeitáveis, como a Inglaterra e França.[21]

O elemento democrático, que Lopes Gama não nega, estaria garantido no Brasil pela representação nacional, cujo lócus seria o Parlamento. O elemento aristocrático, que esse jornalista político frisa não existir no Brasil, se faria presente dentro dessa esfera de representação nacional, mas em uma instituição especial criada para representar não a nobreza inexistente, mas os mais ricos e notáveis: o Senado. Já o elemento monárquico teria como baluarte o Imperador, que Lopes Gama enfatiza não reinar por vontade divina, mas por vontade dos povos. Apesar de ser um religioso, e de a religião ser posta como um elemento primordial na política, sem a qual a estrutura social não funcionaria, Lopes Gama sublinha que a origem do poder está na vontade dos povos. E gasta muita tinta nisso, o que demonstra que ainda era importante refutar a ideia do direito divino dos reis.[22] Talvez só para demarcar que estava vivendo em uma nova época e suplantando

---

20 A ideia de evitar "o maior número de males, produzindo o maior número de bens" é notadamente a base da filosofia política de Jeremy Bentham. Apesar de ter citado a essência da filosofia utilitarista de Bentham, Lopes Gama foi um ardoroso crítico desse filósofo inglês. Acredito que por motivos de ordem religiosa. Conferir *O Carapuceiro*, nº 19 21/06/1837 e nº 20 24/061837. Ver também BENTHAM, Jeremy. *Uma introdução aos princípios de moral e legislação*. [edição incompleta]. São Paulo: Abril, 1983 [1789]. Ver também ARAÚJO, Cícero. "Bentham, o Utilitarismo e a filosofia política moderna". In: *Filosofia política moderna*: de Hobbes a Marx. São Paulo: Universidade de São Paulo, 2006.
21 *O Popular*, nº 2 05/06/2009. Ver também os números 3, 5, 7 e 24, que repetem essa formulação.
22 *O Popular*, números 1, 2, 3, 5, 6, 7, 12, 15, 18, 29, 31, 34 e 36.

um tempo antigo. Ou talvez porque a ideia de que os céus eram a origem do poder ainda reverberasse na população pernambucana coeva, talvez sobretudo nos "matos".[23]

Cabe agora, no entanto, entender o que Lopes Gama entendia por representação nacional e por Povo.

Povo e representação nacional

Lopes Gama analisou o artigo 11 da Constituição, o qual dizia que "os Representantes da Nação brasileira são o Imperador, e a Assembleia". Explicava ele, primeiramente, a diferença entre delegado e representante:

> o delegado não é mesma pessoa moral que o delegante; depende da autoridade deste, nem deve fazer se não o que lhe foi ordenado por aquele, de que recebe o poder, ficando-lhe sempre responsável: tal é entre nós o ministério, tais são os magistrados, os presidentes, e todos os empregados que exercem jurisdição: o representante não é assim: o representante exerce o direito do representado por forma tal, que um, e outro são julgados, como fazendo uma mesma pessoa: por isso pela nossa Constituição, o Imperador, e a Assembleia, valem tanto, como a mesma Nação; o que quer dizer, que a massa dos Cidadãos Brasileiros, que é o que se chama Nação, renunciou ao exercício da Soberania, isto é; ao poder de fazer leis, de as mandar executar, e exercer a administração.[24]

Esse seria o elemento democrático necessário para o equilíbrio do sistema político: a representação nacional. Desta forma o Povo se faria representado. Povo e nação muitas vezes são sinônimos no discurso de Lopes Gama, mas por vezes se distanciam. E o Povo, ou a nação, ou a "massa dos cidadãos brasileiros", não delegava a soberania. No momento em que escolhiam seus representantes, a soberania já não mais pertencia ao Povo. "Uma Nação – afirmava Lopes Gama – exercendo por si mesmo a Soberania seria a imagem do inferno."[25]

---

23   Conferir ANDRADE, Manuel Correia de. *A Guerra dos Cabanos*. Recife: Editora Conquista, s.d.; e BRITO, Sócrates Quintino da Fonseca e. *A Rebelião de Pinto Madeira*: fatores políticos e sociais. Teresina: Projeto Petrônio Portella, 1985.
24   *O Popular*, nº 15 21/07/1830.
25   *O Popular*, nº 15 21/07/1830.

Mas o que era o Povo? Respondia Lopes Gama que era o "agregado de todos os cidadãos, e pessoas, que vivem debaixo de certas leis". E que "desde os primeiros magistrados até o último Cidadão tudo é Povo". Mas o redator de *O Popular* procurou desfazer o mau entendimento que muitos contemporâneos tinham da palavra Povo. Segundo ele, muitos confundiam Povo com "aquela classe ínfima, de qualquer Estado, isto é; a gente que não tem meios de vida, que é vadia, ignorante, mal educada, e viciosa". Para ele o Povo se subdividia em duas categorias. A primeira era composta por "Magistrados, Militares, Ministros da Religião, Empregados Públicos, Agricultores, Comerciantes, Artistas etc..." A segunda era composta por "homens de pior educação, e nenhuma indústria". Essa segunda categoria era chamada de plebe. Concluía Lopes Gama: "Toda plebe, e canalha é Povo; mas todo o Povo não é plebe, e canalha".[26]

Como vimos, todos os cidadãos são considerados Povo para Lopes Gama. Excluídos dessa categoria, de Povo, só os escravos então (que não são citados quando esse assunto é tratado). Vejamos agora a explicação que Lopes Gama dá para a distinção entre cidadãos ativos e passivos. Ele escreve que nem todos que habitam um Estado entram no pacto social, só os que compõem a nação. "Ainda que todos os homens sejam iguais em direitos" – escreve o redator de *O Popular* – "isto é, devam ser igualmente protegidos pela Lei; contudo nem todos entram com faculdades iguais para a sociedade, nem concorrem com igual porção de meios para o benefício geral." Daí, segundo Lopes Gama, "veio a distinção entre Cidadão ativo, e Cidadão passivo". Continuava exemplificando que "Antônio v.g. pode ser eleito deputado; porque é um cidadão honrado, e instruído; mas Jozé, que não sabe ler, nem escrever, não esta nas circunstâncias de exercer o mesmo cargo".

Ainda sobre o assunto da cidadania, Lopes Gama deixava claro que a cor não era o critério distintivo. Para ele, mais valia um pardo instruído do que um branco ignorante. "Não houveram dois Adões: de um só procedemos todos" – diz o político e religioso Lopes Gama. Continua afirmando que há muito tempo os pardos ocupam cargos públicos de destaque. E mais: para ele não existem no Brasil famílias cem por cento brancas. Acreditar nisso seria a mesma coisa que acreditar que os portugueses não têm sangue judeu ou mouro.[27] Ele toca, dessa forma, em um assunto que até a revogação do estatuto da pureza de sangue empreendida por Pombal era tabu na sociedade luso-brasileira, sobretudo na pernambucana.[28] Mas se houve uma peculiaridade na construção da cidadania,

---

26   *O Popular*, nº 22 14/08/1830. O título do artigo é "O que se deve entender por Povo".
27   *O Popular*, nº 11 07/06/1830.
28   MELLO, Evaldo Cabral de. *O nome e o sangue*. São Paulo: Companhia das Letras, 1989.

no mundo lusitano, foi a inclusão dos pardos. O constitucionalismo vintista português, diferentemente do constitucionalismo espanhol de Cádiz, incluiu os egressos do cativeiro na condição de cidadãos.[29] Lopes Gama, assim, reiterou essa inclusão que já havia se iniciado há uma década no mundo luso-brasileiro.

"Representar a parte mais grada, mais rica"

Como já mencionamos, esses dois vocábulos, povo e nação, por vezes são sinônimos, por vezes se diferem no discurso de Lopes Gama. Esses conceitos se diferem quando o jornalista pernambucano afirma que compõem a nação apenas os que participam do pacto social. E esses, no entender dele, seriam os cidadãos ativos. Os outros, cidadãos também, mas não teriam direito a participar da representação nacional. Não comporiam a nação, seriam passivos, só teriam o direito de ser protegidos pelas mesmas leis. E o motivo para isso? Sobretudo a falta de instrução. Sobretudo a falta de luzes. Era a lógica da educação e exclusão, oriunda da ilustração setecentista e institucionalizada no império brasileiro.[30] Essa lógica compôs aquilo que Ilmar R. de Mattos denominou de a "boa sociedade".[31]

Mas dentro do grupo de cidadão ativos, seriam todos iguais? Deveriam ser igualmente conceituados aqueles que compunham a nação? No entender de Lopes Gama não. Quando defende o artigo 14 da Constituição, que institui o Senado, Lopes Gama diz que os senadores representam uma classe diferente de cidadãos. Essa classe diferente de cidadãos, que o Senado representava, não era fundada no nascimento. Para Lopes Gama as distinções fundadas no nascimento eram injustas, odiosas. E esse era um caráter vantajoso do Brasil no entender dele: a inexistência de uma nobreza de nascimento no Brasil. Aliás, ele várias vezes ironizou o pretenso caráter nobre que os grandes proprietários de terra pernambucanos se autoatribuíam. Talvez fizesse essas ironias por não ser oriundo da nobreza da terra pernambucana, pois era egresso de uma família urbana do Recife. Mas o fato é que essas ironias atingiram seu ponto máximo quando a pretensa nobreza da terra pernambucana, notadamente os

---

29 Conferir SILVA, Ana Cristina Nogueira da. *A cidadania nos trópicos. O ultramar no constitucionalismo monárquico português (1820-1880)*. Tese de Doutoramento. Lisboa: 2004.

30 Conferir ALCIDES, Sérgio. *Estes penhascos*. Cláudio Manoel da Costa e a paisagem das Minas, 1753-1773. São Paulo: Hucitec, 2003, p. 35-77.

31 MATTOS, Ilmar R. de. *O tempo saquarema*. A formação do Estado Imperial. São Paulo: Hucitec, 1990.

Cavalcanti-Albuquerque e os Rêgo-Barros, tornaram-se seus inimigos políticos às vésperas da Praieira (1848).[32]

Mas por que, então, os res representavam uma classe diferente de cidadãos? Responde Lopes Gama que para representar a "parte mais grada, mais rica", pois "*nobre* vem do latim *notabilis*, por abreviatura, e naqueles tempos notável se chamava todo homem que se distinguia dos outros pelo seu saber, indústria, riqueza etc. etc."[33] Assim eram dois os motivos que distinguiam essa classe diferente de cidadãos: indústria (ou riqueza) e saber (a parte mais grada). Estavam, assim, sendo criadas as bases de uma nobreza por merecimento, outro ideário oriundo da ilustração e que o império brasileiro instituía.[34] Para Tocqueville, um dos elementos que capacitava os Estados Unidos da América à democracia era a ausência de uma nobreza.[35] Lopes Gama se apropriou da obra de Tocqueville, *Democracia na América*, que é de 1835, no final das regências. O pensador francês acreditava que a democracia só teria sucesso em um local onde os costumes do povo fossem propícios para seu desenvolvimento. Lopes Gama, apropriando-se dessa ideia, que ao bem da verdade está presente em vários pensadores políticos da modernidade, constatou que o povo brasileiro não tinha costumes próprios para o desenvolvimento de uma democracia.[36] Notável é que, ao invés de encarar a ausência de uma nobreza como um elemento favorável ao desenvolvimento de uma democracia, Lopes Gama preocupou-se mais em criar um ideário para a instalação de uma nobreza de mérito. Uma nobreza de mérito, fundada na riqueza e no saber, e que acentuaria a lógica da educação/exclusão. Uma nobreza de mérito que restringiria ainda mais o verdadeiro núcleo da "boa socieda-

---

32 Conferir QUINTAS, Amaro. *O Padre Lopes Gama Político*. Recife: Imprensa Universitária, 1958.

33 *O Popular*, nº 17 28/07/2009.

34 ALCIDES, Sérgio. *Estes penhascos*. Cláudio Manoel da Costa e a paisagem das Minas, 1753-1773. São Paulo: Hucitec, 2003, p. 35-77.

35 Conferir FURET, François. "O sistema conceptual da Democracia na América". In: Alexis de Tocqueville. *Democracia na América*: De certas leis e certos costumes políticos que foram naturalmente sugeridos aos americanos por seu estado social democrático. São Paulo: Martins Fontes, 1998 [primeira parte de 1835].

36 Jean-Jacques Rousseau já abordava a importância dos costumes para determinar a forma de governo a ser estabelecida em *Do Contrato Social*. Ou princípios do Direito Político. São Paulo: Abril, 1999 [1762].

de". Aliás, creio que a formação da nobreza imperial brasileira, muito diferente das nobrezas do Antigo Regime, deveria receber mais atenção da historiografia contemporânea.[37]

Considerações finais

Convém repetir os questionamentos que fizemos no início deste texto: como pôde a mesma pessoa apoiar a criação de algumas instituições com traços democráticos para anos mais tarde criticá-las? Como pôde Lopes Gama colaborar com o estabelecimento de instituições e depois pretender reformá-las? Como também já dissemos, não tivemos como objetivo encontrar coerência nas ideias de Lopes Gama, mas apenas pensar quais formulações veiculadas no periódico *O Popular* puderam sustentar a crítica que esse jornalista fez ao longo da década de 1830, atestando a incapacidade do povo brasileiro para a democracia.

E quais teriam sido as formulações de Lopes Gama que deram substrato para que ele pudesse criticar as instituições eletivas já destacadas? Creio que a formulação basilar do pensamento político de Lopes Gama em relação à formação do Estado nacional brasileiro foi a de que a representação nacional era indispensável. Esse novo Estado que estava se construindo, de tipo nacional, era fundado na vontade da nação. E a vontade da nação estaria representada no Parlamento. Não só no Parlamento, mas também na figura do Monarca, que foi escolhido por aclamação, pela vontade dos povos. Tanto que os representantes da nação, na leitura que Lopes Gama fez da Carta de 1824, eram os deputados, senadores e o Imperador. Defender a Constituição era defender o Parlamento e a monarquia. Mesmo no período regencial, Lopes Gama defendeu a instituição monárquica, que tinha sido escolhida pela vontade nacional em outubro de 1822 no Rio de Janeiro, e em dezembro de 1822 no Recife, por aclamação popular.[38]

---

37 Ilmar R. de Mattos, em obra já citada, é um dos autores que, segundo referenciais teórico-metodológicos contemporâneos, abordou magistralmente o tema da constituição da nobreza brasileira. Marco Morel também aborda rapidamente o tema da concessão de títulos nobiliárquicos durante o primeiro reinado e as regências. *As transformações dos espaços públicos*: imprensa, atores políticos e sociabilidades na Cidade Imperial, 1820-1840. São Paulo: Hucitec, 2005.

38 Sobre o posicionamento de Lopes Gama no período da independência, conferir FELDMAN, Ariel. "Conciliar a nação: a divisão dos poderes em debate na imprensa pernambucana (1822-1824)". In: *Anais do XIX Encontro Regional de História da ANPUH* – Seção São Paulo, 2008. Sobre a importância simbólica e política do ato de aclamação, conferir SOUZA, Iara Lis C. *Pátria Coroada*. O Brasil como corpo político autônomo (1780-1830). São Paulo: Editora da Unesp, 1999.

O Brasil teve, a partir de 1826, o Parlamento perenemente aberto. O mesmo não aconteceu em Portugal nem na Espanha, para apenas citar dois exemplos. Não se pode enxergar esse fato como natural. Foi um fato construído. E um dos milhares de construtores da ideia de que a representação nacional era imprescindível para o novo Estado Nacional foi o jornalista político recifense Lopes Gama.

Indo mais além, pensamos que criticar o caráter eletivo das altas patentes da Guarda Nacional e dos juízes de paz, assim como questionar o júri popular, era, para Lopes Gama, criticar algo que não era a essência do novo Estado que se construía. Rousseau entendia que o governo, a administração, assim como os magistrados e o Judiciário, deveriam ser subordinados à vontade geral. Para Rousseau a vontade geral não poderia ser estabelecida por representação.[39] Os revolucionários franceses de 1789 tornaram prática a ideia teórica do filósofo de Genebra. A vontade geral era sim representável, e o lugar de representação dessa vontade era a Assembleia Nacional.[40] Da mesma forma que os revolucionários franceses, Lopes Gama entendia que a vontade nacional estava no Parlamento, este dividido em duas casas. O Imperador também representava a vontade nacional, pois podia dissolver a Câmara dos Deputados. Mas o aparelho administrativo de Estado era subordinado a essa vontade nacional. E poderia sofrer ajustes. A Constituição estando assegurada, isto é, o Parlamento e monarquia estabelecidos, os mecanismos administrativos, policiais, militares e judiciários deveriam ser ajustados conforme fosse mais conveniente. O único elemento democrático imprescindível era o que garantia a representação nacional. A representação dos mais ricos e doutos, no Senado. A representação dos outros cidadãos ativos, na Câmara dos Deputados.

Referências Bibliográficas

ALCIDES, Sérgio. *Estes penhascos*. Cláudio Manoel da Costa e a paisagem das Minas, 1753-1773. São Paulo: Hucitec, 2003.

ANDRADE, Manuel Correia de. *A Guerra dos Cabanos*. Recife: Editora Conquista, s.d.

ARAÚJO, Cícero. "Bentham, o Utilitarismo e a filosofia política moderna". In: *Filosofia política moderna*: de Hobbes a Marx. São Paulo: Universidade de São Paulo, 2006.

---

39 ROUSSEAU, Jean-Jacques. *Do Contrato Social*. Ou princípios do Direito Político. São Paulo: Abril, 1999 [1762].

40 Conferir NASCIMENTO, Milton Meira do. "Rousseau, a revolução e os nossos fantasmas". In: *Discurso*, São Paulo, v. 13, 1983.

BENTHAM, Jeremy. *Uma introdução aos princípios de moral e legislação*. [edição incompleta]. São Paulo: Abril, 1983 [1789].

BRITO, Sócrates Quintino da Fonseca e. *A Rebelião de Pinto Madeira*: fatores políticos e sociais. Teresina: Projeto Petrônio Portella, 1985.

CARVALHO, Marcus J. M. "A *República dos Afogados*: a volta dos liberais após a Confederação do Equador". In: *Anais do XX Simpósio da Associação Nacional de História*. Florianópolis, 1999.

CASTRO, Jeanne Berrance de. *A milícia cidadã: a Guarda Nacional de 1831 a 1850*. São Paulo/Brasília: Editora Nacional/I.N.I., 1977.

COSTA, Francisco Augusto Pereira da. *Dicionário biográfico de pernambucanos célebres*. Recife: Fundação de Cultura da Cidade do Recife, 1981 [1882].

FELDMAN, Ariel. *O império das carapuças*: espaço público e periodismo político no tempo das regências (1831-1842). Dissertação de Mestrado em História. Curitiba: UFPR, 2006. Disponível em: <http://www.poshistoria.ufpr.br/documentos/2006/Arielfeldman.pdf>

_____. "Conciliar a nação: a divisão dos poderes em debate na imprensa pernambucana (1822-1824)". In: *Anais do XIX Encontro Regional de História da ANPUH – Seção São Paulo*, 2008.

_____. "Uma crítica às Instituições representativas do período das regências (1832-1840)". *Almanack braziliense*, nº 4, nov. 2006, p. 65-81. Disponível em www.almanack.usp.br

FURET, François. "O sistema conceptual da Democracia na América". In: TOCQUEVILLE, Alexis de. *Democracia na América*: De certas leis e certos costumes políticos que foram naturalmente sugeridos aos americanos por seu estado social democrático. São Paulo: Martins Fontes, 1998 [primeira parte de 1835].

MATTOS, Ilmar R. de. *O tempo saquarema*. A formação do Estado Imperial. São Paulo: Hucitec, 1990.

MELLO, Evaldo Cabral de. *O nome e o sangue*. São Paulo: Companhia das Letras, 1989.

MOREL, Marco. *As transformações dos espaços públicos*: imprensa, atores políticos e sociabilidades na Cidade Imperial, 1820-1840. São Paulo: Hucitec, 2005.

_____. *O período das Regências*. Rio de Janeiro: Jorge Zahar, 2003.

NASCIMENTO, Milton Meira do. "Rousseau, a revolução e os nossos fantasmas". In: *Discurso*, São Paulo, v. 13, 1983.

PALLARES-BURKE, Maria Lúcia Garcia. *Nísia floresta, O Carapuceiro e outros ensaios de tradução cultural*. São Paulo: Hucitec, 1996.

QUINTAS, Amaro. "O nordeste, 1825-1850". In: HOLANDA, Sérgio Buarque de (org.). *História Geral da Civilização Brasileira*. Tomo II, v. 2. São Paulo: Difusão Europeia do Livro, 1972.

_____. *O Padre Lopes Gama Político*. Recife: Imprensa Universitária, 1958.

ROUSSEAU, Jean-Jacques. *Do Contrato Social*. Ou princípios do Direito Político. São Paulo: Abril, 1999 [1762].

SILVA, Ana Cristina Nogueira da. *A cidadania nos trópicos. O ultramar no constitucionalismo monárquico português (1820-1880)*. Tese de Doutoramento. Lisboa: 2004.

SOUZA, Iara Lis C. *Pátria Coroada*. O Brasil como corpo político autônomo (1780-1830). São Paulo: Editora da Unesp, 1999.

VIEIRA, Rosa Maria. *O Juiz de Paz do Império a nossos dias*. Brasília: Thesaurus, 1997.

Capítulo 5
A radicalidade dos exaltados em questão: jornais e panfletos no período de 1831 a 1834[1]

GLADYS SABINA RIBEIRO

EM UM TEXTO PUBLICADO no livro *Repensando o Brasil no Oitocentos*,[2] tentei mostrar que o jornal *Correio do Rio de Janeiro* não era tão radical quanto muitas vezes a historiografia imaginou. Entretanto, fiz questão de marcar a sua originalidade e o seu lugar na imprensa daqueles anos iniciais da expansão do constitucionalismo, que Lúcia Bastos Pereira das Neves chamou de "guerra das penas".[3] Muitas vezes temos simplificado em excesso esse constitucionalismo, que tinha muitas vertentes, tal como demonstraram António Manuel Hespanha[4] e outros autores. Assim, nunca é demais lembrar que a teoria do contrato social não possuía leitura unívoca.

---

1   Atualizamos a grafia das citações, mas respeitamos a gramática e as letras maiúsculas empregadas.
2   RIBEIRO, Gladys Sabina. "Nação e cidadania nos jornais cariocas da época da Independência: o *Correio do Rio de Janeiro* como estudo de caso". In: CARVALHO, José Murilo de e NEVES, Lúcia Maria Bastos (org.). *Repensando o Brasil do Oitocentos. Cidadania, política e liberdade*. Rio de Janeiro: Civilização Brasileira, 2009, p. 207-238. Isabel Lustosa, em texto desta coletânea, discorda desta visão sobre esse jornal.
3   NEVES, Lúcia Bastos Pereira das. "'A guerra das penas': os impressos políticos e a independência do Brasil". In: *Tempo*. Revista do Departamento de História da UFF, v. 4, nº 8, Dezembro de 1999.
4   HESPANHA, António Manuel. *Panorama Histórico da Cultura Jurídica Europeia.* Lisboa: Publicações Europa-América, 1997, p. 152. Em outra obra, António M. Hespanha afirma que na passagem do século XVIII para o XIX o direito muda de costumeiro e interpretativo para

De forma muito genérica, podemos dizer ser o pacto a grande novidade fundadora da nova sociedade, na qual o indivíduo e as coletividades tinham direitos e podiam fazer representações, que expressavam formas distintas de conceber esses direitos de acordo com identidades políticas e sociais. Tomava-se igualmente como ponto de partida concepções amplas dos chamados atualmente direitos político, civil e social para se discutir problemas que tocavam a soberania e a legitimidade na gestão do que deveria ser a *res publica*.

Entre os assuntos discutidos destacamos a descoberta do pertencimento do indivíduo à sociedade civil, com direitos e obrigações, que tinham similitude no papel do Estado, enfatizado como guardião e garantidor de direitos, encarnação da soberania da nação ou como espaço de manifestação da soberania do povo, discussão pautada em uma sociedade que se secularizava e que as leis se homogeneizavam, positivadas em uma codificação.

Compreender o que era o pacto social ou o contrato social, bem como o que era a soberania da nação e a soberania do povo, não eram tarefas fáceis. Aquela foi uma época em que esses conceitos foram interpretados a partir de diferentes matrizes e formulados em consonância com formas variáveis de compreensão do que era o Direito e os direitos, e isso se fazia de acordo com as releituras e readaptação dos teóricos às experiências vividas pelos indivíduos, grupos ou identidades políticas.

Surgida nesse contexto, a imprensa de opinião construiu uma cultura política. Para autores como Marco Morel e Mariana Barros, bem como para Ivana Stoltze, ela foi capaz de criar identidades entre as facções e ao redor de redatores, sendo um meio eficaz de atuação.[5] Para o período final do Primeiro Reinado e início da Regência, Ivana Stoltze afirmou que a proliferação de títulos foi capaz de desestabilizar o jogo político, colocar em cena novas personagens e tornar a imprensa um teatro, tal qual a política o era.

Voltemos, então, ao *Correio do Rio de Janeiro* e ao primeiro momento do constitucionalismo no Brasil. A análise que fiz desse jornal guarda algumas semelhanças com o que quero apontar para os jornais exaltados, publicados logo após a Abdicação. Tal como aquele jornal, essa plêiade de publicações ditas exaltadas também tinha a sua originalidade, mas sem o radicalismo que se deseja. Apresentavam problemas que já tinham sido

---

legalista, com a codificação. A lei teria passado a ser "a legitimidade de toda a atividade social, quer dos indivíduos, quer do poder". Ver: HESPANHA, A. Manuel *et alli*. *Justiça e litigiosidade – História e prospectiva*. Lisboa: Fundação Calouste Gulbenkian, 1993, p. 21.

5   Sobre estes aspectos, ver: MOREL, Marco e BARROS, Mariana Monteiro de. *Palavra, imagem e poder: o surgimento da imprensa no Brasil do século XIX*. Rio de Janeiro: DP&A, 2003, p. 15. Essa é a opinião também de Ivana Lima Stoltze, em *Cores, marcas e falas – a polissemia da mestiçagem no Império do Brasil*. Rio de Janeiro: Universidade Federal Fluminense, 2000, p. 28.

debatidos durante todo o Primeiro Reinado e que ainda eram o cerne das disputas políticas e sociais em 1830 e nos anos subsequentes.[6]

O *Correio do Rio de Janeiro* fazia defesa do governo Monárquico, contanto que se pautasse na Soberania do Povo e em uma Constituição liberal.[7] Pensava ainda a soberania como indivisível e inalienável.[8] Dessa forma, afirmamos que a sua radicalidade estava na concepção que tinha do pacto social, da "soberania do povo". Como a pensava? Afirmava que a soberania da nação havia sido depositada nas Cortes pelos cidadãos e que a lei era a expressão e o limite de todos, sendo que o governante poderia ser tanto o rei ou a condução da política ser reservada ao Parlamento, o que quer dizer que essa soberania e o poder das autoridades, em geral, estariam circunscritos aos limites da Justiça. Nem o Soberano Povo (sempre referido em maiúsculas) nem as autoridades possuíam o direito de fazer o que a nação também não tinha direito de fazer por si mesma. Nenhum déspota ou nenhuma assembleia deveria agir despoticamente afirmando que o povo havia lhe delegado esse poder, uma vez que todo despotismo seria ilegal.[9] A soberania residia na nação, mas esta a havia depositado no congresso, que então se constituía no Soberano Congresso. Contudo, os Poderes Legislativos mal poderiam ser desempenhados por muitos e nunca poderiam ser bem desempenhados por apenas uma pessoa, mesmo que esta fosse o rei. Assim, chegava à conclusão de que a Soberania do Povo era a do Soberano Congresso, que era o Soberano Povo,[10] todos devidamente reverenciados e designados com letras maiúsculas. Ou seja, para João Soares Lisboa a soberania do povo se dava via representação legislativa, que era o que enfeixava a soberania da nação. Para esse redator, portanto, a soberania da nação estava intrinsecamente unida à soberania do povo porque seria impossível reunir todos os que faziam parte do povo para deliberar. Relia, assim, o pensamento de Rousseau e usava Gastine para isso.

Consequentemente, no período inicial do Brasil independente não havia interpretação única do que era a soberania do povo e soberania da nação, com suas implicações. Os jornais baseavam-se nos mesmos autores, mas compreendiam, de forma diferente,

---

6 Uma revisão do Primeiro Reinado e do período da Regência foi proposta no artigo Ribeiro, Gladys Sabina e Pereira, Vantuil. "O Primeiro Reinado em revisão". In: Grinberg, Keila e Salles, Ricardo (org.). *O Brasil Imperial*, v. i, 1808-1831. Rio de Janeiro: Civilização Brasileira, 2009, p. 137-174.

7 *Correio do Rio de Janeiro*, 22/04/1822.

8 *Correio do Rio de Janeiro*, 24/05/1823.

9 *Correio do Rio de Janeiro*, 10/04/1822.

10 *Correio do Rio de Janeiro*, 01/05/1822.

essas soberanias como indivisíveis, independentes e até inalienáveis, o que certamente tinha como medida os acontecimentos vividos e a posição pedagógica que assumiam ao defender um ou outro desenho da cidadania e do Estado.

Dessa forma, o *Correio do Rio de Janeiro* fazia uma leitura da soberania do povo mesclada com a soberania da nação, o que seria bem diferente da postura dos exaltados, tal como foi descrito por Marcello Basile, que escreveu sobre Ezequiel e a *Nova Luz Brasileira*,[11] e por Rômulo Mattos, que tratou do jornal *O Clarim da Liberdade*.[12] Ambos defenderam que a concepção que esses jornais exaltados tinham sobre a soberania do povo incluía a participação popular como um todo, pregando a revolução com caráter popular. Nesse sentido, circunscreveram a soberania da nação nas mãos do grupo político dos moderados, que pretendiam o triunfo de uma liberdade controlada e limitada, longe que estavam da democracia ao apoiarem o Parlamento como instituição que deveria governar e como expressão da ordem.

Para Marcello Basile, no jornal *Nova Luz Brasileira* existia também a concepção do poder indiviso e soberano pertencente à nação inteira, à totalidade do povo, mas, nessa totalidade, ao contrário daqueles redatores do primeiro momento do Brasil independente ou mesmo dos moderados, estariam incluídos todos os indivíduos uma vez que o Povo (*sic*) incluía a todos, com exceção para os escravos. Segundo esse autor, essa seria uma das grandes diferenças com os liberais moderados.

Dessa forma, para autores como Marcello Basile e Rômulo Mattos, o liberalismo radical tinha sua especificidade e influiu nos acontecimentos políticos daqueles anos. Os editores de pasquins foram agitadores que pretendiam intervir na realidade. Seguindo caminho assemelhado, podemos afirmar que essa perspectiva não era diferente daquela de João Soares Lisboa, redator do *Correio* e que pretendia intervir nos acontecimentos do seu tempo de forma pedagógica. Nem tampouco era postura diferente de outros jornais dos anos iniciais do movimento constitucionalista no Brasil, como não eram diferentes

---

11 BASILE, Marcello Otávio Néri de Campos. *Anarquistas, rusguentos e demagogos. Os liberais exaltados e a formação da esfera pública na Corte imperial (1829-1834)*. Dissertação de Mestrado. Rio de Janeiro: Instituto de Filosofia e Ciências Sociais – Universidade do Rio de Janeiro, p. 97-129 e 210; e BASILE, Marcello Otávio Néri de Campos. *Ezequiel Corrêa dos Santos. Um jacobino na Corte Imperial*. Rio de Janeiro: Editora da FGV, 2001, p. 30-32; p 52-55.

12 MATTOS, Rômulo da Costa. *O Exaltado toque d´O Clarim da Liberdade. A análise de um periódico do Período Regencial*. Niterói: Monografia de Bacharelado apresentada ao Departamento de História da UFF, 2001, p. 8-10.

os epítetos atribuídos a homens contrários às posições iniciais de D. Pedro, considerados também *demagogos* e *anarquistas* no início dos anos de 1820.

Conforme demonstrou Andrea Slemian, o período entre 1820 e a Abdicação foi fundamental para a formação do aparato estatal porque teve como pano de fundo a discussão de qual tipo de nação e de povo convinha ao Brasil. Foi o momento em que a chamada opinião pública foi se transformando de Rainha do Universo[13] em Tribunal, em estreita correspondência com a mobilização das ruas, onde os indivíduos julgavam os acontecimentos e se manifestavam de diferentes formas. Tenho, então, clareza que a experiência política ajudou a fundar um novo vocabulário e deu consistência aos debates políticos travados na imprensa, fundando e recriando redes de sociabilidades e de ação. Todavia não considero evidente a ação da imprensa, sobretudo daquela chamada de exaltada, na mobilização determinante dos acontecimentos de rua que precederam e sucederam a Abdicação. Trocando em miúdos, não penso que a liderança exaltada tenha deflagrado esses conflitos e motins, mas sim que se aproveitaram deles para firmar posições de forma pedagógica, como exigiam os preceitos da ilustração, do qual eram tributários.

Aqui é mister dizer que vejo diferença fundamental entre os acontecimentos da época da Independência e a motivação dos conflitos ocorridos entre 1831 a 1834: a meu ver o que aconteceu nessa última temporalidade foi a retomada de problemas já tematizados na época da Independência, tratados de forma conflituosa e não conclusiva na primeira legislatura, e que deram margem à grave crise que levou à Abdicação.

Toda essa discussão provocou a releitura das possibilidades da liberdade e dos direitos congêneres a ela relacionados pelos indivíduos, expressos no artigo 179 da Constituição como direitos civis. Como já mostrei em outra ocasião, esse me parece ser o pomo da discórdia e que dá algum sentido a vermos uma linha de ação exaltada, que talvez possamos reconhecer como identitária, sem ser radical nem unívoca.

Não há uma orquestração única das ruas nem liderança absoluta do que se chamava poviléu. Ou seja, se houve exaltados nesses movimentos, eles não podem ser caracterizados como líderes únicos e mais importantes, nem a sua atuação como fruto de um único plano de ação exaltada. Tampouco as suas bandeiras – muitas delas pessoais e expressão de algo que denominavam *missão*, bem ao gosto do papel que jornalistas e homens de imprensa tinham na Ilustração – refletiam o que os jornais pregavam. Muito pelo contrário: muitas vezes os jornais expunham e justificavam atos dos redatores exaltados, envolvidos

---

13 *Correio do Rio de Janeiro*, 19/09/1823.

nos episódios, minorando-os, ou, então, os próprios redatores tratavam eles mesmos de apresentar uma visão mais leve e equilibrada dos fatos e até mesmo da sua participação.

Isso quer dizer que os jornais não atribuíam a esses líderes a responsabilidade exclusiva pelos acontecimentos. Uma possível explicação seria justamente os redatores estarem sempre premidos pela possibilidade de serem presos por infração à liberdade de imprensa e pela radicalidade de seus atos. É assim que Marcello Basile justifica as atitudes de Ezequiel, redator do jornal *Nova Luz Brasileira*. Diz que este teria percebido o desgaste do movimento de 14 de julho de 1831, e, ao contrário de muitos que haviam assinado a representação e que logo se justificaram dizendo-se arrependidos, enganados ou equivocados, Ezequiel teria adotado medida diferente e publicado um panfleto com 30 assinaturas, a 25 de julho,[14] justificando que tinha tido a ideia de escrever a representação para atender ao bem da Pátria porque via as ideias desorganizadas e "paixões desenfreadas" que falavam em derrubar o governo e criar uma Assembleia Constituinte. Nas palavras de Basile,

> Assim, pretendiam apenas combater "tão absurdos pedidos" e "estabelecer um centro, onde se refundam todas as opiniões", convencidos de que a tropa não cederia se algumas de suas pretensões não fossem encaminhadas e que era preciso livrar a nação daqueles que, "incumbidos de administrar, se têm constantemente lançado nas fileiras dos inimigos para atacar as instituições juradas, absorver os seus recursos e cavar-lhe surdamente a ruína". Esclareciam também que as pessoas que assinaram a representação o fizeram "sem que houvesse coação alguma ou pedido que não fosse o das circunstâncias, pois que uma cópia se achava pregada na parede a fim de que todos que o quisessem pudessem ver o que assinavam". E afirmavam inclusive que alguns nomes inseridos na lista dos deportados foram sugeridos pelo comandante de Armas, por oficiais e por deputados ali presentes. Por fim, se diziam convencidos de que "jamais se extinguirão os elementos de revolução espalhados na população, sem que sejam tomadas medidas enérgicas"(...)[15]

---

14 "Exposição dos acontecimentos da noite de 14, e dia 15 do mês de Julho do corrente ano à Nação Brasileira" apud BASILE, Marcello Otávio Néri de Campos. *Ezequiel Corrêa dos Santos. Um jacobino na Corte Imperial*. Rio de Janeiro: Editora da FGV, 2001, p. 100.

15 BASILE, Marcello Otávio Néri de Campos. *Ezequiel Corrêa dos Santos. Um jacobino na Corte Imperial*. Rio de Janeiro: Editora da FGV, 2001, p. 100-101.

Diante de argumentações como esta acima, é preciso que nos perguntemos se esse tipo de atitude, tão contumaz nesses redatores exaltados, seria apenas um recurso para escapar da prisão e das represálias ou seria mesmo falta de convencimento na radicalidade de suas pretensões? De fato, constatamos que não era raro apresentarem uma versão mais leve dos fatos. Também é curioso quando se justificavam desde uma posição de liderança, mas que líderes eram esses cujos poder e ascendência sobre a massa reunida se revelavam fracos. Por último, convém lembrar as palavras de Ezequiel transcritas por Basile no trecho reproduzido acima, pelas quais argumentava que era preciso extinguir os elementos da revolução tomando medidas enérgicas.

Como o próprio Ezequiel admitia, os elementos da revolução já estavam disseminados, e há muito tempo, e certamente não apenas pelas lideranças exaltadas. Cabe aqui ressaltar o fato de que nesses movimentos de rua havia um número expressivo de outros participantes, inclusive líderes caramurus, além de pessoas que não constam de nenhum grupo ou facção específicos e alguns escravos e libertos. Ou seja, o pequeno número de líderes exaltados elencados não daria conta em absoluto das insatisfações reveladas e da magnitude dos eventos maiores, tal como os de junho, e dos menores, aqueles que ocorriam em cenas do cotidiano e que já explorei no livro *A liberdade em construção*.[16]

Além do mais, devemos fugir do clichê que estabelece planos distintos para os liberais daquele momento e que reserva o Parlamento para os moderados e as ruas para os exaltados, sendo que caramurus – grupo muito mal conhecido – ficariam entre esses dois espaços e ainda arcariam com as saudades de um passado pretérito. Será que podemos confiar nessas identidades e no que almejavam, objetivos e desejos transcritos dos jornais opositores e que usavam o deboche como arma política e de retórica? Mas os caramurus merecem abordagem específica, tal qual tratamento diferenciado também necessitam outros jornais de difícil classificação, como *O Lagarto: jornal da sociedade do tatu, sério, polido e bem educado*, que circulou entre 2 de julho de 1832 e 23 de fevereiro de 1833, com 14 números. Editado pela Sociedade do Tatu, se autoproclamavam facção à parte de toda e qualquer política imperial: diziam-se liberais puros e teciam críticas a todas as facções conhecidas.[17]

---

16   RIBEIRO, Gladys Sabina. *A liberdade em construção*. Rio de Janeiro: Relume-Dumará, 2002.
17   O primeiro número é de 2 de julho de 1832 e o último é de 23 de fevereiro de 1833.

Acho que ainda podemos questionar essa radicalidade quando constatamos que jornais como *O Clarim da Liberdade* e *O Exaltado*[18] se retiraram de cena diante do que creditaram como o fim da liberdade de imprensa e diante das atitudes suspeitas do júri eleito, sempre contrários aos redatores exaltados e aos seus jornais. *O Clarim da Liberdade* anunciou o seu último número a 23 de fevereiro de 1832 – em uma crítica ao Ministro da Justiça, que em suas palavras queria exterminar os periódicos anárquicos – e retornou após o malogrado golpe de Estado de Feijó, cuja queda teria sido interpretada pelos exaltados, naquele momento, como o fim da censura, euforia que não durou muito tempo. O jornal *O Exaltado* também saiu de circulação, pelos mesmos motivos, dos meses de março a agosto de 1832.

Claro que a imprensa teve um lugar crucial nos debates da grande política naqueles anos e de formação da opinião pública; destaque-se inclusive o papel exercido pelos folhetos e pasquins. Mas essa imprensa não era só exaltada. Além disso, tanto os jornais moderados quanto os exaltados e caramurus discutiam os mesmos temas, embora utilizassem vieses diferentes, e há que se considerar um argumento que já expus acima: a imprensa daquela época era alimentada dos anseios e dos desejos políticos de homens que se expressavam sem qualquer filiação a ideias, que não pertenciam necessariamente a grupos ou estavam ao redor de jornais ou folhetos, ou, ainda, das associações fundadas na Regência que tinham como objetivo ser porta-vozes de facções e indivíduos.

Nélson Werneck Sodré aponta esse momento, entre as vésperas da Abdicação e o fracassado golpe, ou seja, entre os anos de 1830 e 1833,[19] como o de auge da imprensa. Achamos, então, importante mergulhar em alguns dos jornais e pasquins considerados exaltados e ver em que consistia a sua radicalidade, ou mesmo se esta existia. Julgamos ser um bom caminho para a análise proposta observar quais eram as dimensões da cidadania nesses impressos; constatar quais os pontos comuns que tinham e como se situaram após o 7 de abril – grande marco para todos aqueles que participaram da derrubada do Imperador e que acreditavam estar no início da verdadeira regeneração, com a revolução que julgavam ter feito parte.

Nessa época, como as discussões sobre o 7 de abril e os caminhos ou descaminhos da chamada revolução voltaram à baila em conjunto com debates sobre o que chamamos

---

18 Segundo Mattos, Rômulo da Costa. *O Exaltado toque d´O Clarim da Liberdade. A análise de um periódico do Período Regencial*. Niterói: Monografia de Bacharelado apresentada ao Departamento de História da uff, 2001, p. 23-26.

19 Sodré, Nélson W. *A história da imprensa no Brasil*. Rio de Janeiro: Civilização Brasileira, 1966, p. 183-188.

hoje em dia de direitos políticos e de direitos civis, adotaremos para analisá-las a perspectiva apontada por José Murilo de Carvalho no projeto do PRONEX, Edital de 2003, intitulado "Nação e cidadania no Império: novos horizontes": a nação e a cidadania se distinguem apenas do ponto de vista heurístico. Quanto aos direitos políticos, nas reformas apregoadas se pretendia discutir mais uma vez o papel do povo no cenário político e como seria desenhado o pacto ou o contrato. No relativo aos direitos civis, encontramos várias discussões sobre o que implicava a cidadania, quais direitos se encontravam entre a liberdade e a igualdade, em uma sociedade com grande quantidade de mulatos, pretos e pardos, e de homens livres, que queriam pertencer não só à esfera política como desejavam a autonomia de forma mais contundente. Esses aspectos mesclavam-se àqueles que distinguiam brasileiros e portugueses, que já abordei anteriormente.[20] Volta também com força a oposição entre brasileiros-patriotas e portugueses-absolutistas, que não era nova, porém que foi incentivada primeiramente pelos moderados, antes do 7 de abril, e, posteriormente, criticada por esses mesmos, após a sua subida ao poder e a necessidade de apaziguar as ruas. Esta questão ficou, então, a cargo dos exaltados e de parcela dos caramurus, igualmente insatisfeita com as posturas adotadas por alguns portugueses.

Há nos jornais, portanto, pontos em comum. O primeiro e mais óbvio é a crítica ao governo derrubado de D. Pedro I e a sua forma de condução da política. Afirmava-se a re-fundação do Brasil como uma verdadeira revolução a partir dessa data. Junto com essa regeneração houve releituras específicas do que significava a liberdade, como apontou apropriadamente Ilmar Mattos, no livro *O tempo saquarema*.[21] Embutida ainda nessa problemática estava a necessidade de se efetuar reformas políticas, sobretudo da Constituição, embora sobre isso não houvesse exatamente consenso, nem entre aqueles que seriam chamados de moderados nem entre os denominados exaltados.

Outro ponto em comum entre os exaltados e caramurus era a crítica que faziam aos moderados, uma vez que ambos foram alijados do governo e que a cada dia que passava viam com clareza que diferentes projetos existiam para a condução da política e para as tais reformas, cujo mote juntou a todos no campo da honra, em abril de 1831.

Dentro do contexto dos anos de 1831 a 1832, é interessante reproduzirmos as observações de Nélson Werneck, que menciona que muitos pasquins apresentavam as mazelas dos trabalhadores, sobretudo destilavam animosidades contra os portugueses e fa-

---

20 RIBEIRO, Gladys Sabina. *A liberdade em construção*. Rio de Janeiro: Relume-Dumará, 2002.
21 MATTOS, Ilmar R. de. *O tempo saquarema*. São Paulo: Hucitec, 1987.

ziam protestos contra as discriminações, que misturavam a "condição nacional" com a "condição de classe":

> já se começava a misturar, em relação aos africanos e seus descendentes, a condição de cor e a condição de classe (...)
> Mas, os elementos todos, aqueles que disputavam agora melhor posição, quando alguns a conquistariam logo, como os ligados ao comércio urbano, os que se rebelavam contra as imposições implacáveis do meio, e que vinham mais de baixo na escala social, o liberto, o artesão, o trabalhador urbano, o pequeno funcionário, e os que lutavam pela manutenção dos privilégios tradicionais, em defesa de sua preeminência social, política, econômica – todos não haviam encontrado ainda o instrumento adequado de luta, a finalidade segura de seus impulsos, nem mesmo os caminhos e a forma de preservá-los ou de conquistá-los.[22]

Dessa forma, a análise desse historiador sobre os aspectos raciais e de classe e a inadequação dos instrumentos de luta e dos caminhos trilhados parecem ainda hoje ser convincentes. Porém, o que não procede de jeito algum é a sua afirmativa de que essas lutas eram movimentos com "vozes desconexas e desarmoniosas", que combatiam "desatinadamente pelo que lhes assegurasse condições de existência compatíveis com a tradição e com a necessidade"; que não haviam encontrado "linguagem precisa, o caminho certo" e que por isso eram desorganizados e que caíam "na vala comum da injúria, da difamação, do insulto repetido".[23]

Os movimentos desses anos iniciais da Regência não eram meros motins reivindicatórios de privilégios tradicionais ou apenas rebeldias por preeminências de várias ordens. Havia algo novo nessas lutas e conflitos que atravessavam o cotidiano, e o novo estava com toda certeza relacionado ao que dissemos sobre as novas possibilidades abertas para a ampliação dos direitos relativos à cidadania. Se o antilusitanismo persistia como cimento para fundar o ser brasileiro, agora ele tinha nova roupagem porque discutia a posição

---

[22] SODRÉ, Nélson W. *A história da imprensa no Brasil*. Rio de Janeiro: Civilização Brasileira, 1966, p. 181.

[23] SODRÉ, Nélson W. *A história da imprensa no Brasil*. Rio de Janeiro: Civilização Brasileira, 1966, p. 181.

dos indivíduos naquela sociedade de forma mais clara. Com relação ao mercado de trabalho, novos imigrantes lusitanos continuavam aportando ao Rio de Janeiro, motivados pela guerra civil portuguesa e pelas oportunidades abertas pelo 7 de abril. Os engajamentos no serviço das guardas permanente e nacional também eram possibilidades abertas para os imigrantes que chegavam, pois havia dificuldade em reconhecer as datas dos atestados e das fianças assinados pelos cônsules e vice-cônsules portugueses. E esse era um caminho certo para os conflitos e era denúncia constante dos exaltados. O desmanche das tropas regulares também foi um assunto do dia: diminuiu as possibilidades de ocupação para os pobres, sobretudo para os libertos, e trouxe novamente questionamentos sobre de quem seriam os empregos públicos, assunto abordado por todas as facções políticas tanto no Parlamento quanto nos jornais, cuja pauta era expulsão dos lusos, limitação das suas ocupações e o expurgo das altas patentes militares. Aliás, se todos esses assuntos foram revividos agora, as primeiras discussões sobre esses temas remontam aos anos após a Independência.

Conforme citado anteriormente, os jornais *A Nova Luz Brasileira* e *O Clarim da Liberdade* foram examinados nos textos de Marcello Basile e Rômulo Mattos, expondo os principais assuntos que trataram e mostrando-os como responsáveis pela popularização de princípios liberais. *A Nova Luz* tinha clareza da sua tarefa, o que se constata com a leitura do seu "Dicionário", que "visava educar os indivíduos para a participação política, formar o verdadeiro cidadão".[24] É dessa maneira que geralmente se toma por base esses jornais para se dizer que defendiam a causa da república e da federação, apoiados em princípios inspirados nos EUA.

Não sendo este o espaço para examinar com mais detalhes esses aspectos, é preciso que nos concentremos no cerne do argumento aqui esgrimido: que os jornais classificados como exaltados discutiam ideias que há muito estavam sendo gestadas nas ruas do Rio de Janeiro e das principais cidades do país, onde os princípios liberais se popularizavam desde a Revolução do Porto e os indivíduos aprendiam com a experiência da política do Primeiro Reinado. Viviam, assim, uma cultura política que foi se formando e que não ficou restrita às facções e aos jornais, pasquins ou folhetos.

Nesse sentido, o fundamental é prestar atenção nas dimensões da cidadania, atendo-se às vivências da liberdade e das suas novas possibilidades. Para isso, penso ser igualmente basilar chamar atenção para a especificidade desses pasquins e impressos, o que nos leva a pensar na dificuldade de analisá-los ao atribuir-lhes as etiquetas de exaltados, moderados e caramurus. A sua radicalidade era a mesma que era vivenciada nas ruas; era

---

24 BASILE, Marcello Otávio Néri de Campos. *Ezequiel Corrêa dos Santos. Um jacobino na Corte Imperial*. Rio de Janeiro: Editora da FGV, 2001, p. 24.

a radicalidade das ruas. Mais do que guiar o povo, esses jornais aproveitavam momentos de reivindicações múltiplas, de crises políticas, para propagarem diferentes bandeiras e centrar o seu discurso na liberdade, com suas leituras diferenciadas da realidade.

Assim, para afirmarmos com mais propriedade que nem todos os jornais exaltados estavam preocupados com a república ou com a federação, analisaremos *O Mulato* ou *O Homem de Cor*, *O Lafuente*, *O Cabrito*, *O Filho da Terra*, *A Filha Única da Mulher do Simplício* e *O Exaltado*. Tomaremos como foco a discussão dos direitos, o lugar dos indivíduos na sociedade e a ênfase que davam à liberdade, à igualdade e às questões relativas à cidadania. Esses assuntos eram o norte supremo da discussão política; a base das propostas de um trato responsável da coisa pública e da federação, esta última encarada como forma para gerir melhor o poder indivisível do povo.

No número 1 d'*O Homem de Cor*, publicado no dia 14 setembro de 1833, o seu redator reclamava da dissolução da tropa, da ineficácia das Guardas Nacionais. Culpava a ambição do presidente de Pernambuco, Manoel Zeferino dos Santos, e de seu bando, que, segundo o jornal, queria criar batalhões por cor. Afirmava que os exaltados e os brancos não moderados viviam bem e não se importariam de ser comandados pelas classes heterogêneas. Chamava os "mulatos e pretos" a tomarem o seu lugar de maioria, opondo-se à postura do presidente de Pernambuco de promover dissensões entre as classes do Brasil. Justificava o local de cada um a ser ocupado dentro da sociedade como base da vivência da liberdade contra a opressão e contra a tirania, que tinha sido a base para a revolução vivida e que havia tornado legítima a resistência dos Povos (*sic*) e do Brasil. Convocava a Constituição, para reforçar o seu argumento, uma vez que esta determinava que todo cidadão podia ser admitido em qualquer cargo público civil, político e militar. Além disso, afirmava que toda diferença teria por base os talentos e as virtudes.

A resistência do Povo manteria o governo no prumo e restabeleceria a confiança da nação, pois a obediência seria uma forma de gratidão.[25] Os tiranos sempre deveriam temer porque as vítimas que tinham caído na luta pela liberdade seriam vingadas com a espada justiceira da opinião pública.[26]

No número 4, o redator dizia que o movimento de 7 de abril foi apoiado por muitos mulatos, que nada ganharam, mas que eram os verdadeiros defensores da Constituição,

---

25 *O Homem de Cor*, nº 1, 14/09/1833.

26 *O Homem de Cor*, nº 3, 16/10/1833. Dos números 3 ao 5, passa a chamar-se *O Mulato*, ou *O Homem de Cor*.

da Pátria e da Liberdade. Assim, conclamava-os a integrarem o partido exaltado, de onde poderiam se opor aos moderados e lutar pela igualdade das leis.

Ao comentar a prisão de Maurício José Lafuente, dizia:

> "Nós vingaremos então a injusta prisão de hum firme exaltado, e se lhe derdes a morte, as víboras nascidas do seu sangue roerão vossas venenosas entranhas, nós confiados na Constituição que nos rege, a qual adoramos, e no Sr. D. Pedro II, suplantaremos com eles a pestilenta corja de chimangos que nos persegue, e salvaremos de uma vez a Liberdade, e o Brasil, nossa cara Pátria. Nisso confia".[27]

No número 5 ainda reclamava da prisão de um homem "estabelecido", "primeiro cadete" e que "deu a vida pela Liberdade", cidadão simples, mas homem de cor, que estava entre os homens de cor que primeiro deram a vida pela "causa do Brasil".[28] Nesse mesmo exemplar, opunha-se a uma circular que pretendia fazer listas dos cidadãos brasileiros classificando-os pela cor. Veementemente, afirmava que a liberdade deveria prevalecer e que os homens de cor eram livres, enganando-se os moderados que pensavam que a divisão de classe seria a melhor forma de dominá-los.

Já *O Lafuente* teve um único número, publicado em 16 de novembro de 1833 por Maurício José Lafuente, que era pardo e cuja defesa, como vimos, foi feita pelo redator de *O Homem de Cor*. Por sua atuação, foi perseguido e deportado ao criticar o Poder Executivo, nesse momento exercido pelos regentes. Defendia a Constituição e os seus preceitos e afirmava que a Regência o havia mandado prender sem sentença, sem pronúncia feita pelo Poder Judiciário. Dessa forma, resgatava a discussão básica sobre os direitos, encontrada no artigo 179, que era um dos motivos de disputas entre as facções ao se pensar como se deveria dar o equilíbrio entre os poderes, na ausência do Moderador. Lafuente era contra especificamente o Moderador, mas não diretamente contra os adotivos portugueses, que dizia que nunca tinham sido contra os homens de cor. Defendia-se de ter agido naquele momento contra os lusitanos, dizendo que o fizera por "alcavalas chimangaes".

Dessa forma, encontramos um versinho contra os moderados:

> Esta corja chamangal (*sic*)
> Anda muito atrevidona,

---

27 *O Homem de Cor*, nº 4, 23/10/1833.
28 *O Homem de Cor*, nº 5, 04/11/1833.

Porém si levar tapona
Ai mi acuda pai José.
Fora, chimangos;
Não tem café.
Eles só sabem roubar
O dinheiro do tesouro;
Nossa prata, nosso ouro,
E também nosso papel.
Fora, chimangos;
Não tem café.
Quando chegar nossa vez
O Brasil será vingado;
O Caturra pendurado,
Outros de ferro ao pé.
Fora, chimangos;
Não tem café.
Contra chimangos ladrões
Às armas, ó Brasileiros;
A nenhum dos traiçoeiros
Nós devemos dar quartel.
Fora chimangos;
Não tem café.

Declarava que o seu objetivo era a luta contra a tirania que havia se instalado no território brasileiro com a administração moderada, constituída por "homens devassos e imorais", que cometiam ações ilegais contra "os homens de bem" e que desobedeciam a Constituição. Deixava claro, portanto, que desejava concitar os homens de cor a se unirem contra o despotismo, dando importância à ação e a armá-los para que defendessem a Constituição e o trono de D. Pedro II.

A afirmação da liberdade enquanto direito dos cidadãos também aparece no pasquim O Cabrito, bem como a busca da brasilidade, que vinculava a identidade nacional à identidade racial. Publicado em 1833, os seus dois números[29] reportaram-se aos acontecimentos de 1831, relendo-os. Esses últimos fatos seriam fundadores dessa nova brasilidade, pautada nas liberdades, na Constituição. Desse modo, referia-se às

---

29   O Cabrito tem dois números: nº 1, 07/11/1833, e nº 2, 20/11/1833.

garrafadas; à representação de 14 de julho de 1831 no Campo da Honra (dava conta, então, da revolta das tropas e do povo, onde este se reuniu na atual Praça Tiradentes e protestou contra o governo, exigindo a união com os Corpos de Polícia rebelados das 1ª e 2ª Companhias de Polícia, comandadas pelo major Reis Alpoim e pelo capitão Feliciano Firmo Monteiro); ao desembarque do 26º Batalhão de Infantaria do Exército – que seria enviado para a Bahia; à soltura de soldados; ao fim dos castigos corporais e à deposição do comandante de Armas; à suspensão da legislatura em vigor; à convocação de uma Constituinte; e, por fim, à queda da Regência e à expulsão dos portugueses.[30]

No número 1, *O Cabrito* dizia que os brasileiros haviam proclamado a Independência, jurado a Constituição adotada e sustentado-a com heroísmo, enquanto Portugal havia sucumbido e se curvado ao despotismo, tendo necessitado de força estrangeira para socorrê-lo. Os brasileiros temiam a recolonização e os "Brasileiros mulatos", "cabritos", ainda carregavam marcas recebidas nas ruas. Afirmavam também que não eram moderados e que não toleravam as ligações dos moderados com os portugueses porque conservavam na memória as expressões dos garrafistas insolentes de 11 de março de 1831, que eram escravos de D. Pedro I e defendiam a "Constituição do Absolutismo". Nos seus dois números, divulgava listas com os restauradores conhecidos, além de uma relação com os deportados do Império e outra lista daqueles indivíduos que assinaram para que fidalgos fossem deportados, em 1831 (Representação de 14 de Julho). Mostrava-se contra os desmandos do governo de D. Pedro, mas acusava os moderados de nada fazerem para punir os culpados e para defenderem a Pátria. Terminava com um versinho:

> Em honra da Pátria,
> E Pedro Segundo,
> Fazer venturoso
> Este novo mundo.[31]

Dessa maneira, *O Cabrito* se colocava ao lado daqueles que protestaram nas ruas, nos episódios de 1831, apenas divulgando as listas. Terminava também mostrando que a honra da Pátria estava em Pedro II, que faria o mundo brasileiro venturoso.

Nesse momento, é bom lembrarmos que o antilusitanismo tinha sido testado nas ruas e fazia-se elemento de união entre os exaltados e os mais pobres, de forma geral, bem

---

30 BASILE, Marcello Otávio Néri de Campos. *Ezequiel Corrêa dos Santos. Um jacobino na Corte Imperial*. Rio de Janeiro: Editora da FGV, 2001, p. 92-93.

31 *O Cabrito*, nº 2, 20/11/1833.

como era um traço de distinção entre esse grupo e os moderados, que após a Abdicação passaram a contar com os capitais e homens lusitanos contra os movimentos mais extremados e que queriam fazer verter o sangue do ex-colonizador, para o qual se reavivou a pecha de absolutista.

Entretanto, recordemos igualmente que a injúria, a difamação e o insulto, elencados por Werneck Sodré no trecho que reproduzimos acima, não eram exclusivos dos jornais exaltados. O tom de ironia e o recurso à retórica eram usados por todos os grupos representados nos jornais e pelos deputados e senadores no Parlamento.

O Filho da Terra, redigido pelo major de engenharia Antônio João Rangel de Vasconcellos, também acreditava que a permanência de portugueses na administração moderada seria uma estratégia desta facção para voltar a nação contra os lusos. O jornal se referia, assim, ao incidente no Teatro de São Pedro (local conhecido de reunião dos exaltados), em 28 de Setembro de 1831, quando o deputado moderado Saturnino entrou disparando contra todos, inclusive mulheres e crianças. Acreditava que os moderados e os portugueses haviam pensado juntos este atentado, mas agora se eximiam da culpa como simples estratégia política. Dessa forma, atacava a permanência de portugueses da administração de Dom Pedro e nos quadros da Regência moderada. Constantemente, defendia que os cargos deveriam ser ocupados por brasileiros, pardos ou não, especialmente pelos patriotas que lutaram pelo 7 de Abril, seguindo a mesma linha de outros periódicos exaltados. Em suas páginas fica claro que o seu principal ponto era reafirmar o lugar dos brasileiros em seu próprio país, tocando diretamente na questão da nacionalidade e da representação. Esta deveria ser feita de brasileiros para brasileiros. Defendia a luta contra a manutenção, por parte da moderação, das molas do antigo governo, pregando a união dos patriotas em oposição àquela situação. Por fim, cabe dizer que o jornal se considerava radical e utilizava autores como Rousseau para afirmar o espírito democrático que deveria existir no Brasil. Para ele, o Brasil estaria por natureza em pólo oposto ao velho mundo; isso é que seria fazer parte do espírito republicano americano.[32]

O pasquim *A Filha Única da Mulher do Simplício* também é considerado um exaltado. Dos seus três números, saídos entre 14 de março de 1832 e 17 de abril de 1832, falta na Biblioteca Nacional o número 2. No primeiro número, destacou ser a sua luta pela liberdade. Estabeleceu a sua periodicidade de acordo com o contexto: sairia todas as vezes que a autora quisesse estudar as lições que a sua mãe lhe desse (*sic*), sendo vendido a 40

---

[32] Essa análise do jornal *O Filho da Terra* foi feita por Luciana Rodrigues, bolsista de Iniciação Científica, pela Faperj, em relatório apresentado a essa agência em dezembro de 2008. Aqui resumimos parte do seu argumento.

réis em cobre na casa do Sr. Plancher e do Sr. Paula Brito, na Praça da Constituição nº 51, em casa do Sr. T. B., à rua do Sabão nº 142.

> Apesar de pequenina,
> e de mui debilidade,
> Sou forte quando se-trata
> Defender a Liberdade.[33]

Sempre na forma de poemas e usando o sarcasmo como meio de atuação, defendia a liberdade e a Pátria. O Sete de Abril aparecia nas suas páginas como o momento de ápice da liberdade e de tentativa de salvar a pátria dos tiranos e do despotismo cruel, seguindo a linha da resistência como legitimadora das revoluções, que deveria ser aplicada nesse momento tal qual na época da Independência. Contudo, tal como os outros folhetos exaltados, indignava-se que o Brasil tivesse caído na mão dos moderados, caracterizados como "infiéis", "falsários, traidores, fingidos", desrespeitadores da liberdade de imprensa. Convocava, através do diálogo com a sua pretensa mãe, os leitores a cumprirem à risca a lei e a Constituição, desprezando a tirania e o ministério traidor.

No terceiro número, saído a 17 de abril de 1832, continuava a crítica aos moderados por não terem realizado nenhum benefício a favor do povo. Dizia que em vez de justiça, via ambição e traição. Aplicando doutrinas ensinadas por sua mãe, perguntava-se se os traidores seriam os filhos de Portugal, traçando uma linha de continuidade entre esses e Feijó, Vasconcelos, Evaristo e Saturnino. Usava a história de uma viúva, que havia se casado várias vezes, para dar conta do malfadado destino na liberdade no país, sempre aviltada pela tirania e pelos ministérios traidores.

Comentando o governo de D. Pedro e o que veio em seguida, criticava o mau gasto do tesouro, a falta de empregos para os brasileiros que verdadeiramente trabalhavam e incitava-os a darem a vida pela pátria:

> 1) Esse bom regulamento
> Que para ele adotou
> Depois que a Prata, e ouro
> Da nossa Pátria espirou.

---

33   *A Filha Única da Mulher do Simplício*, nº 1, 14/03/1832.

Governa um tal preâmbulo
Com tão forte opinião
O nosso pobre Tesouro
Como seu, não da Nação

(...) Não vejo se dar empregos
A quem muito trabalhou
A aquele que a bem da Pátria
Fielmente se esperou (...)

2) Pôs os negócios da Pátria
Minha Mãe preocupada
Com tudo nunca se esquece
Da filhinha abençoada.

4) "(...) Atento escutai
Esta estória minha
Que é patrícia vossa
Do Brasil filhinha
Se bem que pequena
Inda muito inocente
A vida pela Pátria
Dará eternamente.

Em um segundo soneto, o redator ou redatora se colocava ao lado do "Povo brasileiro" atraiçoado, que os decretos e portarias não beneficiavam. Esses brasileiros haviam sido criados convivendo com os males, com a tristeza e com a pobreza, porém trabalhavam, tal qual ela trabalhava e tinha tido bom Pai, embora isso não a eximisse de ter sido agrilhoada quando tomou como dote a "preciosa vida", lutou e foi atraiçoada por "mandões". Assim, chama atenção a referência a um certo patriotismo, que acusava o governo de D. Pedro e dos moderados de nada fazerem pelos mais pobres.

Esse argumento exposto no jornal *A Filha Única da Mulher do Simplício* reporta-nos ao mesmo discurso que existia no constitucionalismo popular da época da

Independência.[34] Segundo José Celso de Castro Alves, esse constitucionalismo popular fazia parte de um processo ideológico e de um movimento social que pretendia um Estado fundado em uma ordem que se definia enquanto comunidade legal (*civitas*) e que visava à descolonização definitiva, por conta de interesses irreconciliáveis com Portugal. Os populares pretendiam um código legal e debatiam assuntos tais como a cidadania, as formas de governo e o contorno da futura nação.

Por último, vale comentar algumas primeiras impressões retiradas do jornal *O Exaltado, Jornal Litterario, Politico, e Moral*, cujo redator era o Padre Marcellino Pinto Ribeiro Duarte e que tinha como epígrafe o capítulo VII, artigo 145, da Constituição:

> Todos os Brasileiros são obrigados a pegar em armas, para sustentar a Independência, e Integridade do Império, e defende-lo dos seus inimigos externos, ou internos.

O primeiro número desse jornal traz comentários pertinentes aos objetivos deste artigo ao estabelecer que as oscilações políticas que tinham tido lugar na Corte obedeciam ao "espírito de Partido" (*sic*) e ao "Egoísmo" (*sic*), que ofereciam resultados desastrosos: a guerra civil. Dessa forma, convidava os brasileiros a

> "um centro de unidade, a uma união indissolúvel, sem a qual o Brasil, que pode ser a primeira das Nações por seus recursos, pela fertilidade de seu Solo em todos os três reinos da natureza, e por sua posição geográfica, virá a ser uma Arábia deserta, povoada de selvagens, e Camelos".[35]

Justificava a criação do jornal a partir da representação que havia sido enviada por alguns cidadãos do Rio de Janeiro a S.M.I. D. Pedro II (aquela de 14 de julho de 1831). Tecia comentários sobre a reunião extemporânea da tropa, agitações atribuídas aos

---

34 ALVES, José Celso de Castro. *The War of Position: Early Decolonizing through Popular Constitutionalism*. Texto manuscrito. 2001. Para maior esclarecimento sobre este constitucionalismo popular, ver a tese de doutorado desse mesmo autor, defendida em dezembro de 2006, em Yale, intitulada: "*Plebeian Activism, Popular Constitutionalism: Race, Labor, and Unrealized Democracy in Rio de Janeiro, 1780's-1830's*".

35 *O Exaltado: Jornal Litterario, Politico, e Moral*, nº 1, 4/08/1831.

exaltados. Dizia que esses dois eventos o haviam obrigado a ser escritor, para expor com propriedade o fato de os exaltados estarem sendo oprimidos e reprimidos pelos moderados. Argumentando a favor do papel que os exaltados tiveram nos dias 6 e 7 de abril, afirmava, no seu número 11, que esses acontecimentos, juntamente com os episódios levados a cabo no Teatro a 28 de setembro, haviam sido uma grande intriga armada pelos moderados para colocarem a culpa nos exaltados.[36]

Queria, portanto, defender os exaltados dos "partidos divergentes" que faziam tal acusação. Ao mesmo tempo, desejava que o jornal fosse o defensor do bem da Pátria, segundo os princípios acima, e que fosse o continuador da *Nova Luz* e da *Voz Fluminense*.[37]

Se por um lado *O Exaltado* se julgava continuador desses jornais, vez ou outra não se furtava de tecer críticas à própria *Nova Luz*, tanto quanto dirigia palavras amargas à *Astréa*, ao *Tribuno*, ao *Independente* e à *Aurora Fluminense*, mostrando como havia exaltados e exaltados, ou seja, que estes não eram vozes uníssonas nem tinham ações necessariamente orquestradas. Dessa maneira, o seu redator, Padre Marcellino Pinto Ribeiro Duarte, descrevia a opinião dos exaltados como "Governo Monárquico representativo, vitalício, e unitário", formado por aqueles que lutaram em 6 e 7 de Abril e que se colocaram não só contra o tirano, mas contra a tirania.

Segundo ele mesmo, no seu número inicial analisou "imparcialmente" os partidos que julgava existir naquele momento, na Corte. Descreveu os moderados como homens com interesses e filosofia que só buscavam o lucro, só ligavam para o comércio e pouco cuidavam da lavoura. Mas, surpreende-nos mesmo ao descrever que haveria um terceiro e um quarto partidos. O terceiro, o dos republicanos, que teriam os mesmos sentimentos sobre a sorte da Pátria que os exaltados, porém ressaltava que trilhavam a defesa de uma monarquia eletiva, temporária. Seriam inconvenientes por suas opiniões e por serem o menor partido. Por último, ao falar dos federados, o quarto partido, informava que era composto por frações dos três outros partidos e que seria fraco, naquele momento.

Depois dessa digressão, afirmava que os republicanos e os moderados contribuíam para a desunião dos brasileiros e que suas intrigas eram motivadas por ódios pessoais e

---

36 *O Exaltado: Jornal Litterario, Politico, e Moral*, nº 11, 11/11/1831. Esse número continua o argumento utilizado no nº 9, de 11/10/1831, quando acusa os moderados de traição à Pátria e aos Brasileiros. Descreve a reunião no teatro como de liberais para benefício de um cômico português, Manuel Baptista Lisboa, que teria fugido de Portugal por suas ideias. Nesse número, atribui a culpa do que chamou de atentado a Saturnino, Feijó, João Clemente, Vieira Souto, redator da *Astréa*, e o Ministro da Guerra de então, Manuel da Fonseca Lima.

37 *O Exaltado: Jornal Litterario, Politico, e Moral*, nº 1, 4/08/1831.

vinganças antigas. Por outro lado, dizia também que os exaltados não eram contrários aos estrangeiros que trabalhassem para o bem e para a riqueza do Brasil. Portanto, esclarecia não serem antilusitanos, o que era intriga dos outros partidos.

Ao contrário do que conhecemos do modelo defendido pelos jornais *Nova Luz* e pelo *O Clarim da Liberdade*, esse jornal deixava claro que os brasileiros não deveriam olhar para os Estados Unidos, e sim para os vizinhos do Sul, porque o ar mais frio e o terreno mais úmido teriam produzido lá no Norte gente bem diferente da gente do Brasil (*sic*). Por fim, usava o corpo humano para dar exemplo de que todas as partes da sociedade deveriam trabalhar de forma harmônica para o bem público.[38]

Nos números seguintes, prosseguiu a sua defesa dos direitos de petição e dos direitos garantidos pela Constituição. Expunha que a sua causa tinha relação com os desejos de reforma da Lei máxima do país, de forma que a nação pudesse ser verdadeiramente livre. Assim, o assunto que voltava com força era a liberdade, nas suas várias formas de manifestação.

> Só anelam, só desejam
> Reforma à Constituição;
> Leis que firmem seus direitos,
> E mostrem livre a Nação[39]
>
> Pátria minha idolatrada,
> Já não gozas liberdade,
> Teus filhos sofrem Cadeias
> Da cruel iniquidade.
>
> Viva a Nação ofendida:
> Viva o Povo Brasileiro:
> Sucumbe quem beija os ferros
> Do maldito Cativeiro...[40]

Reportava-se, então, aos episódios de 1822. Curiosamente, colocava-se ao lado de José Bonifácio no episódio de deportação de homens como o Cônego Januário e Clemente

---

38 *O Exaltado: Jornal Litterario, Politico, e Moral*, nº 1, 4/08/1831.
39 *O Exaltado: Jornal Litterario, Politico, e Moral*, nº 2, 22/08/1831.
40 *O Exaltado: Jornal Litterario, Politico, e Moral*, nº 3, 27/08/1831.

Pereira, que julgava terem sido os maiores inimigos da liberdade. Nessa defesa, havia dois elementos curiosos: o primeiro é que não via nada demais nessa defesa que fazia da deportação e da expulsão porque esses mesmos homens teriam retornado, anos depois, em postos de honra do governo. Então, por que culpar os exaltados de também quererem usar os mesmos expedientes, em 1831? Segundo, porque fazia uma ponte direta com os princípios do Constitucionalismo e com os seus anos iniciais: ao afirmar que os ultraliberais de 1822 não o eram mais, naquele momento evocava para os exaltados uma espécie de álibi promovido pela história, pela passagem dos acontecimentos e das circunstâncias.[41]

Retrospectivamente, fazendo essa comparação entre os momentos e usando pessoas para escudar o seu raciocínio, afirmava que era o medo e o susto a que estavam submetidos os fluminenses que os tinham feito prisioneiros dos boatos de ofícios perniciosos e de notícias misteriosas, que colocavam muitas vezes os paulistas contra os fluminenses ou fazia que Barata, pernambucano, fosse tratado com calúnia e não como um herói da liberdade.[42]

Tecia, então, um argumento comum a outros jornais, como o *Repúblico* em sua primeira e segunda fases, ao apresentar o governo de D. Pedro como não responsável por nada. Para isso, evocava a Constituição, que assegurava no título 5º., capítulo 1º., artigo 99, "a pessoa do Imperador é inviolável e sagrada", não sujeita a qualquer responsabilidade. Culpava o governo, formado pelos ministros, da tirania, da traição, do suborno, do abuso de poder, da falta de observância às leis, por fim, de agirem contra a segurança, travestida na liberdade, ou na propriedade dos cidadãos.[43]

> "Vos tomastes armas, fizestes a revolução de 7 de Abril; qual foi seu resultado? Foi ser punido o inocente, aquele, que pela Constituição era inviolável, e por nada responsável; os responsáveis, os criminosos de fato, e de direito, que de sua livre vontade tomaram sobre si a responsabilidade por todos os seus atos arbitrários, e atentatórios das liberdades publicas, e direitos individuais, ficarão impunes; e não só impunes, como no gozo de seus ofícios, e empregos, com o braço armado para nos trair tantas vezes, quantas lhes oferecer a ocasião..."[44]

---

41 *O Exaltado: Jornal Litterario, Politico, e Moral*, nº 4, 3/09/1831.
42 *O Exaltado: Jornal Litterario, Politico, e Moral*, nº 5, 10/09/1831.
43 *O Exaltado: Jornal Litterario, Politico, e Moral*, nº 7, 22/09/1831.
44 *O Exaltado: Jornal Litterario, Politico, e Moral*, nº 7, 22/09/1831.

Em um tom crescente, argumentava sempre a favor da liberdade, da Constituição e dos direitos, somados agora à palavra patriotismo, cuja menção não era feita dessa forma em 1822.[45] Garantia que a "mocidade brasileira clama, com valor, com gás mais forte pela Pátria, Constituição, e Liberdade", embora afirmasse ser boato absurdo as influências da República do Haiti no Brasil.[46]

Dessa forma, seu discurso apelava de forma surpreendente para o legalismo e para a defesa dos direitos. Chega a negar fatos atestados pela historiografia, que certamente não eram desconhecidos na época, tais como a influência e o medo do Haiti, nas ruas e nas esferas de poder, respectivamente. Nos números 14, 15 e 16,[47] estabelecia as bases do que pensava dever ser a origem dos governos.

De acordo com definições encontradas no número 14, o governo seria estabelecido por acordo entre os homens nascidos em sociedade, que teriam visto a necessidade de ceder em alguns pontos de sua liberdade natural e que decidiram se ajudar mutuamente contra a violência do opressor. Com essa finalidade, alguns indivíduos foram encarregados de vigiar e advertir.

Trata da soberania como um Poder Universal[48] que as nações tinham sobre elas mesmas, que supunha definir seus próprios governos e modificá-los da forma mais conveniente para atender seu bem-estar. Definia quatro "poderes políticos": Constituinte, Legislativo, Judicial e Executivo, que seriam delegações da Soberania e também atributos necessários para que um governo fosse "Legítimo" e "Verdadeiro".

O Poder Constituinte seria o detentor do poder de formação do Pacto Social, promovendo interesses mútuos. O Legislativo estaria encarregado de formar as normas que guiariam os indivíduos. O Judicial julgaria o direito nas questões entre os indivíduos,

---

45   O patriotismo defendido pelo *O Exaltado* está bem descrito no seu nº 14, quando diz que o patriotismo deve ser expresso pelo uso dos produtos da indústria brasileira, como sinal de não submissão aos estrangeiros. Exemplifica com o Conselho Geral de Minas e seu presidente que defendiam trajes de algodão fabricados na província, tal qual Barata havia feito uma vez na Bahia. Ver *O Exaltado: Jornal Litterario, Politico, e Moral*, nº 14, 15/12/1831.

46   *O Exaltado: Jornal Litterario, Politico, e Moral*, nº 8, 29/9/1831.

47   Usamos aqui o relatório de Luciana Rodrigues, bolsista de IC/Faperj, para esses números do jornal: *O Exaltado: Jornal Litterario, Politico, e Moral*, nº 14, 15/12/1831; *O Exaltado: Jornal Litterario, Politico, e Moral*, nº 15, 23/12/1831; *O Exaltado: Jornal Litterario, Politico, e Moral*, nº 16, 12/01/1832; *O Exaltado: Jornal Litterario, Politico, e Moral*, nº 17, 16/01/1832 e *O Exaltado: Jornal Litterario, Politico, e Moral*, nº 18, 26/01/1832.

48   O uso das maiúsculas está de acordo com o jornal citado.

segundo a Justiça e conforme a Lei. O Executivo seria composto por um ou mais indivíduos eleitos pelo Povo, e se encarregaria de fazer cumprir as leis, a Constituição, além de promover a segurança e a economia do Estado. E para todos os poderes, os indivíduos deveriam ser escolhidos pela sociedade. Nesse trecho, criticava o Poder Moderador ou Real, que seria uma anomalia e que conduziria à corrupção.

Tomando por base os filósofos, descreveu os governos Democrático, Aristocrático e Monárquico. Segundo Padre Marcellino, o Governo Aristocrático era aquele que se estaria tentando implantar no Brasil, segundo o qual o Poder Soberano e Político estaria por conta da Nobreza. Nele, a Plebe não tinha nenhum direito e se assemelhava à condição desprezível do escravo. O Governo Monárquico também não era bom, pois era absoluto, sendo que a Soberania e os Poderes políticos residiam no Monarca, que faria as leis do Estado e não se responsabilizaria pelos abusos cometidos.

O redator não escondia a sua preferência pelo Governo Legal, no qual incluía o Governo Constitucional ou Republicano, para o qual admitia duas formas: a forma democrática ou a monárquica mista. Entre estas duas formas, criticava as Repúblicas pelos poderes se conservarem promíscuos entre as autoridades e o Povo. Defendia, então, a Monarquia Constitucional, na qual muitos fariam a Constituição e as leis, sendo que apenas um a executaria, ou as faria executar por seus Delegados. É nesse momento do texto que apresenta ainda três modos de Monarquia Constitucional: Hereditária, Vitalícia ou Temporária. Ao fazer isso, o redator demonstrou a sua preferência pelo modo Temporário, apesar de dizer que no Brasil não havia uma massa patriota suficiente para que vingasse e, por isso, aqui dever-se-ia escolher o modo Vitalício. Sugeria ainda que o Monarca tivesse diversos títulos, de Rei a Chefe Supremo, mas que a ele não caberia o título de Imperador, que remontaria, em latim, a "mandatário absoluto".

Definia uma facção como a parte que se oporia à vontade que emanaria da maioria da Nação, mesmo que esta parte tivesse um órgão em maior número de indivíduos do que o outro – notadamente se referindo aos moderados, de um lado, e aos exaltados, de outro.

Comentava outros dois tipos de Governo compostos. Dois ou mais Governos que formariam um só corpo de Estado, mas com Soberanias de pesos distintos, como a Grã-Bretanha e a Irlanda; e o Governo Federal, com departamentos ou províncias com liberdade para se autogovernar, mas unidas por confederação geral e por uma Constituição comum. Dizia ainda que o modelo federal seria o único capaz de livrar o Brasil de uma revolução.[49]

---

49   *O Exaltado: Jornal Litterario, Politico, e Moral*, nº 14, 15/12/1831.

Dessa forma, o modelo Federal era o ideal para o caso Brasileiro. Se não fosse adotado, haveria a desagregação e o enfraquecimento do Império. Dava como exemplo a Província da Bahia, onde o seu Presidente, o Sr. Camamu, estaria vexando o povo e, por isso, teria sido chamado à Corte. Por ser um aristocrata, não teria sido repreendido, muito menos punido pelas injustiças que causara, sendo acobertado pela Moderação.[50]

Por fim, queremos chamar atenção que o antilusitanismo, que já mencionamos ser um traço de união entre os exaltados e os mais pobres, foi usado nesse periódico também, mas como elemento de defesa dos exaltados. Ao contrário do que afirma, *O Exaltado* diz que sempre procurou a comunhão entre brasileiros e portugueses pelo bem da Pátria.

Dividia os portugueses residentes no Brasil em três tipos: os que adotaram a sua causa, e por isso eram amados pelo *O Exaltado* de todo o seu coração; aqueles que por laço nacional preferiam não se meter nos negócios políticos do Brasil; e, finalmente, os que continuavam conservando o espírito de dominação sobre os brasileiros, que seriam os únicos odiados pelo *O Exaltado*.

Concluindo, podemos dizer que a identidade exaltada era múltipla e dava-se ao redor de algumas questões. Entre elas, abordavam a questão dos livres de toda sorte, inclusive dos mulatos, dos homens de cor livres, entremeadas sempre pela discussão sobre direitos e sobre a cidadania a que estes teriam direito. Esses temas são constantes nesses jornais, juntamente com a desracialização dos critérios de admissão na Guarda Nacional e do papel desses indivíduos na tropa e nos acontecimentos do 7 de abril, bem como nos movimentos de rua que se seguiram. Sentiam-se os guardiões da liberdade, da verdadeira liberdade relida pela necessidade de reforma da Constituição. O critério dos direitos era aquele dos talentos e virtudes, mas os redatores dos jornais exaltados não eram aqueles indivíduos que levantavam as praças e as ruas da Corte em nome de suas bandeiras. Algumas das suas bandeiras coincidiam com as da chamada "plebe". Aliás, eram reivindicações desse grupo desde o período da Independência. Agora, no momento da Abdicação, tinham sido relidas por conta da existência da experiência histórica do Primeiro Reinado, com a Constituição outorgada já em prática, com a propalada formação dos primeiros órgãos da Justiça e com o funcionamento de um Estado baseado na suposta harmonia dos poderes e suas funções, ênfases dadas à necessidade de se discutir o Moderador, à criação dos Códigos e à definição das funções das Câmaras.

Não eram, entretanto, contestadores da escravidão e tinham propostas apenas emancipacionistas. O radicalismo tinha o limite dos talentos e virtudes, sendo a identidade racial uma forma importante de posicionamento no meio político, usada para

---

50   *O Exaltado: Jornal Litterario, Politico, e Moral*, nº 15, 23/12/1831.

granjear liberdades de acordo com as necessidades que apontavam nos jornais. No seu desdobramento, faziam esforço por afirmar um patriotismo ligado à identidade nacional, enfatizada como espaço onde estavam os pobres e os exaltados no 7 de abril e como direitos que pensavam ter, tanto de ocuparem o espaço público como os espaços da política. Essa identidade nacional era igualmente afirmada através de certa mestiçagem, revestida de aspectos da cidadania, que pretendiam que fosse inclusiva. A mestiçagem funcionava como uma espécie de marca de brasilidade, tal como mostram Ivana Stoltze,[51] Rômulo Mattos[52] e Luciana Rodrigues.[53] Rômulo Mattos tece a hipótese de que essa vertente de pensamento teria sido apropriada por Martius e por Varnhagen, seguindo uma espécie de linha direta até as discussões do modernismo e as ideias de Gilberto Freyre, que tratou do congraçamento das raças e da importância da mulata.

Referências Bibliográficas

Periódicos
A Filha Única da Mulher do Simplício, nº 1, 14/03/1832.

Correio do Rio de Janeiro, 10/04/1822; 22/04/1822; 01/05/1822; 24/05/1823; 19/09/ 1823.
O Homem de Cor, nº 1, 14/09/1833; nº 3, 16/10/1833; nº 4, 23/10/1833; nº 5, 04/11/1833.

O Cabrito, nº 1, 07/11/1833, e nº 2, 20/11/1833.

O Exaltado: Jornal Litterario, Politico, e Moral, nº 1, 4/08/1831; nº 2, 22/08/1831; nº 3, 27/08/1831; nº 4, 3/09/1831; nº 5, 10/09/1831; nº 7, 22/09/1831; nº 8, 29/9/1831; nº 11, 11/11/1831; nº 14, 15/12/1831; nº 15, 23/12/1831; nº 16, 12/01/1832; nº 17, 16/01/1832; nº 18, 26/01/1832.

O Lagarto: jornal da sociedade do tatu, sério, polido e bem educado, 2 de julho de 1832 e 23 de fevereiro de 1833.

---

51 STOLTZE, Ivana Lima. *Cores, marcas e falas – a polissemia da mestiçagem no Império do Brasil*. Rio de Janeiro: Universidade Federal Fluminense, 2000.

52 MATTOS, Rômulo da Costa. *O Exaltado toque d'O Clarim da Liberdade. A análise de um periódico do Período Regencial*. Niterói: Monografia de Bacharelado apresentada ao Departamento de História da UFF, 2001.

53 RODRIGUES, Luciana. Relatório de bolsa de Iniciação Científica. Rio de Janeiro: Faperj, dezembro de 2008.

Bibliografia

Alves, José Celso de Castro. *Plebeian Activism, Popular Constitutionalism: Race, Labor, and Unrealized Democracy in Rio de Janeiro, 1780's-1830's*. Tese de Doutorado. Yale, 2006.

_____. *The War of Position: Early Decolonizing through Popular Constitutionalism*. Texto manuscrito. 2001.

Basile, Marcello Otávio Néri de Campos. *Anarquistas, rusguentos e demagogos. Os liberais exaltados e a formação da esfera pública na Corte imperial (1829-1834)*. Dissertação de Mestrado. Rio de Janeiro: Instituto de Filosofia e Ciências Sociais – Universidade do Rio de Janeiro.

_____. *Ezequiel Corrêa dos Santos. Um jacobino na Corte Imperial*. Rio de Janeiro: Editora da FGV, 2001.

Hespanha, António M. *et alli. Justiça e litigiosidade – História e prospectiva*. Lisboa: Fundação Calouste Gulbenkian, 1993.

_____. *Panorama Histórico da Cultura Jurídica Europeia*. Lisboa: Publicações Europa-América, 1997.

Mattos, Ilmar R. de. *O tempo saquarema*. São Paulo: Hucitec, 1987.

Mattos, Rômulo da Costa. *O Exaltado toque d´O Clarim da Liberdade. A análise de um periódico do Período Regencial*. Niterói: Monografia de Bacharelado apresentada ao Departamento de História da UFF, 2001.

Morel, Marco e Barros, Mariana Monteiro de. *Palavra, imagem e poder: o surgimento da imprensa no Brasil do século XIX*. Rio de Janeiro: DP&A, 2003.

Neves, Lúcia Maria Bastos Pereira das. "'A guerra das penas': os impressos políticos e a Independência do Brasil". In: *Tempo*. Revista do Departamento de História da UFF, v. 4, nº 8, Dezembro de 1999.

Ribeiro, Gladys Sabina. *A liberdade em construção*. Rio de Janeiro: Relume-Dumará, 2002.

Ribeiro, Gladys Sabina e Pereira, Vantuil. "O Primeiro Reinado em revisão". In: Grinberg, Keila e Salles, Ricardo (org.). *O Brasil Imperial*, v. I, 1808-1831. Rio de Janeiro: Civilização Brasileira, 2009.

_____. "Nação e cidadania nos jornais cariocas da época da Independência: o *Correio do Rio de Janeiro* como estudo de caso". In: Carvalho, José Murilo de e Neves, Lúcia Maria Bastos Pereira das (org.). *Repensando o Brasil do Oitocentos. Cidadania, política e liberdade*. Rio de Janeiro: Civilização Brasileira, 2009.

RODRIGUES, Luciana. *Relatório de bolsa de Iniciação Científica*. Rio de Janeiro: Faperj, dezembro de 2008.

SODRÉ, Nélson W. *A história da imprensa no Brasil*. Rio de Janeiro: Civilização Brasileira, 1966.

STOLTZE, Ivana Lima. *Cores, marcas e falas – a polissemia da mestiçagem no Império do Brasil*. Rio de Janeiro: Universidade Federal Fluminense, 2000.

Parte II
Processos políticos e cidadania nas Províncias

Capítulo 1
O Maranhão e a transição constitucional no mundo luso-brasileiro (1821-1825)

MARCELO CHECHE GALVES

ATÉ JULHO DE 1823, momento em que a Assembleia Constituinte se encontrava reunida no Rio de Janeiro, o Maranhão viveu sob a ordem constitucional portuguesa,[1] instituída pela Revolução do Porto, vitoriosa em agosto de 1820. Na única tipografia da província, instalada em São Luís no ano de 1821, o jornal *Conciliador* construiu uma pedagogia constitucional a partir de lições sobre "soberania", "despotismo", "liberdade" e "Constituição", ocupada em edificar a monarquia constitucional portuguesa[2] e, no âmbi-

---

1 A Revolta de Vilafrancada, nome com o qual ficou conhecida a insurreição que derrubou o governo constitucional e restabeleceu os plenos poderes de D. João VI, em Portugal, ocorreu no final de maio de 1823. No Maranhão, a notícia foi dada pelo jornal *Conciliador* na edição nº 209, de 12 de julho de 1823, p. 2.

2 Nas Cortes portuguesas, os deputados maranhenses se alinharam às propostas dos deputados portugueses quanto à necessidade de um poder concentrado em Lisboa. Mesmo após a convocação de uma constituinte por D. Pedro I, notícia que chegou às Cortes no final de agosto de 1822, esvaziando-a, os deputados maranhenses permaneceram até o final dos trabalhos. Sintomaticamente, o Maranhão não aceitou a convocação de uma constituinte no Rio de Janeiro, tampouco o chamado para a criação de um Conselho de Procuradores. Em janeiro de 1823, a Constituição portuguesa foi saudada com grande festa na cidade de São Luís. Para a atuação dos deputados brasileiros nas Cortes portuguesas, ver BERBEL, Márcia Regina. *A nação como artefato*: deputados do Brasil nas cortes portuguesas (1821-1822). São Paulo: Hucitec/Fapesp, 1999.

to provincial, legitimar a administração de Bernardo da Silveira Pinto da Fonseca,[3] bem como da Junta que o sucedeu, em fevereiro de 1822.

Em 212 edições, bissemanal, o *Conciliador* praticamente monopolizou as atividades da tipografia. Os seus redatores, Antonio Marques da Costa Soares e o padre Tezinho, eram figuras próximas a Fonseca: o primeiro ocupou os cargos de oficial-maior da secretaria do governo, secretário de governo e depois secretário e diretor da Tipografia Nacional do Maranhão; Tezinho elegeu-se deputado para a segunda legislatura das Cortes de Lisboa, no início de 1823, para onde viajou em seguida.[4] Aos opositores, muitos deles deportados pelo governo de Fonseca,[5] restava a opção de recorrer às prensas de Londres e Lisboa. Com frequência, extratos de tais impressos, com reprovações à conduta do *Conciliador* e da administração provincial, foram transcritos pelo jornal, e, em seguida, refutados.[6]

Chama a atenção, contudo, o que havia de comum entre os grupos que se digladiavam pelo poder provincial, a saber: a defesa do constitucionalismo português e o repúdio, a partir das notícias do Ipiranga, ao "despotismo" que grassaria no Centro-Sul. Diferentemente dos impressos que circulavam na Corte, já devidamente analisados,[7] a polissemia do termo Constituição, no Maranhão, não apontava para uma gradativa

---

[3] Com a "adesão" à Revolução do Porto, Fonseca manteve-se à frente do governo da província. O primeiro número do *Conciliador*, ainda manuscrito, circulou em 15 de abril de 1821, apenas nove dias após a "adesão".

[4] Em decorrência da já citada Revolta de Vilafrancada, não tomou assento no parlamento português.

[5] Os principais embates pós-Revolução do Porto na província se deram em torno do acesso aos cargos públicos e benesses do erário, via contratos, por exemplo. No cerne, a criação de uma Junta de Governo, como ocorrera em outras províncias, ou a escolha de um único nome, tese que saiu vencedora. Luís Antonio Vieira da Silva relacionou 34 desafetos de Silveira, presos e/ou deportados nos primeiros meses que sucederam a "adesão" à Revolução do Porto. Ver SILVA, Luís Antonio Vieira da. *História da independência da província do Maranhão, 1822-1828*. 2ª ed. Rio de Janeiro: Companhia Editora Americana, 1972, p. 40-41(a 1ª edição é de 1862).

[6] Como exemplos, cito os suplementos dos números 46, 56 e 62 do *Conciliador*, em que o jornal transcreveu e rebateu as acusações contidas no folheto *Violências feitas no Maranhão por B. da S. P.* (Bernardo da Silveira Pinto), impresso em Lisboa.

[7] Dentre os muitos e importantes trabalhos referenciados nesses impressos: LUSTOSA, Isabel. *Insultos impressos*: a guerra dos jornalistas na independência (1821-23). São Paulo: Companhia das Letras, 2000; RIBEIRO, Gladys Sabina. *A liberdade em construção*: identidade nacional e conflitos antilusitanos no Primeiro Reinado. Rio de Janeiro: Relume-Dumará, 2002; NEVES, Lúcia Maria Bastos Pereira das. *Corcundas e constitucionais*: a cultura política da independência (1820-1822). Rio

distinção entre "portugueses" e "brasileiros", ainda que a pecha de "brasileiro" ou "independente" fosse eventualmente utilizada pelo *Conciliador* como forma de associar os oponentes a planos de traição à pátria portuguesa.

Se a "adesão" do Maranhão à Revolução do Porto trazia consigo as expectativas de comerciantes e produtores por mudanças com relação à exação fiscal atribuída aos gastos da Corte no Rio de Janeiro e de novas condições para a comercialização do algodão – principal riqueza da província –, cujos preços decresciam vertiginosamente,[8] a outra "adesão"[9] – à Independência –, pouco se relacionava a projetos levados a cabo por comerciantes e/ou produtores "enraizados", ou interessados, por outras razões, em uma nova ordem constitucional. O desembarque do almirante Cochrane em São Luís e o avanço das tropas a partir do Ceará e Piauí sobre as regiões produtoras de algodão parecem oferecer razões mais plausíveis para a repentina fidelidade dos grupos que assumiram o poder no pós-Independência.[10]

Integrado ao novo corpo político, o Maranhão não viveu os debates em curso na Assembleia Constituinte. Somente em 1825, portanto, pós-dissolução da Assembleia e efetivação da Constituição de 1824, os novos preceitos constitucionais, por intermédio da imprensa, tomaram corpo na cena política provincial. Assim, este texto pretende recuperar aspectos relacionados à recepção de novas regras constitucionais, desde a "adesão" até os primeiros meses de 1825, quando os jornais *Argos da Lei* e *Censor* deram início a uma

---

de Janeiro: Revan, 2003; MOREL, Marco. *As transformações dos espaços públicos*: imprensa, atores políticos e sociabilidades imperiais (1820-1840). São Paulo: Hucitec, 2005.

8   Especialmente a partir de 1819. Ver LAGO, Antonio Bernardino Pereira do. *Estatística histórico-geográfica da Província do Maranhão*. São Paulo: Siciliano, 2001, p. 108-109 (a 1ª edição é de 1822).

9   Termo recorrente nos autos das câmaras que declararam sua ligação ao Império.

10 Parto da premissa de que os meses que antecederam a "adesão" não vivenciaram a construção de um projeto de apoio à figura do Imperador e de integração ao território que se delineava ao Sul. A proeminência dos produtores de algodão do interior da província nas câmaras e juntas de governo do pós-Independência – setor que acumulava crescentes dívidas e era continuamente preterido de importantes posições de mando, reservadas aos comerciantes "portugueses" e, de quebra, ainda vivia as ameaças das tropas independentistas e de uma potencial rebelião escrava – sugere que a decisão de "aderir", evidenciada apenas em junho de 1823, tenha servido aos propósitos de garantia da propriedade, manutenção da ordem, livramento das dívidas e reordenamento de suas posições no xadrez político provincial.

nova pedagogia constitucional, similar, quanto à forma, à praticada pelo *Conciliador*, mas com conteúdos e propósitos vinculados à nova ordem vigente.

* * *

Em 28 de julho de 1823, reunidos em Câmara Geral na cidade de São Luís, 97 cidadãos participaram do ato de Independência política e "adesão" do Maranhão ao Império. Em cerimônia discreta – se comparada, por exemplo, aos festejos a que a cidade assistiu por ocasião do juramento à Constituição elaborada pelas Cortes portuguesas, no início do mesmo ano[11] –, o corpo da Câmara Geral e demais autoridades expressaram a "vontade unânime" da província.[12]

O único registro pouco mais detalhado sobre o episódio nos foi deixado pelo frei Manuel Moreira da Paixão e Dores, capelão da nau *Pedro I*, comandada pelo almirante Cochrane. Em seu diário, anotou:

> Logo que a oficialidade chegou à terra se dirigiu ao Palácio, onde, achando-se o Senado da Câmara e mais corporações eclesiásticas, civis e militares, leu o Secretário do Governo os ofícios que tinham recebido do Almirante, assim como os que lhe dirigiram, e depois de dar conta do que o Governo tinha tratado com o Lord sobre o importante negócio de independência se romperam inúmeros vivas na Sala do Governo, à Religião Católica, ao Imperador, à Independência e Constituição Brasileira, os quais vivas foram depois repetidos na varanda do Palácio pelo Presidente da Câmara, a que respondeu o povo na rua com o maior entusiasmo. Depois deste aparatoso e lisonjeiro ato (de que tive a dita de ser testemunha), se aprazou o dia 1º de agosto para se prestar juramento do estilo; terminando-se o festejo de hoje com um magnífico jantar que no mesmo Palácio se deu aos oficiais da Nau e mais corporações, onde houve várias saúdes a SS. MM. II. E à Independência do Brasil.[13]

---

11 A edição do *Conciliador*, nº 158, de 15 de janeiro de 1823, foi toda dedicada ao festejo.

12 O Auto da Câmara Geral de 28 de julho de 1823 pode ser consultado nos documentos apensos à obra de Silva, Luís Antonio Vieira da. *História da independência da província do Maranhão, 1822-1828*. 2ª ed. Rio de Janeiro: Companhia Editora Americana, 1972, p. 89-92.

13 Paixão e Dores, frei Manuel Moreira da. *Diário da armada da independência*. 2ª ed. Brasília: mec/Instituto Nacional do Livro, 1972, Coleção Biblioteca do Sesquicentenário, v. 5.

Observe-se que à "adesão" não se sucedeu a "aclamação" do Imperador – formas de ordenamento dispostas por todo o território da antiga América portuguesa.[14] No Maranhão, o Imperador só foi aclamado em outubro de 1826, mais de um ano após a chegada das notícias quanto ao reconhecimento da Independência,[15] condição para que muitos "portugueses" aceitassem a mudança: entre "aderir" e "aclamar", mais de três anos se passaram. Nesse ínterim, outro elemento ordenador foi tensa e gradativamente incorporado, a Constituição de 1824.

Com a "adesão", não houve tempo para que uma deputação maranhense fosse eleita e se incorporasse aos trabalhos na Assembleia Constituinte, dissolvida em novembro de 1823. Curioso, porém, é observar como os deputados constituintes "falavam" em nome do Maranhão sem que a ausência de uma bancada causasse maiores dificuldades. Na discussão sobre o 2º artigo do projeto constitucional, em setembro de 1823, o Maranhão já constava como integrante do território brasileiro. Em discurso proferido no mesmo mês, o deputado por Alagoas, Caetano Maria Lopes Gama, tomou por "injúria" qualquer insinuação de que o Maranhão e o Piauí não quisessem se integrar ao Império, desejo expresso pela "adesão".[16]

A inexistência de uma deputação provincial, além da óbvia questão da representatividade, trazia um agravante para as discussões em curso. Lembro aqui que um dos embates mais delicados travados entre os constituintes dizia respeito à existência ou não de um pacto anterior à Constituição e remetia ao próprio substrato do pacto que ali se constituía, se fundado na figura do Imperador ou na Assembleia Constituinte, esta última, expressão do consentimento das províncias, cristalizada na Constituição que então se elaborava.[17] Em direção oposta à de Caetano Maria Lopes Gama, o

---

14 Analisadas por SOUZA, Iara Lis Franco Schiavinatto Carvalho. *Pátria coroada*: o Brasil como corpo político autônomo (1780-1831). São Paulo: Unesp, 1999. Ver, especialmente, a parte 5, dedicada às *Festas do Imperador*.

15 Os festejos de aclamação ao Imperador em 1826 foram descritos no folheto, de autor desconhecido, *A fidelidade maranhense*. "Demonstrada na sumptuosa Festividade, que no dia 12 de Outubro e seguintes, a solicitação do Ilmo. e Exmo. Sr. Presidente Pedro José da Costa Barros fez à câmara da cidade". São Luís: Tipografia Nacional, 1826. Arquivo Nacional, Seção de Obras Raras.

16 GAMA, Caetano Maria Lopes, 1823, p. 50 *apud* SLEMIAN, Andréa. *Sob o império das leis*: Constituição e unidade nacional na formação do Brasil (1822-1834). Tese apresentada ao Programa de Pós-Graduação em História Social da Universidade de São Paulo, 2006, p. 119.

17 Tais discussões foram recuperadas pelo trabalho de BARBOSA, Silvana Mota. *A Sphinge Monárquica*: o poder moderador e a política imperial. Tese apresentada ao Programa de Pós-

deputado cearense José Martiniano de Alencar, futura liderança da Confederação do Equador,[18] ponderava que as províncias do Pará, Rio Negro e Maranhão não poderiam ser consideradas parte do território brasileiro por não terem ainda aprovado tal inclusão. Como resposta, ouviu do deputado Silva Lisboa que a natureza fizera do Brasil uma "peça inteiriça".[19]

Meses após a dissolução da Constituinte, no *Tiphis Pernambucano*, frei Caneca recuperava a noção de pacto sustentada na ideia da Assembleia Constituinte como fundadora do Estado, condição sem a qual o compromisso das províncias findaria: "Nós estamos, sim, independentes, mas não constituídos".[20] Sem aclamar o imperador, nem participar dos debates constitucionais, o Maranhão incorporava-se, basicamente, "via adesão".

***

Graduação em História da Universidade Estadual de Campinas. Campinas, 2001.

18 Irmão de Tristão Gonçalves de Alencar, presidente do Ceará durante a Confederação do Equador, e pai do escritor José de Alencar.

19 Para os debates entre Alencar e Silva Lisboa, ver RODRIGUES, José Honório. *A Assembleia Constituinte de 1823*. Petrópolis: Vozes, 1974, p. 117.

20 CANECA, frei do Amor Divino. *Frei Joaquim do Amor Divino Caneca*. Organização e introdução Evaldo Cabral de Mello. São Paulo: Editora 34, 2001, p. 463. É importante frisar que esse raciocínio estava na base dos argumentos sustentados pelas lideranças da Confederação do Equador, movimento de reação ao fechamento da Assembleia Constituinte, cujas articulações estenderam-se até as províncias do Maranhão e Pará. Para a Confederação do Equador no Maranhão, ver GALVES, Marcelo Cheche. "Os 'republicanos' do Maranhão: Independência, Confederação do Equador e a construção do estado imperial". In: _____. ; COSTA, Yuri (orgs.). *O Maranhão oitocentista*. Imperatriz: Ética; São Luís: Editora da UEMA, 2009, p. 13-39.

Os meses que se seguiram à "adesão" foram marcados por contínuas tensões entre os membros da Junta de Governo[21] e entre os governos civil e militar.[22] Nas ruas, saques, arrombamentos, lustros[23] e assassinatos opuseram "brasileiros", "portugueses" e os "cabras".[24] Dezenas de cidadãos rumaram para a Corte, presos, expulsos ou fugidos. Na imprensa, o *Conciliador* deixou de circular ainda em julho de 1823, sem que outro periódico o substituísse.[25] Até o início de 1825, a tipografia ateve-se à impressão de documentos oficiais e a edições esparsas da *Gazeta do Governo*, em 1824.[26]

21 Particularmente em torno do advogado Miguel Ignácio dos Santos Freire e Bruce, que assumiu, em 7 de agosto de 1823, a presidência da Junta Governativa e Provisória Constitucional, sendo confirmado no cargo pela eleição em 25 de dezembro de 1823. Durante o ano de 1824, Bruce enfrentou uma série de tentativas – algumas bem-sucedidas, embora breves – de deposição, sob a recorrente acusação de ser "republicano". Em meados daquele ano, assumiu o posto de presidente da província, sob nomeação imperial. Foi definitivamente deposto a 25 de dezembro de 1824, por determinação do almirante Cochrane. Na Corte, enfrentou formalmente uma série de acusações, dentre as quais as de "consentir desordens"; "governar com os pretos"; e "dilapidar a Fazenda Pública". Foi absolvido em 1826.

22 Uma síntese dessas tensões pode ser consultada em MEIRELES, Mário Martins. *História da independência do Maranhão*. Rio de Janeiro: Artenova, 1972.

23 Denominação com a qual eram conhecidas as surras mutuamente aplicadas entre "brasileiros" e "portugueses".

24 Forma como os "portugueses" residentes em São Luís se referiam à população "de cor". Ver ASSUNÇÃO, Mathias Rohrig. "Cabanos contra bem-te-vis: a construção da ordem pós-colonial no Maranhão". In: DEL PRIORE, Mary; GOMES, Flávio. *Os senhores dos rios*: Amazônia, margens e histórias. Rio de Janeiro: Elsevier/Campus, 2004, p. 203.

25 Em agosto de 1823, circularam seis edições da *Gazeta Extraordinária do Governo da Província do Maranhão*. Seus exemplares podem ser consultados entre os documentos apensos à obra de SILVA, Luís Antonio Vieira da. *História da independência da província do Maranhão, 1822-1828*. 2ª ed. Rio de Janeiro: Companhia Editora Americana, 1972, p. 95-118.

26 Ainda que não localizada, referências a essa "Gazeta", que não era a "Extraordinária", constam dos autos do processo que inocentou Miguel Ignácio dos Santos Freire e Bruce, presidente da Junta de Governo do Maranhão, da acusação de ser "republicano". Em sua *Defesa*..., Bruce reconheceu a publicação de "Gazetas", mas refutou a pecha de "incendiárias". Diferente da primeira, restrita à publicação de documentos oficiais, essa "Gazeta" trazia discussões políticas e, com frequência, traduções de autores como o abade De Pradt. Ver BRUCE, Miguel Ignácio dos Santos Freire e. *Defesa de Miguel Ignácio dos Santos Freire e Bruce que foi presidente das juntas provisórias independentes na província do Maranhão... e depois presidente da mesma província*

Tal retração da atividade tipográfica dificulta a apreensão dos debates em torno da Constituição, como aqueles, por exemplo, travados na imprensa do Rio de Janeiro. Como recurso, recorri a uma série de folhetos e de artigos publicados nos jornais da Corte,[27] mas referenciados na situação política do Maranhão. Nesse conjunto, salta aos olhos a absoluta ausência de discussões relacionadas à Constituição: "portugueses", "pretos", "republicanos", "súditos fiéis" e "verdadeiros brasileiros" não eram, ainda, caracterizados pelo dístico constitucional/inconstitucional,[28] tampouco sua observância pautava as querelas que, impressas na Corte, "traziam" o Maranhão para perto do novo centro de autoridade.

Na província, as Câmaras Gerais reunidas em abril e junho de 1824 centraram forças nas denúncias de "republicanismo" que recaíam sobre alguns membros da Junta de Governo – especialmente Miguel Bruce –, acusados de conspirarem com as províncias do Ceará e Pernambuco. Embora a "república" remetesse ao desrespeito à monarquia constitucional, sacramentada pela Constituição jurada pelo Imperador em março do mesmo ano, os debates não foram encaminhados pelo viés constitucional. A menção mais próxima ao tema ocorreu na Câmara Geral de 1 de junho, que depôs Miguel Bruce. Nela, alusões à Carta de 20 de outubro de 1823, que regulamentava o cargo de presidente de província, base para que os cidadãos decidissem pela eleição de um Conselho que substituiria o presidente da Junta até que o presidente da província fosse nomeado, e, após tal nomeação, assumiria a função de auxílio a esse. Bruce retomou o poder após 48 horas e sua rápida reintegração frustrou o intento da Câmara Geral e adiou a eleição do Conselho, concretizada apenas em meados de 1825. Já no final do mesmo mês, grupos

---

por nomeação de sua majestade o Imperador. Rio de Janeiro: Tipografia Imperial e Nacional, 1826. Biblioteca Nacional, Seção de Obras Raras.

27 Principalmente no *Diário Fluminense* e no *Spectador Brasileiro*.

28 Dois folhetos, publicados em 1825 e 1826, acusaram Miguel Bruce de jurar a Constituição a contragosto e, posteriormente, de desrespeitá-la. Contudo, tais denúncias se deram num outro contexto, momento em que Bruce respondia à acusação de "fautor do sistema republicano" e, portanto, "inimigo da Constituição". Na *Defesa...*, Bruce concluiu seus argumentos lembrando que não apenas jurou a Constituição, como ainda a mandou reimprimir "para a fazer mais conhecida e amada dos povos". BRUCE, Miguel Ignácio dos Santos Freire e. *Defesa...*, p. 57. Para os folhetos contra Miguel Bruce, ver CANTANHEDE, José de Araújo. *Resposta ao impresso Maranham ao público dado a luz nesta Corte Imperial por ****. Rio de Janeiro: Plancher – Impressor-livreiro de SMI, 1825. Biblioteca Nacional, Seção de Obras Raras; VELLOSO, Domingos Cadaville. *Ao público. Respeito a Bruce e sua comitante caterva...* Rio de Janeiro: Tipografia de Plancher, 1826. Biblioteca Nacional, Seção de Obras Raras.

rebelados no interior da província exigiram a deposição de Bruce, a escolha de um governo temporário, e providências para a eleição de um "novo, legítimo e provisório governo, segundo o indicado no novo projeto constitucional".[29]

Tais referências à Constituição, ainda que tímidas, deveram-se, provavelmente, ao seu recente juramento na província, ocorrido no dia 13 de maio de 1824, com três dias de luminárias. De maneira similar ao que ocorrera por ocasião da "adesão", as festas pelo juramento não empolgaram os habitantes de São Luís.[30]

A Constituição parece ganhar prestígio político apenas com a volta do almirante Cochrane,[31] em novembro de 1824. Em seus comunicados, encontrava-se a insistente tese de que o presidente Miguel Bruce não respeitava a Constituição, nova e poderosa acusação que se somava às já enfrentadas por sua administração. A 28 de novembro de 1824, Cochrane escreveu ao ministro da Marinha, informando a "pacificação do Ceará" e as tensões com as quais deparava no Maranhão. Distinguindo os dois casos, salien-

29 Exigências registradas na *Ata do Conselho Militar da Freguesia de Nossa Senhora do Rosário*, datada de 30 de junho de 1824. Mais de uma vez, o *Argos* recorreu ao expediente de reproduzir documentos formulados no pós-Independência para balizar suas considerações sobre o período. *Argos da Lei*, nº 12, 15/2/1825, p. 1.

30 Os juramentos à Constituição tiveram início na catedral de São Luís, em 13 de maio de 1824, e se estenderam até os primeiros meses de 1825. Em 15 de janeiro de 1825, a câmara de São Luís enviou documento a Manuel Telles da Silva Lobo, presidente interino, pedindo orientação sobre como proceder em relação aos cidadãos que ainda a procuravam para efetivar o juramento. No mesmo texto, queixas sobre a desorganização do Livro dos Juramentos, cujo último registro datava de outubro de 1824, e a falta de critérios claros quanto aos prazos e termos a serem utilizados em tais registros. Por fim, a câmara sugeria que novos juramentos fossem aceitos mesmo que "cerrando os olhos a algumas incoerências", por se tratar de um "ato de obediência e adesão ao Império"; a medida evitaria ainda "desassossegar os cérebros daqueles indivíduos prontos a pegar a tudo para coonestarem as suas desordens na sociedade". Como resposta, Lobo lembrou que o tempo determinado vencera em 14 de julho de 1824, mas que se deveriam aceitar todos os novos juramentos, sem prazo definido, desde que observada a Constituição. Dentre as justificativas para tal decisão, salientou os estorvos provocados pelas "distâncias" para se chegar à capital e pelo "choque de partidos". *Argos da Lei*, nº 8, 1/2/1825, p. 2.

31 Almirante britânico que, a serviço do Império, participou ativamente do processo de incorporação das então "províncias do Norte" – denominação que incluía o Maranhão –, entre os anos de 1822 e 1823. Voltou ao Maranhão em novembro de 1824, após ter participado das lutas contra os confederados do Equador, em Pernambuco e no Ceará, e assumiu provisoriamente os governos civil e militar. Deixou o Maranhão em 18 de maio de 1825.

tou que, no Maranhão, "não se levantou a bandeira republicana".[32] A convulsão aqui, como já observara em 1823, derivava de outras razões, como "as inimizades pessoais entre algumas das principais famílias".[33] Mesmo recorrendo a velhas impressões sobre a província, Cochrane introduziu um novo elemento em sua análise – as práticas "anticonstitucionais" da administração Bruce: "O queixume geral contra o presidente é, que a Constituição se não pôs de modo algum em prática; que não estabeleceu conselho legal; e se tornou culpado de atos arbitrários".[34]

Noutra missiva ao ministro da Marinha, seguida de um memorial com a síntese das reclamações de, pelo menos, trezentos cidadãos,[35] Cochrane explicitou tal "desrespeito à Constituição":

> É certo, que, até ao presente, a Constituição nunca foi posta em prática, e nem mesmo se tem observado a lei militar. Numerosas pessoas hão sido banidas sem acusador ou se lhes declarar crime – outras hão sido presas – e a maior parte da principal gente que restava

---

[32] É curioso observar que, dentre aqueles que se opuseram de alguma forma à administração de Bruce, Cochrane foi um dos únicos a não acusá-lo de "republicano", prática comum nos impressos que circularam na Corte entre os anos de 1824 e 1825, referenciados na situação política do Maranhão. As impressões de Cochrane sobre Miguel Bruce podem ser consultadas em COCHRANE, Thomas John. *Narrativa de serviços no libertar-se o Brasil da dominação portuguesa*. Brasília: Senado Federal, 2003 (a 1ª edição é de 1859).

[33] As opiniões de Cochrane sobre a situação política da província podem ser acompanhadas pela correspondência mantida com José Bonifácio, por ocasião da primeira passagem do almirante pelo Maranhão, em 1823. Ver GALVES, Marcelo Cheche. "A independência do Maranhão em uma correspondência do almirante Cochrane a José Bonifácio de Andrada e Silva". *Ciências Humanas em Revista*. São Luís, 2007, v. 5, nº 2, p. 153-164.

[34] COCHRANE, Thomas John. *Narrativa de serviços no libertar-se o Brasil da dominação portuguesa*. Brasília: Senado Federal, 2003 (a 1ª edição é de 1859), p. 177-178.

[35] Dentre outros documentos, Cochrane afirmou ter recebido uma "relação estatística das mortes e roubos perpetrados em toda a província, por agência dos homens postos em autoridade pelo presidente [Bruce]". COCHRANE, Thomas John. *Narrativa de serviços no libertar-se o Brasil da dominação portuguesa*. Brasília: Senado Federal, 2003 (a 1ª edição é de 1859), p. 181.

tenha fugido para os matos – antes de nós chegarmos – por evitar assim o ser vítima de procedimentos arbitrários.[36]

Nas duas cartas, havia referências ao descumprimento da Constituição: sobre o "conselho legal", provável alusão ao Conselho Presidial – já proposto pela Câmara de 1 de junho, juntamente com a deliberação de depor Miguel Bruce –, era uma instância consultiva, mas talvez capaz de frear a crescente concentração de poderes nas mãos de Miguel Bruce, mais evidente após sua confirmação à frente do governo da província, mediante nomeação imperial; quanto aos "procedimentos arbitrários", agora "anticonstitucionais", esses puderam ser facilmente identificados em meio às agitações políticas vividas pela província nos meses que sucederam a Independência e contrapostos aos dispositivos constitucionais que garantiam a "liberdade", a "segurança individual", a "propriedade", a "inviolabilidade do lar" e restringiam a "prisão sem formação de culpa",[37] preceitos cuja inobservância serviram como substrato para novas denúncias contra Miguel Bruce, deposto por Cochrane em dezembro de 1824.

Em ordem para devassa que encaminhou ao ouvidor geral no início de 1825, o presidente interino Manuel Telles da Silva Lobo pautou as investigações a serem realizadas sobre a administração de Miguel Bruce. Dentre as improbidades, estariam flagrantes desrespeitos à Constituição: crimes eleitorais; inexistência da liberdade de imprensa; ingerência sobre o poder judicial; distribuição ilegal de patentes; violação de correspondências; deportação sem processo ou sentença...[38] Porém, esclarecia Lobo que nem toda violência era "anticonstitucional". Na mesma ordem, pediu que se diferenciassem aqueles que pegaram em armas "para extorquir e matar" daqueles que o fizeram com o intuito de defender o "Império, a Constituição e sua família". Retrospectivamente, os conflitos pós-Independência ganhavam foro constitucional.

Também no início de 1825, a província voltou a contar com uma imprensa regular. Dois jornais, o *Argos da Lei* e o *Censor*, deram ressonância ao debate constitucional e expuseram as disputas políticas que ainda pautavam o período pós-Independência.

Não pretendo aqui suscitar uma discussão sobre os antagonismos entre Manuel Odorico Mendes, redator do *Argos da Lei*, e João Antonio Garcia de Abranches, redator

---

36 COCHRANE, Thomas John. *Narrativa de serviços no libertar-se o Brasil da dominação portuguesa*. Brasília: Senado Federal, 2003 (a 1ª edição é de 1859), p. 183.

37 Título 8º., especialmente o artigo 179.

38 Para a ordem, de 1º de janeiro de 1825, ver *Argos da Lei*, nº 9, 4/2/1825, p. 1-2.

do *Censor*, perspectiva comum aos biógrafos desses dois personagens, que os pensaram a partir do binômio "brasileiro"/"português".[39] Em sentido inverso, aponto para algumas semelhanças ainda pouco exploradas: a forma como construíram explicações para o recente passado de agitações políticas na província e, especialmente, como projetaram um futuro de integração ao Império a partir de distintas interpretações sobre a Constituição de 1824.

Na primeira edição do *Argos da Lei*, em 7 de janeiro de 1825, Odorico Mendes[40] anunciou, como era comum à imprensa da época, os propósitos do novo periódico. Dentre eles, o de "arraigar no coração do povo o amor à Constituição do Império, o respeito ao nosso Imperador e às demais autoridades e uma cega afeição à Independência do Brasil".[41] Quanto aos predicados que o habilitariam para tal intento, lembrou ser o primeiro filho da província a ocupar a tribuna da imprensa e, portanto, capaz – ainda que "pobre de luzes" e muito jovem – de defender a nova ordem constitucional na província. O *Argos*, figura da mitologia grega que possuía cem olhos, mantendo cinquenta sempre abertos, prometia vigilância ao cumprimento das novas leis. Na epígrafe, podia-se ler: "Boas são as leis, melhor o uso bom delas – A. Ferreira".[42]

---

[39] De um modo geral, os biógrafos de Odorico Mendes incorporaram a autoimagem do redator como "verdadeiro brasileiro". Içado, ainda no Oitocentos, ao patamar de "patriarca das letras maranhenses" e "Virgílio brasileiro", foi transformado em homem da pátria e das letras, posições que se complementavam. No construto do "verdadeiro brasileiro", os mesmos biógrafos, ao elegerem os inimigos de Odorico, opuseram-nos à própria pátria. Garcia de Abranches, por exemplo, por repetidas vezes recebeu a pecha de "português" e "infenso à Independência", artifício denunciado por seu neto, Dunshee de Abranches. Um olhar mais atento às edições do *Censor* não indica a defesa de planos recolonizadores, mas a preocupação com a segurança e a propriedade dos "portugueses" que permaneceram na província. Dentre os biógrafos de Odorico, ver LISBOA, João Francisco. *Manuel Odorico Mendes, biografia*. Lisboa: Jornal de Timon, 1858; LEAL, Antonio Henriques. *O Pantheon Maranhense*. Ensaios biográficos dos maranhenses ilustres já falecidos. 2ª ed. São Luís: Editorial Alhambra, 1987, t. I (a 1ª edição é de 1873). Para Garcia de Abranches, ver ABRANCHES, Dunshee de. *Garcia de Abranches, o Censor* (o Maranhão em 1822). São Paulo: Tipografia Brasil de Rothschild & Co, 1922.

[40] Recém-egresso de Coimbra, Odorico assumiu a tarefa de redigir um jornal oficial, defensor da administração interina de Manuel Telles da Silva Lobo e das ordens do almirante Cochrane, que impôs o nome de Lobo para a presidência e se colocou à frente do governo de armas.

[41] *Argos da Lei*, nº 1, 7/1/1825, p. 4.

[42] Provavelmente Antonio Ferreira, jurista e poeta português. Desembargador do Tribunal do Paço, deixou escritos sobre os limites do poder régio durante os governos dos reis Sebastião e

Pouco mais de duas semanas depois, um segundo jornal vinha a público, o *Censor*, redigido por Garcia de Abranches.[43] A partir de outra leitura constitucional, que tomava a Carta como complementar ao "Magnânimo Príncipe que a Providência lançou em seu seio [do Brasil]",[44] Abranches também priorizou o que definia como "lições públicas" – via de regra, considerações sobre o cumprimento da Constituição de 1824.

Mesmo distante, no tempo e no espaço, dos debates travados pela Assembleia Constituinte de 1823, a sintonia entre aqueles e os mantidos entre os redatores do *Argos* e do *Censor* revela a proximidade de algumas questões que afetavam a maioria das províncias naquele momento de transição. É sintomático o fato de a primeira querela sustentada por Odorico e Abranches ter como epicentro a permanência dos "portugueses" nas guardas cívicas, responsáveis pela segurança da cidade de São Luís. A presença de "portugueses" nos aparatos de segurança no pós-Independência era questão delicada, objeto de discussões na referida Assembleia e, de certa forma, provocadora de sua dissolução.[45]

Em seu fundamento, o problema em torno dos "portugueses" se articulava à condição de "brasileiro", de certo modo já resolvida com a definição dos artigos 6º., 7º e 8º da Constituição. Na prática, os ressentimentos que no Maranhão tomaram corpo com a Independência não findaram com a letra da lei, antes ganharam novas conotações, revestidas de um debate constitucional.

Filipe I. Para mais informações sobre Antonio Ferreira, ver CARDIM, Pedro. "Política e identidades corporativas no Portugal de D. Filipe I". In: _____ (org.). *Estudos em homenagem a João Francisco Marques*. Porto: 2002, p. 275-306.

43 Nascido em Portugal, Abranches vivia no Maranhão desde o final do setecentos. Comerciante, fez sua primeira aparição no mundo das letras no ano de 1822, com o folheto *Espelho crítico-político da província do Maranhão*, em que apresentava uma análise das condições da economia maranhense e externava suas expectativas de que as Cortes portuguesas adotassem medidas de combate aos entraves do comércio provincial. Entre 1822 e 1823, segundo Dunshee de Abranches, cooperou com a Junta de Governo, deposta pela Independência. Ver ABRANCHES, Dunshee de. *A setembrada*. A revolução liberal de 1831 em Maranhão. Rio de Janeiro: Oficinas Gráficas do Jornal do Brasil, 1970 (a 1ª edição é de 1931), p. 36.

44 *Censor*, nº 1, 24/1/1825, p. 1.

45 É conhecido o episódio decorrente do artigo publicado no jornal *A Sentinela* – que contava com a colaboração dos Andradas – e atribuído a David Pamplona. Nele, havia duras críticas à presença de militares "portugueses" no Exército "brasileiro". As agressões a Pamplona e a resistência de parte dos deputados constituintes ante as propostas de restrição à liberdade de imprensa estiveram no cerne das tensões que culminaram com a dissolução da Assembleia.

Documentos expedidos por Lobo e Cochrane – e opiniões expostas por Odorico – proibiram/limitaram a presença dos "portugueses" que juraram a Constituição nas guardas cívicas de São Luís. Logo na primeira edição do *Argos*, o jornal publicou uma ordem de Lobo – por orientação de Cochrane – para que o desembargador Manoel da Costa Barradas, responsável pela guarda, admitisse apenas os "brasileiros" e os "brasileiros naturalizados de confiança" em tal serviço. Explicitamente, proibiu a presença de "taberneiros e garotos", referências aos "portugueses" sem posses; mais sutilmente, sugeriu que os "naturalizados proprietários" fossem admitidos apenas se necessário. A medida ainda previu que os juízes de bairro – responsáveis pela guarda em cada quadrante da cidade – fossem "brasileiros". Por tal razão, foi demitido João Ferreira Jacob, juiz do 4º bairro, "proprietário e probo", sob a alegação de que ainda tínhamos "problemas com Portugal".[46]

Na estreia do *Censor*, Abranches advertiu Lobo sobre a impropriedade das expressões "patrícios e amigos" e "naturalizados" como formas de se referir aos "portugueses" que, de alguma maneira, aderiram à Constituição.[47] Lembrava o redator que tais expressões contrariavam o artigo 6º da mesma e que a condição de "naturalizado" só seria regulamentada por uma lei complementar. Em respeito à Constituição, clamava para que a "adesão" assegurasse aos "portugueses" a igualdade de direitos, sob a denominação indistinta de "cidadãos brasileiros".

Nas páginas do *Argos*, Odorico apoiou as restrições aos "novos brasileiros", considerando que a Constituição deveria ser interpretada a partir das particularidades provinciais. Entre outros argumentos, lembrou a "viva resistência" das tropas milicianas – leia-se "portuguesas" – à Independência, resistência abafada pela "firmeza de Cochrane" e, por vezes, dissimulada pela "farsa" dos juramentos. Sagazmente, observou que a decisão de Cochrane de suspender Bruce não era, a rigor, constitucional, mas nem por isso menos acertada e providencial. Agora, a prudência com relação aos "novos brasileiros", mesmo não constitucional, esvaziaria qualquer plano recolonizador, preocupação recorrente nas páginas do *Argos* e combustível para a afirmação da imagem de Odorico como "verdadeiro brasileiro".[48]

---

46 *Argos da Lei*, nº 1, 7/1/1825, p. 3.
47 Conforme a Constituição de 1824, além do juramento, forma de "adesão expressa", havia também a possibilidade de se aderir "tacitamente", pela continuação da residência no Brasil. Ver artigo 6º., parágrafo IV.
48 Em várias edições, Odorico alertou para o apoio que um plano recolonizador teria junto aos "portugueses" da cidade, cuja maioria, acreditava, tornara-se "brasileira" por medo e/ou conveniência. Sem confiar no sucesso da empreitada, não descartava tal possibilidade, sustentada

A cidadania definida pela Constituição também não impediu que o problema com os "portugueses" das guardas cívicas se estendesse aos empregos públicos e ofícios, sempre cobiçados. Para o redator do *Argos*, o acesso a tais empregos deveria estar estritamente vinculado à condição de "brasileiro" ou, em menor escala, de "português", conforme sua análise, divididos em três tipos: os "portugueses sem política", que poderiam ser empregados; os "portugueses constitucionais", a serem empregados somente no futuro, após o reconhecimento da Independência; e aqueles "portugueses sempre". Aos últimos, grupo que seria majoritário, os empregos deveriam ser vetados, já que, para sempre, seriam "inimigos": "não precisamos matá-los, mas, olho vivo".[49]

Entre os qualificados como "portugueses sempre", chama a atenção o caso de Antonio José do Carmo, advogado, comerciante e presença constante nas manifestações de apoio ao governo português que precederam a Independência.

Com a "adesão", Carmo foi expulso por decisão da Câmara Geral, sob a acusação de ser um "português nocivo à província".[50] Proprietário do "Ofício de Escrivão da Ouvidoria Geral da Cível da Relação", foi privado, oficialmente, desse cargo, em outubro de 1823, sob a alegação de ser "europeu", "perturbador", "inimigo da Independência", "incitador de violências contra os independentes" e "organizador da resistência portuguesa".[51]

Contudo, em setembro de 1824, obteve junto ao Imperador a reintegração do Ofício, decisão comunicada a Lobo em janeiro de 1825.[52] A notícia acirrou os ânimos e ofereceu mais um ingrediente para a "questão dos portugueses", vivificada pela manutenção das distinções entre esses e os "brasileiros". Na edição nº 10 do *Argos*, Odorico inseriu uma correspondência assinada pelo *Amante da verdade*, em que este repudiou a recondução de Antonio José do Carmo. Após repetir as acusações já apresentadas, conjeturou sobre

---

pela premissa de os "sebastianistas não terem a dimensão da sua fraqueza". *Argos da Lei*, nº 12, 15/2/1825, p. 2-6.

49 *Argos da Lei*, nº 7, 28/1/1825, p. 1-3.

50 Em 15 de setembro de 1823, 16 "portugueses", incluindo Antonio José do Carmo, foram expulsos por decisão da Câmara Geral. Ver *Ata da Câmara Geral de 15/9/1823*. Arquivo Nacional, Rio de Janeiro, caixa 741A, pacote 24,49.

51 Lista de europeus que têm sido privados dos ofícios de justiça (no Maranhão) depois que se proclamou a independência deste império, e lista dos europeus que ficaram admitidos nos empregos, 18/10/1823. Biblioteca Nacional, Seção de Manuscritos – Ms 31,28,28.

52 Cf. *Catálogo dos registros gerais*: registros de atos e da correspondência do Reino e do Governo do Maranhão, 1754-1828. São Luís: Edições SECMA, 2009, p. 320-322. Arquivo Público do Estado do Maranhão.

as relações de Carmo na Corte, pois não considerava possível que o Imperador assentisse tal fato, ao menos que fosse ludibriado por algum "português" influente.[53] Por fim, ironicamente, sugeriu a reintegração de todos os "portugueses", já que nenhum fora pior que Antonio José do Carmo.[54]

Paralelamente aos debates sobre "brasileiros" e "portugueses", requentados à luz da Constituição, Odorico e Abranches também trataram de temas mais originais, ao menos no âmbito provincial. Lições sobre "soberania popular", "legitimidade", "despotismo" e "Constituição" balizaram a valorização de regimes constitucionais e deram suporte a considerações quanto aos poderes do Imperador, em sua relação com a Constituição e o Parlamento.

Na construção de uma pedagogia constitucional, o *Argos* guardou semelhanças e diferenças com relação ao *Conciliador*, periódico que, como visto, inaugurara a prática na província. Nos moldes do que fizera este último em relação ao constitucionalismo português, saudou movimentos de Independência, como o da Grécia em relação à Turquia, considerando-o como expressão do avanço da liberdade e da Constituição.[55] Da mesma forma, recolheu exemplos de governos absolutos que ainda grassavam pela Europa, especialmente os "horrores" praticados pelo governo de Fernando VII, rei da Espanha. A partir de vários ângulos, apresentou as agruras de uma vida sob a tirania: proibição de escrever ou falar publicamente sobre Constituição; intolerância religiosa; brutalidade dos Corpos de Polícia; medo latente... Na Espanha, avisava Odorico, "o rei manda matar quem grita", situação diametralmente inversa à do Brasil, que, segundo o redator, expulsara para longe o despotismo.[56]

Contudo, para além das similitudes entre as pedagogias do *Conciliador* e do *Argos*, evidentes diferenças marcavam o novo momento, atrelando as noções de "liberdade" e "Constituição" à Independência e à construção de novos estados na América. Ante as lutas "fratricidas" no Prata e na Colômbia, que horrorizavam o *Conciliador*, o *Argos* co-

---

53 É importante salientar que desde a queda do Gabinete dos Andradas, em julho de 1823, e a dissolução da Assembleia Constituinte, meses depois, observava-se uma aproximação entre o Imperador e a "facção portuguesa" residente no Rio de Janeiro.

54 *Argos da Lei*, nº 10, 8/2/1825, p. 1-3.

55 *Argos da Lei*, nº 20, 15/3/1825, p. 3.

56 *Argos da Lei*, nº 22, 22/3/1825, p. 1-3. Os comentários de Odorico a respeito do governo de Fernando VII tomaram como base um extrato do jornal *Popular*, reproduzido pelo *Argos*.

memorou a vitória de Bolívar e sintetizou seus feitos, sem se esquecer de frisar que, por toda parte, espalhava-se o "gênio americano".[57]

Odorico também explorou certa confusão que a palavra "Constituição" talvez causasse entre os habitantes da província. Para o redator, o termo ainda não ganhara o devido respeito por muitos o considerarem como "sinônimo de união com Portugal" e, portanto, algo necessariamente ruim. "Constituição", explicava, não é um termo "português" – pelo contrário, é a premissa que justifica nosso desligamento. Astutamente, aproximou os dois constitucionalismos, salientando que a soberania do povo foi um princípio arvorado pelos constitucionais portugueses ao se rebelarem contra o excesso de poder concentrado nas mãos do Monarca e exigirem representatividade. Por que o mesmo princípio não serviria ao direito legítimo de um povo de se separar e constituir governo como lhe parecesse apropriado?[58]

Colocado nesses termos, o "direito à separação" punha em xeque a legitimidade monárquica, raciocínio complementado, mais de uma vez, pela arriscada tese de que o poder do Imperador não advinha de seu pertencimento à dinastia dos Bragança – e, por extensão, do caráter divino da monarquia –, mas do fato de ter jurado uma Constituição:

> S.M.I. e C. [Sua Majestade Imperial e Constitucional] não padece dúvida que é legítimo soberano; porque, quanto cabe em suas forças, busca aditar os Brasileiros, e governa por unânime aclamação dos povos e por geral consentimento. Essas bases robustas em que se firma o seu trono serão mais duradouras, que os passaportes com que vem do céu governar os habitantes da terra todos esses legítimos do avesso, que se crêem de um barro superior ao dos outros homens, e os têm como ovelhas a quem podem devorar ao seu bel-prazer.[59]

Nas edições seguintes, explicou que quem zombava da soberania do povo acreditava que Deus privilegiara certas famílias e que repartiu o poder do globo entre elas. Governos se estabelecem por violência – princípio que repudiava – ou por consentimento. Para a segunda hipótese, mais afeita às liberdades do tempo, esclarecia: "para haver um rei era preciso que primeiro houvesse povo: o ato porque um rei foi rei prova que o

---

57 *Argos da Lei*, nº 23, 25/3/1825, p. 3.
58 *Argos da Lei*, nº 5, 21/1/1825, p. 3-4.
59 *Argos da Lei*, nº 17, 4/3/1825, p. 5.

povo originariamente é o soberano".[60] Valendo-se de certa noção contratualista, situada nos constitucionalismos ibéricos do início do Oitocentos,[61] sustentou a premissa de um poder provisoriamente consentido ao rei e cuja legitimidade não repousava em razões divinais. Em suma, Deus não entregara o cetro ao rei: tal prerrogativa pertencia ao povo, que, em seu direito, optou pela separação.[62]

O não reconhecimento da soberania do povo se constituía, para Odorico, em prova substancial de absolutismo. É importante ressaltar que, ao recuperar o binômio Constituição/despotismo, comum à imprensa deste lado do Atlântico desde a Revolução do Porto, a pedagogia do *Argos* era também endereçada aos "absolutistas" de dentro e fora da província.[63] Aos primeiros, definia como à espera de "esquadras recolonizadoras" ou, noutra hipótese, de um poder concentrado, cada vez mais, nas mãos do Imperador – cujo representante na imprensa acreditava ser Garcia de Abranches. E aos demais, especialmente as potências signatárias da Santa Aliança, como a "despótica Espanha" e o "fradesco e

---

60 *Argos da Lei*, nº 18, 8/3/1825, p. 3.

61 A partir de jornais, folhetos e manifestos que circularam na Espanha e em suas colônias americanas após a invasão napoleônica, Juan Carlos Garavaglia identificou a recorrência com que se argumentava sobre a legitimidade que, uma vez entregue ao rei, agora deposto, voltava então aos "povos", a quem caberia decidir sobre as formas de se constituírem politicamente, substrato para algumas declarações de Independência, também anotadas pelo autor. GARAVAGLIA, Juan Carlos. "Os primórdios do processo de independência hispano-americano". In: JANCSÓ, István (org.). *Independência*: história e historiografia. São Paulo: Hucitec, 2005, p. 207-234. No vintismo português, a construção do rei Afonso Henriques – vencedor da Batalha de Ourique, em 1139 – como "rei constitucional" deu ao movimento o caráter de "regeneração" e resgate de uma soberania residente na nação. Dentre outros autores que atentaram para a construção teleológica do "rei constitucional", ver COELHO, Geraldo Mártires. *Anarquistas, demagogos e dissidentes*: a imprensa liberal no Pará de 1822. Belém: CEJUP, 1993.

62 *Argos da Lei*, nº 20, 15/3/1825, p. 2-3.

63 "Constituição" e "despotismo" constam entre os principais vocábulos identificados por Lúcia Maria Bastos Pereira das Neves nos impressos que circularam em Portugal e no Brasil, a partir da Revolução do Porto. Sobre o "despotismo", a autora salienta certa confusão, localizada no final do setecentos/início do Oitocentos, entre o termo, tomado como sinônimo de "tirania" e "arbitrariedade", e a noção de "governo absolutista", que, a rigor, não era necessariamente "despótico", mas regido por outros princípios, tomados por "naturais" ou "divinos". Ver NEVES, Lúcia Maria Bastos Pereira das. *Corcundas e constitucionais. A cultura política da independência (1820-1823)*. Rio de Janeiro: Revan; Faperj, 2003, p. 117-121.

patriarcal Portugal",⁶⁴ atribuía a pecha de conspirarem contra a liberdade. Em comum aos opositores, outra leitura sobre a noção de legitimidade, centrada no restabelecimento da ordem política pré-napoleônica, o que incluía o cancelamento das constituições ibéricas e uma reação cabal aos processos de Independência na América.

Em suma, a cruzada contra o absolutismo se daria pela observância da Constituição, tempero contra as tentações absolutistas palacianas e provinciais, potencializadas pelo grande número de "portugueses" ainda residentes no país e, especialmente, no Maranhão. Sua violação seria um crime capital contra a soberania do povo; sua defesa, a garantia de soluções negociadas ante as "guerras intestinas" de um passado recente, resultado último da desarticulação entre o povo, as leis e o Imperador.⁶⁵

Note-se que as considerações de Odorico sobre "soberania do povo" e "Constituição", aqui resumidas, também recuperavam debates travados na Assembleia de 1823, especialmente a tese, derrotada em 1824 pela instituição do Poder Moderador, da sujeição do Imperador à Constituição.⁶⁶ No rescaldo da Confederação do Equador, Abranches atribuía as opiniões de Odorico ao seu inconfessável "republicanismo", acusação ainda perigosa, mesmo perdendo espaço para a de "inconstitucional". Entre os muitos impropérios desferidos de lado a lado, Abranches chamou Odorico de "apóstolo do Alcorão do alado Barata",⁶⁷ aproximando república e anticatolicismo, bem ao gosto do "liberalismo católico" que pautou o constitucionalismo português. O rei sujeito à Constituição era, para Abranches, um forte indício do "republicanismo" de Odorico. Afinal, se o povo era soberano e o Imperador não era divino – só se mantendo no poder pelo consentimento daquele, como ensinava Odorico –, o que impediria, no futuro, que um Bragança fosse substituído, por exemplo, por um neto de Bruce?⁶⁸

---

64   *Argos da Lei*, nº 17, 4/3/1825, p. 4-6.

65   *Argos da Lei*, nº 5, 21/1/1825, p. 3-4.

66   Em importante pesquisa sobre a conformação da política imperial, Silvana Mota Barbosa nos lembra que o exercício do Poder Moderador, ainda que previsto pela Constituição, prescindia de suas prerrogativas para ser posto em prática. Ao definir o Imperador como "irresponsável e inviolável", a Constituição de 1824 formalizou a supremacia daquele em relação a esta. Ver BARBOSA, Silvana Mota. *A Sphinge Monárquica*: o poder moderador e a política imperial. Tese apresentada ao Programa de Pós-Graduação em História da Universidade Estadual de Campinas. Campinas, 2001.

67   *Censor*, nº 3, 8/2/1825, p. 50.

68   *Censor*, nº 7, 24/3/1825, p. 118-123.

Para o *Censor*, "republicanos" e "inconstitucionais" por vezes se confundiam. "Inconstitucionais" eram Lobo e Odorico por obstruírem – na administração e na imprensa – a posse de Pedro José da Costa Barros, presidente nomeado para o lugar de Miguel Bruce;[69] o mesmo valia para o direito arrogado por Cochrane de ser indenizado com "presas de guerra".[70] Também ao almirante, Abranches dedicou palavras de preocupação pela suspensão da Constituição, substituída pela "assustadora e perigosa" Lei Militar. Perplexo, evidenciou a dissonância entre a medida – prerrogativa que só competia ao legislador – e o previsto pelo artigo 179 da Constituição, parágrafo xxxv, que versava sobre a suspensão provisória de alguns direitos individuais somente "nos casos de rebelião ou invasão de inimigos", o que, insistia, não era o caso. Com refinada ironia, lembrou que Cochrane promovera a paz; onde estariam, então, os motivos para que a Constituição fosse provisoriamente dispensada?[71] A edição seguinte seria a última do *Censor* antes da deportação de seu redator, cujas razões, aparentemente óbvias, jamais tiveram uma justificativa oficial, tampouco um processo que a formalizasse.[72]

---

69 Costa Barros chegou ao Maranhão em 5 de fevereiro de 1825. Impedido por Cochrane de assumir o posto, sob a alegação de que não trazia consigo a nomeação, foi acusado pelo almirante de conspirar com os "portugueses" da cidade para tomar o poder à força. No mês seguinte, Cochrane enviou Costa Barros para o Pará, ordenando que lá aguardasse por novas determinações. Somente em agosto de 1825, Costa Barros assumiu o posto de presidente da província do Maranhão.

70 Em sua *Narrativa...*, Cochrane detalhou a questão das presas às quais julgava ter direito, discussão que se arrastava até aquele momento. COCHRANE, Thomas John. *Narrativa de serviços no libertar-se o Brasil da dominação portuguesa*. Brasília: Senado Federal, 2003 (a 1ª edição é de 1859), p. 181. *Idem, ibidem*, p. 197-270. Dentre as muitas refutações aos direitos do almirante, ver MEIRELES, Mário Martins. *História do Maranhão*. 2ª ed. São Luís: SIOGE, 1980, p. 147-161; MONTELLO, Josué. "As contas de Cochrane no Maranhão". In: *Anais do Congresso de História da Independência do Brasil*. Rio de Janeiro: IHGB, 1975, v. IV, p. 51-53.

71 *Censor*, nº 6, 17/3/1825, p. 94-95.

72 De volta ao Maranhão no final de 1825, Abranches reiterou a inconstitucionalidade dos procedimentos de Lobo e Cochrane nos episódios que culminaram com a sua deportação. Argumentou que jamais fora "chamado à Lei" ou "arguido" sobre qualquer crime contra a Constituição ou o Imperador, processado ou, sequer, objeto de qualquer ato judicial, civil ou militar sobre a sua conduta, aspectos que evidenciariam a conspiração da qual fora vítima. *Censor*, nº 9, 2/2/1826, p. 149. É importante lembrar que, em setembro de 1825, o Imperador, em ofício, declarou "injustos e arbitrários" os procedimentos que levaram à deportação de Garcia de Abranches, do-

***

Cabe aqui, já a título de conclusão, indagar sobre as razões que levaram Odorico Mendes e Garcia de Abranches a retomarem questões, de alguma forma, já resolvidas pela Constituição de 1824: a cidadania brasileira e os poderes imperiais.

Quanto aos "portugueses", agora formalmente "brasileiros", do Maranhão e de outras províncias,[73] o poder político e econômico acumulado por décadas de controle dos créditos, rotas comerciais e acesso aos contratos, sobreviveu, não sem dificuldades, em meio à Independência e à cidadania, oferecida pela Constituição de 1824. Num processo de complexa "nacionalização", compuseram o cotidiano das disputas vividas no Maranhão nas décadas posteriores à Independência e estiveram na pauta de movimentos como a Setembrada, em 1831, e a Balaiada, reprimida dez anos depois.[74]

---

cumento reproduzido na íntegra em ABRANCHES, Dunshee de. *Garcia de Abranches, o Censor* (o Maranhão em 1822). São Paulo: Tipografia Brasil de Rothschild & Co, 1922, p. 57.

73 Sobre o "ódio aos portugueses" ao longo do Oitocentos, ver ROWLAND, Robert. "Patriotismo, povo e ódio aos portugueses: notas sobre a construção da identidade nacional no Brasil independente". In: JANCSÓ, István (org.). *Brasil: formação do Estado e da Nação*. São Paulo: Hucitec; Unijuí; Fapesp, 2003, p. 365-388. Para as desventuras dos "portugueses" residentes na Corte, no pós-Independência, ver RIBEIRO, Gladys Sabina. *A liberdade*... Para os "portugueses" no Pará, Maranhão, Pernambuco e Bahia, ver RIBEIRO, Gladys Sabina. "O Tratado de 1825 e a construção de uma determinada identidade nacional: os sequestros de bens e a Comissão Mista Brasil-Portugal". In: CARVALHO, José Murilo de (org.). *Nação e cidadania no Império*: novos horizontes. Rio de Janeiro: Civilização Brasileira, 2007, p. 395-420. Quanto aos "portugueses" no Maranhão, ver também GALVES, Marcelo Cheche. "Entre os lustros e a lei: a população portuguesa residente na cidade de São Luís na época da independência do Brasil". XII Encontro Regional de História: usos do passado. *Anais do XII Encontro Regional de História*: usos do passado. ANPUH: Rio de Janeiro, 2006, p.1-8. Disponível em www.uff.br/ichf/anpuhrio/Anais. Último acesso em 28 de julho de 2009.

74 As lideranças da Setembrada, nome com o qual ficou conhecido esse movimento provincial de forte caráter antilusitano, exigiram a expulsão dos "portugueses", "brasileiros adotivos" ou não, dos postos militares e empregos civis. Anos mais tarde, os bem-te-vis exigiram a expulsão dos "portugueses" natos (solteiros) e a restrição dos direitos daqueles que houvessem se naturalizado. Para a Setembrada, ver ABRANTES, Elizabeth Sousa. "José Cândido de Morais e Silva – o 'Farol': atuação política nos debates e lutas do pós-Independência no Maranhão (1828-1831)". *Anais do IV Simpósio Nacional Estado e Poder*: Intelectuais. São Luís: Universidade Estadual do Maranhão, 2007, p. 1-16. Disponível em http://www.outrostempos. uema.br/curso/poder/in.html. Último acesso em 28 de julho de 2009; SOUSA, Ramsés Magno

Já a discussão sobre os poderes imperiais, aparentemente deslocada, tinha razões mais pontuais. Os debates entre Odorico e Abranches ocorreram durante as eleições para a Assembleia Geral, momento em que o Maranhão, pela primeira vez, enviaria deputados e senadores para o Rio de Janeiro. Nos dois jornais, raríssimas alusões ao pleito, mas recorrentes referências aos verdadeiros "brasileiros" e aos "traidores", condições que indiretamente qualificariam os cidadãos para participarem da disputa. No *Argos*, a "soberania do povo" submetia o Imperador à Constituição, salvaguardada pelo Parlamento, que em suas lições ganhava importância. "Boas são as leis, melhor o uso bom delas", lembrava a epígrafe. Aos futuros deputados e senadores, estava reservado o papel de guardiões constitucionais, tarefa para a qual Odorico apresentava seus atributos. Pouco mais de três meses após a deportação de Abranches, Odorico rumava para a Corte, eleito deputado pelo Maranhão.

Referências Bibliográficas

Manuscritos

Ata da Câmara Geral de 15/9/1823. Arquivo Nacional, Rio de Janeiro, caixa 741A, pacote 24,49.

Catálogo dos registros gerais: registros de atos e da correspondência do Reino e do Governo do Maranhão, 1754-1828. São Luís: Edições SECMA, 2009. Arquivo Público do Estado do Maranhão.

Lista de europeus que têm sido privados dos ofícios de justiça (no Maranhão) depois que se proclamou a independência deste império, e lista dos europeus que ficaram admitidos nos empregos, 18/10/1823. Biblioteca Nacional, Seção de Manuscritos – Ms 31, 28, 28.

---

da Costa. "Memórias da Setembrada no Maranhão Oitocentista". *Anais do VIII Encontro Humanístico Nacional*. Centro de Ciências Humanas/Núcleo de Humanidades. São Luís: Universidade Federal do Maranhão, 2008, p. 1-11 (CD-ROM). Sobre a Balaiada, ver MEIRELES, Mário Martins. *História do Maranhão*. 2ª ed. São Luís: SIOGE, 1980; SANTOS, Maria Januária Villela. *A Balaiada e a insurreição de escravos no Maranhão*. São Paulo: Ática, 1983.

Impressos

a) Folhetos

BRUCE, Miguel Ignácio dos Santos Freire e. *Defesa de Miguel Ignácio dos Santos Freire e Bruce que foi presidente das juntas provisórias independentes na província do Maranhão... e depois presidente da mesma província por nomeação de sua majestade o Imperador*. Rio de Janeiro: Tipografia Imperial e Nacional, 1826. Biblioteca Nacional, Seção de Obras Raras.

CANTANHEDE, José de Araújo. *Resposta ao impresso Maranham ao público dado a luz nesta Corte Imperial por ****. Rio de Janeiro: Plancher – Impressor-livreiro de SMI, 1825a. Biblioteca Nacional, Seção de Obras Raras.

(A) FIDELIDADE MARANHENSE. *Demonstrada na sumptuosa Festividade, que no dia 12 de Outubro e seguintes, a solicitação do Ilmo e Exmo Sr. Presidente Pedro José da Costa Barros fez à câmara da cidade*. São Luís: Tipografia Nacional, 1826. Arquivo Nacional, Seção de Obras Raras.

VELLOSO, Domingos Cadaville. *Ao público. Respeito a Bruce e sua comitante caterva...* Rio de Janeiro: Tipografia de Plancher, 1826a. Biblioteca Nacional, Seção de Obras Raras.

b) Jornais

(O) Argos da Lei – MA (1825)

(O) Censor – MA (1825)

(O) Conciliador – MA (1821-1823)

Livros/Artigos

ABRANCHES, Dunshee de. *Garcia de Abranches, o Censor (o Maranhão em 1822)*. São Paulo: Tipografia Brasil de Rothschild & Co, 1922.

ABRANTES, Elizabeth Sousa. "José Cândido de Morais e Silva – o "Farol": atuação política nos debates e lutas do pós-Independência no Maranhão (1828-1831)". *Anais do IV Simpósio Nacional Estado e Poder*: Intelectuais. São Luís: Universidade Estadual do Maranhão, 2007. Disponível em http://www.outrostempos.uema.br/curso/poder/in.html.

ASSUNÇÃO, Mathias Rohrig. "Cabanos contra bem-te-vis: a construção da ordem pós-colonial no Maranhão". In: DEL PRIORE, Mary; GOMES, Flávio. *Os senhores dos rios*: Amazônia, margens e histórias. Rio de Janeiro: Elsevier/Campus, 2004, p. 195-225.

_____. (1988) *A guerra dos Bem-te-vis*: a balaiada na memória oral. 2ª ed. São Luís: Editora da UFMA, 2008.

BARBOSA, Silvana Mota. *A Sphinge Monárquica*: o poder moderador e a política imperial. Tese apresentada ao Programa de Pós-Graduação em História da Universidade Estadual de Campinas. Campinas, 2001.

BERBEL, Márcia Regina. *A nação como artefato*: deputados do Brasil nas Cortes portuguesas (1821-1822). São Paulo: Hucitec/Fapesp, 1999.

CARDIM, Pedro. "Política e identidades corporativas no Portugal de D. Filipe I". In: _____. (org.). *Estudos em homenagem a João Francisco Marques*. Porto: 2002, p. 275-306.

CANECA, Frei do Amor Divino. *Frei Joaquim do Amor Divino Caneca*. Organização e introdução Evaldo Cabral de Mello. São Paulo: Editora 34, 2001.

COCHRANE, Thomas John (1859). *Narrativa de serviços no libertar-se o Brasil da dominação portuguesa*. Brasília: Senado Federal, 2003.

COELHO, Geraldo Mártires. *Anarquistas, demagogos e dissidentes*: a imprensa liberal no Pará de 1822. Belém: CEJUP, 1993.

CONSTITUIÇÃO POLÍTICA DO IMPÉRIO DO BRASIL, 1824.

GALVES, Marcelo Cheche. "A Independência do Maranhão em uma correspondência do almirante Cochrane a José Bonifácio de Andrada e Silva". *Ciências Humanas em Revista (UFMA)*. São Luís, 2007, v. 5, nº 2, p. 153-164.

_____. "Entre os lustros e a lei: a população portuguesa residente na cidade de São Luís na época da Independência do Brasil". XII Encontro Regional de História: usos do passado. *Anais do XII Encontro Regional de História*: usos do passado. ANPUH: Rio de Janeiro, 2006, p.1-8. Disponível em www.uff.br/ichf/anpuhrio/Anais.

_____. "Os 'republicanos' do Maranhão: Confederação do Equador e a construção do estado imperial". In: _____. ; COSTA, Yuri (org.). *O Maranhão oitocentista*. Imperatriz: Ética; São Luís: Editora da UEMA, 2009, p. 13-39.

GARAVAGLIA, Juan Carlos. "Os primórdios do processo de Independência hispano-americano". In: JANCSÓ, István (org.). *Independência*: história e historiografia. São Paulo: Hucitec, 2005, p. 207-234.

LAGO, Antonio Bernardino Pereira do. (1822) *Estatística histórico-geográfica da Província do Maranhão*. São Paulo: Siciliano, 2001.

LEAL, Antonio Henriques. (1873) *O Pantheon Maranhense*. Ensaios biográficos dos maranhenses ilustres já falecidos. 2ª ed. São Luís: Editorial Alhambra, 1987, tomo I.

LISBOA, João Francisco. *Manuel Odorico Mendes, biografia*. Lisboa: Jornal de Timon, 1858.

Lustosa, Isabel. *Insultos impressos*: a guerra dos jornalistas na Independência (1821-1823). São Paulo: Companhia das Letras, 2000.

Meireles, Mário Martins. *História da Independência do Maranhão*. Rio de Janeiro: Artenova, 1972.

_____. *História do Maranhão*. 2ª ed. São Luís: Sioge, 1980.

Mello, Evaldo Cabral de. *A outra Independência*: o federalismo pernambucano de 1817 a 1824. São Paulo: Editora 34, 2004.

Montello, Josué. "As contas de Cochrane no Maranhão". In: *Anais do Congresso de História da Independência do Brasil*. Rio de Janeiro: ihgb, 1975, v. iv, p. 51-53.

Morel, Marco. *As transformações dos espaços públicos*: imprensa, atores políticos e sociabilidades imperiais (1820-1840). São Paulo: Hucitec, 2005.

Neves, Lúcia Maria Bastos Pereira das. *Corcundas e constitucionais: a cultura política da Independência (1820-1822)*. Rio de Janeiro: Revan, 2003.

Ribeiro, Gladys Sabina. *A liberdade em construção*: identidade nacional e conflitos antilusitanos no Primeiro Reinado. Rio de Janeiro: Relume-Dumará, 2002.

_____. "O Tratado de 1825 e a construção de uma determinada identidade nacional: os sequestros de bens e a Comissão Mista Brasil-Portugal". In: Carvalho, José Murilo de (org.). *Nação e cidadania no Império*: novos horizontes. Rio de Janeiro: Civilização Brasileira, 2007, p. 395-420.

Rodrigues, José Honório. *A Assembleia Constituinte de 1823*. Petrópolis: Vozes, 1974.

Rowland, Robert. "Patriotismo, povo e ódio aos portugueses: notas sobre a construção da identidade nacional no Brasil independente". In: Jancsó, István (org.). *Brasil*: formação do Estado e da nação. São Paulo: Hucitec; Unijuí; Fapesp, 2003, p. 365-388.

Silva, Luís Antonio Vieira da (1862). *História da Independência da província do Maranhão (1822-1828)*. 2ª ed. Rio de Janeiro: Companhia Editora Americana, 1972.

Slemian, Andréa. *Sob o império das leis*: Constituição e unidade nacional na formação do Brasil (1822-1834). Tese apresentada ao Programa de Pós-Graduação em História Social da Universidade de São Paulo, 2006.

Sousa, Ramsés Magno da Costa. "Memórias da Setembrada no Maranhão Oitocentista". *Anais do viii Encontro Humanístico Nacional*. Centro de Ciências Humanas/Núcleo de Humanidades. São Luís: Universidade Federal do Maranhão, 2008 (cd-rom).

Souza, Iara Lis Franco Schiavinatto Carvalho. *Pátria coroada*: o Brasil como corpo político autônomo (1780-1831). São Paulo: Unesp, 1999.

Capítulo 2
A conjuntura política da Bahia após a Sabinada: a imprensa e a proposta de retorno ao absolutismo

Dilton Oliveira de Araújo

O objetivo deste trabalho é o de discutir, com apoio em documentação primária produzida durante o ano de 1839, as conflitantes posições políticas presentes na Bahia no tenso período histórico que se seguiu à revolta que ficou conhecida pelo nome de Sabinada, posições estas mediante as quais as forças em choque objetivavam influenciar e construir os rumos a serem percorridos pela Província no futuro, referenciadas nas proposições organizativas em voga para o Estado e nas diversificadas percepções que estavam postas no cenário mais geral quanto à formação da nação.

Logo em seguida à reconquista da Cidade do Salvador, ocorrida em 16 de março de 1838, e a reintegração desta ao leito da nação em vias de unificar-se, as tarefas de captura e punição dos rebeldes impunham-se como as mais prementes e incontornáveis da agenda política dos legalistas. As prisões eram comemoradas na imprensa e a expectativa de uma Bahia sem *anarquistas* e *republiqueiros* era grande naquele momento.

Não é demais ressaltar que, ainda nesse campo do simbólico, não foi de pequena monta a insistência dos periódicos conservadores e legalistas da Província para o estabelecimento de imagens extremamente negativas para os rebeldes baianos e de outras províncias. A começar pela atribuição da culpa do incêndio parcial da Cidade do Salvador aos participantes da rebelião, imagem reiteradamente posta nas páginas dos periódicos nos anos que se seguiram. Dessa forma, eram referidos, a todo momento, como *patriotas de archote e garrafa*,[1] ao tempo em que recebiam, também de maneira reiterada, os

---

1 Referência ao incêndio que aconteceu em parte do centro da Cidade nos dias finais da rebelião. Os rebeldes teriam, de acordo com os legalistas, percorrido a Cidade com archotes e

qualificativos nada elogiosos de *ladrões* e *bandidos*, cuja iniciativa rebelde teria tido como elemento motivador a intenção de assaltar os cofres públicos, a construção da oportunidade para o enriquecimento por vias ilegítimas.

O 16 de março deveria constituir-se, então, de acordo com os anseios dos grupos que reconquistavam o poder político e administrativo, em ícone representativo dos desejos de preservação de valores como a integridade territorial e política de uma nação que correra o enorme perigo de perder em definitivo a grande e ainda importante cidade comercial de Salvador. Essas eram bandeiras postas no cotidiano da Província por uma imprensa que se compreendia participante de batalhas no contexto das quais se tornava mais do que necessária a obtenção de contundentes vitórias contra os portadores das propostas de ruptura e de desunião, como entendia terem sido a dos rebeldes da Sabinada.

Mas as expectativas de uma severa e exemplar punição foram, pouco a pouco, sendo frustradas. Em 7 de abril de 1838, poucos dias após a derrota da rebelião, o correspondente de um periódico denunciava que o Major Francisco da Costa Farias, que tentara rebelar Nazareth, situada no Recôncavo sul, circulava livremente pelas ruas daquela vila.[2] Notícias como essa apareciam cotidianamente nas páginas dos jornais conservadores nos meses seguintes. Ao longo desse mesmo ano e nos primeiros meses do ano seguinte, essa constatação adquirira maior densidade, sobretudo em decorrência das absolvições de vários participantes da revolta de novembro de 1837, gerando sucessivas notícias nas páginas dos periódicos. Apesar das prisões e das mortes, suficientemente expostas nos estudos sobre a Sabinada, a exemplo do trabalho de Paulo César Souza,[3] o campo político legalista não estava satisfeito.[4]

A acreditar-se na sua imprensa, a absolvição e a fuga de vários rebeldes das prisões traziam de volta o medo e a inquietação na Capital e nas principais vilas do Recôncavo, sobretudo a partir da percepção de que esses rebeldes começavam novamente a publicar folhetos e editar periódicos, interferindo de forma mais efetiva na vida política provincial.

Mesmo que seja possível e cabível detectar, nos escritos legalistas e conservadores, certa dose de exagero quanto ao perigo que podia representar a circulação desses rebeldes

---

garrafas de aguarrás e ateado fogo nos principais edifícios particulares.

2   *Correio Mercantil*, 7 de abril de 1838.

3   Ver números da repressão em Souza, Paulo César. *A Sabinada. A revolta separatista da Bahia*. São Paulo: Brasiliense, 1987.

4   O *Correio Mercantil* de 18 de abril de 1838 noticiou que 2 mil pessoas foram presas na Bahia, tendo sido enviadas 1.097 para o Rio de Janeiro, além de 150 terem sido mortas nas batalhas.

pela Capital e demais vilas, é necessário atribuir a importância devida aos temores que esses fatos provocavam na população, sobretudo nas camadas cuja estabilidade poderia ser ameaçada no contexto da sociedade da época. Sem margem de dúvidas, as camadas sociais ligadas à produção de cana-de-açúcar e ao grande comércio certamente perderam e perderiam com as soluções políticas do tipo radical como foi a Sabinada.

Mesmo sem ter atingido diretamente os municípios produtores, situados no Recôncavo, a rebelião golpeara esses grupos com a tomada da Capital, porto de saída e de entrada de mercadorias desde os mais remotos tempos coloniais. Do mesmo modo, a rebelião ameaçava também os interesses de grupos de riqueza mediana da sociedade baiana, destacadamente aqueles que se encontravam melhor inseridos na própria administração, favorecidos pela lógica clientelista hegemônica então.

Como maneira de evitar situações negativas do tipo, em si extremamente prejudiciais à economia e à harmonia social na Província, de há muito as camadas dominantes do Recôncavo haviam abraçado a política centralista e unitarista executada a partir do Rio de Janeiro, se é que é possível conceber que, em algum momento da história anterior, esses grupos hegemônicos tenham transformado suas insatisfações, superficiais ou não, em tensão política ou oposição ao processo de construção da unidade nacional, como ocorreu, por exemplo, a partir da Província de Pernambuco, pois as radicalizações poderiam carregar consigo as condições para a emergência de rebeldias de escravos ou da população pobre, algo que não foi incomum na Bahia das primeiras décadas do século XIX.

O vendaval federalista vivenciado pela Bahia durante a década de 1830, cujo ápice foi a própria Sabinada,[5] parece ter reforçado ainda mais esse alinhamento dos grupos hegemônicos baianos com o espírito de ordem emanado dos governos sediados no Rio de Janeiro. Por isso tudo, apesar de certas divergências internas quanto à forma e à intensidade, os grupos dominantes da Bahia expressaram os seus desejos de esmagamento dos rebeldes federalistas e republicanos, dos seus organismos e da sua imprensa. Acompanharam as prisões, noticiaram cotidianamente os depoimentos e os julgamentos dos líderes, suplicaram por julgamentos severos e a penalização de todos os que participaram ou que simplesmente permaneceram na Capital, em desobediência aos comandos do governo legal. Combateram a marcha acelerada das absolvições e o fato de a lei criminal não tratar mais severamente daqueles que não eram considerados como *cabeças* da

---

[5] Ver a respeito: ARAS, Lina Maria Brandão de. *A Santa Federação Imperial: Bahia, 1831-1833*. 1995. Tese (Doutorado em História Econômica) – Faculdade de Filosofia, Letras e Ciências Humanas, Universidade de São Paulo, 1995. (mimeo); e SOUZA, Paulo César. *A Sabinada. A revolta separatista da Bahia, op. cit.*

rebelião. Por fim, lamentaram as absolvições, denunciaram as supostas falhas no sistema judicial e as alegadas parcialidades dos tribunais e dos juízes de paz, responsáveis pelo estancamento de vários processos ainda na instância inicial de tramitação.

No entanto, esse furor punitivo não teria sido satisfeito pelo governo central. Pelo menos não o foi na medida exigida pelos legalistas mais extremados da Bahia. Após julgamentos e recursos diversos, receberam a pena de morte apenas alguns dos *cabeças* da rebelião, pena esta que seria comutada, mais adiante, para uma espécie de degredo para fora da província, medida esta estabelecida pelo não bem aceito decreto de anistia do Imperador D. Pedro II em agosto de 1840, um mês após a sua subida ao trono.

Essa situação terminou por produzir uma ala extremada no seio da elite política da Bahia, grupo que encontraria a sua mais acabada expressão no periódico *Correio Mercantil* que, reorganizado desde o dia 2 de abril de 1838, menos de um mês após o fim da rebelião, passara a cobrar do Parlamento a adoção de medidas legais que pudessem conter novas rebeliões.

E foi no contexto das batalhas travadas pelo *Correio Mercantil* que surgiu a figura do Lavrador do Recôncavo, um suposto proprietário de engenho que enviou seguidas cartas ao periódico entre os meses de janeiro e novembro de 1839, com ácidas críticas à situação de alegada impunidade dos *criminosos* sabinos e à suposta inatividade e paralisia do Parlamento nacional, constituindo-se em uma radicalização ainda mais completa das posições do jornal que, com essas cartas, criou uma forma de expressão que adquiriria um enorme apelo de público, talvez inédito naquela fase histórica, na qual a própria imprensa ainda dava passos inseguros na Bahia.

As cartas do Lavrador foram os documentos fundamentais utilizados para a realização deste trabalho. Além de conterem um programa político, continham a conclamação para que os proprietários em geral abandonassem a sua postura de omissão e passassem a atuar de forma decidida para impedir que novas *rusgas* pudessem ter lugar na Bahia. Em uma delas arguía: "que fazem esses proprietários, esses ricos senhores de engenho, fazendeiros, negociantes, capitalistas, enfim, todos que têm a perder?" E respondia, em seguida: "na moita".[6]

Os textos do Lavrador eram dirigidos contra aqueles por ele caracterizados de *democratas* e de *republiqueiros*, que teriam ousado desafiar o poder do Imperador e ameaçar a integridade do Império, a tanto custo construída pelo saudoso imperador Pedro I, indivíduos que não eram tidos por pessoas de consideração. O Lavrador entendia, em sintonia

---

6 *Correio Mercantil*, 25 de fevereiro de 1839.

com um referencial de cultura política ainda presente naquela fase histórica, que o poder deveria ser destinado àqueles a quem o nascimento ou o prestígio adquirido dera esse direito, como deixa claro no irônico trecho que segue:

> Ora viva! Um governo em que o barbeiro, o sapateiro, o funileiro, o sineiro, o alveitar, o alfaiate, o carniceiro, o pescador, o tanoeiro, o pedreiro, tudo, tudo figura, e pode até cada um desses cidadãos chegar a ser presidente da república, ministros de Estado, chefes de tribunais, deputados, camaristas, juízes de paz, generais, almirantes, bispos e arcebispos? Ora viva! Um governo em que todos governam e ninguém é governado?[7]

Os seus argumentos eram direcionados, sobretudo, ao interior do campo político legalista, aos defensores do trono e do império unificado. Sustentava que inexistiriam, no aparato do Estado, dispositivos que pudessem impedir a deflagração de novas rebeliões e que as leis eram fracas e insuficientes para viabilizar a pretendida repressão aos *democratas*. O problema estaria, segundo ele, nas liberdades que haviam sido consagradas a partir do dia 7 de abril de 1831, quando o princípio da autoridade teria sido quebrado com a destituição do primeiro Imperador, e quando se passara a adotar leis e comportamentos que somente teriam favorecido a eclosão das manifestações de rebeldia.

Na sua primeira carta, datada de 17 de janeiro de 1839, estabeleceria os referenciais culturais e ideológicos que seriam desenvolvidos nos seus escritos seguintes e que o levariam a ser processado. O seu núcleo dizia respeito aos ideais de liberdade, duramente taxados de licenciosidade. Afirmava: "Ora, aí vai, e o leitor que perdoe a franqueza, pois nasci no tempo do rei velho, e, conquanto não fosse ele o tempo da *liberdade*, da *civilização* e das *luzes*, nunca vi o que tenho visto no ocaso da minha vida".[8]

Dirigindo-se aos grupos conservadores, a propósito de analisar a ação dos rebeldes, afirmava ironicamente: "Fizeram, porventura, coisa feia, e que por isso merecessem forca ou degredo? Nada, nada!". Acentuava o sentido dos tempos em que vivia, lamentando o estado de coisas que impedia que essa mesma forca não mais fosse utilizada para coibir os crimes políticos como antes fizera: "...e o livro 5º das Ordenações Filipinas, graças à nossa

---

7   *Correio Mercantil*, 25 de fevereiro de 1839.
8   *Correio Mercantil*, 17 de janeiro de 1839.

ilustração, e ao progresso do nosso século de luzes, já o levou o diabo, e não voltará mais, nem coisa que com ele se pareça!"[9]

A ironia estava no uso de um vocabulário político que não era próprio dos tempos do velho Rei D. João VI, nem mesmo dos seus antecessores, termos estes que eram mais condizentes com uma cultura política nascida com os movimentos de renovação política de finais do século XVIII na Europa e que somente foram incorporados ao mundo luso-brasileiro de forma mais consistente com o movimento constitucionalista de 1820.[10]

Nessa primeira correspondência, o Lavrador criticou de forma pesada aquela que seria uma das principais mazelas dos novos tempos, a liberdade de imprensa:

> Não temos nós liberdade de imprensa? E se ela tem servido até hoje entre nós de arena para descomposturas, para invectivas ao nosso Imperador, ao Regente, aos Ministros, aos homens virtuosos, finalmente, se ela é, quem tem fortemente preparado as revoluções em nosso Brasil, porque não me servirá também de desabafo, para vomitar alguma bílis, que cá tenho guardada há anos, dentro do peito?[11]

A sua real percepção a respeito da imprensa, tantas vezes enunciada, era a de que ela servia à prosperidade da anarquia, "instrumento para desmoralizar o povo com falsas doutrinas, para tirar o prestígio da realeza". Demonstrava o seu desprezo pelos periódicos, afirmando que jamais simpatizara muito com tais *papeluchos*. Sustentava que eles não pouco têm contribuído "para a anarquia mansa que há 8 anos tem definhado este gigante chamado Império do Brasil", anarquia que considerava como uma epidemia mil vezes pior do que a cólera que, "tendo visitado tantos países da Europa e da América, se não dignou de favorecer-nos com a sua amável presença, ao menos, nesta cidade da Bahia, desde os meses de novembro de 1837 a março de 1838".[12]

Em 1831, uma nova conjuntura efetivamente se inaugurara, centrando-se os debates, a partir daí, na extensão que deveriam ter as reformas. E lutas se fizeram em torno da profundidade destas. Embora, para muitos, as reformas promovidas na Constituição (1834)

---

9 *Correio Mercantil*, 25 de fevereiro de 1839.
10 NEVES, Lúcia Maria Bastos Pereira das. *Corcundas e constitucionais. A cultura política da independência (1820-1823)*. Rio de Janeiro: Revan; Faperj, 2003.
11 *Correio Mercantil*, 17 de janeiro de 1839.
12 *Correio Mercantil*, 28 de janeiro de 1839.

e nas leis (especialmente os códigos criminal e de processo criminal) fossem o corolário necessário do movimento "liberal" que levou ao afastamento do primeiro Imperador, para certo contingente social conservador, esse teria sido o pecado capital do exacerbado liberalismo, que teria aberto as porteiras da vida política para todas as licenciosidades. E, assim, pugnavam pela volta da forca e dos julgamentos sumários em relação aos crimes de opinião, próprios de tempos em que a única opinião pública aceitável seria a opinião do Rei.[13]

Para o Lavrador, havia uma espécie de inadequação entre as novas instituições e as condições de compreensão do povo. Ele afirmava que a sua intenção era a de expor queixas guardadas consigo há muitos anos, sobretudo de que as novas instituições liberais, nascidas ou fortalecidas na fase posterior a 1831, não seriam adequadas às nossas circunstâncias, e menos ainda ao estado de imoralidade e ignorância em que entendia se encontrar o Brasil.[14]

Além da problemática da liberdade de imprensa, nessa mesma linha de combate ao liberalismo, sustentava a opinião de que o Código de Processo e o Código Criminal eram leis que somente favoreceriam a impunidade. O Lavrador do Recôncavo, expressando as posições políticas mais conservadoras que se apresentavam na Bahia naquele período, afirmava que tudo seria resolvido na ponta da faca pelos liberais, "porque as leis já não enforcam",[15] lançando um debate mediante o qual estabeleceria o seu pensamento contrário às liberdades decorrentes da Constituição.

Essas leis, introduzidas no Brasil entre 1830 e 1832, seriam responsáveis, na sua visão, pela impunidade dos rebeldes, grande lamentação dos ardorosos legalistas que se sentiam representados pela voz do Lavrador do Recôncavo que, assim, seguia "destilando a sua bílis": "tenho indagado de onde partem os nossos males todos, e em resultado tenho colhido que é só das nossas endiabradas leis".[16]

Nessas leis, especialmente o Código de Processo Criminal, seus principais alvos eram a instituição do júri e os poderes do juizado de paz. Argumentando que desde o juramento da Constituição até o ano de 1832 não existia a *garantia* dos jurados, complementava arguindo sobre qual seria o mal de continuar o Brasil "no mesmo estado, até que a

---

13 Sobre opinião pública, ver: MOREL, Marco e BARROS, Mariana Monteiro de. *Palavra, imagem e poder. O surgimento da imprensa no Brasil do século XIX*. Rio de Janeiro: DP&A, 2003.
14 *Correio Mercantil*, 7 de fevereiro de 1839.
15 *Correio Mercantil*, 28 de janeiro de 1839.
16 *Correio Mercantil*, 19 de julho de 1839.

ilustração e a moral se espalhassem melhor pelo povo, e soubesse este, ao menos, ler e escrever, para então se decretar o sistema de jurados?".[17] Defendia, contrapondo-se a isso, que se criassem "escolas primárias em cada canto do império, inspecionando-as com muito cuidado e consciência, e obrigando todos a saberem ler e escrever para, somente após isso, estabelecer-se o sistema de jurados".[18]

O Lavrador do Recôncavo criticava o fato de não haverem leis especiais para o julgamento de escravos insurretos, escandalizado com aquilo que entendeu ser uma extensão dos direitos de cidadania a escravos, que agora passariam a ser julgados, como os que nasceram livres, pelo tribunal de jurados:

> A propósito dos malês, Srs. Redatores, já se viu em país algum, onde há escravos, não haverem leis especiais para o seu julgamento, em caso de insurreição? Aí está o nosso Brasil! Em 1835, quando houve nessa cidade a sanguinolenta malesada, que vimos nós? Serem levados ao Júri alguns pretos rotos e descalços; muitos sem saberem falar, vendo-se em tais assados, de pé, com advogados, testemunhas, Júri de pronúncia, Júri de julgamento, promotor, arrazoado das partes, resumo do juiz de direito etc., etc. Julgar escravos como se julga a um cidadão livre do Império do Brasil!!![19]

Ao longo do ano de 1839, dirigiu a sua crítica mais aguda ao Parlamento, compreendido como o maior responsável por todas as instabilidades vividas pela sociedade brasileira, assim como pela Província da Bahia. A queixa era de que o Parlamento não se mobilizava para alterar a legislação e para criar, dessa forma, um aparato legal que pudesse acabar com a impunidade e impedir inquietações que reputava como aventura de desordeiros, bandidos e falsos patriotas. Na sua concepção, essa impunidade era o resultado da conduta inadequada dos juízes de paz e dos jurados, normalmente analfabetos e ignorantes das normas jurídicas.

Tudo isso estaria ocorrendo com o consentimento dos deputados e senadores que "se não quisessem medidas excepcionais, cuidassem de reformar, ao menos, essa par-

---

17　*Correio Mercantil*, 7 de fevereiro de 1839.

18　*Correio Mercantil*, 7 de fevereiro de 1839.

19　*Correio Mercantil*, 7 de fevereiro de 1839.

te dos códigos que respeitasse a tais crimes e seu julgamento".[20] Observe-se a ameaça presente nesse último trecho, talvez servindo para lembrar que, em 1824, o primeiro Imperador nomeara comissões militares para processar e julgar de forma sumária os rebeldes na Bahia e em Pernambuco, pisoteando até mesmo certas garantias estabelecidas na Constituição por ele outorgada.

Toda a carga crítica e virulência de palavras eram voltadas para atingir, assim, um Parlamento considerado inerte, construindo, aos poucos, uma argumentação de que o Legislativo e o sistema de representação seriam instituições dispensáveis, podendo ser suprimidas em prol de uma maior centralização e autoridade:

> Quem é que no Brasil tudo pode e tudo quer? Os deputados e senadores. Quem é que em quatro meses pode melhorar a sorte do Estado, sem pau nem pedra, e somente com quatro palavras escritas num papel? Os deputados e senadores. Quem é que diz uma coisa, amanhã outra, depois outra? Os deputados e senadores. Ora se os deputados e senadores tudo podem no Brasil; se eles foram os autores dos códigos, dos jurados, e de quanta lei há aí para deitar o Brasil de pernas para o ar; se são eles que deixam continuar tudo isto, apesar das lições do Pará, da Bahia, do Maranhão, e do Rio Grande, sem emendarem a mão com outras leis; se eles tem ouvidos e fazem-se surdos ao clamor geral de todo o Brasil (digo de quem tem juízo, dinheiro, e casas para perder no incêndio) que pede, de há muito, se enterre esse código de processo, ou ao menos que se faça alguma amputação no seu corpo pestífero e gangrenado.[21]

No entanto, criticado de absolutista, negava. Mas não conseguia ocultar o seu pensamento tendente à concentração dos poderes em um só nome. Ao combater a perspectiva política democrática, vociferava:

> Tem vosmecês notícia ou tradição, de que, nos tempos do *absolutismo*, os conspiradores andassem soltos e livres, exercendo empregos em nome do rei, contra quem conspiraram por qualquer forma, ou foram suspeitos disso? Leram, vosmecês, em algum livro, uma

---

20   *Correio Mercantil*, 7 de fevereiro de 1839.
21   *Correio Mercantil*, 19 de julho de 1839.

rebelião, em que até crianças se matasse a sangue frio, sem ser por outro motivo, senão por matar aos sectários da honra, da razão, e da lei? Viram jamais contar, que homens traidores ao rei e à pátria, vencidos pelos súditos fieis do monarca, lançassem fogo numa cidade, e até nos templos do Senhor, se os deixassem a *son gré*. Consta-lhes a vosmecês que outrora se chamassem *bárbaros* e *assassinos*, aos que sentenciavam e puniam ao assassino e ao ladrão público? Que se fizesse em outro tempo guerra de morte à virtude, à honra, e à fidelidade, e que o cidadão pacífico não tivesse guarida alguma segura para onde apelasse, senão a de fugir dos assassinos?[22]

Conclui o seu programa com a exposição das formas possíveis para que se pudesse evitar os males trazidos pelas revoltas. A sua inclinação era pela anulação de todas as reformas ditas liberais decorrentes do *século das luzes*; era pela adoção de um sistema político no qual os poderes representativos estivessem tolhidos das suas habituais prerrogativas, a serem concentradas nas mãos do Monarca, como acontecia nos tempos do Rei D. João VI. Defendia a ideia de que as assembleias só poderiam, por exemplo, tratar das receitas e das despesas públicas, assim como da criação e da supressão dos impostos, e que "tudo mais faça o nosso Imperador, que não tem hoje quase nada a que fazer, e está reduzido a sancionador das leis".[23]

Em outra passagem, anunciava, "em alto e bom som", o seu desejo político de que "o nosso imperador nos governe armado de bastante força para enforcar esses rebeldes e ladrões que nos perseguem há 17 anos", considerando ainda que "a nossa constituição é o nosso *paladium*, porém uma constituição adaptada a nossos costumes e hábitos".[24] Complementava: "Haja um só que nos governe". Fazia uma espécie de concessão à existência de uma Constituição, contanto que o Imperador concentrasse a soberania, trazendo à tona a velha questão a respeito do lugar onde esta deveria estar situada. Para o Lavrador, era claro que ela deveria ser exclusiva do Imperador, o soberano dos tempos do Antigo Regime.

Quero situar o caso do Lavrador do Recôncavo no seu contexto. Primeiro, afirmando que a sua voz não estava isolada naquela conjuntura. Encontrou eco no periódico que lhe deu guarida, constituindo-se em instrumento de denúncia para todos aqueles que entendiam

---

22 *Correio Mercantil*, 25 de fevereiro de 1839.
23 *Correio Mercantil*, 19 de julho de 1839.
24 *Correio Mercantil*, 12 de setembro de 1839.

que os motivos das inquietações políticas se encontravam na ausência de uma autoridade de perfil absoluto e que localizavam o início dos graves problemas não apenas na saída do primeiro Imperador, mas na própria adoção do sistema constitucional de governo.

A concepção e as práticas políticas absolutistas, advindas do Antigo Regime europeu, estão obviamente inscritas no âmbito da cultura. Como todo artefato cultural, diferentemente de certas mudanças que podem ser datadas e circunscritas com certa exatidão, a exemplo das revoluções políticas e dos golpes de Estado, as suas transformações são lentas, podendo suas características permanecerem ainda muito tempo após a ocorrência das revoluções que porventura tenham sido produzidas para erradicar os sistemas políticos que lhe dão sustentação.

É justa e relativamente óbvia a constatação de que no decurso do tempo transcorrido desde a fase histórica em que foi hegemônico até a atualidade, o ideário absolutista tenha sido completamente superado no Ocidente. Mas essa superação não se fez de maneira abrupta ou rápida, tendo sido necessárias muitas idas e vindas desde que começou a ser posto em xeque pelos movimentos contestatórios do final do século XVIII e início do XIX. Dessa forma, como modificações situadas no âmbito da cultura, as transformações que afetaram a cultura política do absolutismo não se produziram na mesma temporalidade das revoluções voltadas contra os governos absolutos que lhe deram sustentação prática.

Dessa forma, os princípios que haviam sustentado o sistema absolutista na Europa, vinculados à cultura política gestada no Antigo Regime, não foram erradicados de maneira tão imediata no Brasil independente, mesmo que constatemos que o Estado daí originado, seguindo os passos da revolução liberal de 1820 na metrópole, tenha passado a sustentar a necessidade de um pacto político construído sobre os referenciais recentíssimos do constitucionalismo.

O Imperador D. Pedro I foi taxado de absolutista durante todo o seu período de governo, terminado em 1831. O constitucionalismo brasileiro fora adotado como forma de congregar em uma espécie de pacto as tantas capitanias tendentes à dispersão, na esteira daquilo que vinha se desenvolvendo em termos de práticas e de reflexão na Península Ibérica. Mesmo golpeada a possibilidade do pacto, com o fechamento da Assembleia Constituinte, o Imperador outorgou uma Constituição que vigorou por todo o período em que a monarquia durou no Brasil.

Se essa Constituição, mesmo outorgada e contestada, fora importante para evitar a dispersão territorial, ela trouxe e carregou consigo um dispositivo que mitigou a sua própria natureza e eficácia, que foi o Poder Moderador, sem dúvida um instrumento que representava, em termos concretos, uma espécie de permanência do sistema absolutista, suficientemente conhecido da dinastia bragantina que o Brasil herdara da metrópole.

Não se deve esquecer que houve um movimento de restauração absolutista na Europa, elevada ao poder em inúmeros países após a queda de Napoleão, a influenciar as realidades políticas das nações, a exemplo do que se deu com a própria metrópole portuguesa que, após a revolução de 1820, instauradora do sistema constitucional de governo, ainda vivenciaria um retrocesso absolutista com o próprio D. João VI, poucos anos depois de ter ele jurado obediência à Constituição portuguesa.

No Brasil, a década de 1820 presenciou o embate, em momentos e localidades diversificadas, entre grupos políticos que defendiam princípios republicanos, federalistas, constitucionalistas e, também, absolutistas. Estes últimos visando sempre ao fortalecimento do poder imperial e ao combate dos pilares do sistema representativo e parlamentar. O próprio Imperador retardou, o quanto foi possível, o funcionamento do Parlamento, inexistente desde novembro de 1823, tempo suficiente para que o seu poder pudesse, pela força ou pela cooptação corriqueira decorrente da distribuição de títulos nobiliárquicos, aplainar o terreno e consolidar-se naquela fase histórica.

Após a expulsão de D. Pedro I em abril de 1831, os movimentos de natureza restauradora do trono do Imperador deposto guardaram pontos de contato programáticos com o ideário absolutista,[25] em uma fase histórica que possuía o significado, para esses conservadores, da ampliação da anarquia política para todo o território considerado como nacional.

O segundo aspecto da contextualização a ser feita sobre os resultados da ação do Lavrador do Recôncavo é a ponderação de que essa vertente absolutista não foi forte o suficiente para alterar o sistema mediante um golpe de Estado, haja vista que foi possível implementar um processo centralizante por meio de mudanças feitas no próprio Parlamento, mediante a aprovação da Lei de Interpretação do Ato Adicional e a reforma do Código de Processo Criminal, assim como alterações nas estruturas da Guarda Nacional e do Exército, evitando-se, com isso, a possibilidade de uma saída conservadora radical, como essa que se encontrava presente nos escritos do Lavrador do Recôncavo.

Essa é uma narrativa que não pretende, por não ser o objeto deste trabalho, esgotar o debate a respeito da trajetória do ideário político absolutista na história política do Brasil. Apenas tem o objetivo de lembrar, reunindo os poucos exemplos que foram trazidos à

---

25 Para uma discussão sobre essas temáticas na década de 1830, ver: MOREL, Marco. "Restaurar, fracionar e regenerar a nação: o partido caramuru nos anos 1830". In: JANCSÓ, István (org.). *Formação do Estado e da nação*. São Paulo: Hucitec; Unijuí; Fapesp, 2003, p. 407-430.

tela, que, apesar da Constituição e das práticas e rituais políticos adotados em função da sua vigência, um saudosismo político vinculado ao Antigo Regime se fez presente na sociedade brasileira por um tempo ainda significativo. Com a década de 1830 não poderia ser diferente, pois ela pareceu a muitos contemporâneos como um momento de estiolamento das instituições, situação que normalmente serve para produzir uma memória positivadora de um passado marcado pela ordem.

A própria experiência constitucional e parlamentar era ainda muito recente e muitos a entendiam como frágeis para conter a dispersão que se anunciava mais fortemente no início da segunda metade da década, quando as rebeliões políticas e sociais assumiram contornos ainda de maior gravidade e profundidade social. Isso tudo traria, para algumas facções dos grupos dominantes, a sensação de que as instituições existentes não possuíam autoridade suficiente para conter o processo de fragmentação que se anunciava e de que não seria possível construir essa autoridade naquele contexto.

Tudo era urgente para esses grupos, cuja necessidade imediata e histórica era, sobretudo, a conquista da paz e da normalidade da vida social, para que pudessem realizar os seus negócios, desde que precisavam de trabalhadores executando os seus trabalhos, de saveiros e embarcações transitando com mercadorias, de portos funcionando, de maneira que a riqueza fluísse no cotidiano, não somente na Bahia, mas em todo o território brasileiro.

Apesar de certos exageros pessoais e do saudosismo do Lavrador do Recôncavo quanto a um tempo de quase ausência de liberdades, as suas inclinações absolutistas não eram estranhas aos contemporâneos de 1839, constituindo-se, ainda nessa quadra histórica, em referência para as ações políticas de grupos sociais diversos, entre os quais se destaca o de comerciantes portugueses, que ainda controlavam as atividades comerciais de grosso e de varejo em capitais como Salvador e Recife, por exemplo.

A década de 1830 foi um período em que se deu a ampliação das liberdades, destacadamente a da imprensa e a da organização dos grupos políticos em partidos. Essa relativa liberdade, que permitiu um fortalecimento da opinião pública e foi por ela realimentada, favoreceu as mobilizações e agitações populares, gestando, por sua vez, como reação, o "regressismo" e certo grau de saudosismo para com o sistema absoluto.

O periódico *Correio Mercantil* era muito criticado pelos outros órgãos de imprensa durante a década de 1840 pela sua proximidade com o núcleo de comerciantes portugueses que, nessa época, ainda tinha uma grande presença na praça da Bahia. Esse era um público provavelmente inclinado a oferecer apoio a iniciativas políticas radicalizadas como essa que se discute neste trabalho, ou seja, a saída política direcionada para uma perspectiva de supressão do Parlamento e que, para certos grupos no interior da sociedade brasileira e baiana, seria o único caminho possível para conseguir evitar o caos daquela sociedade.

As palavras do Lavrador do Recôncavo causaram, dessa forma, certa inquietação na capital da Província da Bahia durante o ano de 1839. Seus artigos eram esperados e, quando publicados, elevaram as vendas do periódico. Chamaram a atenção da própria Assembleia Geral, a partir de informações levadas pela oposição baiana do momento, cujo comando se encontrava com o chefe de Polícia e juiz do crime da Bahia, Francisco Gonçalves Martins. Informações existem de que alguns textos escritos pelo Lavrador do Recôncavo foram, inclusive, divulgados em Portugal.

Apesar de toda essa repercussão, em si mesma difícil de mensurar, a perspectiva política apontada pelo Lavrador do Recôncavo e amparada pelo *Correio Mercantil* não logrou tornar-se hegemônica em nível nacional e, certamente, nem mesmo na Bahia. Em 1839, a elite política nacional procurava formas de superar a grave situação vivida pelo país, marcada pelas rebeliões tanto no Norte quanto no Sul, e as proposições emanadas do *Correio Mercantil*, saídas da pena do Lavrador do Recôncavo, consumavam-se como uma das opções possíveis naquele momento.

O periódico apoiara o partido conservador que chegou ao poder em setembro de 1837 e que cairia com a Maioridade em julho de 1840. Mas não logrou ampliar socialmente as suas propostas radicais. A própria marcha parlamentar que conduziu à adoção de uma legislação mais contundente contra as insubordinações, materializada com a reforma do Código de Processo Criminal, não era condizente com o clamor e o desespero estampados nas páginas do *Correio*, formulador de pesadas críticas ao Parlamento nos anos de 1838 e 1839.

Os princípios contidos nas proposições do Lavrador do Recôncavo, apesar de compreensíveis no contexto da cultura política vigente naquele momento histórico, não eram e não se fizeram hegemônicos, sendo rejeitados pela elite política nacional, que percorreu o caminho, por demais sabido, de realizar as reformas através do Congresso, sustentando-se, sobretudo, nos preceitos constitucionais, sem abrir mão, é óbvio, da pesada repressão militar aos rebeldes de todos os quadrantes da nação.

O que interessa, sobretudo, é compreender que a expressão política que veio à tona com o Lavrador do Recôncavo, apesar das tentativas de disfarce do qual procurou revestir-se, tendia a propor medidas não constitucionais contra aqueles que eram considerados como os mais perigosos inimigos da monarquia e que haviam atentado contra ela e contra a unidade territorial e política do país, ou seja, os portadores das bandeiras democráticas, federalistas e republicanas.

A forma de banir esses grupos que vieram ocupar os espaços públicos sem que tivessem sido sequer convidados, na visão dessa corrente política da qual o Lavrador do Recôncavo constituía-se como representante, não poderia estar localizada nos marcos constitucionais estabelecidos, pois estes seriam frágeis, sendo responsáveis pela adoção de leis que, como já foi discutido, teriam permitido toda sorte de crimes, assim como a impunidade que, em 1839, aparecia como uma dolorosa realidade para aqueles que tinham interesses na conservação das suas posições no interior daquela sociedade.

Como foi dito, as elites econômicas e sociais baianas de há muito estavam alinhadas com o propósito centralista e unitarista do Rio de Janeiro. De há muito não se inclinavam a romper com a legalidade. Mas não estavam unificadas em torno das formas possíveis de eliminação dos radicais da política baiana, como aqueles que, saídos do nada, por pouco não jogaram por terra tantos e tantos anos de acumulação de riqueza, de prestígio e de posições na sociedade baiana. Assim, o marco constitucional não era necessariamente o princípio condutor único das tendências políticas conservadoras presentes na vida política da Província.

Na compreensão dessa corrente radicalizada, para promover o fim da crise e romper com o medo da presença constante dos rebeldes absolvidos, as propostas do Lavrador do Recôncavo deveriam ser adotadas, tranquilizando, dessa maneira, a Província e o restante do país, pois a Bahia não daria mais causa à quebra da preciosa integridade do Brasil, ideia tão cara aos que detinham o poder de norte a sul.

Na Bahia, fato certamente revelador da condição não hegemônica das ideias favoráveis ao absolutismo, a publicação das cartas terminou por ensejar um processo judicial contra o Lavrador do Recôncavo, sendo intimado o editor do *Correio Mercantil* a comparecer em Juízo. Em janeiro de 1840, o então ex-editor do periódico,[26] foi à audiência do juizado de paz competente e apresentou um documento assinado por José Maria de Gouvea Portugal, que assumia ser o autor das cartas publicadas pelo jornal, com o pseudônimo de Lavrador do Recôncavo.

O responsável pelo jornal, Luis Antônio de Sampaio Vianna, informara ao juiz de paz que esse homem, *verdadeiro* autor das cartas, havia morrido alguns meses antes, e defendeu que o processo não poderia prosseguir em razão disso. As desconfianças do juiz de que o documento de responsabilidade não fosse autêntico, e de que o falecido José Maria de Gouvea Portugal[27] poderia não ter qualquer relação com as cartas publicadas,

---

26   João Antônio Sampaio Vianna afastara-se da redação, passando a direção do jornal para o seu irmão Luis Antônio de Sampaio Vianna.

27   Encontrei o inventário de José Maria de Gouvea Portugal no Arquivo Público do Estado da Bahia (APEB), documento do qual foi possível extrair dados sobre riqueza (era dono de um

fizeram com que o processo tivesse sequência ainda por algum tempo, até que ocorreu a sua extinção alguns meses depois, sem que qualquer pessoa tenha sido condenada.

Thomas Flory, que tratou de maneira tangencial da existência do Lavrador do Recôncavo ao discutir a respeito dos juizados de paz, sustentou a ideia de que o Lavrador era apenas uma espécie de fachada para o próprio editor do jornal no período, o bacharel João Antônio de Sampaio Vianna,[28] hipótese esta que não se deve descartar, considerando-se as possibilidades de uma falsificação da assinatura ou até mesmo de que ela, sendo verdadeira, tivesse sido vertida no leito de morte, como forma de ajudar um amigo. Mas essas são hipóteses que não puderam ser esclarecidas.

Referências Bibliográficas

Accioly, Ignácio. *Memórias Históricas e Políticas da Bahia*. Bahia: Imprensa Oficial do Estado, 1933, v. iv.

Alves, Lizir Arcanjo. *Os tensos laços da nação. Conflitos político-literários no Segundo Reinado*. Tese de Doutorado. Salvador: ufba, 2000.

Amaral, Braz do. *História da Bahia do Império à República*. Salvador: Imprensa Oficial do Estado, 1923.

_____. "A Sabinada". *Revista do Instituto Geográfico e Histórico da Bahia*, Salvador, nº Especial, 1909.

Araújo, Dilton Oliveira de. *O Tutu da Bahia. Transição conservadora e formação da nação, 1838-1850*. Salvador: Editora da ufba, 2009.

Carvalho, José Murilo de. "*Federalismo y centralización en el imperio brasileño: historia y argumento*". In: Carmagnani, Marcello (coord.). *Federalismos latinoamericanos: Mexico/Brasil/Argentina*. México: Fondo de Cultura Económica, 1993, p. 51-80.

---

engenho) e sobre família, mas nada que pudesse apresentar (por óbvias razões) qualquer elemento esclarecedor a respeito do processo, a não ser que o alegado autor das cartas efetivamente morrera pouco tempo antes do processo ser instaurado. apeb/Seção Judiciária. Processos Cíveis. Classificação: 08/3396/14.

28 Flory, Thomas. *El Juzgado de Paz e el jurado en el Brasil Imperial, 1808-1871: control social y estabilidad política en el nuevo Estado*. México: Fondo de Cultura Económica, 1986, p. 223.

_____. "O Brasil da Independência a meados do século XIX". In: BETHELL, Leslie (org.). *História da América Latina: da Independência a 1870*. São Paulo: USP/Imprensa Oficial do Estado; Brasília: Fundação Alexandre de Gusmão, 2001, v. 3, p. 695-769.

FLORY, Thomas. *El Juzgado de Paz e el jurado en Brasil Imperial, 1808-1871: control social y estabilidad política en el nuevo Estado*. México: Fondo de Cultura Económica, 1986.

GRAHAM, Richard. "Construindo uma nação no Brasil do século XIX: visões novas e antigas sobre classe, cultura e Estado". *Publicações Diálogos*, Maringá, v. 3, [200?]. Disponível em http://www.dhi.uem.br/publicacoes.dhi/dialogos/volume01/vol5_mesa1.html, acesso em 18 jun. 2004.

GUIMARÃES, Manoel Luis Salgado. "Nação e civilização nos trópicos: o Instituto Histórico e Geográfico Brasileiro e o projeto de uma história nacional". Rio de Janeiro: *Estudos Históricos*, nº 1, 1988, p. 5-27.

JANCSÓ, István e PIMENTA, João Paulo G. "Peças de um mosaico (ou apontamentos para o estudo da emergência da identidade nacional brasileira)". In: MOTA, Carlos Guilherme (org.). *Viagem Incompleta. A experiência brasileira (1500-2000). Formação: histórias*. 2ª ed. São Paulo: Editora Senac São Paulo, 2000, p. 129-175.

JANCSÓ, István. "Origens da economia nacional". In: SZMRECSÁNYI, Tamás; LAPA, José Roberto do Amaral (org.). *História Econômica da Independência e do Império*. São Paulo: Hucitec; Fapesp, 1996.

KRAAY, Hendrik. "Tão assustadora quanto inesperada: a Sabinada baiana, 1837-1838". *Revista do Instituto Geográfico e Histórico da Bahia*, Salvador, v. 96, 2001, p. 327-356.

MOREL, Marco e BARROS, Mariana Monteiro de. *Palavra, imagem e poder. O surgimento da imprensa no Brasil do século XIX*. Rio de Janeiro: DP&A, 2003.

NEVES, Lúcia Maria Bastos Pereira das. *Corcundas e constitucionais. A cultura política da Independência (1820-1823)*. Rio de Janeiro: Revan; Faperj, 2003.

PINHO, Wanderley de. "Bahia: 1808-1850". In: HOLANDA, Sérgio Buarque de (org.). *História Geral da Civilização Brasileira. O Brasil Monárquico*. São Paulo: Difel, 1972, v. II.

SOUZA, Paulo César. *A Sabinada: a revolta separatista da Bahia*. São Paulo: Brasiliense, 1987.

VIANNA FILHO, Luiz. *A Sabinada: a república baiana de 1837*. Rio de Janeiro: José Olympio, 1938.

Capítulo 3
Cidadania, trabalho, voto e antilusitanismo no Recife na década de 1860: os *meetings* no bairro popular de São José

Suzana Cavani Rosas

Desde agosto de 1866, nas páginas do jornal *O Tribuno*, uma das mais importantes lideranças da Rebelião Praieira, o republicano Borges da Fonseca alertava o povo do Recife para a chegada de dois navios de guerra portugueses e o conclamava a comparecer a diversas reuniões para protestar contra aqueles visitantes indesejáveis.[1] Militava ao seu lado outro republicano afamado e amigo de longa data, Affonso de Albuquerque Mello.[2] O local dos encontros era o popular bairro de São José, precisamente o largo da igreja-matriz. Nessas reuniões, pelo que registraram a imprensa e as autoridades da época, outros assuntos do interesse da população livre que habitava, trabalhava ou detinha pequenos negócios no Recife eram também discutidos e associados à comunidade portuguesa. Na

---

1   *O Tribuno* de 05/09/1866, "O ajuntamento popular de 26 de Agosto", p. 2-3, e de 07/09/1866, p. 1 a 3. Esse jornal de pequeno formato circulou duas a três vezes na semana no Recife, entre 1866 e 1870. Seu redator, Antonio Borges da Fonseca (1808-1872), foi uma liderança política independente e constantemente criticada pelos integrantes dos partidos imperiais, embora em variadas conjunturas eleitorais fosse cortejado por todos eles. Contudo, como não se dobrava aos ditames de seus aliados do momento, nunca conseguiu eleger-se nem mesmo para vereador. Foram inúmeros os jornais que organizou e colaborou, como *O Republico*, *O Nazareno*, *O Dois de Novembro*, entre outros.

2   Affonso de Albuquerque Mello, advogado e republicano, foi também como publicista que ganhou fama no Recife escrevendo em diversos jornais, como *A revolução de Novembro* e *A Mentira*.

ocasião, falou-se até em enviar uma representação ao Imperador contra a afrontosa presença da Marinha lusitana na capital da província.[3]

Durante esses ataques aos portugueses, sempre se falava de um velho projeto que agitou o Recife na década de 1840: o da nacionalização do comércio a retalho. A situação desse ramo de negócio a varejo, sempre associado à comunidade portuguesa, continuava a desagradar e indignar a maioria dos moradores livres da capital e de algumas cidades do interior de Pernambuco, que almejavam simplesmente trabalhar num balcão de loja ou mesmo possuir um pequeno estabelecimento comercial. Principalmente tabernas, lojas de secos e molhados e padarias integravam esse ramo de negócio reivindicado pelos brasileiros. A defesa do trabalhador nacional em geral, e não apenas dos empregados no comércio, constava também da pauta de reivindicações populares.

Assinaladas pela historiografia, as manifestações populares contra os portugueses acompanharam a história do Império, especialmente em seus principais núcleos urbanos, como Rio de Janeiro, Salvador e Recife. Estimuladas pelas disputas das elites no processo de Independência e pelo controle do Estado nacional, elas frequentemente terminavam em violência, escapando ao controle do grupo social dominante que, inicialmente, as havia instigado. Em Pernambuco, uma das fases áureas dessas manifestações ocorreu em meados da década de 1840, precisamente entre 1844-1848, período que acompanhou a ascensão e a queda do Partido Praieiro. Nessa quadra, o Recife vivenciou nada menos do que sete dessas manifestações tumultuadas e truculentas.[4]

Conhecidas como *mata-marinheiros* ou *mata-galegos*, as manifestações contra a comunidade lusitana dos tempos da Praieira resultaram em muita pancadaria e quebra-quebra na capital de Pernambuco, acabando unindo liberais e conservadores contra elas, embora os primeiros, em sua luta para substituir os segundos no governo, houvessem procurado cativar o apoio da população com discursos antilusitanos. Além da violência e de seu caráter popular, o antilusitanismo tinha feição nitidamente urbana, sendo seus principais redutos Recife e Goiana.[5] Por sua vez, essas manifestações quase nunca

---

3 *O Tribuno* de 07/09/1866, p. 2-3.

4 Sobre essas manifestações, consultar CÂMARA, Bruno Augusto Dornelas. "O mata-marinheiro do colégio e a radicalização da populaça do Recife na briga pelo mercado de trabalho", CLIO – *Revista da Pós-graduação em História da* UFPE, Recife, nº 23, 2005, p. 71-98.

5 Goiana estava localizada na Mata Norte de Pernambuco. Esta região, embora integrada à atividade açucareira, caracterizou-se, desde fins do século XVIII, por sua relativa diversidade econômica em comparação com a Mata Sul. Pesca, farinha, fumo, cal, cocos, tratamento dos couros do sertão, manufatura de cordagem e cultivo de algodão tornaram a parte Norte da

ocorriam isoladamente, mas sim em consonância com outros protestos e movimentos sociais, como os motins da "soldadesca" e as rebeliões da elite proprietária.

Sem dúvida alguma, foi esse antilusitanismo que deu "sentido social" à Rebelião Praieira. Para a gente envolvida naquele tipo de protesto, que remontava à luta pela Independência, era difícil entender como, realizada a Emancipação, os portugueses continuavam a ter emprego e negócios, em detrimento de muitos brasileiros que viviam na miséria. O projeto de *nação* dos populares, portanto, não se descuidando do problema das desigualdades sociais, passava ao largo do das elites. Todavia, como o teor social de suas reivindicações poupava, geralmente, a escravidão e o latifúndio de seus ataques, podiam ser toleráveis e manipuláveis pelas elites em suas disputas internas pelo poder, como ocorreu entre praieiros e *guabirus* nas urnas e no campo de batalha. No curso desse confronto os *praieiros* chegaram ao extremo de defender um projeto no Parlamento, no ano de 1848, de autoria do deputado Nunes Machado, nos seguintes termos: "É privativo do cidadão brasileiro o comércio a retalhos. O Governo marcará um prazo razoável, depois do qual não poderão continuar as casas estrangeiras, que vendem a retalho, atualmente existentes". Depois de muita discussão e modificações no seu teor, ele não saiu do papel.[6]

A violência e o quebra-quebra associados a tais protestos, por outro lado, não podem ser simplesmente considerados como um fim em si mesmo ou como uma ação desmedida da multidão, pois inúmeras dessas mobilizações funcionavam como forma de pressão popular para alcançar determinados objetivos sociais. Sob esta ótica, o recurso à violência seria uma tentativa popular de "negociação coletiva" com as elites via arruaça.[7] O exemplo do Mata-marinheiro Colégio foi emblemático neste sentido. Depois de dias de violência que resultaram em morte, os amotinados encaminharam duas representações à

Província urbanizada e densamente povoada. Goiana, principal cidade dessa região, projetou-se economicamente por seu intenso fluxo comercial com o Agreste e o Sertão, e por seu porto. Este, favorecido por comunicação fluvial e marítima, chegava a rivalizar com os das capitanias vizinhas; cf. MELLO, Evaldo Cabral de. *A outra Independência. O federalismo pernambucano de 1817 a 1824*. São Paulo: Editora 34, 2004, p. 61-62.

6 Apud CÂMARA, Bruno Augusto Dornelas. "O mata-marinheiro do colégio e a radicalização da populaça do Recife na briga pelo mercado de trabalho", CLIO – Revista da Pós-graduação em História da UFPE, Recife, nº 23, 2005, p. 90.

7 A expressão "negociação coletiva via arruaça" é de um historiador contemporâneo do protesto social na Europa pré-industrial. Ver HOBSBAWM, Eric J. *Os trabalhadores: estudos sobre a história do operariado*, 2ª ed. Tradução de Marina Leão Teixeira Viriato de Medeiros. São Paulo: Paz e Terra, 2000, p. 20.

Assembleia Provincial. A primeira, radical, exigia a nacionalização do comércio a retalho e a imediata expulsão de todos os portugueses solteiros residentes na província. A outra, mais moderada, pedia apenas a nacionalização do comércio a retalho e a garantia de trabalho para os nacionais.

A intenção deste texto é discutir a presença e a dimensão social do antilusitanismo no Recife, num período ainda pouco abordado pela historiografia: a década de 1860.[8] Naqueles idos, o clima não era dos mais amistosos nas relações luso-brasileiras no dia a dia da capital de Pernambuco, a tal ponto que, lá de Portugal, a imprensa revelava-se temerosa "Pella segurança de vida e propriedade dos súditos portugueses residentes nessa província", segundo o *Diário de Pernambuco*. Tamanha era essa preocupação que se cogitava em Lisboa da necessidade de um navio de passageiros, abarrotado de patrícios lusos, com destino ao Recife, vir escoltado pela Marinha de guerra portuguesa.[9] A chegada dos ditos navios de guerra realmente se deu e foi o pivô do confronto de rua entre a população da capital e a força pública em dois dias: 7 e 30 de setembro de 1866. Quanto às razões para a ancoragem dessas embarcações militares, desconhecemos se correspondiam às apresentadas pela imprensa.

A data de chegada desses dois navios de guerra foi o dia 6 de setembro, véspera do dia da Independência. As comemorações da Emancipação que duravam dias, além das solenidades oficiais de praxe, já haviam sido marcadas por um mata-marinheiro famoso, em 1844, quando por três dias consecutivos a capital foi palco de muito quebra-quebra e espancamento de portugueses. Provavelmente devido a essa lembrança, cautelosamente, os capitães daquelas embarcações, recém-chegadas ao porto do Recife em 1866, cuidaram no dia 7 "de embandeirarem (...) o pavilhão brasileiro". No dia seguinte a esse ato, "por cortesia de cavalheiros" e "respeito à nacionalidade" amiga, foi a vez do brigue brasileiro *Itamaracá* desfraldar o pavilhão lusitano. Entretanto, a confraternização entre as duas nações no mar contrastava com o que estava para acontecer em terra firme.[10]

---

8   Um dos raros trabalhos sobre o antilusitanismo em Pernambuco, na segunda metade do século XIX, é o de CAVALCANTI, Paulo. *Eça de Queiroz agitador no Brasil*, 3ª ed. revista e aumentada. Recife: Editora Guararapes, 1983.

9   *Diário de Pernambuco* de 13/08/1866, p. 1. As fontes de informações portuguesas são *O Jornal do Comércio* e *O Jornal de Lisboa*. Optamos por deixar todas as citações na grafia original.

10 *Diário de Pernambuco* de 11/09/1866, "Revista Diária", p. 1. Para um balanço dos mata-marinheiros na época da Praieira, consultar CÂMARA, Bruno Dornelas. *Trabalho livre no Brasil Imperial: o caso dos caixeiros de comércio na época da Insurreição Praieira*. Pós-Graduação em História da UFPE, Dissertação de Mestrado, Recife, 2005.

No mesmo dia 7, uma festa no Forte das Cinco Pontas, organizada para receber a tripulação daquelas embarcações e tida também como comemorativa da Independência, terminou em pancadaria entre brasileiros e a Guarda Nacional. Assim, a gente não convidada para o evento, mobilizada para protestar nos arredores do animado quartel por Borges da Fonseca, terminou se atracando com a força pública encarregada de garantir a ordem no local.

Esclarecendo mais tarde os motivos que levaram os manifestantes a se pronunciarem contra aquela recepção e festa, O Tribuno a considerou um verdadeiro atentado à nacionalidade brasileira. Razões, no seu entender, não faltaram para o pau cantar no evento. Aqui, cabe nos distanciarmos dos fatos propriamente ditos e nos atermos ao relato do publicista dirigido ao seu público. Nele, se procurou passar realmente a ideia da realização de uma espécie de "festim diabólico", ofensivo à nacionalidade brasileira na sua principal data cívica:

> Foi bem escolhido o lugar para o baile dos fidalgos, o 5º batalhão nacional desta cidade, dado aos portugueses.
> Foi nas Cinco Pontas que d. João VI, em 1817, e Pedro I, em 1824, fizeram dançar na corda bamba a muitos patriotas, cujo único crime era quererem de coração a liberdade e a independência da Terra de Santa Cruz.
> Naquele baile haviam de estar os portugueses a rir como doidos, recordando-se dos tempos em que (...) levavam este pobre povo brasileiro a palmatória e o Chicote.[11]

Nas suas considerações, sugeria o jornal que a festa teve ainda um custo exorbitante, de cinco contos de réis! Talvez dinheiro galego, concluía. Para piorar o cenário pintado, denunciava-se: "embrulharam a bandeira brasileira na portuguesa e assim saudaram a unidade dos dois povos irmãos". E essa imagem do pavilhão nacional enrolado no lusitano era bem enfatizada e apresentada como uma representação que traduzia o estado sobranceiro dos brasileiros diante dos seus antigos colonizadores! Para concluir, O Tribuno só elevava os ânimos dos recifenses ao sugerir que tamanha algazarra e insolência da galegada poderiam vir abaixo se uns "cabras" resolvessem lhe cobrar satisfações

---

11   O Tribuno de 11/09/1866, "O baile das Cinco Pontas", p. 5.

no tapa. Relato tão contundente e que associava distinções éticas com nacionalidade só alimentava mais tensões entre a população nativa e a estrangeira.[12]

O tumulto do dia 7 teve ainda desdobramentos no seguinte, mas seria no dia 30 que outra manifestação, no mesmo bairro de São José, resultou novamente no confronto entre manifestantes, de um lado, e a Polícia e a Guarda Nacional do outro. Comentando a respeito do acontecido, o subdelegado de São José acusou os agitadores de defenderem a nacionalização do comércio a retalho, o trabalhador nacional, a emancipação dos escravos, além de criticarem o recrutamento para a Guerra do Paraguai e acusarem as autoridades provinciais de corrompidas pelo "dinheiro galego".[13]

Assunto do momento, o recrutamento para a Guerra, na medida em que o conflito deixava de ser defensivo e prolongava-se com muitas baixas, só podia ganhar destaque nas vozes e escritos de Borges da Fonseca e Affonso de Albuquerque, os quais, incansavelmente, condenavam as autoridades por despacharem para o *front* apenas a população livre pobre e de arregimentar os libertos para a morte, enquanto poupava os portugueses e até os naturalizados daquela carnificina, assim como os "fidalgos de Pernambuco". A este respeito, *O Tribuno* atacava o privilegiado grupo isento do recrutamento desabafando: "Vamos nós outros filhos do povo morrer para os fidalgos de mãos dadas com os galegos prostituírem nossas mulheres, nossas filhas, nossas irmãs, nossas primas, nossos parentes!"[14]

Independente da chegada dos navios, da festa e do pau cantar nos dias 7 e 30 de setembro, pelo que se leu no jornal *O Tribuno*, queixas e denúncias contra os portugueses estavam mesmo na ordem do dia no Recife, tal e qual nos tempos da Praieira. Vejamos algumas delas. No dia 9 do corrente, um *caixeiro* português de uma loja de louça da Rua do Crespo deu um tiro de revólver num brasileiro *empregado* na loja de louça da Rua do Rosário. Outra notícia falava de uma bordoada levada por um moço da Guarda Nacional de um português, na Boa Vista. Nem precisamos dizer que, segundo a imprensa, as vítimas brasileiras quase sempre estavam à beira da morte! Por fim, o jornal provocava os seus leitores, mas também os não letrados que dependiam daqueles para ter acesso às notícias impressas, concluindo: "esses atos dos portugueses são para ensino de nós, os cabras!"[15] Noutro artigo reverberava-se:

---

12 *O Tribuno* de 15/09/1866, "Ainda o baile das Cinco Pontas", p. 4.
13 *O Tribuno* de 17/10/1867, p. 3.
14 *O Tribuno* de 20/12/1866. Apud Gouvêa, Fernando da Cruz. *O partido liberal no Império: o barão de Vila Bela e sua época*. Brasília: Editora do Senado Federal, 1986, p. 280.
15 *O Tribuno* de 11/ 09/1866, "Facto Importante", p. 4.

> Todos sabem que os portugueses tiveram sempre o cuidado de mandarem vir de Portugal rapazes para empregarem como caixeiro, e que entre eles escolhiam seus genros, os quais entregavam a direção da casa, enquanto deixavam os filhos perderem-se em vadiações, e como de propósito.[16]

E não parava por aí *O Tribuno*. Outra matéria, denominada de "modelo dos maridos galegos", dava conta da surra levada por uma brasileira do seu esposo lusitano, é claro! No final o jornal avançava: "continuem as brasileiras a casarem-se com os Galegos, já que são bastante sem vergonhas para se abaterem diante de corja tão vil e detestável".[17] Atribuía-se ainda aos galegos os males da nefasta emissão de papel-moeda, que tanto gerava a carestia e enchia os bolsos de quem vivia de vender no varejo à população: "A moeda papel veio consumar a obra de nossa submissão aos portugueses", lembrava-se insistentemente.[18] Recomendações para só se comprar nas lojas de brasileiros também não faltavam.[19] Finalmente, criticava-se até um suposto projeto de construção de um cemitério só para portugueses, por implicar segregação racial: a das cinzas "d'esses brancos (...) das dos cabras".[20]

Realmente, independente dos portugueses, os tempos eram mesmo de carestia e de muito recrutamento. Vivia-se a Guerra do Paraguai que, além do recrutamento, veio acompanhada de muita emissão de papel-moeda para custear os seus gastos e, consequentemente, de muita inflação a infernizar principalmente a população de baixa renda. O mal das moedas falsas, sempre presente na província, atribuía-se aos ditos mercadores portugueses.[21] Bem podia haver essa conexão, mas, na verdade, o que provavelmente ocorria era a predominância de falsificação de dinheiro de menor valor em detrimento do de maior, por ele circular mais despercebido entre a população em inúmeras transações miúdas. Assim, como o comércio a retalho envolvia transações de pequena monta, o dinheiro falsificado campeava naturalmente neste ramo mercantil com bem mais

---

16 *O Tribuno* de 18/12/1866, "A nacionalização do comércio a retalho", p. 1.
17 *O Tribuno* de 25/03/1867, p. 4.
18 *O Tribuno* de 18/12 /1866, p. 1, e 10/04/1867, "Abusos do Recrutamento", p. 3.
19 *O Tribuno* de 25/01/1867, p. 2.
20 *O Tribuno* de 18/09/1866, p. 3-4.
21 *O Tribuno* de 18/09/1866, p. 3-4.

frequência que nos negócios de grande porte. *O Tribuno*, contudo, insistia em confundir os portugueses comerciantes a retalho com os próprios falsificadores de moedas. Não se diga, entretanto, que o grande comércio e capital escapavam à fúria antilusitana de Borges da Fonseca e seus seguidores, pois a ambos se atribuíam o endividamento e o empobrecimento dos agricultores brasileiros, embora o foco das atenções dos agitadores fosse mesmo o *Outro* comércio.

Olhando bem, *O Tribuno* exagerava e deturpava as origens desses males, mas eles existiam e muito preocupavam os habitantes do Recife. Para uma cidade que via sua população livre crescer, na segunda metade do século xix, impulsionada em grande parte pelo êxodo rural e sem contar a seu favor com uma economia em expansão ou diversificada, qualquer sinal de preferência de estrangeiros nos postos de trabalho, em detrimento de brasileiros, desagradava a quem perambulava de rua em rua em busca de ocupação. O problema da escravidão, por outro lado, embora em franco declínio, tornava preocupante a sorte dos livres que zanzavam em busca de ocupação. Além do mais, em tempo da Guerra do Paraguai, a eterna questão do mercado de trabalho livre ganhava maior proporção, já que os brasileiros, sempre na eminência de serem recrutados, viam-se ameaçados de perder seu lugar no trabalho para um português, que era isento daquele "imposto de sangue". Era de se esperar, portanto, que nesse momento crítico da Guerra a questão dos portugueses voltasse de novo à tona, se é que em algum momento estivesse esquecida no Recife.

No tocante à competição por postos de trabalho, a título de amostragem, na seção dedicada a emprego no *Diário de Pernambuco*, nos meses de outubro a dezembro de 1866, o ofício de caixeiro, denominação genérica de quem labutava no comércio, sempre despontou entre os anúncios daqueles livres que procuravam e ofertavam trabalho. Caixeiros eram requeridos para trabalhar em escritórios, balcões de padarias, tabernas, engenhos, para distribuir pão na rua e fazer cobranças. Através desses anúncios é possível ver a variedade de atividades que envolvia o ofício de caixeiro e, ao mesmo tempo, notar, em alguns casos, a antiga exigência da nacionalidade lusa dos pretendentes ao posto![22]

A diversidade de atividades ligadas à caixeiragem exposta nos anúncios nos remete às hierarquias existentes nesse mundo do trabalho, pois um caixeiro responsável por distribuir pão não poderia ser comparado ao empregado em atividades de escritório, requerendo-se melhor qualificação de um que do outro. Ambos, por sua

---

22 *Diário de Pernambuco* de 06 e 15/10/1866, e de 11, 13 e 20/11/1866.

vez, deveriam gozar de *status* social diferenciado. Exemplo disso pode ser observado na Constituição no tocante aos direitos políticos do cidadão. Ao tratar de excluir do direito de voto os *criados de servir*, a Carta de 1824 fez questão de explicitar que não se incluía nessa categoria *os primeiros caixeiros das casas de comércio*, assim como os guarda-livros, os administradores de fazendas rurais e fábricas, e determinados escalões dos criados da família imperial. Desse modo, o texto constitucional, implicitamente, deixou de fora do corpo dos "cidadãos ativos", ou seja, dos brasileiros com direitos políticos assegurados, o grosso da caixeiragem, equiparando-a à criadagem em geral. Esta, principalmente por sua extrema dependência pessoal dos seus patrões, foi draconianamente tida como inabilitada para o exercício livre do voto.[23]

Evidentemente, era nos empreendimentos comerciais de maior porte que essa hierarquia do trabalho estava mais consolidada. Nos pequenos nem tanto, em razão dos trabalhadores acumularem múltiplas tarefas ao mesmo tempo: de balcão, escrituração, rua e até de faxina. Nos escalões mais baixos da caixeiragem, fosse onde fosse o trabalhador livre acabava dividindo o seu local de labuta com os escravos, já que o mais modesto bodegueiro não se furtava de adquirir cativos e empregá-los em seu estabelecimento, que, geralmente, ocupava o mesmo prédio de sua residência, principalmente no caso do comércio a retalho.

A vida dos caixeiros estrangeiros não era fácil naqueles tempos.[24] Seu trabalho era duro e penoso, não vivendo a maioria deles em condição de trabalho privilegiada. Jornadas de trabalho longas, endividamento para com seus patrões, muitos dos quais financiavam suas vindas para o Brasil e os mantinham presos a débitos infindáveis, acompanhavam suas vidas. A violência também marcava as suas existências, como seria de

---

23 NOGUEIRA, Octaciano. *Constituições Brasileiras*, v. 1, 1824. Brasília: Senado Federal, 1999, p. 91.

24 Sobre a condição dos imigrantes portugueses que chegavam ao Brasil, consultar: FREYRE, Gilberto. *Sobrados e Mocambos. Decadência do patriarcalismo rural e desenvolvimento urbano*. In: Coleção Intérpretes do Brasil, v. 2º., p. 71- 98 e 951 a 961; CARVALHO, Marcus J. M. de. "O Antilusitanismo e a questão social em Pernambuco, 1822-1848". In: PEREIRA, Mirian Halpern (org.). *Actas do colóquio internacional sobre Emigrante e Imigração em Portugal (Séc. XIX e XX)*. Lisboa, Portugal: Editora Fragmentos, 1993, p. 145-160; RIBEIRO, Gladys Sabina. *A liberdade em construção. Identidade e conflitos antilusitanos no Primeiro Reinado*. Rio de Janeiro: Faperj/Relume-Dumará, 2002; e a já referida dissertação de Bruno Dornelas, *Trabalho livre no Brasil Imperial: o caso dos caixeiros de comércio na época da Insurreição Praieira*. Pós-Graduação em História da UFPE, Recife, 2005.

se esperar numa sociedade marcada pela vigência do trabalho cativo. Em sua maioria, ingressavam no trabalho muito jovens, com menos de 12 anos, com o tempo alguns podiam ir progredindo naquela lida, galgando às hierarquias da profissão, mas, para tanto, era imprescindível saber ler e escrever.

Porém, para os brasileiros em busca de emprego, isso não importava, o que pesava mesmo era serem preteridos pelos estrangeiros no trabalho do comércio, numa cidade mercantil como o Recife, cuja população crescia estimulada principalmente pelo êxodo rural, numa proporção superior ao ritmo de sua economia. Muitos imigrantes portugueses já vinham encaminhados para a casa de algum negociante patrício que, por vezes, mantinha relações de parentescos com os mesmos. Mas a parentela não implicava necessariamente condições melhores de vida e trabalho para ninguém.

De qualquer modo, pudemos encontrar nos anúncios dos interessados em emprego, durante todo o século xix, a vontade de ocupar o posto de caixeiro, especialmente se tivesse algum estudo: "oferecem-se dois rapazes, com 12 anos e outro de 15, o 1º para o balcão e o 2º para qualquer ramo de negócio, ambos sem prática, pois agora foi que completaram a educação possível, a tratar com os pais dos mesmos, no Corredor do Bispo, número 27".[25] Porém, os esforços desse pai zeloso poderiam ser frustrados caso seus filhos fossem brasileiros e o empregador português.[26]

Para além da atividade de caixeiro, queixas também contra artífices estrangeiros não faltavam. No *Diário de Pernambuco* de 06/09/1876, rememorando inclusive o tempo do Barão da Boa Vista, alguém com o pseudônimo de Um Artista Liberal protestava contra o desperdício de dinheiro público investido na construção de ponte de ferro em detrimento das de madeira, por gerar menos emprego "para os artífices nacionais".[27] Portanto, pelo que se lia na imprensa, a questão da concorrência estrangeira por trabalho, no Recife, não se restringia somente ao setor mercantil.

Não restam dúvidas de que, na década de 1860, a presença portuguesa no comércio permanecia marcante na Província. Segundo o Relatório do Presidente da Província para o ano de 1865, dos 450 estrangeiros vindos de fora do Império, 327 tinham procedência de Portugal, sendo a sua maioria constituída de homens (433),

---

25   *Diário de Pernambuco* de 06/01/1887, "Caixeiros", p. 5.
26   *Diário de Pernambuco* de 15/10/1866 e 13/11/1866, p. 3 e 4.
27   *Diário de Pernambuco* de 06/09/1876, p. 3.

cuja principal ocupação era o comércio, seguido depois das artes e indústrias.[28] Esta predominância de comerciantes portugueses no setor mercantil em parte explica o porquê do antilusitanismo não ceder lugar a uma xenofobia contra todo e qualquer forasteiro na Província. Por sua vez, o fato de o comércio a varejo ser majoritariamente exercido por lusos, e representar um setor mercantil mais próximo do cotidiano da população pobre, também elucida o esquecimento dos plutocratas ingleses e franceses durante a maioria dos mata-marinheiros. Para esses modestos moradores do Recife, que iam às ruas para comprar pão, farinha e carne-seca, a complexa cadeia mercantil e financeira se resumia, simplesmente, às suas relações com os bodegueiros ou donos de estabelecimentos de secos e molhados que os exploravam.

Na altura da segunda metade do século XIX, além dos imigrantes portugueses que chegavam a Pernambuco, deveria haver outros tantos naturalizados e seus descendentes nascidos em solo brasileiro que também acabavam identificados como estrangeiros pela população nativa. Para 1872, com base no Censo, Eisenberg estima que 13.444 pessoas engrossavam o número dos estrangeiros da província, sendo a metade deles constituída de portugueses e 40% de africanos escravos e livres. Ao todo apenas 1,6 % da população total da província. Porém, em relação à capital, a população estrangeira ganhava sempre maior expressividade, pois era nesse espaço da província que tendia a se concentrar. Segundo cálculos para o início da década de 1870, no Recife viviam 7.062 estrangeiros.[29]

No bairro de São José, palco principal dos referidos *meetings*, o número de estrangeiros empregados no comércio era bem inferior ao dos brasileiros. Pelos dados demográficos em questão, as profissões de comércio, que englobavam negociantes, guarda-livros e caixeiros, empregavam um total de 613 pessoas, sendo 451 brasileiros, a maioria, portanto. Contudo essa situação já não era a mesma no bairro de Santo Antônio. Ali a população brasileira ocupada no comércio estava estimada em 438 e a estrangeira em 796. No âmbito total, a popula-

---

28 *Relatório do Presidente da Província João Lustosa da Cunha Paranaguá apresentado a Assembleia legislativa*, 1º de março de 1866. Recife: Typografia do Jornal do Recife, p. 58, http://www.crl.edu/content/brazil/pern.htm. Acessado em 10/01/2007.

29 EISENBERG, Peter. *Modernização sem mudança. A indústria açucareira em Pernambuco, 1840-1910*. Tradução de João Maia. Rio de Janeiro: Paz e Terra; Campinas: Unicamp, 1977, p. 218-219. Sobre a concentração de estrangeiros na capital da província no século XIX, consultar também os dados de MOURA FILHO, Heitor Pinto de. *Um século de pernambucanos mal contados*. Pós-graduação em História Social da Universidade Federal do Rio de Janeiro, Dissertação de Mestrado, 2005, p. 81 a 82.

ção estrangeira envolvida no setor mercantil nos quatro principais bairros do Recife superava a de brasileiros, mas estava longe de monopolizá-lo, como se nota no quadro a seguir.

Caixeiros, guarda-livros e comerciantes nos bairros centrais do Recife[30]

Bairros	Brasileiros	Estrangeiros	Total
Santo Antônio	438	796	1.234
São José	451	162	613
Boa Vista	267	218	485
Recife	184	275	459
Total	1.340	1.451	2.791

Fonte: Recenseamento de 1872.

Por outro lado, a população estrangeira desses quatro bairros da capital não se ocupava apenas de atividades mercantis. De acordo com o Censo, somente a nacionalidade portuguesa estava estimada em 4.442 pessoas. Ou seja, apenas os lusos estavam em número bem superior ao apresentado no quadro acima, relativo a todos os estrangeiros associados às atividades mercantis. Os dados estatísticos para São José, por exemplo, registram muitos estrangeiros significativamente empregados também como "criados e jornaleiros" e no "serviço doméstico". Neste bairro, os estrangeiros chegavam a 1.003 pessoas (sem contar os africanos livres) e os escravos a 951, numa população total estimada em 17.297 habitantes, cujo grosso estava distribuído entre: empregados no comércio, no serviço doméstico, profissionais manuais ou mecânicos, pescadores, lavradores, artistas e trabalhadores sem profissão definida.[31] A maior parte dessa população nativa nutria muita simpatia pelo jornal *O Tribuno*, que, vendido a módico preço e cheio de "disparates" contra a comunidade lusitana, tinha leitores garantidos.

A documentação policial nos fornece também informações sobre o público que devia prestigiar as manifestações de ruas antilusitanas no Recife, em 1866. Entre as pessoas convidadas para tais reuniões e que prestaram depoimento à Polícia, estavam três modestos

---

30   No Censo os referidos *bairros* correspondem às *freguesias*. O bairro do Recife, por sua vez, era também denominado de São Pedro Gonçalves.

31   No censo a população portuguesa está assim distribuída nos bairros centrais: Boa Vista 1.080, São José 768, Santo Antônio 1.484 e São Pedro Gonçalves ou Recife, 1.110. Recenseamento de Pernambuco de 1872< http://biblioteca.ibge.gov.br/visualizacao/monografias/GEBIS%20%20RJ/Recenseamento_do_Brazil_1872/Provincia%20de%20Pernambuco.pdf.> Acessado em 20/12/2007.

comerciantes, sendo dois do bairro central da Boa Vista. Um deles, Francisco das Chagas Moreira de Carvalho, natural de Pernambuco, de 48 anos de idade, era dono de uma taberna na Rua do Pires. Segundo suas declarações, recebera um convite para a referida manifestação da parte de outro comerciante, que lhe falara da separação do Norte, fim da monarquia e em "deitar fora os portugueses", bem como na possibilidade dele vir a ascender da condição de pequeno para a de grande comerciante, após a expulsão da galegada. O interrogado demonstrou ainda descrença e descaso diante da proposta de instalação de uma República no país, ao afirmar que só a apoiaria se "quisessem fazê-lo presidente (...) ou a um homem do povo ou da poeira". Prestaram também esclarecimentos, sobre as ditas reuniões populares, um caixeiro, um artista e um empregado das vias férreas. Este último teria declarado ouvir os oradores falarem na organização de uma "Confederação do Norte porque a Corte não se importa com os pernambucanos" e o governo só pensa em despachá-los para frente de combate para exterminá-los. Todos os indagados, apesar de bem informados sobre as reuniões, eximiram-se de declarar qualquer interesse nelas e até de prestigiá-las, certamente por estarem diante da Polícia.[32]

Cabe lembrar que as pessoas que cercavam Borges da Fonseca se reuniam não apenas para atacar os portugueses. Esses encontros de rua, denominados de *meetings*, tiveram suas origens ligadas às eleições na época da Praieira e chegaram ao seu auge na eleição senatorial de 1847. Contemporâneos, como o conservador Belizário Soares de Souza, procuraram apartar o povo dessas reuniões, que hoje corresponderiam aos comícios.[33] Porém, os populares não se distanciavam dos *meetings*, pois boa parte deles, na condição de votantes, era cortejada pelas elites em diversas ocasiões da disputa político-partidária, particularmente nas grandes cidades, onde o voto de cabresto tinha certos limites.

As listas de qualificação eleitoral, apesar de raras e sujeitas a fraude, são documento valioso para identificação do perfil do grosso do eleitorado. Uma dessas listas, a da freguesia de São Pedro Mártir, em Olinda, nos oferece um painel dos votantes daquela cidade vizinha ao Recife. A referida freguesia possuía, em 1851, cerca de 606 votantes, 187 deles eram negociantes e 25 proprietários. Entre os demais registrados, destacavam-se em grande número os alfaiates, carpinas, pescadores, sapateiros, pedreiros, canoei-

---

32 *Polícia Civil*, 1866, v. 97, p. 64 a 67 e 70 a 76. Arquivo Público Estadual Jordão Emerenciano, Recife.

33 Souza, Francisco Belizário Soares de. *O Sistema Eleitoral no Império*. Brasília: Senado Federal, 1979, p. 33.

ros e empregados.[34] Para a capital de Pernambuco, dispomos apenas da qualificação do quinto quarteirão do Poço da Panela (Monteiro), situado nos arrabaldes da cidade. Sete canoeiros, três pedreiros, nove jornaleiros e um alfaiate, marceneiro e carpina totalizam 22 trabalhadores manuais inscritos. Quatro proprietários, 12 negociantes, dois empregados públicos, além de um leiloeiro, engenheiro, médico, lente, solicitador, advogado e caixeiro respondem pelos outros 25 cidadãos aptos para votar nas primárias. Pelo exposto, muita gente modesta integrava o corpo dos votantes em ambas as cidades. Era a esse eleitorado que se destinavam principalmente os *meetings* organizados por Borges da Fonseca, os quais, no período eleitoral, não se limitaram apenas ao bairro de São José.[35]

Os *meetings* de 1866, ao tratarem de assuntos eleitorais, defenderam também o voto universal. Na oitava reunião, no mesmo bairro de São José, após os acontecimentos de setembro, um dos pontos em pauta seria o da organização "de comícios eleitorais para a próxima eleição de fevereiro" do ano seguinte. Na convocatória para o evento, explicitava *O Tribuno* que os oradores tratariam, em primeiro lugar, da luta pela nacionalização do comércio a retalho e, em segundo, de:

> Convencer o povo da necessidade de não abandonar à eleição, sendo condição indispensável não receber chapa de caixão: devendo conferenciarem nas freguesias para fazerem eleitores os artistas, e não os fidalgos, e nem a algum agente da polícia.[36]

Desse modo, aconselhando os votantes a não se dobrarem a chapa imposta de partido algum, o jornal orientava o seu eleitorado, sempre identificado como "os pobres", a procurarem "outros pobres que com eles padecem para no Parlamento dizerem aos filhos da terra quaes são os males para os quaes o povo, que são os pobres, pede remédio".[37] Posição que não inviabilizou a Borges da Fonseca inicialmente tentar costurar uma aliança eleitoral com os liberais da província contra o governo, então em mão do partido progressista. Essa nova legenda era um desdobramento da "Liga", uma coligação ou frente política formada de liberais e conservadores, como Nabuco de Araújo e

---

34 *Lista de Qualificação dos Votantes*, 1851, Livro 14, Freguesia de São Pedro Mártir. Arquivo Público de Olinda, Pernambuco.
35 *O Progressista* de 26/06/1863, qualificação dos votantes do Poço da Panela, 5º quarteirão, p. 2.
36 *O Tribuno* de 18/12/1866, "Oitava reunião popular", p. 4.
37 *O Tribuno* de 25/01/1867, p. 4.

Zacarias de Góes e Vasconcelos, que desde as eleições de 1860 vinha ganhando projeção na Corte. Ao formar-se o partido progressista, em 1864, os liberais e conservadores ingressos em sua fileira passaram a ser designados de "ligueiros" ou progressistas.

A princípio Borges da Fonseca pretendeu hostilizar a nova legenda unindo-se aos liberais "genuínos" ou históricos para juntos combatê-la. Em sua estratégia de aliança com as velhas lideranças da Praia tramava lançar a sua própria candidatura a deputado geral. Todavia, pelo que nos informa o biógrafo de Borges da Fonseca, Mário Márcio Santos, ele teria sofrido a rejeição de sua candidatura por Urbano Sabino de Mello, um dos pesos-pesados do Partido Praieiro. Depois disso, decepcionado, teria então se bandeado para o lado dos progressistas, para depois com eles também se desentender quanto às suas pretensões políticas.[38]

Uma reviravolta incrível, pois, poucos meses antes das eleições, *O Tribuno* fazia ataques ferrenhos aos progressistas no poder, responsabilizando-os pela repressão que se abateu sobre a população que prestigiava os *meetings*. Afinal, embora novo, o Partido Progressista tinha muito de antigo. Nabuco de Araújo, referindo-se com muita propriedade à origem dessa legenda, observava que, ao contrário do Rio, onde os liberais ligueiros chegaram a obscurecer as lideranças conservadoras no novo partido, em Pernambuco sempre coube aos conservadores essa proeminência.

---

38 Santos, Mário Márcio de Almeida. *Um homem contra o Império: Antônio Borges da Fonseca*. João Pessoa: Conselho Estadual de Cultura/Editora União, 1994, p. 294.

Todavia, antes de se indispor com os liberais históricos, Borges da Fonseca publicou nas páginas d'*O Tribuno* uma gravura que procurava apresentar como os progressistas e aqueles liberais genuínos se portavam com reação aos lusos. Nela vê-se uma vaca, identificada como "a nação monárquica", de quem é proprietário um português com chicote. Três indivíduos junto ao animal são uma alegoria aos liberais históricos, que não aderiram ao partido progressista, bem como aos conservadores e liberais que ingressaram na nova legenda, reconhecidos como "ligueiros" ou progressistas. O que está apático, em pé, representa o liberal histórico. O mamando nas tetas da vaca é o conservador "ligueiro". Ao lado desse último, agachado, acha-se um liberal "ligueiro", que não mama e faz as vezes de um bezerro durante a ordenha, segundo a explicação do jornal: "a vaca para deixar tirar leite carece que se lhe amarrem a perna um bezerro, que quase sempre não mama". Ao representar os liberais como indiferentes, cobrava-se deles um posicionamento firme na contenda entre os brasileiros e os portugueses.[39]

Uma questão importante, mas de difícil resolução, é a da magnitude da adesão da população àquelas reuniões. Foram muitos ou poucos os que compareceram às manifestações antilusitanas de 1866? A imprensa, como sempre, dependendo de sua orientação, apresenta cifras tendenciosas sobre o número de pessoas envolvidas nesses eventos e as autoridades tendem a minimizar tudo que lembre desordem, ficando, portanto, muito complicado mesurar o número de manifestantes arregimentados a partir de ambos. Os simpatizantes da causa falavam de 300, 400 e até 1.200 pessoas reunidas, já os inimigos reduziam ao extremo estas cifras.[40]

É provável, entretanto, que essas manifestações congregassem ainda muita gente como no passado, embora não assumissem a dimensão social e política daquelas ocorridas na primeira metade do século xix. Uma briga individual, por exemplo, envolvendo um português e um brasileiro, não evolui para um Mata-Marinheiro do Colégio. E nem a chegada de navios de guerra portugueses, tão alardeada, não fez a capital explodir em quebra-quebras e espancamentos, havendo apenas o embate localizado entre os manifestantes e as autoridades policiais.

Por outro lado, nos idos de 1860, nenhuma liderança dos partidos imperiais mostrou-se, dessa vez, identificado com a nacionalização do comércio, que sempre se apresentou como um problema atrelado à imigração lusa. Dessa vez, preferiram os liberais praieiros, comprometidos noutras épocas no Parlamento com um projeto direcionado

---

39   *O Tribuno* de 17/10/1866, p. 6.
40   *O Tribuno* de 20 e 28 de novembro de 1867.

para tal demanda, apenas apresentá-la, sem grande alarde e interesse, como "uma questão econômica como outra, adotada por algumas nações e reprovada por outras", passível de ser discutida livremente no espaço público por todo cidadão.[41]

Nem mesmo o Partido Progressista, que mereceu por algum tempo o apoio eleitoral de Borges da Fonseca, chegou a manifestar seu apoio àquela bandeira antilusitana desfraldada por seu aliado eleitoral do momento. Por sua vez, os republicanos estavam coesos em torno da nacionalização do comércio e trabalho e do antilusitanismo, para somente dessas causas se distanciarem na última década do Império.[42] Esse distanciamento se dará à medida que o movimento republicano vai sendo engrossado por bacharéis de direito e esvaziado dos pequenos comerciantes e artesões urbanos. Nesse sentido, o movimento republicano em Pernambuco, na segunda metade do século XIX até a década de 1870, se assemelhou mais ao carioca e menos ao paulista, por sua forte identidade urbana.[43]

Todavia, independente do número de pessoas mobilizadas para aquelas reuniões de notório apelo antilusitano, as autoridades não pouparam esforços para reprimi-las! A coerção ao *meeting* do dia 30 de setembro de 1866 levou até Castro Alves a dedicar-lhe um poema, *O povo no Poder*: "*A praça é do povo como o céu é do Condor*", dizia um dos seus conhecidos versos.[44] Nos acontecimentos daquele ano, portanto, o antilusitanismo ainda estava bem vivo entre os populares, embora estivesse distante de assumir as proporções do passado e desembocar em ações violentas da parte dos manifestantes, ficando reservada a truculência ao comportamento das autoridades públicas.

Contudo, os mata-marinheiros não estavam definitivamente banidos no cenário de Pernambuco após a Praieira, verificando-se, em 1872, pelo menos um de grandes proporções e repercussões, que durou dias, na Cidade Goiana. Ao longo dele, comerciantes e caixeiros portugueses penaram em mãos dos chamados "patriotas" ou nacionais. Em meio à

---

41   *O Tribuno* de 31/10/1866, p. 7 e 8.

42   *Apud* Nascimento, Luís do. *História da Imprensa de Pernambuco*. Recife: UFPE, v. V, 1970, p. 251-252.

43   Com relação ao movimento republicano em Pernambuco, ver Hoffnagel, Marc. "O Movimento republicano em Pernambuco", *in Revista do Instituto Arqueológico, Histórico e Geográfico de Pernambuco*. Recife: IAHGPE, nº 49, 1977, p. 31-60.

44   O poema foi publicado no jornal *O Tribuno* sem a assinatura do autor, em 18 de dezembro de 1866, em primeira página. Seus versos, conforme foi observado pela historiografia, aludem aos acontecimentos do Recife. Cf. Nascimento, Luís do. *História da Imprensa de Pernambuco*. Recife: UFPE, v. V, 1970, p. 251.

agitação, os "patriotas" houveram de lembrar, para acirrar os ânimos na cidade e importante entreposto comercial da Mata Norte, uma paródia ao Hino da Independência, tida como de suposta autoria dos lusos, cujos versos diziam:

> Cabra gente, brasileira,
> Gente fina é a lusitana.
> (...)
> Já não tememos brejeiros,
> Do país grandes guerreiros.
> Temos balas, armas, pólvora.
> Cagamos nos Brasileiros.[45]

Por outro lado, não seria possível restringir-se a mobilização da década de 1860 à pessoa de Borges da Fonseca e a uma minoria de indivíduos que militaram ao seu lado desde a Praieira. Outros jornais batiam na mesma tecla no período e, inclusive, na década de 1870, como no caso da folha "A nacionalização do Comercio a Retalho". No Recife, em 1873, a criação da Sociedade Auxiliadora da Nacionalização do Comércio e o encaminhamento de uma representação à Assembleia da Província, contra o fim do monopólio do referido comércio por estrangeiro, são indícios de que as tensões entre os portugueses e brasileiros na capital da província pareciam nunca chegar ao fim. Isso para não falar de Goiana, que desde as agitações antilusitanas de 1872 esteve distante de ver a paz reinar entre as duas nacionalidades até 1875.[46]

Mas os *meetings* antilusitanos da década de 1860 trataram também de outras duas questões do momento: a abolição e a Guerra do Paraguai. O recrutamento reverteu-se de caráter dramático em Pernambuco, como em outras partes do Império, em razão da necessidade cada vez maior de envio de tropas para o *front*, numa guerra que ficou longe de ser breve, como gostavam de afirmar os políticos e militares ufanistas da pátria. Previsões sobre o efeito desse recrutamento sobre as classes populares, suas maiores vítimas, ouvi-

---

45 *Apud* CAVALCANTI, Paulo. *Eça de Queiroz agitador no Brasil*, 3ª ed. revista e aumentada. Recife: Editora Guararapes, 1983, p. 149.

46 CAVALCANTI, Paulo. *Eça de Queiroz agitador no Brasil*, 3ª ed. revista e aumentada. Recife: Editora Guararapes, 1983, p. 229.

ram-se até do Presidente da Província, temeroso de que a falta de equidade nesse processo gerasse uma "verdadeira calamidade" pública.[47]

Com um Exército carente de recursos humanos, além de financeiros e logísticos, não seria fácil convocar homens para o serviço militar, fosse por meio forçado ou voluntário. O apelo aos "Voluntários da Pátria" obteve sucesso, inclusive com apoio quase em bloco da imprensa do Recife. Porém, grande parte desses supostos voluntários não seguiram para a guerra de livre e espontânea vontade, embalados pelas manifestações cívicas de rua e artigos dos jornais. A título de exemplo, a historiografia assinalou que, em 1865, dos 220 voluntários registrados pelo *Jornal do Recife*, 171 (77,72%) se apresentaram ao Exército sob a custódia de terceiros, a quem deviam lealdade![48] Das notícias desse teor, uma nos pareceu elucidativa do recrutamento de dependentes por parte de pessoas influentes:

> O filho do tenente Montarrayo, ontem conduziu a presença do Exmo. Sr. Presidente da província mais de 15 voluntários da pátria, os quais foram julgados aptos e juraram bandeira. Honra a este cidadão que tanto denodo se tem empregado em agenciar voluntários pela freguesia de Muribeca. (grifo nosso)[49]

Para além do recrutamento "voluntário", as insatisfações com relação à violência e à arbitrariedade empregadas no processo de recrutamento enchiam as páginas da imprensa, isso depois de passada a fase de entusiasmo patriótico inicial, restrita como ficou ao ano de 1865. Não apenas as folhas nanicas, como *O Tribuno*, debruçaram-se insistentemente sobre esse problema. A imprensa de oposição aos progressistas no poder, de tendência conservadora ou liberal, somou-se ao coro dos pasquins que, dia após dia, comovia a opinião pública com notícias que assustavam as pessoas que se sentiam na iminência de ir para o campo de batalha. Embora o recrutamento incidisse com maior peso sobre

---

47 LUCENA FILHO, Márcio. *Pernambuco e a Guerra do Paraguai: o recrutamento e os limites da ordem*. Dissertação de Mestrado. Universidade Federal de Pernambuco, Pós-graduação em História, Recife, 2000, p. 102.

48 LUCENA FILHO, Márcio. *Pernambuco e a Guerra do Paraguai: o recrutamento e os limites da ordem*. Dissertação de Mestrado. Universidade Federal de Pernambuco, Pós-graduação em História, Recife, 2000, p. 93-94.

49 LUCENA FILHO, Márcio. *Pernambuco e a Guerra do Paraguai: o recrutamento e os limites da ordem*. Dissertação de Mestrado. Universidade Federal de Pernambuco, Pós-graduação em História, Recife, 2000, p. 93.

os habitantes do interior, os moradores da capital dele não escaparam. Nas palavras dos redatores do jornal *O Conservador*, a capital vivia em sobressalto, à medida que "pacatos cidadãos" eram vítimas das incursões das autoridades que invadiam suas residências, em plena madrugada, com o fim de recrutá-las. Queixas, como sempre dirigidas ao recrutamento de cidadãos avessos aos progressistas no poder, também choviam por toda parte, transformando um problema de foro social também em político-partidário.[50]

A luta pelo fim da escravidão, sem força noutros tempos, agora começava a ganhar alento na imprensa e entre os habitantes da capital ao longo das duas últimas décadas do Império. Nesse sentido, Borges da Fonseca teve de inserir, com destaque, a questão do fim do cativeiro no seu discurso. "Unam-se todos os homens que querem a dignidade do Brasil para instarem pela liberdade já e já dos escravos (...), acabemos com a escravidão se queremos ser livres", diria ele.[51]

Não que Borges da Fonseca tivesse se omitido de criticar a escravidão em tempos passados. Nas páginas da *Revolução de Novembro*, jornal da década de 1850, já havia defendido o fim gradual do cativeiro com a indenização dos senhores. Na época da Praieira, da mesma forma.[52] Mas quem folhear *O Tribuno* constatará que o tema da abolição desponta com mais frequência e relevo em seus pronunciamentos na década de 1860. Afinal, o problema já começava a entrar na agenda do Imperador e de alguns políticos, embora não encontrasse nenhuma base de apoio segura no Parlamento. Ao mesmo tempo em que o governo, ao determinar a alforria dos cativos que fossem para a Guerra, acabava incentivando o debate sobre a emancipação dos escravos. Além do mais, a população escrava do Recife naquela altura, embora nem de longe se aproximasse da livre, que triplicou entre 1828 e 1872, ainda representava uma parte significativa dos habitantes da capital, não sendo a questão da abolição um assunto alheio aos interesses dos seus moradores.[53]

---

50   GOUVÊA, Fernando da Cruz. *O partido liberal no Império: o barão de Vila Bela e sua época*. Brasília: Editora do Senado Federal, 1986, p. 290.

51   *O Tribuno* de 09/04/1869 apud NASCIMENTO, Luís do. *História da Imprensa de Pernambuco*. Recife: UFPE, v. v, 1970, p. 254

52   APEJE, *A revolução de Novembro* de 07/12/1852, "Vantagens da República", p. 1.

53   "Em 1828, os cativos representavam 31% do total dos habitantes da parte central da cidade [do Recife]. Em 1872, apenas 10,8% deste mesmo total. Todavia, se levarmos em conta que a população escrava de Pernambuco, em 1872, representava apenas 10,5% dos habitantes da província, percebe-se que a escravidão urbana não se tornara secundária em relação ao escravismo rural (...)". CARVALHO, Marcus J. M. de e MAIA, Clarissa Nunes. "Recife, 1840-1880: políticas públicas e controle social". In: BATISTA, Marta Rossetti e GRAF, Márcia Elisa de

Portanto, a defesa do fim da escravidão proposta por Borges da Fonseca tinha certas peculiaridades. Primeiro, ela era conciliadora, posto que se pautava pela emancipação gradual e com compensação indenizatória aos senhores.[54] Revelou-se assim uma ideia em consonância com a futura proposta do Ventre Livre. Além disso, chamava atenção por associar-se a uma solução para estacar o recrutamento da população livre e pobre para a Guerra do Paraguai. Nessa direção apostava no serviço militar dos ex-escravos para obtenção da liberdade.[55] Mesmo assim, não deixava Borges da Fonseca também de reivindicar a abolição como uma medida necessária à valorização do trabalho nacional e passo importante na construção da cidadania plena no país.

Conclusão

Ao olharmos atentamente as mobilizações antilusitanas, na década de 1860, pudemos verificar a continuidade e persistência daquelas manifestações de ruas no Império, a sua extrema afinidade com um bairro habitado pelas classes subalternas, pequenos comerciantes e empresários. Observamos ainda que elas muito contribuíram para a população trocar experiências entre si, discutir outros tantos problemas sociais que a afetavam e se posicionar diante de questões políticas do momento, enfim organizar-se enquanto cidadãos.[56]

Notamos também que o motor dessa mobilização que reuniu a população em *meetings* foi, sem dúvida, a conjuntura da Guerra do Paraguai. O constante apelo aos brios nacionais, na imprensa e em manifestações faustosas de rua, fez alimentar na população um sentimento contraditório de pertencimento à nação e de cidadania que se chocava com uma realidade cruel, a do recrutamento para o campo de batalha, numa guerra longa e que consumia muitas vidas, mas não as dos estrangeiros residentes no país e principalmente a da comunidade entre eles mais numerosa – a lusitana. Para muitos brasileiros,

---

Campos. *Cidades Brasileiras II. Políticas Urbanas e dimensão cultural*. São Paulo: Instituto de Estudos Brasileiros/USP, 1999, p. 78.

54 *O Tribuno* de 15/11/1866, p. 1 e 2.

55 *O Tribuno* de 04/04/1867, p. 4, "Emancipação", e 24/10/1867, p. 2, "A liberdade dos escravos".

56 Não por acaso serão justamente os empregados do comércio os primeiros trabalhadores a lutarem por seus direitos em Pernambuco no final do século XIX. Cf. CÂMARA, Bruno Dornelas. "Vassoura, balcão, escritório e rua: caixeiragem como carreira", in *Almanack brasiliense*. São Paulo: USP, nº 6, novembro de 2007, p. 39 a 53.

esses estrangeiros lhes tiravam empregos e negócios, que poderiam lhes proporcionar, além de ganha-pão, a isenção tão almejada do serviço militar.[57]

Referências Bibliográficas

CÂMARA, Bruno Augusto Dornelas. "O mata-marinheiro do colégio e a radicalização da populaça do Recife na briga pelo mercado de trabalho". In: CLIO – *Revista da Pós-Graduação em História da UFPE*, Recife, nº 23, 2005.

_____. "Vassoura, balcão, escritório e rua: caixeiragem como carreira". In: *Almanack brasiliense*. São Paulo: USP, nº 6, novembro de 2007.

_____. *Trabalho livre no Brasil Imperial: o caso dos caixeiros de comércio na época da Insurreição Praieira*. Pós-Graduação em História da UFPE, Dissertação de Mestrado, Recife, 2005.

CARVALHO, Marcus J. M. de. "O Antilusitanismo e a questão social em Pernambuco, 1822-1848". In: PEREIRA, Mirian Halpern (org.). *Actas do colóquio internacional sobre Emigrante e Imigração em Portugal (Séc. XIX e XX)*. Lisboa, Portugal: Editora Fragmentos, 1993.

CARVALHO, Marcus J. M. de e MAIA, Clarissa Nunes. "Recife, 1840-1880: políticas públicas e controle social". In: BATISTA, Marta Rossetti e GRAF, Márcia Elisa de Campos. *Cidades Brasileiras II. Políticas Urbanas e dimensão cultural*. São Paulo: Instituto de Estudos Brasileiros/USP, 1999.

CAVALCANTI, Paulo. *Eça de Queiroz agitador no Brasil*, 3ª ed. revista e aumentada. Recife: Editora Guararapes, 1983.

EISENBERG, Peter. *Modernização sem mudança. A indústria açucareira em Pernambuco, 1840-1910*. Tradução de João Maia. Rio de Janeiro: Paz e Terra; Campinas: Unicamp, 1977.

FREYRE, Gilberto. *Sobrados e Mocambos. Decadência do patriarcalismo rural e desenvolvimento urbano*. Coleção Intérpretes do Brasil. Rio de Janeiro: Nova Aguillar, 2ª ed., v. 2, 2002.

GOUVÊA, Fernando da Cruz. *O partido liberal no Império: o barão de Vila Bela e sua época*. Brasília: Editora do Senado Federal, 1986, p. 280.

HOFFNAGEL, Marc. "O Movimento republicano em Pernambuco". In: *Revista do Instituto Arqueológico, Histórico e Geográfico de Pernambuco*. Recife: IAHGPE, nº 49, 1977.

---

57 Entre os isentos do recrutamento estavam os empregados do comércio e os chamados "arrimos de família". Mas, em geral, quem tivesse ocupação definida, na produção e comércio, tinha mais chance de escapar da convocação para a guerra. Os Guardas nacionais a princípio também estavam excluídos desse recrutamento, porém, à medida que a guerra se prolongou, perderam essa prerrogativa.

HOBSBAWM, Eric J. *Os trabalhadores: estudos sobre a história do operariado*, 2ª ed. Tradução de Marina Leão Teixeira Viriato de Medeiros. São Paulo: Paz e Terra, 2000.

NASCIMENTO, Luís do. *História da Imprensa de Pernambuco*. Recife: UFPE, v. V, 1970.

LUCENA FILHO, Márcio. *Pernambuco e a Guerra do Paraguai: o recrutamento e os limites da ordem*. Pós-Graduação em História da UFPE, Dissertação de Mestrado, Recife, 2000.

MELLO, Evaldo Cabral de. *A outra Independência. O federalismo pernambucano de 1817 a 1824*. São Paulo: Editora 34, 2004.

MOURA FILHO, Heitor Pinto de. *Um século de pernambucanos mal contados*. Pós-Graduação em História Social da Universidade Federal do Rio de Janeiro, Dissertação de Mestrado, Rio de Janeiro, 2005.

NOGUEIRA, Octaciano. *Constituições Brasileiras*, v. 1, 1824. Brasília: Senado Federal, 1999, p. 91.

RIBEIRO, Gladys Sabina. *A liberdade em construção. Identidade e conflitos antilusitanos no Primeiro Reinado*. Rio de Janeiro: Faperj/Relume-Dumará, 2002.

SANTOS, Mário Márcio de Almeida. *Um homem contra o Império: Antônio Borges da Fonseca*. João Pessoa: Conselho Estadual de Cultura/Editora União, 1994.

Capítulo 4
L'*Amazzonia è nostra*.
Emigração e interesses comerciais nos vapores da linha Gênova-Belém-Manaus (1897-1906)[1]

Paulo César Gonçalves

Porto de Gênova, 18 de maio de 1897, o vapor *Re Umberto*, da companhia de navegação Ligure Brasiliana, prepara-se para partir em viagem inaugural do até então inédito percurso Gênova-Belém-Manaus. A bordo, não apenas as 17 toneladas de mercadorias de origem italiana e dois passageiros,[2] mas principalmente as expectativas ambiciosas que abrangiam interesses comerciais e ideais colonialistas, considerados fundamentais para o desenvolvimento econômico do jovem reino da Itália.

Certamente, essa empreitada transoceânica estava inserida no movimento expansionista europeu que concebia a conquista de colônias, seja através do domínio político ou da influência econômica, como fator de ampliação de mercados e de fontes de matérias-primas. Era consenso, também, que a Marinha mercante constituía-se em instrumento fundamental para colocar em prática uma política de potência colonial.

O caso italiano, todavia, apresentava especificidade. O desenvolvimento de sua frota mercante foi bastante favorecido pela emigração. Ao final do Oitocentos, o fluxo migratório para as terras do Novo Mundo e Europa já havia alcançado volume assombroso: média anual de 121 mil emigrantes na década de 1860, 188 mil na de 1880, passando

---

1 Este artigo apresenta algumas ideias discutidas na Tese de Doutorado *Mercadores de Braços: riqueza e acumulação na organização da emigração europeia para o Novo Mundo*, defendida em junho de 2008, junto ao Programa de Pós-Graduação em História Econômica da fflch/usp, com apoio financeiro da Fapesp.

2 *L'Amazzonia*, 1 de novembro de 1899.

para 283 mil nos anos de 1890 e 603 mil no primeiro decênio do novo século – quando a emigração da Itália meridional ratificou sua supremacia sobre a setentrional.[3]

Foi a via de transporte para a América, no entanto, com o crescimento contínuo do fluxo migratório, que garantiu mecanismos constantes de autofinanciamento à Marinha italiana, permitindo, em um primeiro momento, a transição da vela para o vapor e, após a consolidação dessa tecnologia, certas condições para suportar com relativo sucesso a concorrência das companhias estrangeiras. Estudiosos contemporâneos ao êxodo já apontavam que a consolidação da frota mercante nacional "estava intimamente associada ao tráfico mais lucrativo, o da emigração".[4]

Esse período também ficou marcado pela criação da Navigazione Generale Italiana (NGI), resultado da fusão das companhias Raffaele Rubattino & C., de Gênova, e Piroscafi Postali di Ignazio e Vicenzo Florio & C., de Palermo, em 1881. Após sua formação, começou a absorver sucessivamente outras sociedades menores, inclusive aquelas pertencentes a tradicionais famílias de armadores genoveses.[5] Um processo de concentração que, em poucos anos, a transformou na maior empresa de navegação da Itália, destinada a suportar a concorrência da Marinha estrangeira, especialmente a francesa que, subsidiada pelo próprio governo, aspirava, segundo opinião corrente à época, abocanhar o comércio dos portos italianos.[6]

Essa tendência à concentração foi fruto de um consenso apoiado em fatos que demonstravam como a lógica de potência e de conquista de novos mercados estava ligada ao

---

3 Sori, Ercole. *L'emigrazione italiana dall'Unità alla Seconda Guerra Mondiale.* Bolonha: Il Mulino, 1979, p. 20. A tradicional emigração de italianos do norte para alguns países europeus foi superada pelo fluxo transoceânico a partir de meados da década de 1880. Após isso, o movimento continental foi superior apenas em 1898-1900 e 1908. Cf. Commissariato Generale dell'Emigrazione. *Annuario statistico della emigrazione italiana dal 1876 al 1925.* Roma, 1926.

4 Malnate, Natale. *Gli italiani in America.* Gênova: Pietro Pellas Fu L., 1898. Gambeta, F. "*Effetti dell'emigrazione per la marina mercantile*". *Rivista Marittima.* Roma, ano xxxv, fasc. vi, 1902. Piaggio, Erasmo. "*Lo Stato e la marina mercantile*". *Nuova Antologia.* Roma, jul./ ago., 1904. Bernardi, G. "*I provvedimenti a favore della marina mercantile*". *Rivista Marittima.* Roma, ano xxxviii, fasc. iv, 1905.

5 Em 1885, as frotas das companhias das famílias Raggio e Piaggio foram absorvidas pela NGI, que passou a dispor de 81% da frota a vapor de Gênova. Molinari, Augusta. "*Porti, trasporti, compagnie*". In: Bevilacqua, Piero; Clementi, Andreina de; Franzina, Emilio (orgs.). *Storia dell'emigrazione italiana. Partenze,* v. i. Roma: Donzelli Editore, 2001, p. 244.

6 Pozzo, Mario; Felloni, Giuseppe. *La borsa valori di Genova nel secolo xix.* Torino: ilte, 1964, p. 410.

sistema de grandes companhias de navegação nacionais diretamente subvencionadas pelo Estado.[7] Naquele momento, à exceção da Inglaterra, cuja superioridade da Marinha a vapor era incontestável, outros países como Alemanha e França empreendiam subsídios estatais para compensar a preeminência inglesa no comércio mundial, e a Itália, ainda mais frágil, procurou seguir o mesmo caminho, sempre apoiada em seu movimento migratório.

A dinâmica dos serviços marítimos executados pela Navigazione Generale Italiana é emblemática. No início, seu mote era o transporte de mercadorias e os serviços postais subsidiados pelo governo, herança das duas companhias que se dedicavam às linhas do Mar Vermelho, Mediterrâneo, Adriático, Oriente e Atlântico norte. No entanto, com a incorporação de sociedades que levavam emigrantes para a América do Sul, a NGI ampliou seus horizontes e passou a agir nesse mercado em franca expansão. Os reflexos não tardaram: a partir de meados da década de 1890, as receitas do transporte de passageiros já superavam às obtidas com os fretes de mercadorias, tendência que se fortaleceu no início do novo século.

Nas décadas finais do Oitocentos, paralelamente aos efeitos diretos para as companhias de navegação, a emigração assumiu relevo econômico de primeiro plano em dois setores subsidiários, com grandes interesses financeiros envolvidos: a siderurgia e a construção naval. Devido ao escasso incremento no comércio marítimo italiano de exportação, a emigração transformou-se, juntamente com as demandas militares, no principal ponto de incentivo ao desenvolvimento da indústria pesada italiana. Foi esse novo aspecto econômico, mais do que o agrário (representado pela fuga dos campos) ou o meramente comercial, que contribuiu de forma decisiva para dar ao êxodo o caráter de problema nacional. Fundamental, portanto, a intervenção estatal para regular de maneira orgânica os complexos problemas delineados ao redor da saída de grandes contingentes.[8]

A Lei nº 23, de 31 de janeiro de 1901, emergiu dessa discussão e foi vista por muitos contemporâneos como passo importante na tutela do emigrante diante do objetivo maior: o desenvolvimento econômico da Itália. Nesse sentido, a obra de Antonio Franceschini,

---

7   Barone, Giuseppe. "*Lo Stato e la marina mercantile italiana (1881-1894)*". *Studi Storici*. Roma, nº 3, 1974. O ápice dessa concentração foi alcançado em meados da primeira década do século xx, quando, no espaço de seis anos, através de uma série de operações financeiras, a NGI passou a controlar outras três grandes companhias: La Veloce, em 1902, Italia, em 1905, e Lloyd Italiano, em 1907. Doria, Giorgio. *Investimenti e sviluppo economico a Genova alla vigilia della prima guerra mondiale (1882-1914)*, v. II. Milão: A. Giuffrè Editore, 1973, p. 271.

8   Annino, Antonio. "*Origine e controversie della legge 31 gennaio 1901. La politica migratoria dello Stato postunitario*". *Il Ponte*. Gênova, nº 30-31, 1974, p. 1.258.

publicada em 1908, sintetizava, em seu título e conteúdo, o pensamento de uma corrente originária do ideário genovês da década de 1860. Quase ao final de *L'emigrazione italiana nell'America del Sud. Studi sulla espansione coloniale transatlantica*, após defender enfaticamente a prioridade da Marinha mercante italiana em relação ao transporte de emigrantes e à tutela dos "colonos" no Novo Mundo, apontando os benefícios para a nação, o publicista relembrou o antigo sonho de Cristoforo Negri, o primeiro presidente da *Società Geografica Italiana*, em 1868: a criação de uma Itália austral.[9]

O expansionismo italiano

A antiga tentativa de estabelecer relação direta entre emigração e exportação, ou seja, de maior integração da economia italiana ao sistema internacional, sobretudo na América, confundiu-se com o movimento migratório pelo maior porto da Ligúria. Datam da década de 1860 os estudos de Jacopo Virgilio,[10] economista ligado aos armadores e ao comércio de Gênova, que vislumbravam as possíveis vantagens comerciais da associação dos primeiros movimentos consistentes de expatriação transoceânica com o comércio de importação de peles e lãs e exportação de produtos italianos. A ideia era estabelecer a compensação dos fretes para os navios que na ida transportavam a rica mercadoria constituída pelos emigrantes e, na volta, as matérias-primas "peso-perdenti".

Defensor de teses liberais, o economista genovês criticava o modelo de colônia desenvolvido à custa do Estado (metrópole), subordinado às suas leis e dependente politicamente. Sua preferência era outra, baseada em colônias fundadas gradualmente com indivíduos que para lá se dirigiam espontaneamente, onde seriam tratados pelos respectivos governos como cidadãos e teriam condições de exercerem suas atividades econômicas. A convicção liberal do autor pode ser resumida na seguinte frase:

> Nós estamos convencidos que se a Itália tivesse domínio direto sobre Montevidéu e Buenos Aires, toda a prosperidade daquelas co-

---

9   Franceschini, Antonio. *L'emigrazione italiana nell'America del Sud. Studi sulla espansione coloniale transatlantica.* Roma: Forzani e C. Editori, 1908.

10 Virgilio, Jacopo. *Delle migrazioni transatlantiche degli italiani ed in especie di quelle dei liguri alle regioni del Plata: cenni economico-statistici.* Gênova: Typografia del Commercio, 1868.

lônias, todas as vantagens que a nossa nação atualmente obtém, desapareceriam.[11]

Argentina e Uruguai, pela tradição do comércio e pela antiga presença de lígures, eram vistos como extensão natural da península, ou seja, colônias em potencial. Foi exatamente com a emigração para essas duas regiões que os interesses da Marinha mercantil italiana, mais especificamente a genovesa, começaram a se estabelecer, baseados em uma incipiente dinâmica que combinava transporte de emigrantes e mercadorias. O caminho expansionista do Atlântico sul já era apontado por Virgilio em artigos publicados no jornal *La Borsa*, em 1865.

> O Prata é um dos pontos onde os italianos preferencialmente concentram-se, proporcionando entre aquela localidade e a Itália um tráfico de não pequena importância. Os nossos compatriotas, além do tráfico estabelecido com vários portos italianos, sobretudo com o porto de Gênova, obtêm lá recursos significativos do exercício de trabalhos pessoais.[12]

Na opinião de Virgilio, o ressurgimento marítimo do reino devia muito à emigração. Foi o transporte de emigrantes que inicialmente tornou rentável as viagens de ida, pois a demanda por produtos da pátria-mãe ainda era mínima. Os italianos residentes no exterior incentivariam as relações comerciais, divulgando os produtos da colônia e preparando a mesma para receber os artigos da península. Um tráfico de especial interesse para a Marinha do reino, sobretudo em relação aos fretes das exportações, compensados pelo valor arrecadado com as passagens de 3ª classe.[13]

À época, Jacopo Virgilio não apresentou nada de original quando relacionou a prosperidade da nação ao comércio, sobretudo marítimo, e à "aquisição" de colônias. No entanto, fiel à sua formação de economista afinado com os interesses da indústria marítima lígure, foi um dos primeiros pensadores italianos a formular, senão a perceber,

---

11 VIRGILIO, Jacopo. *Delle migrazioni transatlantiche degli italiani ed in especie di quelle dei liguri alle regioni del Plata: cenni economico-statistici*. Gênova: Typografia del Commercio, 1868, p. 110.

12 *La Borsa*, 03 de novembro de 1865.

13 VIRGILIO, Jacopo. Delle migrazioni transatlantiche degli italiani ed in especie di quelle dei liguri alle regioni del Plata: cenni economico-statistici. Gênova: Typografia del Commercio, 1868, p. 106-107.

a potencialidade da emigração como instrumento para atingir esse fim.[14] Ou seja, a emigração trazia consigo duas funções: criar mercados para os produtos italianos no exterior e, ao mesmo tempo, transformar-se, sobretudo na fase inicial, na principal fonte de renda e estímulo ao crescimento da Marinha mercante. Outra frase, no epílogo de seu livro, parece ser a expressão mais fina de seu pensamento:

> Em suma, sem colônias não existe o verdadeiro comércio, não há marinha forte, não existem atividades industriais, nem prosperidade no Estado.[15]

Anos mais tarde, em 1881, a *Società di Mutuo Soccorso dei Capitani Marittimi Liguri*, respondendo ao quesito "relação entre emigração e marinha mercante" da *Inchiesta Parlamentare per la Marina Mercante* promovida pelo governo italiano, aproveitou para ampliar o foco, trazendo ao debate os problemas das colônias e do comércio. As observações da sociedade em nada se diferenciavam das formulações de Virgilio.

> Nós acreditamos que a emigração de italianos para o exterior, porque dirigida diretamente aos centros comerciais onde é acolhida amigavelmente, seja um bem, porque instrui e estimula à atividade os mais pobres e os mais ignorantes. Onde existem muitos compatriotas reunidos se estabelece um consumo de produtos nacionais, e um comércio com a pátria-mãe, que a sua volta alimenta e cria linhas de navegação a vapor e dá trabalho aos veleiros. Todas as nações que possuem colônias, as desenvolveram com a corren-

---

[14] Longe de serem unânimes, suas ideias enfrentaram forte oposição mesmo na Ligúria. A discórdia residia principalmente em relação à liberdade ou não de emigrar. Um dos maiores críticos de Jacopo Virgilio era Giovanni Florenzano. *Della emigrazione italiana in America*. Nápoles, 1874. No mesmo ano, o economista Gerolamo Boccardo escreveu um artigo na revista *Nuova Antologia* ressaltando os aspectos negativos da emigração para o reino, propondo o emprego dos trabalhadores italianos em obras de infra-estrutura por todo o território. Para uma síntese sobre essa polêmica ver MANZOTTI, Fernando. *La polemica sull'emigrazione nell'Italia Unita*. Milão: Società Editrice Dante Alighieri, 1969, p. 26-32.

[15] VIRGILIO, Jacopo. *Delle migrazioni transatlantiche degli italiani ed in especie di quelle dei liguri alle regioni del Plata: cenni economico-statistici*. Gênova: Typografia del Commercio, 1868, p. 109.

te de emigração, e como contrapartida, a emigração enriqueceu e desenvolveu as mesmas colônias.[16]

Segundo Ercole Sori, a *Inchiesta* sobre a Marinha mercante marcou o momento em que o governo italiano aderiu oficialmente à chamada via italiana do colonialismo comercial.[17] Gigliola Dinucci observa que, juntamente com o problema central sobre qual tipo de intervenção deveria ser adotado para enfrentar a crise do transporte marítimo (subvenção ou prêmios de navegação), debateu-se intensamente qual o papel da emigração e das colônias no desenvolvimento do comércio e da navegação. O próprio ministro da agricultura, ao comentar a *Inchiesta*, evidenciou a existência de um vínculo positivo entre fluxo migratório, colonização e desenvolvimento da riqueza nacional, o que obrigava à instituição de um programa de intervenção direta para favorecer a expansão do país no exterior.[18] A expectativa era de que o fluxo de italianos para o exterior se transformasse em uma das ferramentas para desenvolver a economia do reino. Ficava claro, portanto, que emigração, comércio e Marinha mercante associavam-se ao interesse nacional.

No início da década de 1890, a Argentina apresentava-se como a área mais promissora em matéria de importação de produtos italianos, que não se restringiam apenas a vinho e azeite. Em 1891, as exportações de fios e tecidos de algodão começaram a crescer, reforçando o interesse dos industriais setentrionais pela tutela e organização da emigração transoceânica, na esperança de reservar um mercado para seus produtos.[19]

16   Società di M. S. dei Capitani Marittimi Liguri. *Risposte ai quesiti formulati dalla Commissione de Inchiesta Parlamentare per la Marina Mercantile*. Gênova: *Il Commercio Gazzetta di Genova*, 1881, p. 20.

17   SORI, Ercole. *L'emigrazione italiana dall'Unità alla Seconda Guerra Mondiale*. Bolonha: *Il Mulino*, 1979, p. 128.

18   DINUCCI, Gigliola. "*Il modello della colonia libera nell'ideologia espansionistica italiana. Dagli anni'80 alla fine del secolo*". *Storia Contemporanea*. Bolonha, ano x, nº 3, 1979, p. 441-442. Por conta desse programa foram instituídas oito câmaras de comércio no exterior: três na região do Prata (Montevidéu, Buenos Aires e Rosário); três no Mediterrâneo (Alexandria, Tunísia e Constantinopla); uma em Paris e outra em São Francisco.

19   Com base em estatísticas oficiais, Dinucci informa que em 1896 a Argentina era a principal importadora de tecidos de algodão (branco e colorido) e de tecidos de lã simples. DINUCCI, Gigliola, op. cit., p. 474. Segundo Annino, a indústria têxtil, a mais desenvolvida daquele período, exportava boa parte de seus produtos para a Argentina, resistindo bem à concorrência britânica. ANNINO, Antonio, op. cit., p. 1.261.

O problema da emigração, portanto, ampliava-se geograficamente dentro da península: originário na Ligúria, agora alcançava as regiões mais industrializadas da Lombardia e do Piemonte.

Na virada do século, cerca de quarenta anos depois dos primeiros passos, a emigração ainda criava expectativas positivas como um dos principais instrumentos para o surgimento da chamada *La più grande Italia*, a alternativa pacífica e indireta do colonialismo italiano. O objetivo era transformar o enorme exército de trabalhadores, comerciantes e agricultores, ainda ligados à pátria-mãe, em seus defensores morais e econômicos, a vanguarda da expansão étnica e comercial.[20]

A criação de uma *Nuova Italia al di là dell'Atlantico*: era esse o caminho advogado por Luigi Einaudi, em estreita ligação com os interesses industriais do norte. Brasil e Argentina eram os países de imigração preferidos. O economista empregou a estatística sobre a entrada de capitais no porto de Gênova para justificar sua opção. A cada ano, o principal porto da Itália fornecia à bandeira nacional (Marinha a vapor) cerca de 27 milhões de liras, sendo que a linha da América meridional era responsável pela entrada de 23 milhões de liras; quanto à bandeira estrangeira, dos 55 milhões de liras arrecadados, apenas 7,5 milhões correspondiam ao movimento sul-americano.[21]

Uma frase de Einaudi talvez seja a melhor síntese de seu pensamento sobre a estreita ligação entre emigração, indústria, expansão comercial e Marinha mercante, que ganhava ainda mais força no alvorecer do século xx: "A sorte dos cidadãos é a sorte de uma das maiores indústrias nacionais: a marinha mercante".[22]

Liberal convicto, Luigi Einaudi acreditava que a emigração poderia ser o motor do capitalismo italiano e, portanto, deveria ser atividade de iniciativa privada. Essas ideias apareciam em seu livro *Un principe mercanti. Studio sulla espansione coloniale italiana*. A história de um empreendedor chamado Enrico Dell'Acqua, que em poucos anos, após emigrar, tornou-se um rico mercador graças aos negócios com a América meridional. Einaudi exaltava os antigos princípios mercantis de Pisa, Gênova e Veneza presentes, segundo ele, em Dell'Acqua, além de um distante passado glorioso:

---

20 GHINASSI, P. "*Per le nostre colonie. Nel Brasile*". *L'Italia Coloniale*, 1901. Apud SORI, Ercole. "*La política de emigración en Italia* (1860-1973). *Estudios Migratórios Latinoamericanos*. Buenos Aires, ano 11, nº 53, 2004, p. 11.

21 EINAUDI, Luigi. "*Il problema dell'emigrazione in Italia*". *La Stampa*, 16 de março de 1899. Apud FILIPUZZI, Angelo. *Il dibattito sull'emigrazione. Polemiche nazionali e stampa veneta (1861-1914)*. Florença: Felice le Monnier, 1976, p. 298-302.

22 EINAUDI, Luigi. "*Il problema dell'emigrazione in Italia*". *La Stampa*, 16 de março de 1899, p. 300.

Encarnação viva das qualidades intelectuais e organizadoras destinadas a transformar a pequena Itália atual em uma futura *più grande Italia* expandindo pacificamente o seu nome e a sua tradição em um continente maior que o antigo Império romano.[23]

No sul da Itália, os grandes proprietários de terras formavam a principal força de resistência à saída de emigrantes, temendo o aumento de salários no campo. Esse pensamento, no entanto, não era unânime. O principal expoente do meio intelectual meridional, Francesco Nitti, escreveu um ensaio em 1896, cujo título parecia delimitar a mudança de enfoque sobre a emigração: *La nuova fase della emigrazione d'Italia*.[24] Emigracionista convicto, Nitti buscava convencer os senhores de terras do sul de que a emigração representava uma válvula de segurança no campo, evitando rebeliões. Habilmente, ele não tocava em questões relativas à estrutura agrária ou às condições salariais dos camponeses, alegando que o problema devia-se essencialmente ao aumento da população.[25]

Sua preocupação fundamentava-se em como tutelar o fluxo migratório e transformá-lo em importante canal de desenvolvimento da economia italiana. Ressaltava a relevância das remessas monetárias dos emigrantes da América para a Itália, informando, inclusive, seus valores anuais (150 a 200 milhões de liras), e defendia a participação do Estado na melhoria desse tipo de serviço. Nitti também discorreu sobre suas preferências em relação ao destino da emigração no além-mar: América do Sul, sobretudo Argentina e Brasil. Finalmente deixou claro um aspecto bastante caro aos interesses italianos do norte: a necessidade de proteção à Marinha mercante nacional, a ponta de lança para inserir a Itália no competitivo comércio mundial e, consequentemente, desenvolver sua indústria.

Após a lei de 1901, não faltaram estudos endossando a relação direta entre emigração e comércio exterior e suas consequências positivas para a economia nacional. O reflexo da consolidação dessa nova visão, qual seja, a de que a emigração não mais deveria ser tratada apenas como problema social e de segurança pública, mas como fator ativo de

---

23 Einaudi, Luigi. *Un Principe mercanti. Studio sulla espansione coloniale italiana*. Turim: Bocca, 1900.

24 Nitti, Francesco. "*La nuova fase della emigrazione d'Italia*". *La Riforma Sociale*. Turim, ano III, v. VI, 1896.

25 "Nós possuímos uma densidade de população de 107 habitantes por Km²: na França é de 72, na Áustria é de 81, na Alemanha, de 97". Nitti, Francesco. "*La nuova fase della emigrazione d'Italia*". *La Riforma Sociale*. Turim, ano III, v. VI, 1896, p. 746.

política econômica externa, foi incorporado na própria lei. Instituiu-se o *Commissariato Generale dell'Emigrazione*, órgão subordinado ao Ministério do Exterior, com a função de concentrar toda assistência ao emigrante e fiscalizar as etapas do êxodo.

Outro fator de natureza econômica também foi objeto de outra lei (nº 24), promulgada em 1º de fevereiro de 1901. Caberia ao *Banco di Napoli* o monopólio das transferências das remessas dos emigrados. Tentativa clara do governo em tutelar os fluxos monetários originados pela emigração e afastar a concorrência de bancos estrangeiros. Os resultados foram modestos, pois, em média, apenas 10% das remessas passaram pelo banco entre 1901-1913.[26] Não cabe aqui uma discussão específica sobre as remessas, mas vale lembrar que a canalização destas para o sistema de crédito forneceu importante fonte de recursos para financiar setores da indústria no norte da Itália.[27]

A companhia de navegação Ligure Brasiliana

Em meio a esse ideário expansionista, que relacionava intimamente emigração, colônias e Marinha mercante e seus reflexos positivos para a economia nacional, surgiu a Società Anonima di Navigazione Ligure Brasiliana. O empreendimento, de menores proporções quando comparado às principais companhias de navegação italianas (ver tabela a seguir), pode ser considerado exemplo típico da trajetória de um prestador de serviços de emigração que conseguiu constituir uma frota. A sociedade tomou forma quando o deputado Gustavo Gavotti, um fretador de navios que distribuía emigrantes para diversas companhias pequenas que exercitavam a linha de navegação entre Itália e América do Sul, resolveu trabalhar com seus próprios vapores.[28]

Seu tamanho pode ser mensurado pelo volume do capital social, que variou significativamente com o passar dos anos. A Ligure Brasiliana originou-se da Società Ligure Romana di Navigazione, constituída em 1894 com capital de apenas 650 mil liras italianas e dois vapores. Em 1897, já sob o novo nome, seu capital passou para 2,5 milhões de liras italianas; em 1908, foi reduzido para 1,25 milhões e, cinco anos mais tarde,

---

26 SORI, Ercole. *L'emigrazione italiana dall'Unità alla Seconda Guerra Mondiale*. Bolonha: Il Mulino, 1979, p. 124.

27 Gramsci, em análise clássica e pioneira, desnudou o funcionamento do mecanismo que subordinava o trabalhador agrícola meridional ao desenvolvimento do capitalismo nas áreas mais avançadas do país, ou seja, a absorção, pelo norte industrial, das remessas dos emigrantes do sul. GRAMSCI, Antonio. A questão meridional. Rio de Janeiro: Paz e Terra, 1987.

28 *Il Faro*, 1º de junho de 1896.

aumentado para 5 milhões. Outra alteração significativa ocorreu em 1914, quando a companhia foi comprada pela Hamburg-Amerika Line e teve seu estatuto social modificado, passando a se chamar Transatlantica Italiana Società di Navigazione, com o capital elevado a 30 milhões de liras italianas, sendo 10 milhões aplicados.

Companhias de Navegação Italianas – Capital Social (Liras Italianas)

	Ligure Brasiliana	NGI	La Veloce	Lloyd Italiano	Italia
1882		*35.000.000			
1884			*		
1887			15.000.000		
1890		55.000.000			
1891			13.000.000		
1894	*650.000				
1896		33.000.000			
1897	2.500.000		16.000.000		
1899					*
1904			11.000.000	*20.000.000	
1907		60.000.000			32.000.000
1908	1.250.000				
1913	5.000.000				
1914	**30.000.000				

* Ano de constituição da companhia
** Constituição da Transatlantica Italiana

Entre todas as principais sociedades de navegação da Itália, a Ligure Brasiliana foi um empreendimento *sui generis*, cujo objetivo era estabelecer ligação comercial entre Itália e Brasil apoiada no fluxo de emigrantes. De forma pioneira, e com viés nitidamente expansionista, tentou ampliar esses laços para os estados do Amazonas e do Pará através da criação da rota Gênova-Belém-Manaus, com o intuito de permitir o desenvolvimento de trocas comerciais, de conquistar mercados para produtos italianos e promover a colonização agrícola com imigrantes.

Pelo lado brasileiro, a receptividade dessa nova linha ligando a Região Norte à Europa era grande. Antes mesmo da viagem inaugural, Gavotti assinou um contrato com o estado do Pará, em 18 de janeiro de 1897, com validade de dez anos, garantindo a subvenção de 360 mil francos (370 contos de réis) por 12 viagens anuais.[29] Com o estado do Amazonas, o acordo foi firmado em 21 de maio, no valor de 365 contos por igual período.[30] O objetivo dos dois governos era desenvolver o comércio

---

29 Mensagem dirigida ao Congresso do Estado do Pará pelo Dr. José Paes da Carvalho, 1º de fevereiro de 1901.

30 Mensagem lida no Congresso pelo Sr. Silvério José Nery, em 10 de julho de 1901. Anexo nº 9.

de exportação de produtos nativos – particularmente o látex – no Mediterrâneo, aproveitando as escalas de ida e volta por Marselha, Barcelona, Cádiz, Tanger, Lisboa e Ponta Delgada. Outro ponto fundamental era a expectativa, também por parte dos governantes, de estabelecer um fluxo migratório para a Amazônia, elevando sua densidade demográfica e, através de um programa estatal de constituição de colônias, desenvolver o potencial agrícola da região.

> O Governo contratou a navegação entre esta capital e Genova, com subvenção inferior a estipulada em lei. Já os vapores têm vindo em nosso porto, abrindo assim ao Amazonas um novo mercado aos seus produtos. É digno de patrocínio esta tentativa que, tornando-nos mais conhecidos na Europa, facilmente conduzirá ao nosso seio braços e capitais que necessitamos.[31]

Quanto se observa o movimento de vapores no porto de Belém, percebe-se que em meio a companhias inglesas, francesas, alemãs, espanholas e portuguesas, a Ligure Brasiliana era a única sociedade de navegação italiana a frequentá-lo. Apesar disso, poucos anos depois, Augusto Montenegro, então governador do Pará, lamentava os quase nulos resultados obtidos com a navegação para o Mediterrâneo, colocando em xeque a subvenção ao anunciar que tentaria reduzi-la via negociação.[32] Em 1904, ainda no comando do estado, Montenegro informava que, em setembro de 1901, já havia reduzido pela metade o número de viagens e, ao final de 1903, conseguiu rescindir o contrato com a companhia italiana, pagando indenização de 90 mil francos.[33]

No Amazonas, a avaliação do acordo era positiva, o que levou o governador a aventar a hipótese de aumentar a frequência das viagens mensais para quinzenais. A Ligure Brasiliana, aliás, era a única companhia estrangeira subvencionada pelo estado.[34] Em 1901, ao contrário do que pretendia o mandatário, as carreiras tornaram-se

---

31 Mensagem do Exmº Sr. Dr. Fileto Pires Ferreira, Governador do Estado do Amazonas, 6 de janeiro de 1898.

32 Mensagem dirigida ao Congresso do Estado do Pará pelo Dr. Augusto Montenegro, 10 de setembro de 1901.

33 Mensagem dirigida ao Congresso do Estado do Pará pelo Dr. Augusto Montenegro, 7 de setembro de 1904.

34 Mensagem lida no Congresso pelo Sr. Silvério José Nery, Governador do Amazonas, 10 de julho de 1901.

bimensais e, em 1902, quadrimensais, revelando as dificuldades desse empreendimento nas duas regiões.[35]

Para executar os serviços a que se propôs, ou seja, transportar emigrantes para o Brasil e região do Prata e manter uma linha regular mensal entre Gênova e os estados do Amazonas e do Pará, a Ligure Brasiliana utilizou, a princípio, três vapores herdados da Ligure Romana, todos construídos entre 1891-1892: *Re Umberto*, *Rio Amazonas* e *Minas*. A política de aproveitar ao máximo o material de navegação fez com que os três navios permanecessem em serviço até 1910, contando, inclusive, com a patente de vetor de emigração fornecida pelo *Commissariato dell'Emigrazione*. Somente em 1911 foram comprados do Lloyd Italiano os vapores *Cavour* (1905) e *Garibaldi* (1906), conferindo à companhia material náutico um pouco mais moderno, o que permitiu, segundo palavras de seu conselho administrativo, enfrentar a concorrência de outras sociedades de navegação pelo transporte de emigrantes.

Renovação relativa, na medida em que um anúncio publicado na revista *La Marina Mercantile Italiana*, em princípios de 1913, ainda oferecia os serviços do *Re Umberto* para a América do Sul – provavelmente o navio mais antigo que ainda transportava emigrantes. Em 1914, já como Transatlantica Italiana, a companhia deu início aos serviços da linha para Nova York com o recém-construído transatlântico *Dante Alighieri*, enquanto ainda aguardava a entrega de outro, o *Giuseppe Verdi*. Logo após sua aquisição pela Hamburg-Amerika Line, a companhia teve extraordinário aumento no valor de seu material de navegação, com a compra de novos vapores: 3 milhões de liras italianas, em 1914, para 13 milhões, em 1915.

Modesta durante mais de uma década de existência, depois fortalecida por capitais alemães, a Ligure Brasiliana sempre dependeu do transporte de emigrantes, mesmo quando executava a linha com os estados do Amazonas e Pará. Após anos de dedicação exclusiva às rotas com Brasil e Argentina, nada mais revelador do que sua entrada, já como Transatlantica Italiana, no crescente mercado de serviços de emigração para os Estados Unidos. Em 1914, consolidado o primeiro exercício da nova fase, os vapores e as linhas estavam definidos de acordo com as exigências da demanda da emigração: o material mais antigo, *Cavour* e *Garibaldi*, para a América do Sul, e o mais moderno, *Dante Alighieri* e *Giuseppe Verdi*, para a América do Norte.

Em suma, a Ligure Brasiliana – ao menos até se transformar na Transatlantica Italiana – simbolizou os preceitos que conduziram boa parte daqueles que se

---

35 Mensagem lida no Congresso pelo Sr. Silvério José Nery, Governador do Amazonas, 10 de julho de 1902.

preocupavam com os destinos da Itália e de seus negócios ligados ao mar: utilizar a emigração como um dos pilares do desenvolvimento da marinha mercante, através da criação de mercados para os produtos nacionais e dos ganhos diretos com o transporte de passageiros e mercadorias. Outro ponto importante, o expansionismo italiano, parecia constituir a base desse empreendimento ou ao menos era utilizado para defendê-lo. Seu fracasso, no entanto, ficou patente em 1903, quando a linha Gênova-Belém-Manaus foi extinta e, três anos mais tarde, toda a frota da Ligure Brasiliana se encontrava direcionada apenas para a região do Prata. O Brasil saía, então, do horizonte da companhia.

A falta de documentação referente aos primeiros anos de sua existência representou lacuna significativa e impossibilitou a avaliação dos resultados financeiros no período relacionado à rota Gênova-Belém-Manaus. Os relatórios dos governadores de Amazonas e Pará, porém, não deixam margem a dúvidas de que as expectativas não foram nem de longe alcançadas: reduzido fluxo de imigrantes e de trocas de mercadorias.[36]

Por outro lado, a companhia também transportou imigrantes para os portos de Santos, Rio de Janeiro e Vitória durante a vigência dos contratos da Angelo Fiorita & C. e até mesmo depois. Uma estreita relação que certamente levou Fiorita a estabelecer uma casa de exportação e importação e uma agência marítima em Belém para representar os negócios da Ligure Brasiliana nos estados do Amazonas e Pará. Interesses em comum que permitiram a Enrico Ferrari identificar a existência do "grupo Gavotti-Fiorita" agindo nos dois lados do Atlântico.[37]

Angelo Fiorita, associado a Gustavo Gavotti – que era casado com uma de suas filhas – e ao banqueiro Giuseppe Massone – seu outro genro – constituíram uma cadeia completa a serviço da imigração. O transporte era realizado em boa parte pelos vapores da Ligure Brasiliana. No Brasil, detinham a grande maioria dos contratos de introdução de imigrantes com o governo central; em São Paulo, eram os grandes parceiros da Sociedade Promotora de Imigração.

---

36   Ver, por exemplo, a Mensagem dirigida ao Congresso do Estado do Pará pelo Dr. Augusto Montenegro, 10 de setembro de 1901. Para justificar os resultados insatisfatórios, apresentou em anexo (nº 3) uma lista com o resumo de todos os gêneros (segundo portos de origem) introduzidos no estado pelas 34 viagens realizadas pelos vapores da Ligure Brasiliana entre junho de 1897 e dezembro de 1900.

37   FERRARI, Mario Enrico. *"L'Amazzonia. Una rivista per l'emigrazione nel Brasile Settentrionale"*. *Miscellanea di Storia delle esplorazioni* VIII. Gênova: Bozzi Editore, 1983 e *L'Amazzonia* (anúncio publicitário em várias edições).

Na Itália, o recrutamento também contava com a participação desse grupo. Junto à companhia de navegação, desenvolveu-se a atividade de agenciamento da emigração através da Ligure Americana, com sede em Gênova, na qual operavam Secondo Gavotti, parente de Gustavo, e Giuseppe Fornari. Este era sócio da Fornari & Calabrese, agente marítimo para passageiros de 3ª classe para a Itália meridional, estabelecida em Nápoles. A casa representava a Ligure Brasiliana e oferecia emigração gratuita para Santos e São Paulo também por intermédio da Ligure Americana.

Em 1º de setembro de 1899, a revista *L'Amazzonia* chegou a publicar em primeira página a foto de Angelo Fiorita para contar sua história de vida na América, iniciada em 1851, quando esse cidadão italiano deixou Santa Margherita Ligure[38] com destino ao Brasil. A breve biografia revela os passos de um homem que exerceu por algum tempo o comércio em Pernambuco e depois se estabeleceu no Rio de Janeiro, onde fundou uma casa de importação de sedas e tecidos italianos. Mais tarde, começou a trazer vinhos da Sicília, massas alimentares e outros gêneros produzidos na Itália.

Como exportador, dedicou-se ao comércio de café e algodão. Era representante de diversas embarcações italianas que atracavam no Rio, sobretudo as provenientes de Gênova, e proprietário de uma fábrica de tijolos e cimento, de uma casa de câmbio e negócios bancários.[39] Trajetória de sucesso de um emigrante que fez fortuna na nova terra de adoção, uma espécie de *principe mercante*, a materialização da descrição de Luigi Einaudi, em seu livro de mesmo nome.

Seus negócios, no entanto, não se restringiram ao Rio de Janeiro. Na década de 1880, Angelo Fiorita já estava instalado em Santos, e provavelmente na cidade de São Paulo, onde celebraria contratos para introdução de imigrantes, aproveitando-se de sua sólida rede de relações comerciais, sobretudo na Ligúria, e de seu relacionamento com grandes companhias de navegação francesas.

Apontado pela revista *L'Amazzonia* como importante negociante de café para a Itália e outros países da Europa, Angelo Fiorita, na verdade, ficou conhecido no Brasil como o proprietário da principal agência de recrutamento de italianos, e o maior beneficiário dos grandes contratos para introdução de imigrantes. Suas relações na Itália, cultivadas há anos como homem de negócios, foram fundamentais para que ele se lançasse nessa empreitada com sucesso.

---

38   Cidade portuária situada 40 km a sudeste de Gênova.
39   *L'Amazzonia*, 1º de setembro de 1899.

Bem articulado, o grupo "Gavotti-Fiorita" fez do binômio emigração-comércio a base de seu enriquecimento. No entanto, isso não significa que a Ligure Brasiliana monopolizou o transporte subvencionado de imigrantes italianos para o Brasil. Como já foi observado, Fiorita era agente de várias companhias de navegação e a empresa de Gavotti não tinha condições materiais de encampar sozinha todo o volumoso fluxo. O que parece certo, porém, é que sem Angelo Fiorita as condições para o desenvolvimento da Ligure Brasiliana seriam totalmente diferentes.

A revista *L'Amazzonia*

A percepção por parte de grupos econômicos da importância da imprensa como defensora de seus interesses merece ser sublinhada. Em Gênova circulavam inúmeras revistas e jornais ligados à Marinha mercante, aos armadores e à indústria pesada em crescimento, com destaque para as revistas *La Marina Mercantile Italiana* e *L'Amazzonia*, os jornais *La Borsa*, *Il Caffaro* e *Corriere Mercantile*. Além disso, diversos periódicos especializados eram editados por toda a Itália: *Rivista Marittima, Marina e Commercio e Giornale delle Colonie, L'Italia Coloniale, L'Italia all'Estero, Rivista Italo-Americana*.

Como já se observou, a proposta de Gustavo Gavotti era bastante ambiciosa, mas com o passar do tempo revelou-se frágil. Tal projeto, no entanto, necessitava ser adequadamente sustentado por constante propaganda, aproveitando a repercussão do expansionismo colonial entre armadores e políticos lígures e por todo o país. Para defender seus interesses, o deputado patrocinou a publicação da revista *L'Amazzonia. Organo degli interessi dell'Amazzonia*. O periódico quinzenal, publicado entre 15 de julho de 1898 e 15 de janeiro de 1900, totalizando 25 edições, tinha o objetivo de divulgar aspectos positivos da Região Norte do Brasil. Pretensão delineada em seu primeiro número, sob o título *Il nostro programma*:

> Emerge claramente o objetivo de nosso jornal. Fazendo propaganda a favor dos estados do Norte do Brasil, pretendemos favorecer a troca de produtos dos dois países e, mais que tudo, nos tornar conhecidos como produtores e comerciantes dedicados e inteligentes: em uma palavra, consolidar em Belém e Manaus o predomínio que, graças à iniciativa audaz do armador Gavotti, a Itália começa a desfrutar.[40]

---

40 *L'Amazzonia*, 15 de julho de 1898.

Dirigida por Oreste Calamai,[41] a revista possuía respeitados colaboradores do circuito intelectual genovês, como os geógrafos Vicenzo Grossi e Bernardino Frescura e o publicista Oreste Mosca. Editava reportagens diversificadas sobre a região: estudos de geografia física e humana, condições sanitárias, dados sobre produção e comércio (sobretudo da borracha), análises da situação política e, é claro, sobre questões relacionadas à emigração e à colonização.

A linha editorial da *L'Amazzonia* estava afinada com o modelo de colônias pacíficas apoiado nos emigrantes italianos e na penetração comercial. Os dois vetores fundamentais eram a linha expansionista dirigida à Amazônia, instrumentalizada pela Ligure Brasiliana, e o próprio fluxo migratório italiano para o Centro-Sul do Brasil. Isso levou a revista a fazer forte oposição à corrente colonialista defensora da ocupação de territórios em África.

Inserindo o problema da emigração na dura disputa entre as nações europeias pelo estabelecimento de colônias africanas e, consequentemente, conquistar novos mercados para a indústria e o comércio, assim se posicionava a revista em *Il nostro programma*: "Somente a vasta e virgem Amazônia, e não a Etiópia e a Eritreia, podia oferecer alternativa à força de trabalho exuberante e ao febril empreendimento comercial italiano."[42]

Mais do que isso, em meio à linha africanista abraçada pelos dois governos de Crispi (1887-1891 e 1893-1896), a *L'Amazzonia* defendia que o futuro dos emigrantes italianos, fossem proletários, camponeses ou mesmo aqueles que com algum dinheiro "procuravam um lugar ao sol", não estava na Eritreia, na Etiópia, nem no Brasil meridional, mas na Região Amazônica. Para tanto, não bastava apontar as dificuldades da empresa africana, como o clima insalubre, os nativos indóceis, o alto custo financeiro de retorno incerto. Fazia-se necessário ressaltar as qualidades das férteis terras setentrionais brasileiras e alertar para a cobiça de outras nações, sobretudo a França que, no entender da revista, patrocinava viagens de reconhecimento e estudo pela região, como as de Henri Coudreau.

A revista, aliás, deu ampla cobertura a uma expedição pelo interior da Amazônia organizada com apoio logístico de Gustavo Gavotti, que cedeu o vapor *Rio Amazonas* para o deslocamento transoceânico e fluvial. Guiada pelo experiente explorador italiano

---

41   O jornalista Oreste Calamai (ex-oficial do Exército italiano, condecorado na guerra da África) sempre dirigiu periódicos ligados à Marinha mercante italiana, dentre eles a revista *La Marina Mercantile Italiana*.

42   *L'Amazzonia*, 15 de julho de 1898.

Augusto Franzoj, a aventura durou pouco mais de três meses, devido, sobretudo, à febre amarela que acometeu toda a tripulação, causando duas mortes.[43]

Seus artigos também relatavam o interesse dos governos do Amazonas e Pará em aumentar a densidade demográfica da região com colonos italianos que receberiam lotes de terras em núcleos coloniais oficiais e, assim, poderiam explorar o potencial agrícola do fértil solo amazônico, produzindo alimentos ou gêneros para exportação. Algumas colônias foram criadas por iniciativa particular de "ilustres italianos" em acordo com os governantes dos dois estados. A colônia *Annita Garibaldi*, localizada às margens da estrada de ferro Bragança, no Pará, fundada em 1899 por Salvatore Nicosia, recebeu 52 famílias de imigrantes do norte da Itália, vindas no vapor *Rio Amazonas*; em outra colônia, a *Janetama*, chegaram mais 16.

Sobre a visão brasileira do problema, a revista reproduziu uma notícia do jornal *A Província do Pará*, que saudava a presença em Belém de dois italianos, o capitão Onorato Quigini-Puglia e o 1º tenente Francesco Sorrentino, para tratar da colonização e da emigração com o governador do estado. O texto, sem apresentar qualquer argumento convincente, sentenciava que "estava resolvida a solução da colonização da terra paraense".[44] A documentação pesquisada, no entanto, não permitiu verificar os resultados desses incipientes empreendimentos.

Povoar a imensa região sempre foi questão histórica fundamental para os chefes do Executivo do Amazonas e do Pará. Buscava-se não apenas imigrantes, mas também braços nacionais. Durante as secas de 1877-1879 e 1888-1889, por exemplo, milhares de flagelados do Ceará e do Rio Grande do Norte se deslocaram naquela direção e foram prontamente recebidos. Tal "concorrência" também foi motivo de preocupação para os defensores da colonização italiana, fato que se refletiu na revista.

Por outro lado, a vertente comercial da iniciativa de Gustavo Gavotti ficou patente quando, juntamente com outras forças econômicas da Itália setentrional, constituiu, em 1899, a *Società Milanese d'Esportazione*. O objetivo era incrementar o fluxo de produtos industriais nos mercados do Norte do Brasil. Como não podia deixar de ser, o transporte transoceânico das mercadorias ficaria a cargo da Ligure Brasiliana. Uma síntese das teses expansionistas baseadas na emigração, que naturalmente formaria colônias e constituiria mercados para artigos italianos a serem levados por uma companhia de navegação nacional. Uma tentativa, segundo alguns artigos publicados na revista *L'Amazzonia*, de imitar o

---

43 *L'Amazzonia*, 1º e 16 de fevereiro de 1899.
44 *L'Amazzonia*, 15 de dezembro de 1899.

modelo alemão aplicado nas colônias do Sul do Brasil, cuja estratégia de propaganda de seus produtos "fomentava sua extraordinária prosperidade comercial".

Emigração, colônias e desenvolvimento econômico: um balanço

Após a virada do século, a discussão sobre a conexão da emigração com o transporte de mercadorias continuava em pauta. Buscando inserção na economia mundial, a via italiana do colonialismo comercial apoiava-se na seguinte relação direta: quanto mais emigrantes, maiores seriam as exportações. Seu sucesso, no entanto, foi relativo. Embora ganhasse força com o extraordinário aumento do fluxo, a ponto de se transformar em política de governo para o desenvolvimento da economia, esse modelo de comércio exterior, com o passar do tempo, não apresentou resultados significativos por si só, revelando o papel secundário da Itália na rede mundial de comércio.

A tabela a seguir apresenta a comparação entre fluxo migratório e aumento do comércio italiano com Estados Unidos, Brasil e Argentina. As exportações cresceram de 5,73% do total, entre 1861 e 1865, para uma média pouco superior a 20%, nos primeiros quinze anos do século seguinte. Ercole Sori observa que, apesar das expectativas criadas nas décadas de 1860 e 1870, essa expansão mostrou-se aquém do esperado, precária em alguns casos, como no Brasil, e escassamente elástica em relação ao fluxo migratório. Tal fato parece corresponder mais à fase na qual a Itália colhia as migalhas do comércio exterior, dentro do modelo de intercâmbio mundial que se afirmou entre 1850 e 1914.[45]

Emigração italiana e comércio exterior com Argentina, Brasil e Estados Unidos (1861-1915)

Anos	Argentina Emigração	Argentina Exportação*	Argentina % Exp. Total	Brasil Emigração	Brasil Exportação*	Brasil % Exp. Total	EUA Emigração	EUA Exportação*	EUA % Exp. Total
1861-1865		107.000	3,79		6.000	0,21		49.000	1,73
1866-1870		122.000	3,3		8.000	0,22		142.000	3,85
1871-1875		243.000	4,52		1.000	0,02		147.000	2,73
1876-1880	43.000	148.000	2,75	19.000	-	-	13.000	200.000	3,72
1881-1885	133.000	105.000	1,89	42.000	-	-	74.000	278.000	5,02
1886-1890	259.000	149.000	3,11	174.000	12.000	0,25	170.000	332.000	6,94
1891-1895	156.000	154.000	3,16	330.000	46.000	0,94	207.000	449.000	9,21
1896-1900	211.000	311.000	5,06	250.000	77.000	1,25	307.000	525.000	8,54
1901-1905	279.000	438.000	5,75	200.000	79.000	1,04	999.000	900.000	11,81
1906-1910	456.000	734.000	7,69	103.000	107.000	1,12	1.332.000	1.216.000	12,74
1911-1915	261.000	791.000	6,88	107.000	211.000	1,84	1.055.000	1.322.000	11,5

* Valores em mil liras italianas.
Fonte: Ercole Sori. *op. cit.*, p. 131.

---

45 SORI, Ercole. *L'emigrazione italiana dall'Unità alla Seconda Guerra Mondiale*. Bolonha: Il Mulino, 1979, p. 130.

Sori tem razão ao assinalar o papel secundário da Itália no comércio internacional, mas seria difícil não levar em consideração o crescimento dos números da exportação para a América, sem atribuir, em grande parte, à evolução do movimento migratório para a região e aos efeitos diretos sobre sua frota marítima. Sua relevância destaca-se ainda mais quando as condições econômicas e estruturais da península são comparadas com Inglaterra, França ou mesmo Alemanha (cuja unificação remete-se ao mesmo período), sendo o tamanho da Marinha mercante de cada país um reflexo disso.

O trabalho de Giorgio Doria também reforça essa ideia, ao assinalar que a virada do século XIX testemunhou grande desenvolvimento do tráfico marítimo da e para a Itália; porém, a participação da bandeira nacional nesse tráfico não chegava a 50%.[46] A dissecação da porcentagem fornecida pelo autor, quando analisada em outra perspectiva, aponta para a articulação da emigração com o comércio de produtos. Assim, 64% das mercadorias embarcadas e desembarcadas para além do Canal de Suez eram transportadas por bandeira estrangeira; tal percentual subia para 70% em relação à Austrália e 93% para China e Japão. Na linha da América centro-meridional, a principal rota do tráfico de emigrantes italianos, a bandeira estrangeira absorvia apenas 26% das mercadorias transportadas; tal percentual chegava a 50% na rota do Pacífico.[47] Os números são gerais, mas dão suporte para afirmar que a combinação do comércio de mercadorias com o transporte de emigrantes foi, certamente, a grande responsável pelo melhor desempenho da bandeira italiana na rota americana.

O estudo de Paul Bairoch sobre as balanças de comércio externo da Europa nos séculos XIX e XX traz estatísticas que permitem interessante comparação. Para o período de 1830-1910, o autor discriminou o destino (América do Norte, América do Sul, África, Ásia e Oceania) das exportações de alguns dos principais países. Trabalhando com porcentagens em intervalos de tempo relativamente longos (de 10 a 20 anos), mas o suficien-

---

46 DORIA, Giorgio. *Investimenti e sviluppo economico a Genova alla vigilia della prima guerra mondiale (1882-1914)*, v. II. Milão: A. Giuffrè Editore, 1973, p. 265. Franzina também observa que o comércio entre a Itália e os países da América do Sul que tinham grandes comunidades de imigrantes italianos foi intenso já durante os últimos anos do século XIX, ainda que não tanto quanto indicavam alguns estudiosos à época. FRANZINA, Emilio. *A Grande Emigração. O êxodo dos italianos do Vêneto para o Brasil*. Campinas/SP: Editora da Unicamp, 2006, p. 450.

47 Os dados foram extraídos de G. Bettolo. "*Stato e marina mercantile*". *Nuova Antologia*, 1903. Apud DORIA, Giorgio. *Investimenti e sviluppo economico a Genova alla vigilia della prima guerra mondiale (1882-1914)*, v. II. Milão: A. Giuffrè Editore, 1973, p. 265-266.

te para captar a dinâmica do fenômeno, seu objetivo era identificar a estrutura geográfica das balanças comerciais e compreender melhor suas causas.[48]

A tabela abaixo relaciona as exportações para a América do Sul. Percebe-se que, na Europa, os números mantiveram certa estabilidade entre 1830 e 1910, variando de 7,8 a 7,5%, apenas com queda mais significativa em 1880 (6%). Quando analisados individualmente, observa-se que Alemanha e Itália tiveram crescimento significativo de suas exportações para aquela região. O caso italiano é bastante interessante, pois parece "tentar" acompanhar o aumento do fluxo migratório para o Brasil e repúblicas do Prata. De 1860 a 1910, a participação das exportações para a América do Sul na balança de comércio da península passou de 1,9% para 11,6%, evolução única entre os países analisados.

Movimento das exportações da Europa para a América do Sul (% do total)

Origem	1830	1860	1880	1900	1910
Europa	7,8	7,7	6,0	-	7,5
Grã-Bretanha	19,0	12,0	10,2	9,3	12,6
França	16,8	12,0	10,2	5,4	6,9
Alemanha	-	2,6	3,1	4,8	7,8
Espanha	-	27,8	16,9	11,8	18,2
Itália	-	1,9	2,4	7,2	11,6

Fonte: Paul Bairoch. *op. cit.*, Tabelas 4 e 6.

Em relação à América do Norte, para o mesmo período, enquanto a Europa apresentou declínio relativo nas exportações (9,1% em 1860, e 7,6% em 1910), com destaque negativo para França, Grã-Bretanha e Espanha, a participação dessa região na balança de exportação italiana cresceu de 1,3% para 13,3%.

---

48 Bairoch, Paul. "*Geographical structure and trade balance of European foreign trade from 1800 to 1970*". *The Journal of European Economic History*. Roma, v. 3, nº 3, 1974.

Movimento das exportações da Europa para a América do Norte
(% do total)

Origem	1830	1860	1880	1900	1910
Europa	11,9	9,1	8,4	-	7,6
Grã-Bretanha	18,4	16,6	15,9	9,7	11,6
França	17,8	10,2	9,2	6,4	7,4
Alemanha	-	7,0	9,0	9,3	9,0
Espanha	-	7,0	3,5	2,5	6,5
Itália	-	1,3	5,4	9,5	13,3

Fonte: Paul Bairoch. *op. cit.*, Tabelas 4 e 6.

Analisando-se a América como um todo, verifica-se que a participação das exportações italianas para o continente passou de 3,2% em 1860, para 24,9% em 1910, do total de sua balança de comércio. Um indício forte da importância da emigração na abertura de mercados para produtos do reino e do transporte conjugado de emigrantes e mercadorias.[49]

As observações de Bairoch são esclarecedoras. A estrutura geográfica de vendas dos países depende de três variáveis: da sua localização geográfica, da disponibilidade de um império colonial e do seu grau de industrialização; o tamanho do país parece não ter grande importância. O "grau de industrialização" tem influência direta na diversificação das exportações: quanto mais industrializado, mais diversificadas geograficamente seriam suas exportações. Nesse sentido, a Grã-Bretanha constitui-se no exemplo clássico do resultado da conciliação entre industrialização, comércio e império ultramarino. Portugal também é citado pelo autor. Apesar de sua economia ser complementar à economia britânica, a nação ibérica apresentava balança com diversificada estrutura geográfica devido ao seu relativamente grande império colonial e à sua localização.

No caso da Itália, outra importante variável entrou em cena: a presença de seus emigrantes na nova colonização dos países ultramarinos. A elevada percentagem de vendas para os Estados Unidos pode ser explicada por essa variável que exerceu influência direta, através do consumo de produtos em grande escala da mãe pátria e, indireta, mediante a possibilidade de estabelecer relações comerciais, uma vez que parte da população era

---

49 Deve-se ressaltar, no entanto, que esses dados refletem apenas a participação de determinada região no total das exportações de cada país. O volume de comércio em números absolutos não foi objeto de análise de Bairoch. É fato que o comércio inglês com as Américas, e com o resto do mundo, era muito superior ao dos outros países europeus e, portanto, correspondia a uma fatia maior do total das exportações e importações do velho continente.

originária do país exportador. Bairoch lançou seu olhar apenas para os Estados Unidos, mas os números autorizam a extrapolação de suas conclusões para a América do Sul, sobretudo para a Argentina.

Inserida no concerto das nações europeias, e apoiada em suas peculiaridades, para a Itália, associar o transporte de mercadorias ao de emigrantes, e de ambos ao desenvolvimento de sua Marinha mercante, parecia alternativa natural. A despeito de sua posição secundária no comércio internacional, seus melhores frutos foram colhidos exatamente nas rotas comerciais formadas ou intensificadas à sombra dos fluxos migratórios para a América.

A Ligure Brasiliana, em sua criação e trajetória, personificou, de um lado, os anseios por uma Itália mais forte política e economicamente, associada ao estabelecimento de colônias; de outro, os interesses de grupos ligados à Marinha mercante, à construção naval, à siderurgia e à nascente indústria do norte, todos cientes e esperançosos de que a via do expansionismo pacífico, apoiado na emigração, seria a alternativa para a construção da *La più grande Italia*, viabilizada pelo desenvolvimento de seus negócios, ao mesmo tempo em que se transformaria em sua principal fomentadora.

A revista *L'Amazzonia* nada mais era do que um exemplo de expressão da consciência, por parte desses grupos, de utilizar a imprensa para defender seus negócios, sobretudo no momento em que as massas se agitavam nas cidades e, em menor medida, nos campos, clamando por participação política. Na recém-unificada Itália, assim como em outras partes da Europa, trazer à tona o sentimento nacionalista era forma eficaz de transformar interesses particulares em objetivos da nação.

Referências Bibliográficas

Annino, Antonio. "*Origine e controversie della legge 31 gennaio 1901. La politica migratoria dello Stato postunitario*". Il Ponte. Gênova, v. 30, nº 11-12, p. 1.229-1.268, 1974.

Bairoch, Paul. "*Geographical structure and trade balance of European foreign trade from 1800 to 1970*". The Journal of European Economic History. Roma, v. 3, nº 3, p. 557-608, 1974.

Barone, Giuseppe. "*Lo Stato e la marina mercantile italiana (1881-1894)*". Studi Storici. Roma, nº 3, p. 624-659, 1974.

Bernardi, G. "*I provvedimenti a favore della marina mercantile*". Rivista Marittima. Roma, ano xxxviii, fasc. iv, p. 35-71, 1905.

Commissariato Generale Dell'emigrazione. *Annuario statistico della emigrazione italiana dal 1876 al 1925*. Roma, 1926.

Dinucci, Gigliola. "*Il modello della colonia libera nell'ideologia espansionistica italiana. Dagli anni'80 alla fine del secolo*". Storia Contemporanea. Bolonha, ano x, nº 3, p. 427-479, 1979.

Doria, Giorgio. *Investimenti e sviluppo economico a Genova alla vigilia della prima guerra mondiale (1882-1914)*, v. ii. Milão: A. Giuffrè Editore, 1973.

Einaudi, Luigi. *Un principe mercanti. Studio sulla espansione coloniale italiana*. Turim: Bocca, 1900.

Ferrari, Mario Enrico. "*L'Amazzonia. Una rivista per l'emigrazione nel Brasile Settentrionale*". Miscellanea di Storia delle esplorazioni viii. Gênova: Bozzi Editore, 1983.

Filipuzzi, Angelo. *Il dibattito sull'emigrazione. Polemiche nazionali e stampa veneta (1861-1914)*. Florença: Felice le Monnier, 1976.

Franceschini, Antonio. *L'emigrazione italiana nell'America del Sud. Studi sulla espansione coloniale transatlantica*. Roma: Forzani e C. Editori, 1908.

Franzina, Emilio. *A Grande Emigração. O êxodo dos italianos do Vêneto para o Brasil*. Tradução de Edilene Toledo e Luigi Biondi. Campinas/sp: Editora da Unicamp, 2006.

Gambeta, F. "*Effetti dell'emigrazione per la marina mercantile*". Rivista Marittima. Roma, ano xxxv, fasc. vi, p. 431-435, 1902.

Gramsci, Antonio. *A questão meridional*. Tradução de Carlos Nelson Coutinho e Marco Aurélio Nogueira. Rio de Janeiro: Paz e Terra, 1987.

Malnate, Natale. *Gli italiani in America*. Gênova: Pietro Pellas Fu L., 1898.

Manzotti, Fernando. *La polemica sull'emigrazione nell'Italia Unita*. Milão: Società Editrice Dante Alighieri, 1969.

Milan, Marina. *La stampa periodica a Genova dal 1871 al 1900*. Milão: Franco Angeli, 1989.

Molinari, Augusta. "*Porti, trasporti, compagnie*". In: Bevilacqua, Piero; Clementi, Andreina de; Franzina, Emilio (orgs.). Storia dell'emigrazione italiana. Partenze, v. i. Roma: Donzelli Editore, 2001.

Nitti, Francesco. "*La nuova fase della emigrazione d'Italia*". La Riforma Sociale. Turim, ano iii, v. vi, p.745-772, 1896.

Piaggio, Erasmo. "*Lo Stato e la marina mercantile*". Nuova Antologia. Roma, v. cxii, série iv, jul./ago., p. 288-311, 1904.

Pozzo, Mario; Felloni, Giuseppe. *La borsa valori di Genova nel secolo XIX*. Turim: ilte, 1964.

Sori, Ercole. *L'emigrazione italiana dall'Unità alla Seconda Guerra Mondiale*. Bolonha: *Il Mulino*, 1979.

_____. "*La política de emigración en Italia (1860-1973)*". *Estudios Migratórios Latinoamericanos*. Buenos Aires, ano 11, nº 53, p. 7-42, 2004.

Virgilio, Jacopo. *Delle migrazioni transatlantiche degli italiani ed in especie di quelle dei liguri alle regioni del Plata: cenni economico-statistici*. Gênova: Typografia del Commercio, 1868.

Capítulo 5
Contribuição para o estudo da imprensa federalista e republicana no Império do Brasil: Rio de Janeiro, Pernambuco e Bahia (1820-1840)

Silvia Carla Pereira de Brito Fonseca

> Mas nós éramos moço (*sic*), então, muito moço e hoje, largo volver de anos lá se vai sumido e nossa crença é ainda a mesma, nossos princípios, nossa fé são como dantes, não as modificou o tempo, a reflexão, a experiência. A monarquia cada dia a amamos menos, a república cada hora a amamos mais.[1]

Já há muito tempo que o exercício da cidadania tem sido analisado para além da atividade eleitoral, abrangendo a expressão e a reivindicação de direitos em diversos campos da vida política no século XIX. Nas últimas duas décadas as pesquisas que tomaram a imprensa doutrinária oitocentista como objeto de pesquisa muito avançaram no entendimento da constituição do espaço público, com base na identificação das facções políticas, associada à delimitação de um campo semântico correspondente. Desse modo foi possível conhecer com maior clareza a composição dos grupos políticos a partir da investigação dos periódicos vinculados a tais correntes, como atestam os trabalhos de Lúcia Neves, Marco Morel e Marcello Basile.[2]

---

1 *O Guaycuru*, 28 de junho de 1845.
2 Morel, Marco. *As transformações dos espaços públicos: imprensa, atores e sociabilidades na cidade imperial (1820-1840)*. São Paulo: Hucitec, 2005. Neves, Lúcia Maria Bastos Pereira das. *Corcundas e constitucionais: a cultura política da Independência (1820-1822)*. Rio de Janeiro: Revan; Faperj, 2003. Basile, Marcello Otávio Néri de Campos. "O Império em construção:

Este capítulo apresenta desdobramentos de reflexões anteriores sobre os conceitos de federação e república na imprensa das províncias do Rio de Janeiro, Pernambuco e Bahia entre os anos de 1820 e 1840, ao focalizar os recursos linguísticos empregados por alguns redatores em prol da instauração de um governo eletivo e temporário no Brasil, assim como a rede tecida entre a imprensa federalista e as Sociedades Políticas de diversas províncias no período regencial.

Assim, a reiteração e a longevidade de determinados temas e personagens nos jornais federalistas e republicanos sugerem não apenas a construção de certa memória histórica, mas demonstram sobretudo a sistemática circulação de seus escritos entre províncias distantes.

Como se sabe, assumir publicamente através de artigos na imprensa a defesa da república como forma de governo era considerado crime previsto tanto pelo Código Criminal de 1830, quanto pelo Código de Processo de 1832, além de ser inconstitucional. Tal restrição também foi consignada na lei de imprensa, editada em 20 de setembro de 1830, que inscrevera em seu segundo artigo:

> Abusam do direito de comunicar os seus pensamentos os que por impresso de qualquer natureza emitirem:
>
> 1º – Ataques dirigidos a destruir o Sistema Monárquico Representativo, abraçado e jurado pela Nação e seu Chefe. Os responsáveis incorrem na pena de prisão de três a nove anos e na pecuniária de um a três contos de réis.
>
> 2º – Provocações dirigidas a excitar rebelião contra a Pessoa do Imperador e seus direitos ao Trono.[3]

Por essa razão, nos primeiros anos da Regência as propostas de reforma na Constituição permitem entrever, em boa medida, na reflexão em torno das formas de governo, bem como na redefinição dos conceitos políticos, as disputas entre distintos grupos e projetos. Assim, a herança do ideário republicano, permeado pelos princípios da Ilustração, se manifesta através de diversos expedientes, entre os quais a transcrição de artigos de outros periódicos, a apropriação de argumentos de autoridades

---

    projetos de Brasil e ação política na Corte regencial". Tese de Doutorado, Universidade Federal do Rio de Janeiro, 2004.

3 *Coleção de Leis do Império do Brasil*, 1830.

políticas ou intelectuais, como também mediante a depreciação da monarquia, seus atributos e liturgia.

Convém sublinhar nesse contexto a valorização e popularização do ensino da Retórica, o que remonta ao reformismo ilustrado pombalino e suas repercussões na Colônia, notadamente no que se refere ao espírito que animou a instituição do cargo de professor régio, do que resultou a ampliação da consciência crítica dos letrados coloniais quanto à dominação metropolitana.[4] A relevância atribuída à retórica no final do século XVIII e início do século XIX pode ser verificada da mesma sorte mediante o aparecimento de cursos e manuais, versando sobre o tema, que viriam a integrar a biblioteca particular da família imperial.[5]

Não admira, portanto, que o recurso à "lógica dos juízos de valor"[6] guarde relação com a presença nos jornais de expressões alternativas para a república, em alguns casos designada como "monarquia eletiva", "monarquia *sui generis*" ou mesmo federação. Dessa forma, a "noção confusa" torna-se indispensável para o estudo da retórica, procurando-se compreender como é manejada, qual o seu papel e alcance.[7]

A leitura do jornal fluminense *O Exaltado*, aliás declaradamente não adepto do governo eletivo, redigido pelo padre e professor de retórica e gramática Marcellino Pinto Ribeiro Duarte, ilumina como poucos o entendimento que faziam os redatores dos conceitos de monarquia e república naquele contexto.[8] A detalhada tipologia das formas de governo impressa na folha nos ensina que a ideia de monarquia seria muitas vezes dissociada da hereditariedade, assim como da vitaliciedade, compreendendo-se o conceito

---

4   ALMEIDA, Anita Correia Lima de. "A República das Letras na Corte da América portuguesa: a Reforma dos Estudos Menores no Rio de Janeiro setecentista". Dissertação de Mestrado: UFRJ, 1995. Sobre a importância da retórica na conformação do debate político na imprensa no século XIX, ver CARVALHO, José Murilo de. "História intelectual no Brasil: a retórica como chave de leitura". In: *Topoi: Revista de História*, nº 1. Rio de Janeiro: Sete Letras, 2000.

5   A obra *Lições de eloquência nacional*, escrita pelo padre Miguel Sacramento Lopes Gama, por exemplo, faz parte da coleção da imperatriz Tereza Cristina. Seção de Obras Raras da Biblioteca Nacional.

6   A expressão foi utilizada por PERELMANN, Chaim. *Retóricas*. São Paulo: Martins Fontes, 1999.

7   PERELMANN, Chaim. *Retóricas*. São Paulo: Martins Fontes, 1999, p. 83.

8   Uma análise das classificações das formas de governo formuladas pelo jornal *O Exaltado* encontra-se em FONSECA, Silvia C. P. Brito. "O conceito de República nos primeiros anos do Império: a semântica histórica como um campo de investigação das ideias políticas". In: *Anos 90*. Porto Alegre, v. 13, nº 23/24, 2006, p. 323-350.

como o governo exercido por um indivíduo, quando os poderes residem "em um só homem, com o título de Imperador, Rei, Ditador, Protetor, Autocrator, Czar, Doge, ou Presidente".[9] Da mesma maneira a república seria descrita como um sistema político no qual precede a lei e o bem comum. Daí a utilização pelo jornal da aparentemente contraditória expressão "monarquia republicana", ou seja, constitucional, que tanto poderia ser eletiva, hereditária, temporária ou vitalícia.[10]

Destarte, a menção à "monarquia eletiva", "monarquia americana" ou mesmo *sui generis* constituía-se na fórmula para designar alternativamente a república como forma de governo. Tais diferenciações de significado, valendo-se do sentido etimológico das palavras, consistiam por conseguinte em artifícios dos redatores para amparar a defesa de governos eletivos e temporários.

Em setembro de 1831 o redator da folha republicana fluminense *Nova Luz Brasileira*, aludindo à condenação pelo Júri do nº 154 do periódico, no qual são relatados os distúrbios de 14 e 15 de julho, postula a proclamação da monarquia *sui generis*, uma forma de "monarquia" eletiva e vitalícia, assim como o *fateusim nacional*, um projeto de cadastramento e distribuição de terras públicas a pequenos lavradores mediante o arrendamento por longos períodos.

> Bem se vê dele que a Nova Luz não disse que desejava que a Soberania Nacional proclamasse uma República democrática e federativa. Se desejasse uma coisa má, poderia pecar; mas (...) República democrática com Fateusim Nacional em nossa opinião é coisa boa e muito boa; posto que os aristocratas da Europa, como os do Brasil, achem-na péssima.[11]

A finalidade do artigo, entretanto, consistia na defesa da prerrogativa de mudança da forma de governo, exaltando o periódico republicano paulista *Voz Paulistana*, promovido pelos estudantes do curso de Direito de São Paulo, cuja redação é atribuída a Francisco Bernardino Ribeiro. Ponderava então o redator que "como periodista e sobretudo em tempos de reformas da Constituição" poderia seguir os passos

---

9   *O Exaltado*, nº 1, 4 de agosto de 1831.
10 Ver os exemplares do jornal *O Exaltado*, nº 6, 14 e 15, respectivamente publicados nos dias 15 de setembro de 1831, 15 de dezembro de 1831 e 23 de dezembro de 1831.
11 *Nova Luz Brasileira*, nº 165, 1 de setembro de 1831.

do jornal dos "Ilustres Estudantes do Curso Jurídico de São Paulo" e reivindicar a implementação da república.

> A questão pois, em tal hipótese, é saber-se se pode a Nação mudar a forma do seu Governo: e isto é coisa evidente em os Publicistas todos. Sabe todo o mundo que quando se reforma um contrato, é livre às partes ampliarem ou restringirem as condições dele: os mesmos Publicistas da doutrina de contratos entre o monarca e o Povo não negam a este o direito de se constituir como lhe parece mais favorável à sua ventura. E todos sabem que a monarquia, como bem diz Silvestre Pinheiro (...) facilmente degenera em Despotismo e passa deste à tirania. Este Autor leva à última evidência o erro; o perigo que há em estabelecer governos monárquicos e não republicanos em países onde não há aristocracias velhas ou novas; em países onde os hábitos e costumes do Povo excluem castas privilegiadas e reis que só entre elas podem medrar, oprimindo ao Povo.[12]

Alguns redatores, notadamente Ezequiel Corrêa dos Santos, da *Nova Luz Brasileira*, e João Baptista de Queiroz, escritor da folha *Jurujuba dos Farroupilhas* e, posteriormente, da *Matraca dos Farroupilhas*, recorriam a Silvestre Pinheiro Ferreira para sustentar suas proposições, citando o *Curso de Direito Público Interno e Externo*, publicado na França em 1830.

O elemento que tomavam de empréstimo ao publicista português naturalmente não se referia à apologia ao governo republicano, mas à ênfase conferida em sua obra à representação política, consubstanciada na instituição de um "Poder Eleitoral", assim como a crítica aos privilégios, tidos como incompatíveis com qualquer sistema constitucional.[13] De acordo com Silvestre Pinheiro, para estabelecer a "grande reforma" que requer a transição da monarquia absoluta para a constitucional seria necessário "preparar os ânimos da geração futura (...) [e] refundir os princípios da jurisprudência constitucional", tarefa

---

12 *Nova Luz Brasileira*, n° 165, 1 de setembro de 1831.
13 FERREIRA, Silvestre Pinheiro. *Manual do cidadão em um governo representativo*. Brasília: Senado Federal, 1998, 3v. A análise do "Poder Eleitoral" encontra-se na sexta conferência, v. 1, t. I, p. 100.

para a qual se volta, segundo suas palavras, no *Manual do cidadão em um governo representativo*, publicado em 1834.[14]

Contudo, a alusão a Silvestre Pinheiro talvez possa ser tomada meramente como um recurso à autoridade, porquanto não se deve esquecer que a despeito de asseverar no prólogo do *Manual do cidadão* que "não pode admitir outra forma de governo que não seja a de uma monarquia livre de todo o privilégio", enfatiza, alguns parágrafos adiante, que "a maior parte dos povos tem posto por condição à reforma das suas constituições políticas a manutenção do privilégio da perpetuidade da coroa".[15]

Todavia a precedência conferida à monarquia eletiva e a redefinição semântica da palavra democracia, que passa a ser sinônimo de ausência de privilégio, são apropriadas pela *Nova Luz Brasileira* como equivalentes à apologia de mandatários revogáveis e temporários.

> Felizmente o Snr. Silvestre Pinheiro, no seu Curso de Direito Público (...), refuta completamente as malvadas trapaças aristocráticas (...). Nessa obra interessante ao Brasil de hoje e aos Povos todos da Europa e América, podem ver nossos Leitores que é preferível, como já disse o estimável Tribuno, a monarquia eletiva à monarquia hereditária, que é supinamente má e cheia de defeitos e inconvenientes sem número (...) A Nova Luz quer que o Povo Brasileiro fique certo, uma vez para sempre, que não deve confiar em mandatário, cujo poder não é revogável e temporário.[16]

Igualmente ampara-se *O Jurujuba dos Farroupilhas* em Silvestre Pinheiro, tendo por fim a defesa do direito da nação, "verdadeiro soberano", de revogar mandatos, uma vez que todos os funcionários públicos seriam mandatários. "A Nação pode retirar ao Monarca a delegação que lhe conferiu; e num Estado é a Nação competente para julgar se lhe convém fazer essa mudança. As Repúblicas bem organizadas, diz Silvestre Pinheiro, em nada são inferiores a uma monarquia democrática, sendo esta bem organizada. Nenhum Povo deve confiar senão em *Mandatários revogáveis*, e se há inconvenientes na mudança dos Empregados, diz o mesmo publicista, há maior

---

14 FERREIRA, Silvestre Pinheiro. *Manual do cidadão em um governo representativo*. Brasília: Senado Federal, 1998, v. 2, t. III, "Prólogo", p. X/XI.

15 FERREIRA, Silvestre Pinheiro. *Manual do cidadão em um governo representativo*. Brasília: Senado Federal, 1998, p. XI/XII.

16 *Nova Luz Brasileira*, nº 152, 9 de julho de 1831. Grifos meus.

perigo em conservar os que são maus, sobretudo se o são por natureza e força das coisas. Os Reis, diz ele, são Presidentes vitalícios; e os *Governos militares, ou teocráticos, são essencialmente aristocráticos, e conduzem a uma monarquia bárbara e despótica*".[17]

Ainda seria possível inscrever como recurso para louvar a república a transcrição pela folha *Nova Luz Brasileira* de uma passagem do Antigo Testamento na qual os judeus pedem a Samuel que lhes designe um rei, para que se assemelhassem aos povos vizinhos. A negativa do profeta, assim como seus argumentos, também foram inseridos por Thomas Paine no segundo capítulo do libelo republicano *Senso comum*,[18] publicado em 1776, o que suscita a hipótese de o redator fluminense haver copiado o trecho do panfletário inglês, embora assegurasse que não recorreria mais a publicistas para "dizer aos Brasileiros o que é um monarca ou imperador".

Não obstante, deve-se notar que Rousseau no *Contrato Social*, editado pela primeira vez em 1762, aludira à passagem bíblica[19] que, por sua vez, já havia sido comentada por Algernon Sidney no século anterior em sua obra *Discurso sobre o Governo*,[20] publicada em 1698. Parece portanto fora de dúvida que o episódio fosse narrado por sucessivas gerações, tendo em vista a defesa do governo republicano.

Por outro lado, convém observar que a leitura da Bíblia deveria ser corrente entre os segmentos letrados à época, além de constituir-se em poderoso recurso suasório, o que não impede que a inspiração do jornal fluminense para citar o extrato bíblico não tenha provindo da leitura do *Contrato social* ou mesmo do *Senso comum*. A propósito, esta mesma passagem já havia sido mencionada por Antonio Borges da Fonseca na folha *Abelha Pernambucana* em 1829. É mister considerar no artigo da *Nova Luz* a constante preocupação do redator em estabelecer analogias com os sucessos do Império do Brasil.

> Disse Ele [o profeta Samuel] ao seu Povo quando este lhe pediu um rei (...) Fizeste um mal diante do Snr. pedindo um rei sobre vós (...) O rei tomará vossos filhos para conduzirem as suas carroças; fará deles moços de cavalos, que vão correndo diante de seus coches (...).

---

17 *O Jurujuba dos Farroupilhas*, nº 9, 6 de outubro de 1831. Grifos no original.

18 PAINE, Thomas. *O senso comum e a crise*. Brasília: UnB, 1982, p. 17 e 18.

19 ROUSSEAU, Jean-Jacques. *O contrato social*. São Paulo: Martins Fontes, 2003. Livro III, capítulo VI, "Da monarquia", p. 88-89.

20 Cf. SIDNEY, Algernon. *Discourses Concerning Government*. Ver www.constitution.org/as/dcg_000.htm, capítulo 3, seção 3, "*Samuel did not describe to the Israelites the glory of a free Monarchy; but the Evils the People should suffer, that he might divert them from desiring a King*".

> Fará de vossas filhas, a umas suas perfumadeiras, a outras suas cozinheiras, a outras suas padeiras. Tomará também o que houver de melhor nos vossos campos, nas vossas vinhas, nos vossos olivais: e *da-lo-á aos seus servos*. Far-vos-á pagar o dízimo de vossos trigos, e do rendimento de vossas vinhas para ter que dar aos seus eunucos, e aos seus oficiais (a Câmara aprovou o grande tratamento dos criados do Minino (*sic*) Imperador!!!!) Tomar-vos-á os vossos servos e vossos escravos (...) e fa-los-á trabalhar para ele. Tomará também o dízimo dos vossos rebanhos e vós sereis seus servos. Naquele dia clamarei vós (*sic*) sobre o vosso rei que vós mesmo escolheste (*sic*), e o Senhor vos não ouvirá naquele dia, porque vós mesmo pedistes que se vos desse um rei. (Tal nos aconteceu e pior com o Pedro de Bragança e Bourbom [*sic*]).[21]

Todavia, o meio mais comum utilizado pelos jornais para enaltecer a república era, indiretamente, através da desqualificação da monarquia, seus atributos, protocolos e rituais, como "a adulação de irem buscar o Imperador debaixo do Palio". Conforme afirmava Borges da Fonseca, a obediência emana da autoridade da lei, portanto, "a Assembleia geral deve proibir rigorosamente tal abuso, [pois] o Imperador é homem como nós (...). Também outro abuso vil, baixo e só digno de gente escrava é o de beijar a mão do Imperador (...). E muito mais insultante é o atrevido costume de apear-se um cidadão, ou de descer do carro, ou de ficar em pé quando passa o Imperador ou algum príncipe ou princesa. Deve-se já largar tal abuso".[22]

Censurada também sistematicamente e apodada de "princípio europeu" era a concessão de títulos e honrarias, prática à qual D. Pedro recorrera com frequência, mas que no entanto fora suspensa ao longo da Regência. "Ontem leu-se na Câmara dos Deputados o projeto [ilegível] um artigo que diz que a Regência pode dar *títulos*. A ser assim, ainda se pretende que no Brasil da América hajam títulos? É-me estranho tal pretender, e eu suponho que é melhor que de hoje avante a nossa legislação vá sendo concorde com o que devemos ser daqui a 8 ou 16 anos, pois mais tempo não se pode demorar o completo aniquilamento dos princípios da velha Europa cá na América".[23]

---

21   *Nova Luz Brasileira*, nº 178, 6 de outubro de 1831. Grifos no original.
22   *O Republico*, nº 40, 19 de fevereiro de 1831.
23   *O Republico*, nº 64, 10 de maio de 1831. Grifado no original.

Ao se percorrer as páginas dos jornais federalistas também chama a atenção a constante referência às sociedades federais de diversas províncias. Desse modo, tais agremiações e a imprensa, ao menos no Rio de Janeiro, em Pernambuco e na Bahia constituíam uma rede, ainda pouco estudada pela historiografia, que agregava sócios com formação heterogênea, mas em permanente contato, por meio da transcrição de artigos em jornais, do apoio às manifestações de rua ou mesmo da divulgação de projetos afinados aos seus propósitos.[24]

É preciso dizer que em relação à Sociedade Federal de Pernambuco seria enganoso cuidar que a agremiação aglutinasse, em sua totalidade, egressos de movimentos republicanos, mas a "linhagem política" a qual se filiavam, para usar a expressão de Marcus Carvalho,[25] parece evidente. Esta engendrava a construção de certa memória do passado que expressava por sua vez a afinidade doutrinária de grande parte de seus associados ao ideário republicano, a despeito das diferentes trajetórias políticas que seguiriam após a dissolução da Sociedade.

A leitura da folha pernambucana *Bussola da Liberdade*[26] informa que os dois primeiros meses de funcionamento da Sociedade Federal daquela província foram praticamente dedicados aos assuntos relativos à elaboração de um periódico destinado à divulgação das

---

24 Sobre a Sociedade Federal de Pernambuco e sua relação com a imprensa federalista e republicana, ver FONSECA, Silvia C. P. Brito. "Federação e república na Sociedade Federal de Pernambuco (1831-1834)". In: *Saeculum*: Revista de História, nº 14. João Pessoa: Editora da UFPB, p. 57-73.

25 "E tal linhagem tinha também um substrato ideológico, que poderia nunca ser posto em prática, mas que tinha raízes num passado de honra e luta." CARVALHO, Marcus. "Aí vem o Capitão-Mor: as eleições de 1828-30 e a questão do poder local no Brasil imperial". In: *Tempo*. Universidade Federal Fluminense, Departamento de História, v. 7, nº 13, 2002, p. 184.

26 A folha *Bussola da Liberdade* transcreveria as atas das sessões da Sociedade Federal de Pernambuco ao menos até dezembro de 1831. O jornal fora criado e redigido pelo padre João Barboza Cordeiro, ativo participante do movimento político de 1817 no Rio Grande do Norte, onde obtivera nomeação como vigário. Após ser preso, quando fugia para a Paraíba, foi remetido a Pernambuco e, posteriormente, à Bahia, onde permaneceu até a anistia em 1821. Por ocasião da Confederação do Equador, mais uma vez o padre Cordeiro viria a ser encarcerado por servir como emissário entre o governo revolucionário da Paraíba e Manuel Paes de Andrade. Além de publicar extensos artigos em favor da federação, discorrer a respeito das diferentes experiências históricas de associações entre monarquias e repúblicas, registrava a própria constituição da Sociedade Federal, como o debate acerca dos estatutos, a eleição do Conselho, e a importância que esta alcançara com a ampliação do número de sócios.

atas de suas reuniões. Na sessão de 9 de novembro de 1831, a comissão encarregada desta tarefa propõe que o jornal "se há de publicar por conta da Sociedade, segundo o artigo 28 dos seus Estatutos", deverá ser "impresso em formato grande, sair uma vez por Semana, para ser distribuído gratuitamente por entre a classe mais necessitada de ilustração sobre a matéria". O redator da folha seria escolhido pela Sociedade, observando por sua vez que a implementação das reformas federais apenas será dirigida de acordo com os preceitos legais e no âmbito do Legislativo, "única Autoridade legítima para decretá-la", de acordo com o artigo 2º dos Estatutos.[27]

O jornal baiano *O Genio Federal* também divulgava as atas da Sociedade Federal da Bahia. Em junho de 1834 o periódico transcreve a sessão de 22 de maio, presidida por Luiz Alves Borges, na qual é lida uma carta de Cipriano Barata em que participa sua decisão de mudar-se para Pernambuco, "sendo o motivo da sua retirada a perseguição que lhe fazem seus inimigos", o que de acordo com a folha compungiu sobremaneira a Sociedade.[28] No mesmo exemplar, a folha traça uma breve biografia de Cipriano sublinhando "a ingratidão e perfídia com que lhe haviam remunerado cinquenta anos de importantes serviços prestados à Patria [Bahia]" e que um dia seu nome estará "ao lado dos *Francklins*, *Washingtons* e *Bolivars*, nomes respeitáveis que fazem a honra da sua idade, e de confusão e horror enchem os palácios dos tiranos".[29]

Dois anos depois o periódico baiano *O Defensor do Povo*, na edição de 20 de janeiro de 1836, revelava o descontentamento da província com os dispositivos do Ato Adicional, alegando que "as reformas federativas, reclamadas pela maioria da Nação, foram feitas sorrateiramente para criar os Presidentes das Províncias Delegados dos Sultões (...) dependentes do Governo, a fim de tornar o Império absoluto". Indagava então o redator "O que acontecerá ao Brasil em 1840? A sua forma de Governo será legalmente Republicana Federativa, única capaz de fazer a felicidade do maior número, ou as Províncias serão governadas por infames *Ditadores*?".[30]

Valendo-se da transcrição do Suplemento do *Republicano Federativo*, lastimava o jornal baiano que "os *Canecas* já não existem, apenas temos hoje um *Ancião respeitável*, pobre e desamparado de seus patrícios (...) nós falamos de nosso Patrício, o Sr. Barata. (...) A maioria dos Deputados da Assembleia Geral não tem aquela coragem que tem

---

27 *O Federalista*, nº 1, 30 de dezembro de 1831. Ata da sessão de 22 de dezembro de 1831. Ver também *Bussola da Liberdade*, nº 36, 23 de outubro de 1831.
28 *O Genio Federal*, nº 1, 5 de junho de 1834.
29 *O Genio Federal*, nº 1, 5 de junho de 1834. Grifado no original
30 *O Defensor do Povo*, nº 41, 20 de janeiro de 1836. Grifos no original.

distinguido os Franças, os Barbosas Cordeiros, (...) os Joses Marias Ildefonsos".[31] Rogava então ao "Ente Supremo" para que se cumprisse o que julgava ser a profecia do abade de Pradt, ou seja, a realização da "*Federação Geral Americana*, essa única tábua de salvação da América contra os infernais planos da *Santa Aliança*".[32]

Apesar de não terem sido encontradas até hoje fontes que revelem as tiragens e circulação dessas folhas, as polêmicas entre os redatores, assim como as afinidades, explícitas ou não, evidenciam uma constante interlocução e articulação de seus intentos. Exemplo disso é a análise feita pela folha fluminense *Luz Brasileira* em artigo denominado "Golpe de vista sobre os Gazeteiros de todo o Brasil", que se estende pelos quatro primeiros números do periódico, no qual Silvério Mariano Quevedo avalia os jornais de praticamente todas as províncias tendo em vista a linha política que adotavam.[33]

Outro eloquente indício de tal proximidade é a adoção da epígrafe da *Bussola da Liberdade* pela *Nova Luz Brasileira* a partir de 1º de setembro de 1831. Além da epígrafe, a folha fluminense comenta a ilustração que o jornal pernambucano estampava em seus exemplares, na qual se combinam referências temporais e espaciais.

> A Bussola da Liberdade do nº 7 em diante, depois de receber notícias da Corte, e vendo a marcha dos hipócritas e como perseguem aos Bravos de 6 e 7 de abril gravou em seu Periódico expressivo emblema. É ele uma bússola que aponta para o gorro da liberdade ao Norte e para um cepo e grilhões da parte do Sul. E serão sempre o Sul, e a gente Paulistana e da Bahia que há (sic) de garrotear a liberdade do Brasil? Fluminenses! Vossa conduta bem mostra já que a Bussola da Liberdade tem na Corte Bravos Companheiros, que tudo arrastaram pelas Liberdades Pátrias. (...) Saiba o mundo e esses reis malfazejos da Europa que tantos males hão causado à América Meridional (...); saibam enfim que o Brasil não seguirá jamais a sua marcha política monárquico (sic) avelhantada lá da Europa (...) é a Liberdade quem há de vencer.[34]

---

31   Aqui o redator alude a Antonio Ferreira França, deputado baiano, ao padre João Barboza Cordeiro e Joze Maria Ildefonso, estes últimos sócios da Sociedade Federal de Pernambuco.

32   *O Defensor do Povo*, nº 41, 20 de janeiro de 1836. Grifos no original.

33   *Luz Brasileira*, nº 1, 2, 3, 4, respectivamente 11, 15, 18 e 22 de setembro de 1829.

34   *Nova Luz Brasileira*, nº 173, 22 de setembro de 1831. Grifado no original.

Efetivamente a imagem é significativa. Nela encontra-se ao centro uma bússola, simbolizando a concepção finalista da história, que aponta para o Norte, ou seja, para o futuro, no qual se situa um marco, aparentemente ornado com palha, o que pode sugerir a herança indígena, muito exaltada pelo nativismo pernambucano, encimado por um barrete, indicando uma possível referência à Revolução Francesa, incomum no Rio de Janeiro nesse momento, mas presente em Pernambuco. Além disso, essa baliza é também ladeada por um ramo de cana, outro de algodão, representando os dois principais produtos da economia pernambucana, tal como expressara a bandeira da Confederação do Equador. Ao Sul, a coluna partida e os grilhões desfeitos, metáfora trivial na identificação do passado político associado à "coluna do despotismo". Aliás, em Pernambuco, os caramurus, considerados pelos opositores como restauradores, eram nomeados "colunas", em alusão à Sociedade Política *Coluna do Trono e do Altar*.

Como foi visto, ainda que nem todas as folhas federalistas apregoassem abertamente a instauração de um governo eletivo e temporário, alguns redatores o faziam sem meias palavras, ou sem rebuço, como se dizia à época, como era o caso, entre outros, dos jornais fluminenses *Luz Brasileira*, *Nova Luz Brasileira*, *O Tribuno do Povo*, *Clarim da Liberdade*, *O Jurujuba dos Farroupilhas*, *Voz Fluminense*, *A Matraca dos Farroupilhas*, além dos periódicos editados por Antonio Borges da Fonseca no Rio de Janeiro, na Paraíba e em Pernambuco, sendo o mais conhecido deles, *O Republico*, publicado em 1831, 1832, 1834, 1837 e entre 1853 e 1855.[35]

---

35 A relação dos jornais escritos por Antonio Borges da Fonseca, assim como sua atuação na imprensa de Pernambuco entre 1829 e 1831 encontra-se em FONSECA, Silvia Carla Pereira de

No que concerne à Bahia, talvez poucos redatores tenham tratado do tema como Domingos Guedes Cabral. O intrépido redator de *O Democrata*, filho do português Antonio Guedes Quinhones de Mattos Cabral e de Anna Rita do Carmo Cabral, nasceu em Pelotas, na então província de São Pedro do Sul, no dia 4 de julho de 1811.[36] De acordo com Sacramento Blake, o pai de Domingos decidira retirar-se para Portugal em função de prejuízos decorrentes das lutas pela Independência, enviando o filho à Bahia, tendo em vista uma ocupação no comércio. Este, no entanto, abandona o emprego como guarda-livros para dedicar-se ao estudo e à política.

Com a morte de seu pai, a necessidade de prover o próprio sustento levou Guedes Cabral a prestar concurso para professor público de "primeiras letras". Contudo, logo encetaria carreira como jornalista, inicialmente colaborando com a imprensa federalista e republicana na Bahia e, posteriormente, por meio de seus próprios jornais. Todavia, as agitações políticas dos primeiros anos do período regencial ganhariam espaço na vida do jovem redator, em particular os movimentos federalistas de 1831, 1832 e 1833. Ainda neste último ano começa a circular em Salvador o jornal *O Democrata*. Em fevereiro de 1834 Guedes Cabral informa aos leitores seu retorno à cidade "livre já inteiramente da cadeia de perseguições que se nos teceu depois de 28 de Outubro de 1831".

O semanário, publicado habitualmente aos sábados, constituía-se de dois ou três artigos, dispostos por ordem de importância, sendo o último em geral uma carta de leitor, sempre firmada com pseudônimo, ou mesmo de outro redator simpático ao jornal, como Cipriano Barata.

Articulado ao tema da república, o redator gaúcho analisou no *Democrata* diversos assuntos que abrangiam a importação de colonos europeus e o fim do tráfico de escravos, os conflitos na região do Prata, a Revolução Francesa e seus desdobramentos, assim como a Cabanagem no Pará e a Revolução Farroupilha em sua província natal. Vale notar a compreensão restrita de Domingos Cabral do conceito de república como um governo eletivo e temporário, utilizado como sinônimo de federação e democracia. Tal perspectiva determinou tanto a escolha quanto a abordagem dos assuntos tratados no periódico.

Em outubro de 1834 Domingos Cabral imprime em seu periódico um longo artigo, intitulado "Os Caramurus de 1833 e os Chimangos de 1834", cujo conteúdo refutava as acusações das folhas caramurus e moderadas, segundo as quais os republicanos seriam

---

Brito. "Em Pernambuco os que oram também lutam: a imprensa abatinada e seus embates conceituais (1829-1831)". In: *Pós-História*. Assis: Unesp, 2005/2006, nº 13/14, p. 281-301.

36 BLAKE, Augusto Victorino Alves Sacramento. *Diccionario bibliographico brazileiro*. Rio de Janeiro: Imprensa Nacional, 1900, v. II, p. 205.

"*anarquistas, haitianos e gregorios*".[37] Para o redator gaúcho, o período das regências assinalara um novo tempo, no qual, ao contrário de 1817 e 1824, a palavra "*Patriota* ou *Republicano*" deixara de ser associada ao "ateu" e ao "assassino". Assegurava que "a razão pública" não mais se deixaria iludir, como ocorrera "dez anos antes".

Por outro lado, asseverava que por todo o Brasil erguem-se "altares aos mártires do Republicanismo", citando os condenados pelas comissões militares de 1817 e 1824, como José Ignácio Ribeiro de Abreu e Lima – o padre Roma –, frei Caneca, João Guilherme Ratcliff e Nicolau Martins Pereira.[38] Em seguida recorria à frequente correlação estabelecida entre os republicanos da época, para os quais a república seria inevitável no Brasil em razão de seu pertencimento à América, e das imutáveis "leis da Natureza". Por isso, afirmava que o país "caminha a passos de carga para as Instituições Republicanas".[39]

A "propaganda" republicana também se apresentava no periódico na feição do libelo antimonarquista denominado "Uma sessão do Júri em Paris". O texto, sem autoria revelada, expõe curiosas reflexões sobre a Revolução Francesa. Nessa medida, avança o redator uma proposição para em seguida comentá-la: "*a revolução, principiada em 89 dura ainda,*

---

[37] Na linguagem da época "gregório" significava ser adepto das ideias do abade francês Henri Grégoire (1750-1831). Atribuía-se então ao revolucionário de 1789 certa simpatia pela Revolução do Haiti, ocorrida entre 1791 e 1825. Sobre o tema ver MOREL, Marco. "O abade Grégoire, o Haiti e o Brasil: repercussões no raiar do século XIX", In: *Almanack Braziliense*, nº 02, novembro de 2005. www.almanack.usp.br.

[38] O português João Guilherme Ratcliff teve atuação destacada na Confederação do Equador, ao lado do piloto genovês João Metrowich e do pernambucano Joaquim da Silva Loureiro. Aprisionados pela esquadra imperial, seriam remetidos ao Rio de Janeiro e, após sumário processo, condenados "a que com baraço e pregão pelas ruas públicas sejam levados ao lugar da forca onde morram de morte natural para sempre e cada um dos Réus em duzentos mil réis para as (...) custas dos autos". As execuções, ocorridas no Rio de Janeiro no dia 17 de março de 1825, teriam gerado grande comoção, não apenas pelos escritos patrióticos que legara Ratcliff desde que fora preso na Fortaleza de Santa Cruz e no Oratório, mas principalmente pela ênfase dos depoimentos no caráter confrangedor da cerimônia. *Sumario que mandou proceder o Dezembargador do Paço da Corte & Casa contra os aprezados do Brigue Constituição ou Morte e Escuna Maria da Gloria em observância ao Decreto Imperial de 10 de Outubro de 1824; Processo Ratcliff*. Códice 6,3,2. Divisão de Manuscritos da Biblioteca Nacional. O capitão Nicolau Martins Pereira, comandante do Forte do Brum, foi executado em Recife no dia 12 de abril de 1825. Cf. *Histórico dos fatos ocorridos em Pernambuco durante a revolução de 1824*.... Divisão de Manuscritos da Biblioteca Nacional.

[39] *O Democrata*, nº 58, 4 de outubro de 1834.

e só acabará, ou quando os reis tiverem exterminado os povos, ou quando os povos tiverem dado cabo dos reis". Afiançava Guedes Cabral que a "abolição da legitimidade do direito divino traz consigo a destruição do princípio monárquico (...) que não pode haver acomodação possível entre os povos e os reis".[40] Tal opinião tenderia a combater precisamente a argumentação política que fundamentava a ideia da monarquia constitucional, traduzida no preceito do "justo meio", apregoado pelos liberais moderados no Brasil.

Todavia, não apenas a conjuntura política francesa serviria de mote para a apologia da república. No mês seguinte, *O Democrata* voltava-se para a América, ao reprovar os jornais moderados da Bahia por cuidarem exclusivamente das notícias vindas da Europa. Neste momento a atenção do jornal, "naturalmente averso (*sic*) à política traiçoeira dos ladrões coroados", dirigia-se para os conflitos platinos, em particular para a República Oriental do Uruguai. Sua análise então se centrava na crítica à administração, considerada arbitrária, do primeiro presidente que governou o país entre 1830 e 1834, Frutuoso Rivera. O artigo traçava um paralelo com o Brasil, ao afirmar que tal como ocorrera no Uruguai, após a Independência o governo fora constituído pelo maior de seus inimigos. Conclui, no entanto, que devido à ação do "patriota" general João Antonio Lavalleja, a "Liberdade" republicana seria restituída àquele país.[41]

Após aproximadamente um ano sem publicar sua folha, Domingos Cabral retoma, em dezembro de 1835, a causa da república ao estampar no *Democrata* o projeto, apresentado em maio pelo deputado baiano Antonio Ferreira França à Câmara dos Deputados, que pleiteava a instauração imediata do governo eletivo e temporário no Brasil. A despeito da euforia do redator, o projeto sequer fora votado na Câmara.

Na polêmica com o redator do jornal *O Aristarco*, que denominou o projeto do deputado França de "horrível escândalo", constrói Cabral sua argumentação com base na intercessão entre a geografia e a história, ao lançar mão do conceito de América.[42] Deve-se observar que de acordo com essa perspectiva o trono brasileiro seria visto como uma "anomalia" em meio a tantas repúblicas no continente. Assim, a natureza e não a história, o futuro que se pretendia moldar no presente, e não o passado, prescreveriam os desígnios do país.

---

40   *Democrata*, nº 58, 4 de outubro de 1834.
41   *O Democrata*, nº 66, 15 de novembro de 1834.
42   Para uma análise desta argumentação, ver FONSECA, Silvia C. P. Brito. "A ideia de República no Império do Brasil: Rio de Janeiro e Pernambuco (1824-1834)". Tese de Doutorado: UFRJ, 2004, particularmente o capítulo III, "A América como um conceito".

> O governo de um só, em uma palavra, a monarquia e os testas coroadas são exóticos enxertos que repulsa a terra americana, que breve tem de acabar. O Brasil marcha para os altos destinos que lhe a Natureza marcou, *ele cessará de ser patrimônio de uma família*. (...)
> Não estamos na Europa. Lá é que se pode considerar horrível escândalo o proclamar-se a República, porque esses infelizes Republicanos ficam expostos, vítimas desses bárbaros monarquistas, (...). No Brasil pode-se e deve-se dizer – (...) – Caia por terra, em tempo, e legalmente, a monarquia.
> Vamos ocupar o nosso número de hoje com uma matéria sobremaneira importante e da maior transcendência para todos os Brasileiros que, estranhos ao desinteresse, à ambição e à venalidade, sentem arder no peito a chama do verdadeiro patriotismo [*ileg.*] vamos chamar a atenção de todos (...) para o Projeto de Reforma Constitucional, apresentado por o Nobre Deputado o Sr. Dr. Antonio Ferreira França, em a sessão de 16 de Maio do ano corrente (...)[43]

O projeto com apenas três lacônicos artigos previa:

> A Assembleia Geral Legislativa decreta
> 1- O Governo do Brasil cessará de ser patrimônio de uma família.
> 2- O atual Imperador, e suas Augustas Irmãs, cederão de seu privilégio e receberão, por uma vez, um subsídio para completarem sua educação e principiarem seu estabelecimento.
> 3- A Nação será governada por um chefe eleito de dous em dous anos no dia 7 de Setembro, a maioria de votos dos Cidadãos Eleitores do Brasil.
> Paço da Câmara dos Deputados – 16 de Maio de 1835.[44]

A partir de 1836 a atenção de Guedes Cabral seria dirigida para a Cabanagem na província do Pará. Conforme sua avaliação, a revolta não teria um caráter racial, como enunciavam os jornais moderados, mas decorreria da frustração com as reformas constitucionais "aparentes e ilusórias" e evidenciaria a resistência ao "centralismo detestável

---

43 *O Democrata*, nº 73, 1 de dezembro de 1835. Grifos no original.
44 *O Democrata*, nº 73, 1 de dezembro de 1835.

dessa política infernal com que se quer sujeitar dezessete Províncias, ricas e cheias de ecursos, à aviltante tutela de uma corte orgulhosa e dissipadora".[45]

Na coluna "interior" denunciou o envio do brigadeiro português Francisco José de Sousa Soares de Andréa para combater os revoltosos na província do Pará. No mesmo artigo o redator chama a atenção para a diferença de tratamento do governo central para com os farroupilhas e os cabanos do Pará. Estranhava Cabral que o regente Feijó propusesse medidas de pacificação para o Rio Grande do Sul e mandasse "para o Pará o maroto general Andréa". Tal fato seria explicado, de acordo com o jornal, pela diferença de votos obtidos pelo regente nas duas províncias, ou mesmo, como ocorrera no passado, pela intenção de "reduzir as Províncias do Norte a simples colônias do Rio de Janeiro, como nova Metrópole do Brasil".[46] Em abril de 1836 declarava aos assinantes que o periódico ficaria a cargo de outro redator, uma vez que seria "forçoso sair para fora desta Cidade, por algum tempo" em razão das ameaças movidas por suas declarações.

Entre 1838 e 1842 a perseguição aos acusados de envolvimento com a Sabinada desmobilizou a imprensa federalista e republicana na Bahia. Nesse contexto, os periodistas valiam-se de manuscritos e folhas volantes que eram colados nas paredes para a divulgação de suas ideias. Conforme enfatiza Dilton Araújo, ao contrário do que assinala a historiografia, o período que se seguiu à derrota dos implicados na Sabinada não foi marcado pela "pacificação" da Bahia, encerrando-se um "ciclo de revoltas" iniciado em 1798. Nessa medida, a tese da pacificação visaria elidir os embates entre concepções políticas distintas que o Estado procurava homogeneizar.[47] A tese do autor é corroborada pela proliferação de jornais federalistas que começaram a circular na década de 1840, assim como pelos processos judiciais movidos contra redatores, tipógrafos e editores.[48]

Portanto, a despeito das perseguições e banimentos para outras províncias das lideranças políticas comprometidas com a Sabinada, retoma Domingos Cabral sua atividade

---

45   *O Democrata*, nº 75, 30 de janeiro de 1836.

46   *O Democrata*, nº 75, 30 de janeiro de 1836.

47   ARAÚJO, Dilton Oliveira de. "O tutu da Bahia: transição conservadora e formação da nação (1838-1850)". Tese de Doutoramento, Salvador: UFBA, 2006, p. 22.

48   *O Guaycuru* foi processado ao menos três vezes na década de 1840: em outubro, logo após o lançamento do jornal; em dezembro de 1845; e em janeiro do ano seguinte. Nos dois primeiros casos o periódico foi acusado de professar princípios republicanos e no último de atacar a "inviolabilidade do monarca". Cf. ARAÚJO, Dilton Oliveira de. "O tutu da Bahia: transição conservadora e formação da nação (1838-1850)". Tese de Doutoramento, Salvador: UFBA, 2006, p. 163.

política com a edição do periódico *O Guaycuru* a partir de 3 de outubro de 1843. O jornal, publicado duas vezes por semana, compunha-se de quatro folhas, dividido em três colunas. A assinatura trimestral custava 2.560 réis e o número avulso 120 réis. A epígrafe, sem autoria revelada, anunciava: "Os princípios são tudo, os homens pouco".

No primeiro número o redator oferece algumas pistas sobre a denominação da folha, ao imprimir uma saudação: "O índio cavaleiro, vosso compatriota, irmão e amigo, vos saúda com o sentimento e a voz do coração".[49] Os índios guaycurus, que habitavam a região do Chaco, como também parte do território do Mato Grosso, notabilizaram-se, de acordo com os relatos dos missionários jesuítas, por serem hábeis cavaleiros, além de valentes e indômitos guerreiros, tal como ocorrera entre nós com as representações construídas acerca dos índios botocudos ou aimorés.[50]

Assim, não obstante a legislação restritiva, impressiona muito a persistência de alguns temas presentes nos jornais federalistas e ou republicanos editados no período das regências no Rio de Janeiro, em Pernambuco e na Bahia. Tal reiteração, que transcende as especificidades regionais, sugere a um só tempo a intenção de sublinhar afinidades políticas entre os redatores, como também o intuito de construção e perpetuação da memória acerca de acontecimentos vividos desde a década de 1820.

Assim ocorre, por exemplo, com a evocação da Revolução Pernambucana de 1817 e sobretudo da Confederação do Equador, cuja apropriação nada tem de regional. Note-se que, em 1844, transcreve Guedes Cabral no periódico *O Guaycuru* artigo da folha *O Nazareno* de Borges da Fonseca, recuperando a memória dos sentenciados em Pernambuco:

> Fazem (*sic*) 27 anos que os Ribeiros, Miguelinhos [Miguel Joaquim de Almeida Castro] e Leões Coroados ergueram sua voz em prol da democracia; fazem (*sic*) 20 que os Canecas, Agostinhos[51] e Nicolaus

---

49 *O Guaycuru*, 3 de outubro de 1843.

50 Sobre o assunto, ver GIORDANO, Mariana. "*De jesuitas a franciscanos. Imaginario de la labor misional entre los indígenas chaquenõs*". Revista Complutense de História da America, 2003. Cf. www.ucm.es/BUCM/revistas/ghi/11328312/articulos/RCHA0303110005A.PDF. Sobre a contraposição construída entre tupis e aimorés na história e na literatura no Brasil, consultar MOREL, Marco. "O mau selvagem: índios invisíveis no Romantismo brasileiro", In: FONSECA, Silvia C. P. Brito & LESSA, Mônica (orgs.). *Entre a monarquia e a república: imprensa, pensamento político e historiografia (1822-1889)*. Rio de Janeiro: Editora da UERJ, 2008, p. 123-150.

51 Borges da Fonseca refere-se aqui a Agostinho Bezerra Cavalcanti, capitão do Regimento dos Henriques, enforcado "pela quaresma de 1825, no dia da procissão do Senhor dos Passos";

igualmente se sacrificaram pela democracia (...) Lembrai-vos que há quinze anos e meio que o povo soberano venceu o despotismo personificado no tirano Pedro 1º e que portanto a tirania não pode mais vencer e dominar no Brasil que é parte integrante da América.[52]

No mesmo exemplar é publicado um artigo irônico narrando a posse de Soares Andréa como presidente da província no dia 22 de novembro. Invocava o sentimento antilusitano dos baianos e o passado político do militar português, o que lhe valeu uma polêmica com o jornal *O Correio Mercantil*. "Quem há aí que não visse com espanto apinhada de portugueses a praça do palácio no dia 22? (...) O zelo contra a interferência portuguesa na política do país é em todo o Brasil um sentimento nacional, mas na Bahia este sentimento é uma paixão mais que em nenhuma outra parte dominante, irresistível, intensíssima".[53] Prossegue o redator dias depois: "não nos parece lisonjeira a recordação de seu governo do Pará, como tampouco o de Santa Catarina: não podemos crer que lhe fizesse grande honra a análise imparcial desses dois memoráveis períodos de sua vida!"[54]

Ainda em dezembro de 1844 o jornal *O Guaycuru* imprimiu extenso artigo visando divulgar áspero embate com *O Correio Mercantil* acerca dos méritos dos governos eletivos. O texto recupera tópicos e argumentos recorrentes que podem ser facilmente encontrados nos jornais *exaltados* do Rio de Janeiro no período regencial.[55] O que surpreende é precisamente a longevidade dos temas, assim como a força retórica de tais ponderações.

Em primeiro lugar a evocação da história das repúblicas no tempo conduz o redator ao enaltecimento das glórias das repúblicas antigas e modernas em contraste com os governos monárquicos que se seguiram. "Como pode (...) o filósofo, o amigo da humanidade recordar esses anais ilustres sem verter uma lágrima de profunda saudade pelos tempos que foram com a república; sem proferir um voto de maldição pelos tempos que vieram com a monarquia." Em segundo lugar recobra a relação entre princípios políticos e formas de governo, apropriando-se a seu modo da clássica formulação de

---

e também ao capitão Nicolau Martins Pereira. *Histórico dos fatos ocorridos em Pernambuco durante a revolução de 1824*.... Divisão de Manuscritos da Biblioteca Nacional.

52 *O Guaycuru*, nº 67, 28 de novembro de 1844.
53 *O Guaycuru*, nº 67, 28 de novembro de 1844.
54 *O Guaycuru*, nº 68, 7 de dezembro de 1844.
55 Não se assegura que todos os exaltados fossem republicanos. Todavia não seria absurdo afirmar o inverso.

Montesquieu. Em seguida contesta a afirmação de seu contendor de que as repúblicas são vítimas do despotismo. "Não é assim, não é a república que acaba pelo despotismo; mas é a monarquia que por ele sempre começa. Quando um povo tem perdido suas virtudes cívicas (...) quando a corrupção se tem difundido por todas as classes do povo – então já não é mais possível a república (...) que pois segundo o venerando *Montesquieu* não é senão da corrupção que vive a monarquia".[56]

A partir de dezembro de 1844, bem como durante o ano seguinte, o redator passa a imprimir artigos sobre a natureza dos sistemas de governo, fazendo indiretamente a apologia dos governos eletivos por meio das críticas às monarquias, tal como ocorrera à imprensa regencial fluminense. Vale aduzir que a folha de Domingos Cabral propunha uma reforma constitucional que revisse a legislação regressista aprovada recentemente. Assim, em 1845 o jornal divulga um programa político que incluía a recondução da Câmara de 1842 para concluir seu mandato, a revogação da Lei de Interpretação do Ato Adicional, assim como a lei de reforma do Código de Processo Criminal. Recomendava ainda que cessassem os combates aos republicanos no Rio Grande do Sul e que fosse convocada uma Assembleia Constituinte, tendo por fim "organizar nova Constituição na qual se mantenha a ordem e a liberdade".[57]

Registra-se, do mesmo modo, a publicação de 12 longas cartas que explicavam o funcionamento do sistema republicano "em sua combinação democrática, representativa e federal como existe nos Estados Unidos e em suas variações como o tem adotado outros estados da América". Tais cartas integrariam um livro, cuja autoria não é revelada, provavelmente traduzidas por Borges da Fonseca, redator à época do periódico pernambucano *O Nazareno*, frequentemente transcrito no jornal baiano.[58]

Curiosamente, Domingos Cabral censurava as ideias de Rousseau a quem imputava a apologia da república unitária, centralizada e indivisível. "A república em seu verdadeiro ponto de vista, nem a podia compreender [Rousseau] porque esse grande pensamento, essa ideia sublime não havia sido até então concebida [pois] não existia em parte

---

56   *O Guaycuru*, nº 69, 15 de dezembro de 1844.

57   *O Guaycuru*, 16 de julho de 1845. Citado por ARAÚJO, Dilton Oliveira de. "O tutu da Bahia: transição conservadora e formação da nação (1838-1850)". Tese de Doutoramento, Salvador: UFBA, 2006, p. 173.

58   *O Guaycuru*, 16 de julho de 1845. A hipótese da tradução das cartas foi aventada pelo historiador baiano. ARAÚJO, Dilton Oliveira de. "O tutu da Bahia: transição conservadora e formação da nação (1838-1850)". Tese de Doutoramento, Salvador: UFBA, 2006, p. 174.

alguma do mundo".[59] Parece razoável supor que o redator tivesse em mente a refutação do paradigma setecentista do registro do conceito de república, referenciado pelas experiências históricas europeias e difundido no Novo Mundo sobretudo por meio das leituras de Montesquieu.

Destarte, a ideia de república predominante no século XVIII restringiria sua adequação aos pequenos territórios, à relativa homogeneidade da população, além da ênfase na virtude cívica como princípio constitutivo do governo.[60] Não obstante, cabe ressaltar que à inflexão semântica do conceito de república correspondeu a presunção do aperfeiçoamento e adaptação do ideário subjacente às condições do Novo Mundo, elaborando-se a noção de república federada.[61]

Além disso, no período agregou-se ao conceito de república uma perspectiva de tempo linear que não mais comportaria a tradição do equilíbrio institucional das forças políticas, mas seria associada ao futuro, transformando-se num *conceito de movimento*.[62] Semelhante percepção temporal é reforçada particularmente no período das regências pelo incisivo e reiterado sentimento de ruptura com o passado, constantemente qualificado como "três séculos de escravidão". Tal compreensão parece ter se revestido historicamente de uma dimensão não apenas temporal mas também espacial, identificando-se na

---

59   *O Guaycuru*, 8 de novembro de 1845.

60   No que concerne à República, parece pertinente recordar também a definição consignada na *Encyclopédie*, escrita entre 1751 e 1772, na qual preside, em linhas gerais, a relação estabelecida por Montesquieu entre a extensão dos territórios e as formas de governo. *Encyclopédie ou Dictionnaire raisonné des sciences, des arts et des métiers* (1751-1772), edição integral em CD-ROM, Marsanne: Edition Redom, s.d.

61   Cf. MADISON, James; HAMILTON, Alexander; JAY, John. *Os artigos federalistas (1787-1788)*. Rio de Janeiro: Nova Fronteira, 1993. O tema é tratado no artigo 39, no qual são detalhadas as características distintivas da forma republicana, distanciando-se a república federada, única forma "compatível com a índole do povo da América", do que seria visto como repúblicas aristocráticas e nada populares, salientando-se a imprecisão do termo, empregado para denominar formas históricas distintas.

62   "O antigo conceito político da *res publica*, que até então podia envolver todas as formas de governo, adquire um caráter restrito de exclusividade, porém relacionado com o futuro. (...) O 'republicanismo' foi, portanto, um conceito de movimento, que no espaço da ação política permitiu realizar aquilo que o 'progresso' prometeu cumprir na história como um todo". KOSELLECK, Reinhart. *Futuro passado: contribuição à semântica dos tempos históricos*. Rio de Janeiro: Contraponto/Editora da PUC-Rio, 2006, p. 325.

América a fórmula de sobrevivência das repúblicas no tempo, a partir do deslocamento semântico dos conceitos constitutivos do secular ideário republicano. Nessa medida, parece possível sugerir que as reflexões e postulações relativas à república federativa fundamentaram o ideário republicano, em vista da primazia conferida à localização do Brasil na América, particularizada pela especificidade do continente americano, concepção esta herdeira da polêmica sobre o Novo Mundo.[63]

Por conseguinte, os argumentos empregados em favor da federação no Império do Brasil relacionam-se à inflexão do conceito de república ao final do século XVIII, afastando-se a noção das experiências históricas europeias, lastreadas em boa medida nas pequenas repúblicas antigas e modernas, na relativa ou pretendida homogeneidade da população, assim como no ideal do governo misto. A ponderação centrava-se na alegação de que as reformas federais seriam vistas como um caminho para a república, infundindo nos indivíduos as virtudes cívicas julgadas necessárias a esta forma de governo.

Pelo que foi exposto, parece plausível considerar que a imprensa federalista e republicana represente para o historiador uma fonte privilegiada, ao apontar algumas pistas não apenas no que concerne às heranças políticas, mas notadamente em relação à inflexão conceitual nesse contexto, atestada pelas alterações presentes nas edições dos dicionários publicados na segunda metade do século XIX.

Referências Bibliográficas

Manuscritos

(Divisão de Manuscritos da Biblioteca Nacional)
Historico de fatos ocorridos em Pernambuco durante a revolução de 1824 pormenorizadamente referentes ao capitão Nicolau 'Carne Viva', Comandante do Forte do Brum. II-32,1,1.

Sumario que mandou proceder o Dezembargador do Paço da Corte & Casa contra os aprezados do Brigue Constituição ou Morte e Escuna Maria da Gloria em observância ao Decreto Imperial de 10 de Outubro de 1824; Processo Ratcliff. Códice 6,3,2.

Impressos

Coleção de Leis do Império do Brasil, 1830.

---

63 Sobre o assunto, ver GERBI, Antonello. *O novo mundo: história de uma polêmica*. São Paulo: Companhia das Letras, 1996.

Periódicos

Bussola da Liberdade: Periódico Político e Literário. Pernambuco, 1831-1835.

*O Carapuceiro: Periodico Sempre moral e so **per accidens** politico.* Pernambuco, 1832-1834.

O Defensor do Povo. Bahia, 1836.

O Democrata. Bahia, 1833-1836.
O Exaltado: Jornal Litterario, Politico e Moral. Rio de Janeiro, 1831-1833.

O Federalista. Pernambuco, 1831-1832.

O Genio Federal. Bahia, 1834.

O Guaycuru. Bahia, 1843-1860.

O Jurujuba dos Farroupilhas. Rio de Janeiro, 1831.

Nova Luz Brasileira. Rio de Janeiro, 1829-1831.

O Republico. Rio de Janeiro, 1830-1832.
Sentinella da Liberdade na sua primeira Guarita, a de Pernambuco, onde hoje brada Alerta! Recife, 1835.

Livros, artigos e teses

ALMEIDA, Anita Correia Lima de. "A República das Letras na Corte da América portuguesa: a Reforma dos Estudos Menores no Rio de Janeiro setecentista". Dissertação de Mestrado: UFRJ, 1995.

ARAÚJO, Dilton Oliveira de. "O tutu da Bahia: transição conservadora e formação da nação (1838-1850)". Tese de Doutoramento, Salvador: UFBA, 2006.

BASILE, Marcello Otávio Néri de Campos. "O Império em construção: projetos de Brasil e ação política na Corte regencial". Tese de Doutorado, Universidade Federal do Rio de Janeiro, 2004.

BLAKE, Augusto Victorino Alves Sacramento. *Diccionario bibliographico brazileiro*. Rio de Janeiro: Imprensa Nacional, 1900.

CARVALHO, José Murilo de. "História intelectual no Brasil: a retórica como chave de leitura", In: *Topoi: Revista de História*, nº 1. Rio de Janeiro: Sete Letras, 2000.

CARVALHO, Marcus. "Aí vem o Capitão-Mor: as eleições de 1828-30 e a questão do poder local no Brasil imperial". In: *Tempo*: Universidade Federal Fluminense, Departamento de História, v. 7, nº 13, 2002.

Encyclopédie ou Dictionnaire raisonné des sciences, des arts et des métiers (1751-1772), edição integral em CD-ROM, Marsanne: Edition Redom, s.d.

FERREIRA, Silvestre Pinheiro. *Manual do cidadão em um governo representativo*. Brasília: Senado Federal, 1998.

FONSECA, Silvia C. P. Brito. "O conceito de República nos primeiros anos do Império: a semântica histórica como um campo de investigação das ideias políticas". In: *Anos 90*. Porto Alegre, v. 13, nº 23/24, 2006.

_____. "Em Pernambuco os que oram também lutam: a imprensa abatinada e seus embates conceituais (1829-1831)". In: *Pós-História*. Assis: Unesp, 2005/2006.

_____. "Federação e república na Sociedade Federal de Pernambuco (1831-1834)". In: *Saeculum*: Revista de História, nº 14. João Pessoa: Editora da UFPB, 2006.

GAMA, Miguel Sacramento Lopes. *Lições de eloquencia nacional*. Rio de Janeiro: Typ. Imparcial de F. de Paula Brito, 1846.

GERBI, Antonello. *O novo mundo: história de uma polêmica*. São Paulo: Companhia das Letras, 1996.

GIORDANO, Mariana. "*De jesuitas a franciscanos. Imaginario de la labor misional entre los indígenas chaquenõs*". Revista Complutense de História da America, 2003. Cf. www.ucm.es/bucm/revistas/ghi/11328312/articulos/RCHA0303110005A.PDF

KOSELLECK, Reinhart. *Futuro passado: contribuição à semântica dos tempos históricos*. Rio de Janeiro: Contraponto/Editora da PUC-Rio, 2006.

MADISON, J.; HAMILTON, A.; JAY, J. *Os artigos federalistas (1787-1788)*. Rio de Janeiro: Nova Fronteira, 1993.

MOREL, Marco. "O abade Grégoire, o Haiti e o Brasil: repercussões no raiar do século XIX", In: *Almanack Braziliense*, nº 02, novembro de 2005. www.almanack.usp.br

_____. "O mau selvagem: índios invisíveis no Romantismo brasileiro", In: FONSECA, Silvia C. P. Brito & LESSA, Mônica L. (orgs.). *Entre a monarquia e a república: imprensa, pensamento político e historiografia (1822-1889)*. Rio de Janeiro: Editora da UERJ, 2008.

_____. *As transformações dos espaços públicos: imprensa, atores e sociabilidades na cidade imperial (1820-1840)*. São Paulo: Hucitec, 2005.

Neves, Lúcia Maria Bastos Pereira das. *Corcundas e constitucionais: a cultura política da Independência (1820-1822)*. Rio de Janeiro: Revan; Faperj, 2003.

Paine, Thomas. *O senso comum e a crise*. Brasília: UnB, 1982.

Perelmann, Chaim. *Retóricas*. São Paulo: Martins Fontes, 1999.

Rousseau, Jean-Jacques. *O contrato social*. São Paulo: Martins Fontes, 2003.

Sidney, Algernon. *Discourses Concerning Government*. www.constitution.org/as/dcg_000.htm

Parte III
Impressos, correspondência e política na construção da cidadania

Capítulo 1
Folhinhas e Almanaques:
História e Política no Império do Brasil (1824-1836)

Lúcia Maria Bastos Pereira das Neves

Chegai. Senhores: temos Folhinhas recheadas de erudição por preços módicos. Há as de 200 – também as há de 60 réis! – Tivemos igualmente em vista os pobres e os abastados; e também [c]alculados com [a]s bolsas – às Folhinhas de 60 réis – Folhinhas para o uso dos Tribunais – Folhinhas, cujo produto vai fazer engrossar a receita do Tesouro Público! – Brasileiro de patriotismo, chegai às nossas folhinhas. E [o que] contém estas folhinhas? Temos a honra de vos dar o método de [co]ntar o dia desde a *aparição* do sol até a sua *ocultação*, e *outra vez a sua ocultação até a sua nova aparição*; e tudo isto em 24 horas raras vezes completas! – os Eclipses! – A letra Dominical – O ciclo solar [...] – Tábuas exatíssimas das marés, e da entrada e saída da Lua – Noticias completas dos Estados da América! – do Império! – tudo ornado com as Armas do Brasil, em 144 páginas; papel dobre-excelente; caráter microscópico para conter mais coisas e mais úteis; e para se distinguir da Folhinha Plancher, que não é feita por nós. As folhinhas da Imprensa Nacional e Imperial – só 60 réis para os pobres – só 200 para os ricos – só 320 para os Eclesiásticos – chegai às folhinhas das Armas Brasileiras – das Armas Brasileiras.[1]

---

1 *Resposta de Pedro Plancher-Seignot empressor de sua magestade Imperial à advertência da Typografia Nacional*. Rio de Janeiro: Imperial Typographia de Pedro Plancher-Seignot, s.d., s.n.p.

As chamadas folhinhas de algibeira eram uma espécie de calendário de bolso, com periodicidade anual, que tinham para seus proprietários a função de uma orientação no tempo, com seu calendário geral (não só o do ano civil, mas também o do ano solar e lunar), além de notícias cronológicas (festas móveis, dias de grande gala e pequena gala, feriados, dias de audiências do soberano e dos Tribunais e Magistrados). Encontravam-se ainda informações históricas (épocas gerais, épocas do Brasil, notícias principais dos Estados da Europa e da América, notícias sobre a História do Brasil); dados geográficos do Império do Brasil, em que se apresentavam, principalmente, o relevo, a hidrografia e a divisão político-administrativa; e informações práticas sobre eclipses solares e lunares, com sua indicação de data, hora e duração, além de partidas de navios e correios. Havia ainda uma parte relativa ao Estado presente da Casa Imperial, em que se identificavam as principais personagens da dinastia reinante. Igualmente, forneciam dados sobre o funcionamento de algumas repartições públicas, como a Administração Geral do Correio, que abria "todos os dias de manhã e de tarde; os Domingos, e dias Santos de guarda"; o Museu Nacional, que possuía edifício próprio "no Campo da Honra", e era "público nas quintas-feiras desde as dez horas da manhã às duas da tarde, não sendo dias Santos", sendo "franco às mesmas horas em todos os outros dias para as pessoas que querem consultar os objetos que lá existem"; ou a Biblioteca Nacional e Pública. Acerca desta última, há preciosas informações:

> Está aberta todos os dias, desde às nove horas de manhã até a uma da tarde, excepto Domingos, dias Santos e os de Festa Nacional. Nesta Repartição são admitidas as pessoas, que se apresentarem decentemente vestidas e não de jaqueta. Presta se-lhes todos os livros que pedirem (havendo-os); e, bem assim, papel, penas e tinta, para se fazer qualquer apontamento. Não é permitido a qualquer pessoa de fora tirar livro algum das estantes, nem pô-los; mas dirigir-se aos Empregados, que para esse fim estiverem presentes, segundo o Regulamento do Serviço Publico desta Repartição, mandado executar por Aviso da Secretaria de Estado dos Negócios do Império de 13 de Setembro de 1824.

Igualmente, há referências sobre o funcionamento da Tipografia Nacional:

> Este Estabelecimento ocupa a parte direita do Edifício da Academia de Belas Artes. Trabalha regularmente todos os dias das 8 horas da

> Manhã às 3 da tarde sem interrupção, menos aos Domingos, dias Santos de guarda ou de Festa Nacional. Tem a seu cargo a impressão de todos os Atos da Administração e das Câmaras Legislativas, assim como de todas e quaiquer Obras, que pelos particulares lhe forem encomendadas; e, havendo urgência na prontificação de alguma Obra para a Nação e mesmo para os particulares, então, trabalham as oficinas a toda hora do dia e da noite, não obstante ser Domingo, dia Santo de guarda ou de Festa Nacional.[2]

Em outras, havia uma seção voltada para divertimentos, em que se faziam presentes anedotas, como, por exemplo, aquela acerca de certo Professor de Belas Letras, que não fazia caso algum de sua mulher, e passava as noites sobre os seus livros.

> A mulher zangada pelo desprezo, com que o marido a tratava, lhe disse hum dia – eu desejaria ser um Livro – Por que causa? Perguntou o marido; – por que vós nunca os deixais – Ah!, tornou o marido e eu quisera que vós fostes um almanaque, por que todos os anos eu teria um novo.[3]

Algumas vezes, a ironia ocupava-se, de forma velada, das questões do governo:

> Um Ministro de Finanças de finas unhas, havendo reduzido o cofre Nacional a uma espantosa magreza, foi demitido pelo Soberano. O Ministro, sabendo desta queda, respondeu de sangue frio – o Rei obrou muito mal, porque eu depois de arranjar a minha casa, ia agora tratar dos negócios do Estado.[4]

---

2   *Folhinha Civil e Ecclesiastica para o anno de 1836, bissexto e xv da Independência e do Império. Para uso das repartições publicas, e dos particulares nos bispados do Rio de Janeiro, S. Paulo e Marianna*. Rio de Janeiro: Typographia Nacional, 1835, p. 60-62 e 69.

3   *Folhinha d'Algibeira ou Diario Civil e ecclesiastico do anno bissexto de 1828. Setimo da Independencia do Brasil. Para uso das Secretarias de Estado, Tribunaes, e mais Repartições do Serviço Publico Nacional, estacionados na Côrte, e nas Provincias Pertencentes aos Bispados do Rio de Janeiro, de S. Paulo, Marianna, Maranhão, Pará, Bahia e Pernambuco*. Rio de Janeiro: Typ. R. Ogier, 1828, p. 195.

4   *Folhinha d'Algibeira ou Diario Civil e ecclesiastico do anno bissexto de 1828. Setimo da Independencia do Brasil. Para uso das Secretarias de Estado, Tribunaes, e mais Repartições do*

Existiam mesmo algumas, intituladas de *Folhinha de Anedoctas*, datadas dos anos de 1857 e 1860. Outras traziam pensamentos engraçados, provérbios, charadas, como a *Folhinha do Charadista* de 1846 ou poemas, que contavam a história do Brasil, como a *Folhinha do Simplício Poeta para uso de todos os cidadãos do Império do Brasil*. Nesta última, havia um resumo sobre os fatos principais da História do Brasil pelo Simplício Poeta, como a Lição segunda – O Brasil debaixo do jugo espanhol acometido por várias nações:

> Do Luso jugo
> O Brasil passa
> Para o da Ibéria
> E, na desgraça
> Que na Lusitânia
> Logo padece
> Geme oprimido
> E desfalece.[5]

Outras folhinhas se destinavam às senhoras – *Folhinha dedicada às senhoras brazileiras para o ano de 1837*,[6] nas quais se combinava uma seleção de poemas com as notícias do calendário. Havia poesias de Claudio Manoel da Costa, Elmano Bahiense, Gonçalves de Magalhães, Bocage, entre outros.

Serviço Publico Nacional, estacionados na Côrte, e nas Provincias Pertencentes aos Bispados do Rio de Janeiro, de S. Paulo, Marianna, Maranhão, Pará, Bahia e Pernambuco. Rio de Janeiro: Typ. R. Ogier, 1828, p. 194.

5 *Folhinha do Simplício Poeta para o uso de todos os Cidadãos do Império do Brasil. Anno de 1833.* Rio de Janeiro: Typ. Imperial e Constitucional de Seignot-Plancher e Cª., 1833, p. 5.

6 Rio de Janeiro: Typ. E Livraria de R. Ogier, 1837.

Algumas outras se voltavam para a instrução popular, uma vez que transcreviam documentos importantes que serviam para a educação do povo, como, por exemplo, a Constituição do Brasil, um Dicionário das Atribuições das Câmaras Municipais, Regulamento e Lei da Reforma da guarda Municipal ou traziam ensinamentos práticos sobre agricultura e medicina. Era uma forma de levar a um público mais amplo as notícias do que estava sendo discutido nas instâncias de poder. Todas eram anunciadas nos principais jornais de época, ao final de cada ano, como também se informavam, na própria folhinha, os locais de venda. Assim, por exemplo, a *Folhinha Nacional e Constitucional de Ogier* para o ano de 1834 podia ser adquirida em:

> R. Ogier. Editor-Proprietário, Rua do Ouvidor, nº 188
> E. Ferreira da Veiga & Cª. Rua dos Pescadores, nº 49
> J. P. da Veiga & Cª. Rua da Quitanda
> Viúva Campos Bellos e Lameira. Rua do Ouvidor, nº 75
> Agra. Rua do Ouvidor, nº 113.[7]

Igualmente, era frequente, ao final das folhinhas, encontrar-se uma lista de livros para a venda na livraria e tipografia onde a mesma fora impressa. Na folhinha de Plancher, anunciava-se uma "Biblioteca do Cidadão Brasileiro", onde se faziam presentes a *Constituição do Brasil* (120 réis), o *Código Criminal* (320 réis), a *Lei da Imprensa* (120 réis), *Guia das Guardas Nacionais* (160 réis), entre outros. Destaque-se a presença da *História de Simão de Nântua*, em dois volumes (1$500réis), de Laurent de Jussieu, obra bastante popular, que continha, na visão de época, importantes ensinamentos de cunho moral e político. Indicando a ausência de uma separação nítida entre a política e a religião e demonstrando que o indivíduo devia ser *bom cidadão* e *bom cristão*, na mesma Biblioteca achava-se o *Manual Devoto para a Missa* (320 réis).[8]

Por sua estrutura, as Folhinhas se aproximavam, muitas vezes, dos célebres *Almanaques*, impressos e amplamente difundidos na Europa, entre o século XVI até os meados do XIX, segundo um de seus principais estudiosos, o historiador alemão

---

[7] *Folhinha Nacional e Constitucional de Ogier para o ano de 1834, 2º depois do Bissexto. 13º da independência do Império e 3º da Regeneração do Brasil*. Rio de Janeiro: Typ. E Livraria de R. Ogier, 1834.

[8] *Folhinha do Simplício Poeta para o uso de todos os Cidadãos do Império do Brasil. Anno de 1833*. Rio de Janeiro: Typ. Imperial e Constitucional de Seignot-Plancher e Cª., 1833, p. 112.

Lüsenbrink.[9] Estes vinham de uma tradição que remontava ao Livro de Horas Medieval e às previsões astrológicas, de acordo com a pesquisadora francesa Lise Andries.[10]

Os *Almanaques* também foram conhecidos no mundo luso-brasileiro nos séculos XVIII e XIX, contendo notícias mais detalhadas relacionadas ao poder real e aos seus diferentes corpos e instituições, além da indicação dos principais membros do governo, dos negociantes, médicos, militares, advogados, oficiais da Casa Real, entre outros. As folhinhas, no entanto, por seu preço e tamanho tinham uma ampla circulação, destinando-se às diversas camadas sociais, em especial aquelas situadas nas fímbrias da sociedade, desde que possuíssem algum letramento. Aquelas publicadas pela Tipografia Nacional eram vendidas, pelo "preço módico de 200 réis", custando "as de porta 60 réis e as de Reza 320".[11] Este último valor equivalia ao preço de seis quilos de feijão ou oito quilos de farinha de mandioca, segundo Luciano da Silva Moreira, que estudou as folhinhas publicadas em Minas Gerais.[12]

Por conseguinte, as folhinhas, acessíveis a um amplo público, eram consideradas como um bom negócio. Aliás, por detrás da disputa pelo privilégio de vender folhinhas, travada entre a Tipografia Nacional e a Tipografia de Plancher, percebe-se que sua venda era bastante rentável. Também a Tipografia de Silva Porto, em 1825, imprimira outra, eliminando alguns dados que seu editor julgava supérfluos. Na advertência da Tipografia Nacional, fazia-se uma verdadeira propaganda das folhinhas oficiais: feitas em "ótimo papel florete branco", tinham, na folha de rosto, "as Armas do Império". Apesar de sua superioridade, eram vendidas por preço inferior àquela impressa por Plancher.[13] Para concluir, ainda ironizava, afirmando que as Folhinhas concorrentes colocavam o mês de

---

9 "Do Almanaque Real ao Almanaque de Quebec: representações do poder e representações do Estado, emergências da nação. In: DUTRA, Eliane de Freitas & MOLLIER, Jean-Yves (orgs.). *Brasil, Europa e América nos séculos XVIII-XIX*. São Paulo: Annablume, 2006, p. 567-578.

10 ANDRIES, Lise. "Almanaques: revolucionando um gênero tradicional". In: DARNTON, Robert & ROCHE, Daniel (orgs.). *Revolução Impressa: a imprensa na França, 1775-1800*. São Paulo: Edusp, 1996, p. 287.

11 *Advertencia: O Sr. Plancher e a Folhinha Impressa pela...* Rio de Janeiro: Imprensa Nacional, 1827, f. 2.

12 MOREIRA, Luciano da Silva. "Combates Tipográficos". *Revista do Arquivo Público Mineiro*. Belo Horizonte, 44 (1): 24-41, 2008. Para os preços, cf. p. 37. Acessível em: http://www.siaapm.cultura.mg.gov.br/acervo/rapm_pdf/ RAPM0622008_combatestipograficos.pdf. Acesso em 20/06/2009.

13 *Notícia*. Rio de Janeiro: Typografia Nacional, 1825, f. 2.

Junho com 31 dias. Assim, para que as tipografias não se enganassem novamente, repetia a Trova que nas escolas se ensinava aos rapazes:

> Trinta dias têm Setembro,
> Abril, Junho e Novembro;
> Fevereiro vinte e oito tem,
> No Bissexto um mais lhe dêem;
> Os outros, que sete são,
> Trinta e um todos terão.[14]

Segundo Pereira da Costa, nos *Anais Pernambucanos* de 1812, no século XVIII, em Portugal, a tiragem das folhinhas chegava a 15 mil exemplares por ano, sendo vendidas inclusive para a América Portuguesa.[15] Com seu uso constante e, muitas vezes, sendo descartada, quando se chegava ao final do ano, ocorria um grande desgaste, não se encontrando uma série completa de folhinhas para todos os anos nas principais instituições de pesquisa.[16] Apesar de Luís dos Santos Marrocos fazer menção, em suas cartas, a uma folhinha de algibeira, publicada pela Impressão Régia, para o ano de 1812, pode-se afirmar, contudo, que os exemplares encontrados se referem, especialmente, àqueles do Brasil independente.[17] Segundo documentos de época, teria sido o cônego Francisco Vieira Goulart, redator da *Gazeta do Rio de Janeiro* e um dos diretores na Junta da Tipografia Nacional, o responsável pela organização das *Folhinhas*, a partir de 1823.[18] Encontrou-se, no entanto, apenas um exemplar na Biblioteca Nacional para o ano de 1828. Todas as outras remetem aos anos de 1831 em diante. Nesse período, outras tipografias se fizeram presentes, especialmente a de René Ogier, com exemplares referentes aos anos de 1828, 1831, 1837, 1842 e 1844. Existem algumas, específicas para as diversas províncias, como aquela estudada pelo já citado jovem

---

14 *Notícia*. Rio de Janeiro: Typografia Nacional, 1825, f. 2.
15 COSTA, Pereira da. *Anais Pernambucanos*. Recife: Arquivo Público Estadual, 1952, v. 7, p. 371.
16 Cf., também, MOREIRA, Luciano da Silva. "Combates Tipográficos". *Revista do Arquivo Público Mineiro*. Belo Horizonte, 44 (1): 24-41, 2008, p. 36.
17 MARROCOS, Luís Joaquim dos Santos. *Cartas do Rio de Janeiro, 1811-1821*. Lisboa: Biblioteca Nacional de Portugal, 2008. Carta 9, de 16 de novembro de 1811, p. 93. Na carta, criticava a impressão feita no Brasil, demonstrando que uma página da folhinha havia sido impressa errada e para a nova impressão deu-se "uma resma do mau papel".
18 Biblioteca Nacional do Rio de Janeiro. Francisco Vieira Goulart. Coleção Documentos Bibliográficos. Divisão de Manuscritos. C851, 18. 12 de outubro de 1826.

historiador Luciano, para Minas Gerais, referente ao ano de 1832, sob a guarda do Arquivo Público Mineiro. Trata-se da *Folhinha d'Algibeira ou Diário Civil e Ecclesiastico para o anno bissexto de 1832*, impressa pela Tipografia do Universal.[19]

Mas como servem essas folhinhas enquanto testemunhos históricos? Para além de funcionarem como um instrumento de "passagem da memória das coisas através de gerações", nas palavras de Marc Bloch,[20] as folhinhas também apresentavam uma função de estabelecer relações com o poder público, possuindo um caráter pedagógico e forjando laços entre o Estado e a nação, que se construía naqueles anos do Oitocentos.

Em primeiro lugar, as folhinhas eram destinadas aos "cidadãos do Império do Brasil", trazendo, em geral, um resumo dos fatos principais da História do Brasil, documentos importantes como a Constituição do Império ou o Regimento das Câmaras Municipais ou aquele da Liberdade de Imprensa. Ou ainda, um Compêndio de História do Brasil, como anunciava a folhinha de Ogier para o ano de 1835. A ausência de livros para o estudo da história pátria, até quase meados do século XIX, fazia da folhinha de algibeira um instrumento, cujo propósito consistia em não só reconstituir, com fidelidade, o passado do Brasil, mas também contribuir para a formação dos cidadãos do Império, inculcando alguns valores julgados convenientes à formação da *boa sociedade*. É interessante destacar que seus próprios títulos retratavam, em parte, o contexto político e cultural da época. Assim, ao longo do Primeiro Reinado, encontra-se a *Folhinha d'Algibeira ou Diário Civil e Ecclesiastico do anno bissexto de 1828. Sétimo da Independência do Brasil*. Depois da Abdicação do Imperador Pedro I, em 7 de abril de 1831, aparecia a *Folhinha Nacional e Constitucional*, publicada por René Ogier, entre 1834 e 1836. Verifica-se, assim, que após a Abdicação de Pedro I, há uma nova perspectiva na medida do tempo, adotando-se um caráter mais laico, uma vez que a folhinha deixa de ser um diário eclesiástico e transforma-se em um documento constitucional e nacional. Nesse caso, também, deve ser destacada a questão nacional que se opunha à perspectiva do português, identificado ao absolutista e à figura do ex-imperador.

---

19 MOREIRA, Luciano da Silva. "Combates Tipográficos". *Revista do Arquivo Público Mineiro*. Belo Horizonte, 44 (1), 2008, p. 36.

20 BLOCH, Marc. *Introdução à história*. Edição revista, aumentada e criticada por E. Bloch. [Trad.]. Lisboa: Europa-América, 1977, p. 117.

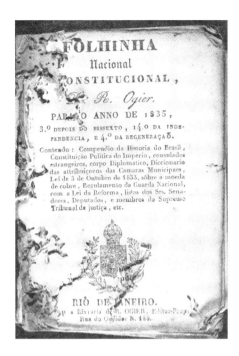

Desse modo, as folhinhas procuravam legitimar fatos ou datas importantes, que pudessem caracterizar um projeto político que distinguisse as diferentes épocas do processo da história do Brasil. Nessa perspectiva, as folhinhas ensinavam que a

> Cronologia é a arte de medir os tempos; de fixar épocas para esse fim etc. Época é um ponto geralmente determinado por algum acontecimento notável, desde o qual se conta o tempo, e os anos contados desde aquele ponto chamam-se uma Era. O Nascimento de Cristo é uma época, os anos que se contam desde aquele acontecimento chamam-se a Era Cristã.[21]

---

21 *Folhinha d'Algibeira ou Diario Civil e ecclesiastico do anno bissexto de 1828. Setimo da Independencia do Brasil. Para uso das Secretarias de Estado, Tribunaes, e mais Repartições do Serviço Publico Nacional, estacionados na Côrte, e nas Provincias Pertencentes aos Bispados do Rio de Janeiro, de S. Paulo, Marianna, Maranhão, Pará, Bahia e Pernambuco*. Rio de Janeiro: Typ. R. Ogier, 1828, p. 18.

A questão relativa à medição do tempo, na seção – Do Calendário e Cronologia –, trazia detalhes curiosos que demonstravam como esses contemporâneos tentaram expressar várias *percepções* que possuíam sobre a questão da existência do próprio homem e de valores de uma determinada conjuntura histórica. Eram formas de que se valiam a fim de viabilizar a apreensão das variadas linguagens de uma época.[22] Dessa forma, acreditavam que as "Nações policiadas" contavam o tempo, seja passado ou futuro, por períodos que dependiam do movimento dos Astros. Esta era uma atitude, na opinião daqueles homens do Oitocentos, que distinguia "o homem civilizado do selvagem", porque o primeiro estava "em estado de contar, a cada instante, a duração de sua existencia passada, e de predizer, a certas épocas, o renovamento de certos acontecimentos, de trabalhos e deveres marcados por Leis naturais ou civis". O último não era capaz de dizer sua idade, "nem prever épocas do renovamento das estações e de suas ocupações mais familiares, os acontecimentos mais notaveis, de que seria testemunha". Não possuíam uma noção de passado, nem de futuro, ao contrário do homem civilizado. Destacavam, portanto, que "sem a ciência das épocas", ou seja, a Cronologia, "tudo o que os homens têm feito até ao presente, seria como perdido para nós". Logo, a História não existiria, uma vez que para tais homens a história representava, sobretudo, a perspectiva de fatos que se sucediam. Acreditavam, também, que os homens, "cuja vida social exigia o concurso de diferentes indivíduos, em certas circunstâncias e tempos, não poderiam acudir ao tempo preciso e não existiria sociedade verdadeiramente civilizada, sem a convenção de contar o tempo de um modo regulado". Tal fato dava, por conseguinte, lugar aos Calendários das diferentes Nações e às suas Cronologias e Anais.[23]

Após tais reflexões, as folhinhas apresentavam as épocas gerais e as épocas nacionais. O interesse aqui recai sobre as diferenças que se encontram entre as folhinhas publicadas no Primeiro Reinado – para o ano de 1828 e o de 1831, lembrando que a folhinha era publicada no ano anterior – e aquelas que vieram à luz nas Regências e, depois, no Segundo Reinado.

Nas folhinhas para os anos de 1828 e 1831 – esta última publicada antes da Abdicação de Pedro I –, as épocas nacionais eram marcadas pelos seguintes fatos: o Descobrimento do Brasil; o Descobrimento do Rio de Janeiro; Da Chegada de S.M.I. com seu Augusto Pai ao Rio de Janeiro, a Elevação do Brasil à Categoria de Reino, a

---

22 SEBASTIÁN, J. Fernández. *El mundo atlántico como laboratório conceptual*. Digitado. Bilbao, 2004.

23 *Folhinha d'Algibeira ou Diario Civil e Ecclesiastico do anno de 1831. 10º da Independencia do Brasil. Contendo álem do que as de mais costumão, a Constutuição do Imperio, a Lista dos nomes dos Srs. Senadores, e Deputados, o Regimento das Camaras Municipaes, e do Juiz de Paz, e a Liberdade d'Imprensa*. Rio de Janeiro: Typ. R. Ogier, 1831, p. 3 e 4.

Chegada de S.M. a Imperatriz D. Leopoldina, o Regresso do Sr. D. João vi para Portugal, a Aclamação do Sr. D. Pedro i Imperador, e Defensor Perpétuo ao Brasil; o Juramento de S.M.I. ao Projeto de Constituição, que o mesmo Sr. Oferecera, e os Povos requererão fosse jurada como Constituição do Império e a Chegada de S.M. a Imperatriz D. Amélia. Já naquelas publicadas após 1831, as épocas se modificavam, sendo registradas: o descobrimento em 1500; a Declaração da Independência de 7 de Setembro de 1822, 1º ano da Independência; a Aclamação do 1º Imperador do Brasil, em 12 de Outubro de 1822, 1º ano da Independência e do Império; o Juramento da Constituição em 25 de Março de 1824, a Abdicação do Imperador D. Pedro i, e Aclamação do senhor D. Pedro Segundo, Imperador Constitucional, e Defensor Perpétuo do Brasil, em 7 de Abril de 1831. Desapareciam as referências ao período do Brasil Joanino e eram incluídos novos fatos, como a Revolução Republicana malograda em Minas Gerais (1789); a Revolução Republicana em Pernambuco sufocada em 1817 ou a Declaração da República do Equador em Pernambuco e Ceará sufocada (1824).[24] Era o período das Regências (1831-1840) que representou, por conseguinte, uma crise da ordem e um período de turbulências, com a eclosão de inúmeras revoltas e insurreições desde o extremo norte até o sul do país. Para alguns homens mais radicais, tais revoltas, entretanto, eram revoluções que representavam "dias fecundos de tentativas patrióticas".[25]

Talvez o exemplo mais curioso a se apontar, nas épocas nacionais ou nos dias de grande gala, seja aquele relacionado ao dia 7 de abril, momento da Abdicação de Pedro i. Na década de 1830, o 7 de abril foi considerado como dia da Regeneração (1835) ou da Revolução (1837) – data em que se devolveu ao Senhor D. Pedro ii a Coroa, quando foi Aclamado Imperador Constitucional do Brasil e seu Defensor Perpétuo. De acordo com a folhinha publicada em Minas Gerais para o ano de 1832, o 7 de abril representava um dia "sempre memorável", pois era "celebrado como o da Regeneração do Brasil, por que cessou a reinar o Tirano, e *nasceu uma nova ordem de coisas*, até então desconhecida no Brasil".[26] Nesse caso, o próprio conceito de regeneração traduzia um momento distinto, até então desconhecido no Brasil. Regeneração

---

24 *Folhinha d'Algibeira ou Diario Civil e Ecclesiastico do anno bissexto de 1828...*, p. 19-20, e *Folhinha d'Algibeira ou Diario Civil e Ecclesiastico para o anno de 1837*. Rio de Janeiro: Typ. Imp. e Const. De J. Villeneuve e Comp., 1837, p. 24-30.

25 Bastos, A. C. Tavares. *A Província*: estudo sobre a descentralização no Brasil. São Paulo: Editora Nacional, 1975, p. 112.

26 Moreira, Luciano da Silva. "Combates Tipográficos". *Revista do Arquivo Público Mineiro*. Belo Horizonte, 44 (1), 2008, p. 38-39.

podia ser equivalente a Revolução, pois, sem dúvida, foi a partir do acontecimento do 7 de abril de 1831 que o conceito moderno de revolução veio a integrar mais diretamente o vocabulário político brasileiro, passando a data a representar para muitos aquela da verdadeira Independência do Brasil. Rompia-se definitivamente com Portugal, pois agora assumia um rei nascido e criado no Brasil. Para os exaltados, acabava-se com "a farsa da independência Ipiranga", mostrando-se os brasileiros dispostos a não mais consentir em tantos ultrajes; em consequência, chegara-se ao ponto máximo: "segundo as coisas humanas a revolução apresentava-se inevitável", nas palavras do periódico *O Filho da Terra*.[27] Não obstante, se para alguns, como os moderados, aceitava-se a Abdicação como uma revolução – esta era uma "revolução espantosa sem uma gota de sangue" –, continuando-se também a insistir que o espírito do século XIX era o de um "espírito regenerador" e "reformador".[28]

Desse modo, verifica-se que, de acordo com o contexto das conjunturas políticas e econômicas, somente no momento da consolidação do Império, nos anos 50, afastado o perigo das últimas rebeliões políticas e desagregadoras, o 7 de abril se transformava, definitivamente, em dia de regeneração – data da Abdicação do Sr. D. Pedro I e Aclamação do Sr. D. Pedro II. Nesse caso, regeneração retomava o antigo sentido de restaurar uma antiga ordem considerada como legítima, um ponto de chegada, que se constituiu "no coroamento de um movimento de constituição da sociedade".[29]

---

27 *O Filho da Terra*, Rio de Janeiro, nº 4, 28 outubro 1831.
28 *Cartas ao Povo*, Rio de Janeiro, abril 1831.
29 Ver as folhinhas nacionais impressas na Tipografia Imperial de Paula Brito para os anos de 1850, 1853, 1854 e 1855.

Retrato do futuro Imperador Pedro II. *Folhinha Nacional e Constitucional de R. Ogier para o ano de 1835*. Rio de Janeiro: Typ. E Livraria R. Ogier, 1835.

Igualmente chama-se a atenção para os dias de grande gala indicados nas folhinhas – se antes da Abdicação há inúmeras referências a Pedro I – natalício, dia em que decidiu permanecer no Brasil – o Dia do Fico, em 9 de janeiro de 1822 –, após 1831, todas as menções ao antigo Imperador desapareceram, bem como as referências à irmã de Pedro II, D. Maria, futura rainha de Portugal. Somente em 1850, o dia 9 de janeiro veio a ser novamente considerado como dia de grande gala. Pode-se aqui também levantar a hipótese de que Pedro II, já consolidado no poder, retomava alguns fatos significativos da história do Brasil, ligados ao governo de seu pai. Da mesma forma, a augustíssima Casa Imperial do Brasil era iniciada com Pedro I e sua descendência até 1831. Incluía-se, inclusive, uma cronologia dos reis de Portugal e do período de seus reinados, desde D. Afonso I até D. Pedro IV. Doravante, ela principiava unicamente com o Sr. D. Pedro de Alcântara e com as suas duas irmãs que aqui permaneceram – as princesas D. Januária e D. Francisca Carolina. Desse modo, reforçava-se a ideia do 7 de abril como a verdadeira data da Independência do Brasil.[30]

Seria possível, ainda, estabelecer uma comparação entre as folhinhas publicadas no Brasil e em Portugal. Se aqui, a partir de 1831, ignorava-se a irmã de Pedro II – D. Maria, naquele lado do Atlântico, em anos anteriores os procedimentos em relação às notícias sobre o Brasil eram semelhantes. Em agosto de 1828, a Congregação dos Oratorianos – responsável pelas Folhinhas de Algibeira em Portugal – indagava a Sua Majestade se o nome da sereníssima Snra. D. Maria Leopoldina devia constar no catálogo das Rainhas de Portugal, uma vez que parecia que a referida senhora não tivesse sido rainha. Perguntava ainda, pois recebera apenas "insinuação vocal", se deveria adicionar à "Notícia dos Estados e Famílias Reais" o artigo Brasil, colocando-o logo depois de Portugal. Acreditava, contudo, que o artigo devia entrar segundo a ordem alfabética, depois de Baden.[31] Confrontando-se a Folhinha de Algibeira para o ano seguinte, verifica-se que tais insinuações foram efetivadas. Talvez por ainda se viver os ecos da Carta Constitucional de 1826, dada por D. Pedro a Portugal, antes do início da reviravolta do absolutismo miguelista, aquelas instruções prevaleceram.

Sem dúvida, como qualquer outro impresso, as folhinhas de algibeira, ultrapassando a perspectiva de mero veículo de informação, também podiam conter pequenos ensinamentos,

---

30   *Folhinha d'Algibeira ou Diario Civil e Ecclesiastico do anno de 1850*. Rio de Janeiro: Typ. R. Ogier, 1850.
31   Arquivo Nacional da Torre do Tombo. Ministério do Reino. Documentos relativos à censura. Maço 287. Do Livro de Avisos. 28 de agosto de 1828.

embora apresentem uma "ligação mais frouxa com o presente", uma vez que não podem influir diretamente nos jogos da ação política, pois, algumas vezes, referem-se ao ano que já se findou. De qualquer forma, como Eliana Dutra ressaltou para os *Almanaques Garnier* da segunda metade do Oitocentos, as folhinhas encerram sua pedagogia "numa lenta, longa e desdobrada duração, a qual assegura(va) padrões de convocação da história e da memória".[32]

Por conseguinte, as folhinhas de algibeira – ao conterem, além das informações habituais, indicações dos calendários, festas móveis, signos do zodíaco, eclipses – eram capazes de apresentar também uma representação simbólica do próprio poder real que se configurava ao sabor das conjunturas históricas, constituindo-se em uma espécie de compêndio para a vida do cidadão do Império do Brasil. Constituíam-se em instrumentos concebidos para definir uma "moralidade patriótica", tomando-se por empréstimo a expressão de Lise Andries.[33] Por meio de um texto simples e direto, procuravam traduzir as linguagens políticas de épocas distintas que foram capazes de expressar as diversas identidades políticas presentes naquelas conjunturas do Império do Brasil, permitindo a apreensão das variadas visões de mundo de uma época, ainda que muitas vezes eivadas de ambiguidades.

Referências Bibliográficas

Fontes Manuscritas
Arquivo Nacional da Torre do Tombo. Ministério do Reino. Documentos relativos à censura. Maço 287. Do Livro de Avisos. 28 de agosto de 1828

Biblioteca Nacional do Rio de Janeiro. Francisco Vieira Goulart. Coleção Documentos Bibliográficos. Divisão de Manuscritos. C851, 18. 12 de outubro de 1826.

Fontes Impressas

Advertencia: O Sr. Plancher e a Folhinha Impressa pela... Rio de Janeiro: Imprensa Nacional, 1827.

Folhinha d'Algibeira ou Diario Civil e Ecclesiastico do anno bissexto de 1828. Setimo da Independencia do Brasil. Para uso das Secretarias de Estado, Tribunaes, e mais Repartições do Serviço Publico

---

32 DUTRA, Eliana de Freitas. *Rebeldes literários da República: história e identidade nacional no Almanaque Brasileiro Garnier (1903-1914)*. Belo Horizonte: Editora da UFMG, 2005, p. 20.

33 ANDRIES, Lise. "Almanaques: revolucionando um gênero tradicional". In: DARNTON, Robert & ROCHE, Daniel (orgs.). *Revolução Impressa: a imprensa na França, 1775-1800*. São Paulo: Edusp, 1996, p. 306.

Nacional, estacionados na Côrte, e nas Provincias Pertencentes aos Bispados do Rio de Janeiro, de S. Paulo, Marianna, Maranhão, Pará, Bahia e Pernambuco. Rio de Janeiro: Typ. R. Ogier, 1828.

Folhinha d'Algibeira ou Diario Civil e Ecclesiastico do anno de 1831. 10º da Independencia do Brasil. Contendo álem do que as de mais costumão, a Constituição do Imperio, a Lista dos nomes dos Srs. Senadores, e Deputados, o Regimento das Camaras Municipaes, e do Juiz de Paz, e a Liberdade d'Imprensa. Rio de Janeiro: Typ. R. Ogier, 1831.

Folhinha Civil e Ecclesiastica para o anno de 1836, bissexto e xv da Independência e do Império. Para uso das repartições publicas, e dos particulares nos bispados do Rio de Janeiro, S. Paulo e Marianna. Rio de Janeiro: Typographia Nacional, 1835.

Folhinha d'Algibeira ou Diario Civil e Ecclesiastico para o anno de 1837. Rio de Janeiro: Typ. Imp. e Const. De J. Villeneuve e Comp., 1837.

Folhinha d'Algibeira ou Diario Civil e Ecclesiastico do anno de 1850. Rio de Janeiro: Typ. R. Ogier, 1850.

Folhinha dedicada às senhoras brazileiras para o ano de 1837. Rio de Janeiro: Typ. E Livraria de R. Ogier, 1837.

Folhinha do Simplício Poeta para o uso de todos os Cidadãos do Império do Brasil. Anno de 1833. Rio de Janeiro: Typ. Imperial e Constitucional de Seignot-Plancher e Cª., 1833.

Folhinha Nacional e Constitucional de Ogier para o ano de 1834, 2º depois do Bissexto. 13º da independência do Império e 3º da Regeneração do Brasil. Rio de Janeiro: Typ. E Livraria de R. Ogier, 1834.

Marrocos, Luís Joaquim dos Santos. *Cartas do Rio de Janeiro, 1811-1821*. Lisboa: Biblioteca Nacional de Portugal, 2008.

Notícia. Rio de Janeiro: Typografia Nacional, 1825.

Resposta de Pedro Plancher-Seignot empressor de sua magestade Imperial à advertência da Typografia Nacional. Rio de Janeiro: Imperial Typographia de Pedro Plancher-Seignot, s.d.

Periódicos

O Filho da Terra, Rio de Janeiro, nº 4, 28 outubro 1831.

Cartas ao Povo, Rio de Janeiro, abril 1831.

Livros e Artigos

Andries, Lise. "Almanaques: revolucionando um gênero tradicional". In: Darnton, Robert & Roche, Daniel (orgs.). *Revolução Impressa: a imprensa na França, 1775-1800*. [Trad.]. São Paulo: Edusp, 1996, p. 287-307.

Bastos, A. C. Tavares. *A Província*: estudo sobre a descentralização no Brasil. São Paulo: Editora Nacional, [1970], 1975.

Bloch, Marc. *Introdução à história*. Edição revista, aumentada e criticada por E. Bloch. [Trad.]. Lisboa: Europa-América, 1977.

Costa, Pereira. *Anais Pernambucanos*. Recife: Arquivo Público Estadual, 1952, v. 7.

Dutra, Eliana de Freitas. *Rebeldes literários da República: história e identidade nacional no Almanaque Brasileiro Garnier (1903-1914)*. Belo Horizonte: Editora da ufmg, 2005.

Lüsenbrink, Hans-Jürgen. "Do Almanaque Real ao Almanaque de Quebec: representações do poder e representações do Estado, emergências da nação". In: Dutra, Eliane de Freitas & Mollier, Jean-Yves (orgs.). *Brasil, Europa e América nos séculos xviii-xix*. São Paulo: Annablume, 2006, p. 567-578.

Moreira, Luciano da Silva. "Combates Tipográficos". *Revista do Arquivo Público Mineiro*. Belo Horizonte, 44 (1): 24-41, 2008. Acessível em: http://www.siaapm.cultura.mg.gov.br/acervo/rapm_pdf/RAPM0622008_combatestipograficos.pdf

Sebastián, J. Fernández. *El mundo atlántico como laboratório conceptual*. Digitado. Bilbao, 2004.

Capítulo 2
Família e política nas Regências:
possibilidades interpretativas das cartas pessoais de Evaristo da Veiga (1836-1837)

Marcos Ferreira de Andrade

O PERÍODO QUE SE SEGUIU à Emancipação política do Brasil foi marcado por debates e conflitos em torno do que era ser "brasileiro" e ser "português", sendo que este último era visto como o "outro" e representava uma ameaça à nacionalidade em construção. Naquela época, a imprensa periódica política ganhou maior profusão e constituía o principal espaço para veiculação dessas diferenças, isso quando esses debates não ganhavam as ruas e contavam com a participação de vários segmentos da população, que acabavam reinterpretando, a seu modo, os significados da liberdade e da identidade nacional em construção.[1] Já nas Regências esses conflitos ganharam dimensões mais amplas e, através deles, desenvolveu-se a estrutura de nação.[2]

Em um dos períodos mais agitados e fascinantes da história do Império do Brasil, as Regências foram marcadas por violentos protestos coletivos, como sedições militares, motins, revoltas escravas, revoltas provinciais e regionais. Os anos que se seguiram à Abdicação do Imperador foram "de levantes, revoltas, rebeliões e insurreições. De sonhos frustrados e de intenções transformadas em ações virtuosas, foram, sem dúvida, anos emocionantes para aqueles que viveram no Império do Brasil".[3] Também foi um

---

1 Ribeiro, Gladys Sabina. *A liberdade em construção*. Rio de Janeiro: Relume-Dumará/Faperj, 2002.
2 Iglésias, Francisco. *Trajetória política do Brasil: 1500-1964*. 2ª ed. São Paulo: Companhia das Letras, 1993, p. 145.
3 Mattos, Ilmar Rohloff de. *O Tempo Saquarema*. Rio de Janeiro: Editora Access, 1994, p. 2.

tempo marcado por mudanças na ordem jurídica, política e administrativa, resultado das disputas travadas entre diversos grupos e facções políticas (liberais exaltados, liberais moderados e restauradores).[4]

José Murilo de Carvalho chamou a atenção para a relação entre a elite e o Estado no final da década de 1830. Foi especialmente com o *Regresso* conservador que "as incertezas e turbulências da Regência começaram a dar lugar a um esboço de sistema de dominação mais sólido, centrado na aliança entre, de um lado, o rei e alta magistratura, e, de outro, o grande comércio e grande propriedade, sobretudo a cafeicultura fluminense".[5]

O tema descentralização e centralização, tratado antes genericamente pela historiografia, tem sido objeto de análise mais cuidadosa por estudos recentes, que procuram empreender análises mais circunstanciadas acerca da administração e do funcionamento da Justiça nas primeiras instâncias.[6]

Após o Sete de Abril, ganharam notoriedade três facções políticas principais: exaltados, moderados e restauradores. A tendência vencedora foi a dos liberais moderados ou *chimangos*, como também eram designados, que congregava políticos de Minas, São Paulo e Rio de Janeiro, em torno da *Sociedade Defensora da Liberdade e Independência Nacional*.[7] Dentre os políticos de maior expressão, destacaram-se o mineiro Bernardo

---

[4] Em um dos capítulos de minha dissertação de mestrado, fiz um levantamento dos conflitos ocorridos em Minas no tempo das Regências, demonstrando que a província foi assolada por vários motins, sedições e rebeliões, não se restringindo somente ao episódio da Sedição Militar de 1833 ou à *Revolta do Ano da Fumaça*. Ver "A província de Minas Gerais no Período Regencial". Lph *Revista de História*. Mariana, nº 08 (1998-1999), p. 39-74. O tema tem sido revisitado por estudos publicados recentemente. Ver Silva, Wlamir. *Liberais e povo*: a construção da hegemonia liberal moderada na província de Minas Gerais (1830-1834). São Paulo: Hucitec; Belo Horizonte: Fapemig, 2009; Gonçalves, Andréa Lisly. *Estratificação social e mobilizações políticas no processo de formação do Estado Nacional brasileiro*: Minas Gerais, 1831-1835. São Paulo: Hucitec; Belo Horizonte, 2008.

[5] Carvalho, José Murilo de. *A construção da ordem*: a elite política imperial; *Teatro de sombras*: a política imperial. 2ª ed. ver. Rio de Janeiro: Editora da ufrj/Relume-Dumará, 1996, p. 229.

[6] Ver Andrade, Ivan Vellasco de. *As seduções da ordem*: violência, criminalidade e administração da justiça – Minas Gerais, século xix. São Paulo: edusc, 2004; Cardoso, Maria Tereza Pereira. *Lei branca e justiça negra*: crimes de escravos nas vilas de São João del Rei e São José (1814-1852). Tese de Doutorado. Campinas, ifch/Unicamp, 2002.

[7] Sobre as sociedades políticas das Regências e o papel dessas instituições para a veiculação das ideias e dos embates travados entre as facções políticas da época, ver Wernet, Augustin.

Pereira de Vasconcellos, o paulista e futuro Regente, Padre Diogo Feijó, e Evaristo da Veiga, responsável pelo principal periódico do Rio de Janeiro, a *Aurora Fluminense*, o mais importante jornal liberal da época.

Estudos recentes têm chamado a atenção para o reducionismo com que foi compreendida a participação política de moderados, exaltados e restauradores. Como afirma Marco Morel, nessa época ainda não existia "partido político" no sentido moderno do termo. Ao contrário, partidarização tinha conotação pejorativa, pois poderia comprometer a unidade nacional. Pode-se afirmar, então, que a Regência é um dos períodos menos conhecidos da história do Império. Isto se justifica pela sua complexidade, revelada não só pelas inúmeras rebeliões provinciais, mas também pelo calor das discussões em torno da construção da nacionalidade, das ideias liberais e da formação do Estado, entre outros assuntos. Parto do mesmo pressuposto do autor, que considera o período como "um grande laboratório de formulações e de práticas políticas e sociais".[8]

Assim como na Corte, a província de Minas Gerais também será palco de disputas entre as principais facções políticas da época, destacando-se os moderados e os restauradores. A dimensão e a importância desses conflitos culminaram com a *Sedição Militar* de 1833, também conhecida como a *Revolta do Ano da Fumaça*, quando um grupo alcunhado de *restauradores* tomou o poder na capital da província durante os meses de abril e maio.[9]

Sociedades Políticas (1831-1832). São Paulo: Editora Cultrix, 1978. Ver também alguns estudos inéditos ainda não publicados: GUIMARÃES, Lúcia Maria Paschoal. *Em nome da ordem e da moderação*: a trajetória da Sociedade Defensora da Liberdade e da Independência Nacional do Rio de Janeiro. Dissertação de Mestrado. Rio de Janeiro: IFCS/UFRJ, 1990; BASILE, Marcello Otávio Néri de Campos. *O Império em construção*: projetos para o Brasil e ação política na Corte Regencial. Tese de Doutorado. Rio de Janeiro: IFCS/UFRJ, 2004.

8   MOREL, Marco. *O período das Regências (1831-1840)*. Rio de Janeiro: Zahar, 2003, p. 9.

9   As abordagens clássicas sobre o tema podem ser encontradas em: CASTRO, Paulo Pereira de. "A 'experiência republicana', 1831-1840". In: *História Geral da Civilização Brasileira* – O Brasil Monárquico. Tomo II, v. 2. São Paulo: Difel, 1985; IGLÉSIAS, Francisco. "Minas Gerais". In: *História Geral da Civilização Brasileira* – O Brasil Monárquico. Tomo II, v. 2. São Paulo: Difel, 1985, p. 364-412. Para abordagens mais recentes, ver: SILVA, Wlamir. *Liberais e povo*: a construção da hegemonia liberal moderada na província de Minas Gerais (1830-1834). São Paulo: Hucitec; Belo Horizonte: Fapemig, 2009; GONÇALVES, Andréa Lisly. *Estratificação social e mobilizações políticas no processo de formação do Estado Nacional brasileiro*: Minas Gerais, 1831-1835. São Paulo: Hucitec; Belo Horizonte, 2008; ANDRADE, Marcos Ferreira de. *Elites*

Por muito tempo a historiografia tratou de forma generalizante essas disputas, e não percebeu as distinções e os significados que esses termos carregavam e a apropriação dos sentidos que ora poderia ser feita por uma facção, ora por outra, ou mesmo por segmentos marginalizados da sociedade, como os escravos. Alguns trabalhos recentes apresentam outra leitura dessas disputas e da sedição propriamente dita, considerando o ano de 1833 como um marco decisivo da subordinação das câmaras municipais ao poder provincial e a Sedição Militar de 1833 como a expressão significativa deste conflito.[10] Wlamir Silva discute a construção da hegemonia liberal moderada em Minas Gerais e destaca os meios utilizados pelos liberais para identificar os seus adversários, qualificando-os, geralmente, de caramurus, restauradores, absolutistas ou anarquistas.[11]

Dentre as formulações e práticas políticas que estavam postas naquele tempo, uma se destacou: a dos liberais moderados. Em meio a tantas propostas e embates, foram os moderados que deram a direção política durante as Regências. Neste cenário, vários atores se destacaram, mas um, em particular, teve uma atuação mais expressiva, não só na formulação e divulgação de ideias em seu periódico, prática comum naquele tempo, mas também na forma de se fazer política e atuar no Parlamento. Evaristo Ferreira da Veiga foi, no dizer de um dos seus melhores biógrafos, "a figura primacial da época da Regência".[12]

1. O "viver entre livros" e a prática política de Evaristo da Veiga

Desde moço tornou-se caixeiro na livraria do pai, depois sócio e por fim dono de livraria. A sua formação intelectual não foi construída em nenhuma universidade. O "viver entre livros" certamente foi um ambiente promissor e garantiu-lhe acesso a várias obras que chegavam, primeiramente, na livraria de seu pai, depois na de seu irmão e,

---

regionais e a formação do Estado Imperial brasileiro: Minas Gerais – Campanha da Princesa (1799-1850). Rio de Janeiro: Arquivo Nacional, 2008.

10 ANDRADE, Francisco Eduardo. "Poder local e herança colonial em Mariana: faces da Revolta do Ano da Fumaça (1833)". In: *Termo de Mariana*: história e documentação. Mariana: Imprensa Universitária da UFOP, 1998, p. 127-38.

11 SILVA, Wlamir. *Liberais e povo*: a construção da hegemonia liberal moderada na província de Minas Gerais (1830-1834). São Paulo: Hucitec; Belo Horizonte: Fapemig, 2009.

12 SOUZA, Otávio Tarquínio de. *Evaristo da Veiga*. Belo Horizonte: Itatiaia; São Paulo: Edusp, 1988. Coleção História dos Fundadores do Império do Brasil, v. 6, p. 27.

finalmente, na sua própria. Alguns de seus professores atestaram a sua capacidade, não só pela aprovação nos exames, mas pela sua dedicação e competência.[13]

Teve uma vida breve, pois não chegou a completar 38 anos, mas viveu-a intensamente. Apesar de não ter completado uma década de atividade política, a sua trajetória marcou profundamente aqueles primeiros anos do período da Regência. Uma trajetória que não pode ser deslocada de uma análise de seu perfil psicológico e familiar, da política e da atividade jornalística. Como afirma Otávio Tarquínio de Souza, sem "deixar o Rio, sem mencionar o seu nome no jornal em que escrevia, sem fazer cabala ou lisonjear gente influente, foi eleito deputado por Minas Gerais, contando apenas vinte e oito anos e reeleito depois duas vezes, uma delas com cadeira também pelo Rio de Janeiro".[14]

Evaristo da Veiga era o segundo filho mais velho de Luiz Francisco Saturnino da Veiga, natural de Portugal, e da fluminense, descendente de portugueses, Francisca Xavier de Barros. O casal teve quatro filhos: João Pedro da Veiga (nascido em 29 de abril de 1797 e falecido em 2 de maio de 1862); Evaristo Ferreira da Veiga (nascido a 8 de outubro de 1799 e falecido em 12 de maio de 1837); Bernardo Jacinto da Veiga (nascido em 20 de janeiro de 1802 e falecido em 21 de junho de 1845) e Lourenço Xavier da Veiga (nascido a 21 de julho de 1806 e falecido a 1º de novembro de 1863).

Aprendeu com o pai as primeiras letras, além do vernáculo e do francês. Com os professores Manoel Marques, as aulas de latim, e com João Joyce, o inglês. Após a conclusão do curso de humanidades, no Seminário São José, passou a exercer a atividade de caixeiro na livraria do pai. Contava, então, 19 anos de idade. Segundo Basílio de Magalhães, os cinco anos que passou trabalhando com o pai, antes de abrir uma livraria com seu irmão João Pedro da Veiga, no ano de 1823, se não lhe renderam ganhos financeiros, porém "lhe opulentou o cérebro".[15] Teve oportunidade de travar contato com obras de economistas e filósofos em voga naqueles tempos. Em fins de 1827, ano do enlace matrimonial com Edeltrudes Maria da Assunção, rompeu a sociedade com o irmão e estabeleceu o seu próprio negócio, ao adquirir a livraria de Bompard, na Rua dos Pescadores, atual Visconde de Inhaúma. Ali também adquiriu o sobrado onde passou a residir com a sua esposa.

---

13 SOUZA, Otávio Tarquínio de. *Evaristo da Veiga*. Belo Horizonte: Itatiaia; São Paulo: Edusp, 1988. Coleção História dos Fundadores do Império do Brasil, v. 6, p. 25-26.

14 SOUZA, Otávio Tarquínio de. *Evaristo da Veiga*. Belo Horizonte: Itatiaia; São Paulo: Edusp, 1988. Coleção História dos Fundadores do Império do Brasil, v. 6, p. 173.

15 MAGALHÃES, Basílio de. "Evaristo da Veiga". *Jornal do Commercio*. Rio de Janeiro: 12 de maio de 1937, p. 4. Biblioteca Nacional – BN- Seção PR-SPR 00001.

Segundo Otávio Tarquínio de Souza, a livraria de Evaristo vendia um conjunto variado de obras que transitava pelas áreas de Economia Política, Administração e Finanças. Era possível encontrar em suas prateleiras autores clássicos de economia política como Say e Ricardo, de filósofos como Voltaire, tradução de Racine, além de livros sobre os Estados Unidos e o México.[16]

Em fins do mesmo ano, com 28 anos de idade, Evaristo também passaria a se dedicar ao jornalismo político e daria início a sua vida pública. Naquela mesma época tornou-se um dos fundadores de um dos periódicos mais importantes do final do Primeiro Reinado e da Regência. Mas não demoraria muito tempo para que Evaristo ficasse sozinho na direção da *Aurora Fluminense* e se tornasse o célebre redator daquele periódico, o que aconteceu a partir de 1828.

A *Aurora Fluminense*, sem dúvida, foi o principal periódico de inspiração *moderada* da Corte e também do Império. Marcada pela estabilidade e regularidade de sua publicação durante oito anos ininterruptos (dezembro de 1827 a dezembro de 1835), circulava três vezes por semana e passou por apenas quatro tipografias. Segundo Marcello Basile, nos cinco primeiros anos da Regência foram publicadas seiscentas edições e mais de uma dezena de suplementos. Como constata o autor, as informações sobre as tiragens dos periódicos da Regência são precárias, o que não permite estabelecer maiores considerações acerca do alcance da imprensa e do número de leitores. Em relação à *Aurora* é possível indicar algumas estimativas da importância que a folha adquiriu e de sua capacidade de circulação. Em 1831, o jornal divulgava que possuía em torno de mil e cem subscritores, número bastante expressivo para a época, por se tratar de um jornal eminentemente político, dirigido a um público específico, letrado e bastante reduzido, devido ao índice elevado de analfabetismo, e também à concorrência de outros jornais.[17]

A imprensa periódica, sobretudo a da época das Regências, representou a possibilidade de trazer para a esfera pública o debate das ideias políticas, com ênfase para o liberalismo em suas diversas modalidades, o republicanismo, o federalismo, o absolutismo etc. Também há

---

16 Souza, Otávio Tarquínio de. "Evaristo da Veiga". *Revista do Brasil*, Rio de Janeiro, ano II, nº 7, jan. 1939, p. 27. Ver também a relação dos livros arrolados no inventário de Evaristo publicada pelo Arquivo Nacional, no ano de 1937, segundo consta do seu inventário, realizado em 1837. Ver: "A biblioteca de Evaristo da Veiga, segundo consta do seu inventário, procedido em 1837". In: *Publicações do Archivo Nacional*, XXXIV. Rio de Janeiro: Officinas Graphicas do Archivo Nacional, 1937.

17 Basile, Marcello Otávio Néri de Campos. *O Império em construção*: projetos para o Brasil e ação política na Corte Regencial. Tese de Doutorado. Rio de Janeiro: IFCS/UFRJ, 2004, p. 24-25.

que destacar que o prelo acabou por constituir um dos espaços privilegiados para formular "projetos de nação" distintos entre si (apesar das convergências), de uma cena pública cada vez mais complexa, na qual emergiam atores políticos diferenciados".[18]

2. Os Veiga no Sul de Minas Gerais

Os quatro filhos de Luiz Francisco Saturnino da Veiga não gozavam de boa saúde, sendo que dois deles, Bernardo Jacinto da Veiga e Lourenço Xavier da Veiga, foram residir no Sul de Minas para se tratarem de males estomacais e do fígado, através do consumo das águas minerais. Bernardo Jacinto sofria de dispepsia hepática desde muito cedo e aos 16 anos se dirigiu para o Sul de Minas, fixando-se na cidade de Campanha, no ano de 1818. Quatro anos mais tarde, foi a vez de Lourenço juntar-se ao irmão na mesma cidade e com o mesmo objetivo. Os problemas de saúde deveriam ser realmente graves, pois implicaram a saída da Corte e a moradia definitiva no Sul de Minas ainda muito jovens. Como afirma Veiga Miranda, ao discorrer sobre os transtornos que representava uma viagem da Corte ao interior das Minas Gerais naqueles tempos, um motivo fortuito possibilitou a fixação no Sul de Minas de um adolescente, "neófito na vida e naquelas brenhas, sem imaginar que daí a vinte anos seria o governador de todo o vasto território das Minas Gerais".[19]

Águas Virtuosas da Campanha, como era então conhecida a atual cidade de Lambari, era distrito do termo de Campanha e adquirira fama e importância, no século XIX, certamente em função do poder curativo atribuído ao consumo de suas águas minerais, utilizadas no tratamento das mais variadas doenças, com especial destaque para as do es-

---

18 MOREL, Marco. "Os primeiros passos da palavra impressa". In: MARTINS, Ana Luiza e DE LUCA, Tânia Regina. *História da imprensa no Brasil*. São Paulo: Contexto, 2008, p. 42. Ainda sobre o tema, ver: SILVA, Wlamir. "A imprensa e a pedagogia liberal". In: NEVES, Lúcia Maria Bastos P. *et al.* (orgs.). *História e imprensa*: representações culturais e práticas de poder. Rio de Janeiro: DP&A/Faperj, 2006, p. 37-59; BASILE, Marcello Otávio Néri de Campos. "Projetos de Brasil e construção nacional na imprensa fluminense (1831-1835)". In: NEVES, Lúcia Maria Bastos P. *et al.* (orgs.). *História e imprensa*: representações culturais e práticas de poder. Rio de Janeiro: DP&A/Faperj, 2006, p. 60-93.

19 MIRANDA, Veiga. "O Pamphletario d'O Primeiro Reinado" – Memória histórica comemorativa do centenário do nascimento de Luiz Francisco da Veiga. Rio de Janeiro: 12 de agosto de 1934, p. 5. Biblioteca Nacional – BN. Seção PR-SPR 00001.

tômago, intestino e fígado.[20] Lourenço e Bernardo acabaram fixando residência na cidade de Campanha, talvez por oferecer melhores condições de hospedagem e oportunidades de sobrevivência, pois se tratava da sede do termo, mais urbanizada, e a vila mais importante do Sul de Minas.[21]

Ambos seguiram caminhos semelhantes ao de Evaristo, dedicando-se à imprensa local, ao comércio e também às atividades políticas. Tiveram destacada importância na política local e provincial. Bernardo Jacinto da Veiga foi vereador em Campanha, deputado provincial nas duas primeiras legislaturas (1835-1839), deputado geral e presidente da Província de Minas entre 1838 e 1840, e de maio de 1842 a março de 1843.[22] Também foi responsável pela criação do primeiro periódico da vila de Campanha, o *Opinião Campanhense*, no ano de 1832. Mas foi especialmente em maio de 1842, quando se iniciou a Revolta Liberal em Minas Gerais, que Bernardo Jacinto assumiu a presidência, contribuindo, decisivamente, para debelar o movimento insurgente. Se considerarmos como corretas as assertivas de Alcir Lenharo, Bernardo Jacinto teria aderido ao movimento regressista e conservador esboçado a partir de 1837, contribuindo decisivamente para o enfraquecimento da conexão política entre os moderados da Corte e sua base interiorana.[23] É importante lembrar que ainda no mesmo ano saía da vida e da cena política um dos principais representantes dos moderados na Corte. Evaristo faleceu poucos dias depois de retornar de sua primeira e única viagem ao Sul de Minas, no dia 12 de maio de 1837, depois de visitar seus irmãos e parentes em Campanha e conhecer a localidade e a população que constituía parte de sua base política nas Minas Gerais. Bernardo Jacinto faleceu em 1845.

O *Opinião Campanhense* possuía uma estrutura muito semelhante à da *Aurora Fluminense*. Infelizmente não foi possível cotejar o intercâmbio das matérias que, provavelmente, foram publicadas nos dois periódicos, pois existem somente dois números no acervo da Biblioteca Nacional. Não há como deixar de lamentar a perda do primeiro periódico do Sul de Minas, que teve uma duração de seis anos, encerrando sua circulação

---

20 ANDRADE, Marcos Ferreira de. *Elites regionais e a formação do Estado Imperial brasileiro*: Minas Gerais – Campanha da Princesa (1799-1850). Rio de Janeiro: Arquivo Nacional, 2008, p. 157-159.

21 ANDRADE, Marcos Ferreira de. *Elites regionais e a formação do Estado Imperial brasileiro*: Minas Gerais – Campanha da Princesa (1799-1850). Rio de Janeiro: Arquivo Nacional, 2008, p. 27-64.

22 VEIGA, Bernardo Saturnino da. *Almanach sul-mineiro*. Campanha: Tipographia do Monitor Sul-Mineiro, 1874, p. 444-454.

23 LENHARO, Alcir. *As tropas da moderação*: o abastecimento da Corte na formação política do Brasil, 1808-1842. São Paulo: Símbolo, 1979.

em agosto de 1837. Se boa parte dos números do periódico tivesse sido preservada, teríamos como estabelecer comparações com as folhas do Rio de Janeiro, especialmente com a *Aurora*, no que se refere ao debate político do período, como eram apropriados e interpretados os acontecimentos da Corte, e a constituição da hegemonia liberal moderada no Sul de Minas, o impacto da morte de Evaristo, a adesão ao *Regresso* pelos seus dois irmãos que ali residiam. Diante da ausência de tais fontes, só é possível estabelecer algumas especulações e cotejar algumas matérias e referências sobre o Sul de Minas que Evaristo divulgava com zelo e atenção especial em seu periódico, mas que durou somente até dezembro de 1835.

Na *Aurora Fluminense* há várias indicações do apreço que Evaristo tinha pela província de Minas Gerais, particularmente pela região sul. No dia 11 de fevereiro de 1831, divulgou uma notícia pública no *Pregoeiro Constitucional*, jornal de Pouso Alegre e propriedade do padre José Bento Ferreira Leite, referente à criação de uma sociedade para a sustentação de presos.[24] Também é comum encontrar várias correspondências e representações das câmaras sul-mineiras, especialmente de Baependi e de Campanha, em momentos particularmente tensos da história do Império, como, por exemplo, na "noite das garrafadas", dando destaque para as providências tomadas pela Câmara de Campanha. Ressalta ainda o "espírito brioso do povo mineiro" em relação aos acontecimentos pós-Abdicação do Imperador, além de noticiar a criação de várias células da *Sociedade Defensora da Independência e Liberdade Nacional* em distintas localidades no Sul de Minas.[25]

O cuidado de Evaristo com sua base política no Sul de Minas igualmente pode ser percebido através da exaltação das qualidades dos mineiros e particularmente dos moradores de Campanha e dos membros que compunham a Câmara Municipal e a Sociedade Defensora. Bernardo e Lourenço iniciaram as suas respectivas carreiras políticas como camaristas e também eram signatários da Sociedade Defensora. No dia 5 de dezembro de 1831, ao publicar uma carta do Diretório da Sociedade Defensora de Campanha, escrita por Joaquim Inácio Vilas Boas da Gama, Evaristo destaca que Campanha talvez fosse "o lugar da província aonde mais notavelmente brilha o entusiasmo e a liberdade".[26] É importante lembrar que seus dois irmãos, Bernardo Jacinto da Veiga e Lourenço Xavier da

---

24 Biblioteca Nacional – BN – PR-SOR 36(1-5) *Aurora Fluminense*, nº 448.
25 Biblioteca Nacional – BN – PR-SOR 36(1-5) *Aurora Fluminense*, nº 479.
26 Biblioteca Nacional – BN – PR-SOR 36(1-5) *Aurora Fluminense*, nº 565.

Veiga, estavam profundamente envolvidos no funcionamento da Sociedade Defensora de Campanha, pois ambos ocupavam o cargo de secretário daquela associação.[27]

O intercâmbio de matérias e a divulgação de notícias entre periódicos da Corte e do interior, e vice-versa, da mesma tendência política não constitui nenhuma inovação. As folhas da Corte e as interioranas apresentam grandes possibilidades no sentido de captar as representações e as construções que foram elaboradas acerca dos distintos grupos políticos e daqueles personagens que se destacaram na cena pública. Os periódicos regenciais acabaram por constituir um dos espaços de grande relevância do debate político e do estreitamento das relações entre as províncias e a Corte. E estes parecem ter sido alguns dos objetivos que estavam presentes nos estatutos das associações políticas, como, por exemplo, da Sociedade Defensora de Nossa Senhora. do Amparo do Brejo do Salgado, norte da província de Minas Gerais, local de nascimento do cônego José Antônio Marinho. Como as demais associações congêneres, dentre os objetivos centrais destacavam-se a manutenção da ordem e a harmonia entre "nativos e adotivos"[28] e a preocupação com a instrução pública e a educação política, tarefa que poderia ser desempenhada através do maior acesso aos periódicos e da circulação das informações neles contidas. O artigo 4º da Sociedade reiterava a importância de "procurar aumentar os conhecimentos dos habitantes [daquele] Julgado prestando-lhes para isto a leitura dos periódicos da Bahia, Pernambuco, São Paulo e Goiás, e não se assina[va]m os desta Província, e do Rio de Janeiro, por serem oferecidos pelo Reverendíssimo Padre Mestre José Antonio Marinho".[29]

A circulação dos periódicos era prática comum naqueles tempos, incluindo o comentário de matérias publicadas em folhas oponentes. Vivia-se o momento, por excelência,

---

27 No dia 11 de março de 1832, o presidente da Sociedade Defensora de Campanha, em correspondência dirigida ao presidente da província, reiterava a legalidade da Regência e o não reconhecimento de qualquer outro governo considerado "intruso". Assinaram a correspondência, como secretários da Defensora, os dois irmãos de Evaristo que residiam na vila de Campanha. Arquivo Público Mineiro – APM – SP PP 1/7 – Cx. 01, doc. 09.

28 Aspecto destacado por Lúcia Paschoal Guimarães para a Sociedade Defensora do Rio de Janeiro, inclusive com a promoção de *rondas noturnas* para garantir a segurança pública e a arrecadação de fundos para a construção de uma *Casa de Correção*. Ver: "Liberalismo moderado: postulados ideológicos e práticas políticas no período Regencial (1831-1837)". In: GUIMARÃES, Lúcia Paschoal (org.). *O liberalismo no Brasil Imperial*: Orígenes, conceitos e práticas. Rio de Janeiro: Revan/UERJ, 2001, p. 111.

29 APM – SP PP 1/7, Cx. 01, doc. 20. Estatuto da Sociedade Promotora da União e Defensora do Centro do Arraial de N. Sra. do Amparo do Brejo do Salgado – 24/09/1832.

de "explosão da palavra pública em suas múltiplas possibilidades".[30] E é com o objetivo de perceber as ligações de Evaristo com a província de Minas Gerais, que passam por questões políticas e vínculos familiares, que algumas referências foram cotejadas e consideradas de relevância.

Em relação ao segundo irmão, Lourenço Xavier da Veiga, que se fixou em Campanha depois de Bernardo, parece ter tido uma atuação mais localizada na vila, onde exerceu a atividade de publicista, editou jornais, abriu uma livraria e elegeu-se vereador por algumas legislaturas (1841-1853).[31] Embora não tenha cursado nenhuma academia, assim como seu irmão Evaristo, foi um autodidata e tinha talento literário. Publicava seus textos em periódicos cariocas e nos que havia fundado em Campanha, como, por exemplo, a *Nova Província* e o *Sul de Minas*.

Através da imprensa local, os Veiga acabaram divulgando a ideia de criação da Província de Minas do Sul, que era acalentada desde 1843 por Bernardo Jacinto da Veiga. O projeto foi malogrado, embora a proposta tenha sido apresentada em três momentos distintos no Parlamento nacional (1854, 1862 e 1868). Depois da morte de seu irmão Evaristo, assim como Bernardo, Lourenço tornou-se um dos mais importantes líderes conservadores da região. Teve atuação destacada na Revolta de 1842 e recebeu a patente de tenente-coronel pelos serviços prestados. Segundo Francisco de Paula Ferreira de Rezende, Lourenço era "um dos conservadores mais exaltados" e "mais ou menos odiado por quase todos os liberais". Além de destacar a liderança política conservadora dos Veiga no Sul de Minas, acabou por demonstrar a importância das relações de amizade e de parentesco, e como estas se tornavam essenciais, especialmente em determinados contextos marcados pelo dissenso e pelas disputas políticas entre as elites. Comenta sobre a atuação de Lourenço, no sentido de envidar todos os esforços para livrar da prisão o liberal Joaquim Delfino Ribeiro da Luz. Francisco Rezende termina por questionar o gesto de Lourenço. "E o que é certo é que, ou fosse levado por aquela amizade, ou pela esperança talvez de angariar para o partido conservador aquele rebelde e com ele parte da família, que era toda muito liberal (...)".[32]

---

30 MOREL, Marco. *O período das Regências (1831-1840)*. Rio de Janeiro: Zahar, 2003, p. 10.
31 Centro de Memória Cultural do Sul de Minas – CEMEC-SM, atas da Câmara Municipal de Campanha (1841-1845; 1853-1856), CAMP LAC 04; CAMP LAC 05.
32 REZENDE, Francisco de Paula Ferreira de. *Minhas Recordações*. Belo Horizonte: Imprensa Oficial, 1987, p. 162.

Lourenço ainda ocupou cargos de delegado e subdelegado de Polícia, substituto de juiz municipal e de direito. Faleceu na cidade de Campanha em 1863.[33]

3. Vida política intensa e morte prematura: os últimos meses de vida de Evaristo

Todos os biógrafos de Evaristo primam por enfatizar a sua coerência no exercício da política, na defesa da monarquia constitucional e de determinados princípios do liberalismo *moderado*, além do seu zelo, atenção e preocupação com a vida em família. Essas narrativas tiveram seu *locus* inicial de construção especialmente após a sua morte, quando algumas sociedades políticas e literárias das quais fazia parte foram responsáveis pela elaboração de discursos e exéquias em honra e memória de seu falecimento.[34]

---

33 VEIGA, Bernardo Saturnino da. *Op. cit.*, p. 62; 455-457; VEIGA, João Pedro Xavier. *Ephemérides mineiras*. Belo Horizonte: Centro de Estudos Históricos e Culturais/Fundação João Pinheiro, 1998, p. 943-944.

34 No caso de Feijó, ao que parece, sua morte teve "muitos silêncios", mesmo na sua província de origem. Isso talvez se explique pela sua participação na Revolta Liberal de 1842, pois quando veio a falecer, em 1843, os processos de julgamento dos rebeldes ainda tramitavam no Senado. Sobre o assunto, ver: RICCI, Magda. *Assombrações de um padre regente*: Antônio Diogo Feijó (1784-1843). Campinas, SP: Editora da Unicamp, CECULT-IFCH, 2001, p. 45-46. Com Evaristo ocorreu o inverso, pois foram elaborados necrológios, discursos e honras fúnebres pelas associações das quais fazia parte. Ver: *Collecção de diversas peças relativas á morte do illustre Brasileiro Evaristo Ferreira da Veiga*, Para servir de continuação ao folheto intitulado: Honras e saudades á memoria de Evaristo Ferreira da Veiga, tributadas pela Sociedade Amante da Instrucção, em 12 de agosto de 1837. Rio de Janeiro: Typographia Imparcial de F. de P. Brito, 1837; *Discursos recitados nas solemnes exequias maç. do ir. Cav. R. C. Evaristo Ferreira da Veiga, celebradas pela sua Aug. e Resp. L. e Sub. Cap. Com. e Art. Ao Or. do Rio de Janeiro, no dia 28 de Setembro de 1837*. Rio de Janeiro: Typ. Imparcial do Ir. F. P. Brito, 1837; *Honras e saudades á memoria de Evaristo Ferreira da Veiga, tributadas pela Sociedade Amante da Instrucção, em 12 de Agosto de 1837*. Rio de Janeiro: Typ. Imp. e Const. de J. Villeneuve e Comp., 1837; *Honras funebres á saudosa memoria do illustre cidadão e perfeito maç. C. R. C. Evaristo Ferreira da Veiga. Da parte da Aug. e Resp. L. Integ. Maç*. Rio de Janeiro: Imprensa Americana de I. P. da Costa, 1837; SILVA, F. P. Martins e, *Suspiro saudoso sobre o sepulcro do finado egregio cidadão fluminense Evaristo Ferreira da Veiga, no dia anniversario da sua morte (12 de maio); por seo amigo F. P. Martins e Silva*. Rio de Janeiro: Typographia Imparcial de F. de Paula Brito, 1838.

Otávio Tarquínio de Souza também não teve como escapar da mesma cilada, embora ressaltasse que Evaristo nunca tinha sido "santo" e que até os santos exibiam "a miséria da condição humana". Sem sombra de dúvida, trata-se de uma das melhores biografias sobre Evaristo, ricamente documentada e, em vários aspectos, com extrema sensibilidade analítica. Mas, acabou por enfatizar que Evaristo era a mesma pessoa, em distintos momentos da sua vida (desde 1828, quando se tornou o único redator da *Aurora Fluminense*, em 1834, época do Ato Adicional, e até mesmo em 1837, ano da sua morte), "numa coerência tanto mais notável quanto os acontecimentos se sucediam em mutações bruscas e imprevistas".[35]

A reflexão que aqui se propõe parte de outros pressupostos. Não se trata de desmerecer a história individual, familiar e política de Evaristo, daquele que foi uma das figuras mais marcantes do cenário regencial, reconhecido até mesmo por seus maiores oponentes, ainda em vida e, posteriormente, por aqueles que contribuíram para a monumentalização[36] do 7 de abril e de sua atuação política, e, mais tarde, dos seus biógrafos.[37] Portanto, não se trata de refazer um caminho já trilhado com grande competência por alguns autores, e muito menos de enveredar pela seara biográfica e laudatória.

---

35 Souza, Otávio Tarquínio de. *Evaristo da Veiga*. Belo Horizonte: Itatiaia; São Paulo: Edusp, 1988. Coleção História dos Fundadores do Império do Brasil, v. 6, p. 174.

36 A monumentalização do evento e as relações entre História e Memória estão sendo compreendidas de acordo com a reflexão proposta por Jacques Le Goff. Ver os seguintes estudos do autor: "Documento/ Monumento". *Enciclopédia Einaudi*. Lisboa: Imprensa Nacional, Casa da Moeda, 1985, v. 1, p. 95-106; *História e Memória*. Trad. Bernardo Leitão *et alli*. 5ª ed. Campinas, SP: Editora da Unicamp, 2003, p. 419-476; 525-541.

37 Como referimos anteriormente, a biografia de Evaristo começa a ser elaborada logo após a sua morte, através das honras fúnebres produzidas pelas associações das quais fazia parte. Mas é especialmente em 1877, que Luiz Francisco da Veiga, seu sobrinho, publica uma obra que também acaba por contribuir para a monumentalização do 7 de Abril e da figura do Evaristo. Em 1889, foi a vez de Felix Pacheco produzir uma biografia de Evaristo, em comemoração ao centenário de seu nascimento, publicada na coluna de honra do *Jornal do Commercio*. Ver: Veiga, Luiz Francisco da. *O Primeiro Reinado estudado à luz da sciencia ou a revolução de 7 de abril de 1831, justificado pelo direito e pela história*. Rio de Janeiro: Tipografia de G. Leuzinger, 1877. Biblioteca Nacional (BN) – Seção de Obras Raras (76,3,32); Pacheco, Felix. *O publicista da Regência*. Monografia histórica publicada nas colunas de honra do *Jornal do Commercio* no dia do Centenário do nascimento de Evaristo Ferreira da Veiga. Rio de Janeiro: Tipografia do Jornal do Commercio, 1889. BN – Seção de Obras Raras (104, 4, 3).

Aspectos da vida pessoal e familiar de Evaristo são, com certeza, de suma importância para a análise que se busca empreender, contudo ganham sentido na medida em que pudermos compreender o homem e o seu tempo, trazendo à tona os dilemas e as contradições de um dos personagens mais significativos dos anos iniciais da década de 1830. Apesar de uma vida breve, marcou profundamente a história política do Império, seja através de sua atuação no Parlamento, nas discussões realizadas em associações e, especialmente, através da escrita combativa na *Aurora Fluminense*, de 1827 até 1835.

Do ponto de vista analítico, partiremos da reflexão proposta por Giovani Levi, ao traçar uma tipologia dos estudos biográficos, especialmente aqueles que articulam a biografia ao contexto, pois "qualquer que seja a sua originalidade aparente, uma vida não pode ser compreendida unicamente através de seus desvios ou singularidades, mas, ao contrário, mostrando-se que cada desvio aparente em relação às normas ocorre em um contexto histórico que o justifica". O autor também aponta os riscos dessa abordagem, indicando que "o contexto é frequentemente apresentado como algo rígido, coerente, e que ele serve de pano de fundo imóvel para explicar a biografia".[38] Na tentativa de evitar tais armadilhas, temos procurado articular dialeticamente o contexto com a trajetória individual e familiar do personagem investigado.

Portanto, neste artigo, pretende-se explorar parcialmente o conteúdo das cartas que Evaristo escreveu ao seu irmão João Pedro da Veiga, entre o final novembro de 1836 e início de maio de 1837.[39] Essas correspondências acabaram tornando-se emblemáticas justamente por constituírem os últimos registros escritos oriundos da própria pena de Evaristo, pois faleceu poucos dias após o seu retorno da viagem a Minas. As cartas igualmente são sintomáticas dos desgostos, das contradições, dos aborrecimentos e da retirada da cena política por parte de Evaristo, embora em alguns momentos se mostrasse preocupado com o que passava na Corte. Igualmente é interessante perceber o carinho e zelo familiar demonstrados na preocupação em ter notícias do pai, cunhada e sobrinhos que ficaram no Rio de Janeiro, o que reforça o papel importante desempenhado pela família em sua trajetória e também naquele contexto.

---

38   Levi, Giovani. "Usos da biografia". In: Ferreira, M. de M. e Amado, Janaína (org.). *Usos e Abusos da História Oral*. Rio de Janeiro: Editora da fgv, 1998, p. 176.

39   Trata-se de 19 cartas de Evaristo da Veiga dirigidas a seu irmão João Pedro da Veiga, dando detalhes de sua viagem, da estadia em Campanha e do retorno à Corte, escritas entre novembro de 1836 e início de maio de 1837. Cartas de Evaristo Ferreira da Veiga ao irmão João Pedro da Veiga – Biblioteca Nacional – bn – I-02. Essas correspondências foram pioneiramente utilizadas e analisadas por Souza, Otávio Tarquínio de, *op. cit.*, 1988, p. 169-172.

Dois anos antes de sua viagem a Minas, a *Aurora* perderia, definitivamente, o seu brilho. No dia 30 de dezembro de 1835, Evaristo terminava a sua carreira de jornalista e declarava encerrada a edição da *Aurora*. E por que Evaristo encerrou a publicação da *Aurora*, um periódico que por tanto tempo foi tão combativo na defesa dos princípios da monarquia constitucional, contra o absolutismo e o republicanismo, e na defesa da liberdade com moderação, da ordem e do combate à anarquia? Será que considerava, de fato, a sua tarefa como jornalista realizada, uma vez que Feijó tornara-se o regente único? Os argumentos de que precisava estudar para melhor atuar na câmara legislativa nacional e servir ao país foram mesmo os reais motivos para encerrar o jornal? Infelizmente não é possível responder a essas questões de forma tão objetiva. Mas é possível tecer algumas ilações acerca da percepção política que Evaristo tinha daquele contexto ao explorar os argumentos expostos no último número da *Aurora* e na carta escrita ao seu irmão Bernardo, no dia 9 de fevereiro de 1836.

Um artigo extenso constava do último número, no qual procurava dar uma resposta a seus leitores e admiradores (e, provavelmente, aos seus adversários), com uma exposição de motivos que justificava o fechamento do jornal. Começava o artigo reportando-se ao objetivo para o qual a folha fora criada. Veio se somar ao "escasso número dos que buscavam o justo meio",[40] dizendo que o objetivo do jornal tinha sido cumprido, uma vez que em 1827 o Império estava dividido entre republicanos e monarquistas aristocratas. Descreveu quais foram os combates da *Aurora* como, por exemplo, ao grupo que buscava construir uma nobreza privilegiada no Brasil, cópia de um fidalguia europeia, vista como uma "desastrosa imitação com que se quis copiar n'um país novo". Reportara-se novamente a 1831, ao chamar a atenção para o momento em que o "Monarca e a Nação se tinham divorciado" e ao dar destaque para os serviços prestados pela *Aurora*, especialmente na manutenção da ordem pública em um contexto em que sobre ela "desabou com furor desmedido, a cólera dos anarquistas e dos homens desiludidos, ou entusiastas". Da mesma forma, fez referência a um dos combates marcantes da *Aurora*, ao grupo designado por Evaristo como "partido restaurador" e, particularmente, ao papel que desempenhou no 7 de abril de 1831. Grande parte do último artigo da *Aurora* teve por finalidade destacar a coerência do jornal na defesa de suas bandeiras políticas – evitar os dois tre-

---

[40] Sobre os pressupostos ideológicos do "justo meio", ver: BASILE, Marcello Otávio Néri de Campos. *O Império em construção*: projetos para o Brasil e ação política na Corte Regencial. Tese de Doutorado. Rio de Janeiro: IFCS/UFRJ, 2004, p. 24-25.

mendos: "exagerações republicanas" e "exagerações monárquicas", e, consequentemente, quis ressaltar a coerência da trajetória política daquele que foi o seu principal redator.[41]

Evaristo não deixou de lastimar prática bem comum entre os periódicos daqueles tempos, que não poupavam a vida privada e o recinto familiar. A maledicência e os ataques pessoais e questões relacionadas à conduta dos que se destacaram na cena pública, não raras vezes, eram objeto de discussão explícita nas folhas políticas. E pela projeção alcançada por Evaristo, este não fugiu à regra. Ao fazer referência ao fechamento da *Aurora*, *O Sete d'Abril* não poupou críticas e ironias em relação à trajetória daquele que havia "mandado no governo" e lançava dúvidas sobre as origens dos recursos adquiridos para a aquisição de sua moradia e loja em uma das áreas comerciais de maior importância da cidade do Rio de Janeiro. Ressaltava o que já era conhecido da trajetória de Evaristo, ao destacar o exercício do ofício de caixeiro, livreiro e, depois, redator de jornal. Mas terminava por lançar dúvidas sobre a forma de aquisição do sobrado, ao afirmar que "Evaristo [era] possuidor de um prédio nobre numa das ruas mais comerciais desta cidade, comprado em 1831 ao bom Marquês de Jundiaí por metade menos de seu valor. *Um elogio na Aurora valia muito!...*"[42] (grifos meus).

Na última página desse número do jornal, não deixou de registrar o apreço que um determinado público tinha por ele, e que, naqueles oito anos, o "redator da *Aurora Fluminense* não tem a lembrar só contratempos, injustiças, agravos". Terminava por destacar os serviços prestados pela *Aurora*, sobretudo para "a causa da ordem e dos melhoramentos sociais" e para "educação nacional". Destacava ainda que considerava a sua tarefa cumprida. Não havia mais a ameaça da restauração, pois D. Pedro I havia falecido em 1834 e a ameaça republicana havia sido contida. E no ano de 1835, "o homem de confiança da maioria da Nação está ocupando a cúpula do Edifício social, no segundo quatriênio da menoridade do Sr. D. Pedro 2º; e uma notável mudança que se opera nos espíritos, parece conduzir a população para os cuidados da paz, da indústria e dos melhoramentos".[43] Concluía o artigo justificando a necessidade de atuar mais como legislador do que como jornalista, uma vez que esta última tarefa havia sido em grande parte cumprida.

---

41   BN – PR-SOR 36(1-5) *Aurora Fluminense*, nº 1.136. Este número foi reproduzido *fac-símile* na biografia de Evaristo, escrita por SOUZA, Otávio Tarquínio de. *Evaristo da Veiga*. Belo Horizonte: Itatiaia; São Paulo: Edusp, 1988. Coleção História dos Fundadores do Império do Brasil, v. 6, p. 177-180.

42   BN – PR-SOR 00604[1-3] *O Sete d'Abril*, nº 301, 09/12/1835, p. 3.

43   BN – PR-SOR 36(1-5) *Aurora Fluminense*, nº 1.136.

Um documento, até mais interessante do que o último número da *Aurora*, é a carta que Evaristo escreveu de Paquetá, pouco mais de um mês após o fechamento do jornal, no dia 9 de fevereiro de 1836, e que foi dirigida ao seu irmão Bernardo Jacinto da Veiga, já morador na vila da Campanha da Princesa, Minas Gerais. Nesta carta, Evaristo expunha mais detalhadamente os motivos pelos quais encerrava as suas atividades na imprensa e fazia algumas considerações políticas, com destaque para as críticas e as ironias em relação a Bernardo Pereira de Vasconcelos.

Essa documentação original citada faz parte do acervo do Instituto Histórico e Geográfico Brasileiro – IHGB, mas sem acesso para a consulta devido ao seu estado precário de conservação.[44] Para sorte deste historiador, foi possível descobrir, na mesma instituição, uma página do *Jornal do Commercio*, onde se encontra uma reprodução *fac-símile* dessa carta, que foi publicada no dia 24 de dezembro de 1933. Não houve transcrição do documento e muito menos comentário mais detalhado sobre o seu conteúdo, exposto apenas em título longo com o resumo.[45]

A carta mantém estilo parecido com as correspondências que Evaristo escreveu no final de 1836 e nos primeiros meses de 1837, quando fez a sua já citada única viagem a Minas. Começava fazendo referência a questões familiares, ao estado de saúde de seus parentes e dizia que aquele ano bissexto tinha sido terrível para ele e sua família, pois havia tido vários dissabores, como o falecimento da tia; a febre de um cunhado que quase veio a falecer e a morte de outro, por afogamento, na Barra da Tijuca. Como não bastassem todas as atribulações familiares, Evaristo parecia desgostoso com a política e expunha os motivos pelos quais tinha fechado a *Aurora*. Parece que havia comentado com o irmão, em outro momento, que cessaria as atividades do jornal, atitude que contava com a reprovação de Bernardo. E ainda acrescentava: "com efeito, será censurada por muitos".

Em determinado momento, a carta ganha um tom enigmático e aguça a curiosidade de se saber o que está contido nas entrelinhas e quais os outros motivos que contribuíram para o fechamento do jornal, que não tinha coragem de dizer nem em uma carta pessoal e familiar. "*Razões tive que nem ao papel fechado de uma carta convém declarar-se*. As mais pa-

---

44   IHGB – RJ – Carta de Evaristo da Veiga dirigida a Bernardo Jacinto da Veiga – 06/02/1836, Lata 350, Doc. 72.

45   IHGB – RJ – MP 4, Gav. 5, nº 38. Um Precioso Autografo do publicista da Regência. Carta escrita de Paquetá por Evaristo da Veiga, em data de 09 de fevereiro de 1836 e enviada para Minas Gerais a seu irmão Bernardo, explicando os motivos da suspensão da publicação "Aurora Fluminense" e fazendo uma alusão a Vasconcellos. *Jornal do Commercio*, 24 de dezembro de 1933.

tentes são as que seguem e que abreviadamente te exponho"[46] (grifos meus). Quais seriam essas razões que "nem ao papel fechado" era seguro de declarar? Será que Evaristo estaria prevendo que se registrasse alguma informação que não fosse patente poderia comprometer a sua trajetória como publicista e deputado? Ou era algo muito grave que não merecia publicidade, mesmo em um registro pessoal e familiar? Essas perguntas são meras especulações. Sem dúvida alguma, embora tenha batalhado ardorosamente pela eleição de Feijó, que não deixou de ser uma vitória sua também,[47] o deputado não estava satisfeito como os rumos da política e já havia rompido relações com Bernardo Pereira de Vasconcelos.

Dentre "as razões mais patentes", Evaristo destacava o seu precário estado de saúde, que não deixava de ser consequência de seus oito anos de luta no jornal e na vida pública, pelos desgostos e pelas atribulações que passou. Considerava que era "preciso dar tréguas, em tão aturada peleja". Outra razão que listava era a necessidade de "estudar para melhor preencher na Câmara" as suas funções e deveres. E destacava que era "na qualidade de legislador, não na de jornalista que hoje mais posso prestar algum serviço ao nosso país". Acabava, dessa maneira, reportando-se aos argumentos apresentados antes no último número da *Aurora,* afirmando que "depois da morte de D. Pedro, o descrédito da opinião republicana, o que resta de mais importante na legislação, é a correção e emenda das cassações improcedentes, correção e emenda que exige meditação, estudo, e que depende só da legislatura".[48]

As alusões que fazia a Vasconcelos eram claras e revelavam o distanciamento político em que se encontravam. Não poupava críticas e ironias ao seu comportamento. Referia-se ao periódico *Sete de Abril* e, ao que parece, Vasconcelos teria abandonado "aquele campo de batalha". Terminava, assim, ironizando o seu comportamento e desejando que a província de Minas lhe desse uma lição. "Oxalá que lhe dêem uma lição boa, com a qual o convençam de que não é o Grão Lama (*sic*) das Minas, em que Minas não é o Tibet."

Finalizando esta carta, Evaristo destacava que não havia muitas novidades na Corte, designada por ele como "Babilônia pequena", além de aquelas publicadas nos jornais.

---

46 IHGB – RJ – MP 4, Gav. 5, nº 38. *Jornal do Commercio*, 24 de dezembro de 1933.

47 Segundo Paulo Pereira de Castro, a candidatura de Feijó era um sonho arquitetado por Evaristo, desde o malogrado golpe de 30 de julho de 1832, e o publicista teria comentado que o padre paulista retornaria eleito regente único, embora o vaticínio tenha se confirmado somente três anos depois. Ver: CASTRO, Paulo Pereira de. "A 'experiência republicana', 1831-1840". In: *História Geral da Civilização Brasileira* – O Brasil Monárquico. Tomo II, v. 2. São Paulo: Difel, 1985, p. 53.

48 IHGB – RJ – MP 4, Gav. 5, nº 38. *Jornal do Commercio*, 24 de dezembro de 1933.

Destacava que havia descontentes tramando a queda do Regente, que pretendiam substituir pela Princesa D. Januária,[49] e comentava sobre as articulações iniciais em torno do *Regresso*.[50] "Apesar das circunstâncias, e de certa disposição dos espíritos para o extraordinário, e para o que eles chamam o regresso; duvido do bom êxito da empresa".[51]

Portanto, na análise dessas cartas consideramos o contexto e a percepção política de Evaristo, em um momento particular de redefinição política, especialmente entre os *liberais moderados*. Além disso, destacamos a importância dos vínculos familiares estabelecidos no sul da província de Minas Gerais, representados por dois de seus irmãos que residiam na vila da Campanha da Princesa, a partir de 1818. Bernardo Jacinto da Veiga e Lourenço Xavier da Veiga tiveram trajetórias bem parecidas com a de Evaristo, pois, como vimos, atuaram na cena política local, provincial e também na imprensa periódica do Sul de Minas. Afirmamos, então, que a atuação dos Veiga no Sul de Minas representou tanto um capital político de grande relevância para a construção da hegemonia liberal moderada na região quanto para as três legislaturas de Evaristo ao Parlamento nacional, eleito pela província de Minas (sendo que não chegou a exercer a última legislatura) e pela província do Rio de Janeiro.[52] Alguns anos mais tarde, após a sua morte e as articulações em torno do Regresso, os Veiga ingressaram nas hostes do partido conservador e foram responsáveis por debelar o movimento insurgente, conhecido como a Revolta Liberal de 1842. Destaque-se especialmente a atuação de Bernardo Jacinto da Veiga como presidente da província de Minas Gerais.

A importância dessa província, da atuação de Evaristo e da base política liberal moderada já havia sido demonstrada anos antes. Em outubro de 1835, quando começou a

---

49   Ao que parece, o plano da Regência de D. Januária teria sido articulado por Vasconcelos juntamente com D. Romualdo, tão logo as apurações começaram a indicar a vitória de Feijó. Ver Castro, Paulo Pereira de. "A 'experiência republicana', 1831-1840". In: *História Geral da Civilização Brasileira* – O Brasil Monárquico. Tomo II, v. 2. São Paulo: Difel, 1985, p. 59.

50   Sobre as articulações em torno do *Regresso*, ver: Castro, Paulo Pereira de. "A 'experiência republicana', 1831-1840". In: *História Geral da Civilização Brasileira* – O Brasil Monárquico. Tomo II, v. 2. São Paulo: Difel, 1985, p. 56-71; Neves, Lúcia Maria Bastos e Machado, Humberto Fernandes. *O Império do Brasil*. Rio de Janeiro: Nova Fronteira, 1999, p. 133-137.

51   IHGB – RJ – MP 4, Gav. 5, nº 38. *Jornal do Commercio*, 24 de dezembro de 1933.

52   Sobre atuação dos liberais no Sul de Minas, particularmente do deputado Gabriel Francisco Junqueira, futuro barão de Alfenas, ver: Andrade, Marcos Ferreira de. *Elites regionais e a formação do Estado Imperial brasileiro*: Minas Gerais – Campanha da Princesa (1799-1850). Rio de Janeiro: Arquivo Nacional, 2008, p. 205-272.

apuração dos votos para regente único, Minas foi a província que mais contribuiu para a eleição de Feijó – e não a sua de origem – com uma diferença de quase seiscentos votos a seu favor, considerando o segundo colocado, Holanda Cavalcanti.[53] Como destaca Otávio Tarquínio de Souza, "Minas foi o baluarte de Feijó" e foi decisiva a influência de Evaristo na "supremacia da opinião moderada".[54]

Quando fez a sua primeira e única viagem a Minas, Evaristo encontrava-se desiludido com a política e padecia de certo ostracismo na Corte. Talvez fosse a Minas buscar o consolo e o apoio familiar, além de visitar parte de uma província que constituía uma de suas bases políticas para as legislaturas consecutivas conquistadas no Parlamento nacional. Durante os quase três meses em que ficou na companhia de Lourenço Xavier da Veiga e de Bernardo Jacinto da Veiga, escreveu várias cartas a seu irmão João Pedro, que ficara no Rio. Os seus conteúdos e os comentários pessoais sobre as regiões visitadas possibilitam-nos estabelecer várias ilações sobre a sua vida política e familiar. Depois de passar alguns meses na Vila de Campanha e de ainda visitar Baependi, informava ao irmão e à família maiores detalhes sobre a região, sobre a população, sobre os costumes, bem como revelava a impressão que havia tido das vilas que garantiam parte do seu apoio político no Parlamento nacional.

Sobre Baependi, Evaristo não trazia muitas informações. Estava em companhia do irmão Lourenço. A mulher Edeltrudes ficara em Campanha, juntamente com as filhas. Comentava que a povoação era um pouco menor do que a de Campanha e que a maioria dos moradores se ocupava da agricultura, mas destacava que tinham sido bem acolhidos. "Viemos visitar esta vila, aonde estamos há quatro dias, tendo sido cordialmente acolhidos. É vila pouco menor que a da Campanha, e cuja população existe quase toda espalhada pelos arredores ocupada na agricultura".[55] Em Baependi, ao que parece, Evaristo constatou uma oposição política diferente, pois havia um círculo de pessoas que não era favorável ao ministério atual. Por outro lado, constatou também que havia várias pessoas de nome Evaristo na região, certamente crianças que foram batizadas em homenagem ao deputado e jornalista, o que provavelmente contava com a influência de Bernardo e

---

53 Do total de 6 mil eleitores, Feijó foi eleito com 2.826 votos, seguido por Holanda Cavalcanti, com 2.251. Ver: CASTRO, Paulo Pereira de. "A 'experiência republicana', 1831-1840". In: *História Geral da Civilização Brasileira* – O Brasil Monárquico. Tomo II, v. 2. São Paulo: Difel, 1985, p. 55.

54 SOUZA, Otávio Tarquínio de. *Evaristo da Veiga*. Belo Horizonte: Itatiaia; São Paulo: Edusp, 1988. Coleção História dos Fundadores do Império do Brasil, v. 6, p. 160.

55 BN, cartas de Evaristo Ferreira da Veiga ao irmão João Pedro da Veiga, em 04 de março de 1837, 1-02.

Lourenço. Entretanto, curiosamente reiterava que seria bom que eles não ingressassem na carreira política, referência clara aos desgostos que já enfrentava naquele contexto.

Sobre a Vila de Campanha fez um relato mais detalhado. Informou o número de casas, as ruas e o estado ruim do seu calçamento. "A Vila terá coisa de quatrocentas casas, as ruas são mal calçadas, tortas, em subidas e descidas, e no tempo das chuvas é preciso cuidado ao andar por elas para não se escorregar".[56] Evaristo estava muito obeso e barrigudo nesta época. Certamente, tinha dificuldades de se locomover e caminhar pelas ruas sinuosas, molhadas e de aclive um pouco acentuado. Não escondia o desconforto físico em que se encontrava. Chegou a comentar com o irmão João Pedro que seu sobrinho e afilhado, filho de Lourenço, residente em Campanha e que nunca tinha visto o tio-padrinho, havia feito o seguinte comentário: "que homem é este tão barrigudo?".[57] Evaristo nunca tinha saído da Corte. O seu parâmetro de cidade e de calçamento de ruas era o Rio de Janeiro. Não esperava encontrar uma situação semelhante nas vilas interioranas mineiras, mas para quem vinha de uma cidade litorânea, onde grande área da cidade se encontrava na parte plana, os aclives tão acentuados da vila de Campanha certamente não deixariam de representar algum desconforto.

Em relação ao contexto político, Evaristo foi econômico em suas considerações. Sobre algumas passagens, reveladoras de sua percepção, só podemos estabelecer algumas conjecturas, pois devem ser tomadas com cuidado. Ao que parece, Bernardo e Lourenço cuidaram bem dos preparativos para receber o ilustre irmão. Bernardo e mais algumas pessoas foram encontrá-lo em Lambari, distante seis léguas de Campanha. Evaristo e sua família tiveram uma recepção calorosa, mesmo antes de chegar à vila. Foram recebidos por um grande número de pessoas, com destaque para as autoridades e para pessoas influentes do lugar, "entre os quais, o Juiz de Direito, o Capitão mor Stocler, o Comandante da Legião das Guardas Nacionais". Para Evaristo, a acolhida foi interpretada como um "testemunho da consideração" que seus irmãos tinham no Sul de Minas, "apesar das intrigas e das lutas eleitorais". Nessa carta, Evaristo acabou tecendo alguns pormenores sobre a conjuntura política da região e do Império e informou ao irmão João Pedro que tinha interesse nesses assuntos. Ficou hospedado com o irmão Lourenço, em uma casa térrea, "mas bastante espaçosa", quando conheceu seus sobrinhos. Durante a sua estada na vila, recebia e/ou fazia muitas visitas, certamente daqueles que constituíam parte de

---

56 BN, cartas de Evaristo Ferreira da Veiga ao irmão João Pedro da Veiga, 13/12/1836, 1-02.
57 BN, cartas de Evaristo Ferreira da Veiga ao irmão João Pedro da Veiga, 13/12/1836, 1-02.

sua base política naquela região, e, ainda depois de quase dois meses, informava que recebia alguns "jantares de obséquio".[58]

Apesar de Evaristo se recusar a falar sobre política, em alguns momentos a sua verve irônica se fazia presente, como no caso de um comentário sobre a família Breves. Ao que tudo indica, o irmão João Pedro escrevera-lhe uma carta sobre acontecimentos na Corte. Infelizmente, essas cartas não foram preservadas. Entretanto, Evaristo lhe respondeu que "sobre coisas públicas, não desgostei de que os Breves fossem reduzidos a ficarem um pouco mais breves". Nessa oportunidade, informava que em distritos da região vinham "ocorrendo violências, as quais mostram a necessidade de reprimir régulos que não conhecem a lei senão a de suas vontades" e destacava ter sido bem recebido pelos moradores da vila, acreditando não ter "desagradado aos campanhenses". Relatava ainda que a Sociedade Defensora de Campanha, da qual faziam parte seus dois irmãos Bernardo e Lourenço, havia lhe prestado uma homenagem, que iria sair no próximo número do *Opinião Campanhense*.[59]

Em outra correspondência, datada de 23 de novembro de 1836, Evaristo comentava sobre a administração dos seus negócios, os empréstimos de livros, sobre os jornais ingleses e das províncias, que havia em sua livraria e mencionava que também aceitara ser sócio da Sociedade Auxiliadora da Indústria. Trata-se de uma informação relevante, pois além de obras de vários pensadores ingleses e franceses, a livraria de Evaristo possuía jornais estrangeiros e de outras províncias do Império. Nessa mesma carta, reforçava que era necessário continuar mandando o *Jornal do Commercio* para seu irmão Bernardo, porque no correio anterior não havia chegado, comprovando que muitos jornais da Corte chegavam ao interior das províncias, especialmente aquelas mais próximas do centro político do Império. Podemos perceber aí também que Evaristo, apesar de estar distante das turbulências da Corte, mantinha-se informado através das cartas do irmão João Pedro e preocupava-se em saber como estava sendo interpretada a sua saída da cena política da Corte. Perguntava ao irmão: "O Sette de Abril tem se ocupado comigo?"[60]

Curiosa contradição: nesta mesma carta, ao mesmo tempo afirmava que nada diria sobre a política da Corte, pois se achava "agora estranho a ela"; em seguida, na continuidade de sua frase tecia o seguinte comentário: "mas entendo que não tem sofrido mudança desde que daí fiz viagem". Logo depois, aproveitava para destacar que havia sido bem acolhido

---

58 BN, cartas de Evaristo Ferreira da Veiga ao irmão João Pedro da Veiga, 12/02/1837, I-02.

59 BN, cartas de Evaristo Ferreira da Veiga ao irmão João Pedro da Veiga, 02/01/1837, I-02.

60 BN, cartas de Evaristo Ferreira da Veiga ao irmão João Pedro da Veiga, 23/12/1836, I-02.

pela população campanhense e fazia considerações interessantes que já demonstravam as articulações em torno do *Regresso* Conservador, tendência política que congregaria muitos dos liberais moderados, liderados particularmente por Bernardo Pereira de Vasconcelos. A leitura feita por Evaristo já sinalizava o que estava ocorrendo nas províncias, especialmente naquelas próximas e que possuíam estreitas ligações com a Corte, como era o caso do Sul de Minas. Ali os seus dois irmãos haviam constituído para ele uma base política importante, nas três legislaturas para as quais foi eleito.[61] Entrementes, em fins do ano 1836 informava que "hoje se forma um partido composto de algumas notabilidades do país, para anular a suposta influência dos nossos manos. Entre os personagens, o que predomina é governismo; não deixa porém que pense acertadamente sobre a política do tempo". Depois acabava por abandonar as digressões políticas e reforçava, mais uma vez, a boa acolhida dos campanhenses, tendo sido "visitado por mais um cento de pessoas".[62]

No final de abril, partiu de Campanha em direção à Corte. Lá havia passado alguns meses na vila e sede do termo, uma de suas principais bases políticas e que tinha sido construída com a influência e com a atuação de seus dois irmãos, Bernardo e Lourenço. Como vimos, faleceu poucos dias após o seu regresso. No dizer de um de seus melhores biógrafos, teve uma "vida breve" e uma "morte oportuna".[63] Saiu de cena em um momento de redefinição política no Império brasileiro e acabou entrando para a história como um dos arautos do liberalismo moderado e da monarquia constitucional, na defesa do "justo

---

61 No pleito de 1828, Evaristo havia sido eleito como suplente, ocupando, posteriormente, a vaga deixada por Cunha Matos, que também havia sido eleito pelas províncias de Minas e de Goiás, assumindo o cargo por esta última. Se naquela época Evaristo ainda não era tão conhecido e poderia ter contado com o auxílio de políticos liberais que já se destacavam na cena política, como, por exemplo, Bernardo Pereira de Vasconcelos e os padres José Bento Ferreira Leite de Melo e José Custódio Dias, não é de todo improvável desconsiderar a influência de seus irmãos residentes em Campanha, já nesse primeiro pleito. Evaristo ficou entre os sete primeiros mais votados do colégio eleitoral da vila de Campanha, conquistando o total de 96 votos. Ver: Hemeroteca Pública Assis Chateaubriand. *O Universal*, 05/12/1828, p. 4. Agradeço a Claus Rodarte a indicação deste documento e a troca de informações e de referências documentais sobre o processo eletivo e as disputas políticas do Império. O historiador vem desenvolvendo uma relevante pesquisa de doutoramento sobre as eleições para a Assembleia Geral, particularmente da província de Minas Gerais, nas legislaturas da primeira metade do século XIX.

62 *O Universal*, 23/12/1836, 1-02.

63 SOUZA, Otávio Tarquínio de. *Evaristo da Veiga*. Belo Horizonte: Itatiaia; São Paulo: Edusp, 1988. Coleção História dos Fundadores do Império do Brasil, v. 6.

meio" e da "paz e a liberdade regradas". Utilizou a livraria, a imprensa e o Parlamento para divulgar as suas ideias.

4. Considerações Finais

O termo de Campanha acabou tornando-se a principal base política de Evaristo nas Minas Gerais, sustentada por seus dois irmãos, que ali residiam desde a década de 1820. Estes, por sua vez, também tiveram participação de destaque no cenário político local e provincial, além de serem responsáveis pela implantação nesta região de vários periódicos de cunho político. Todas essas ações acabaram contribuindo para a construção da hegemonia liberal moderada no Sul de Minas, na primeira metade da década de 1830. Em 1837, pouco tempo depois da morte de Evaristo, o cenário político do Império adquiriu uma nova configuração, especialmente com o fortalecimento do discurso centralizador, interpretado como regressista. E novamente os Veiga, do Sul de Minas, desempenharam papel decisivo naquele contexto.

Referências Bibliográficas

ANDRADE, Francisco Eduardo. "Poder local e herança colonial em Mariana: faces da Revolta do Ano da Fumaça (1833)". In: *Termo de Mariana*: história e documentação. Mariana: Imprensa Universitária da UFOP, 1998, p. 127-38.

ANDRADE, Ivan Vellasco de. *As seduções da ordem*: violência, criminalidade e administração da justiça – Minas Gerais, século XIX. São Paulo: EDUSC, 2004.

ANDRADE, Marcos Ferreira de. *Elites regionais e a formação do Estado Imperial brasileiro*: Minas Gerais – Campanha da Princesa (1799-1850). Rio de Janeiro: Arquivo Nacional, 2008.

_____. "A província de Minas Gerais no Período Regencial". *LPH Revista de História*. Mariana, nº 08 (1998-1999), p. 39-74.

BASILE, Marcello Otávio Néri de Campos. *O Império em construção*: projetos para o Brasil e ação política na Corte Regencial. Tese de Doutoramento. Rio de Janeiro: IFCS/UFRJ, 2004.

_____. "Projetos de Brasil e construção nacional na imprensa fluminense (1831-1835)". In: NEVES, Lúcia Maria Bastos P. *et al.* (orgs.). *História e imprensa*: representações culturais e práticas de poder. Rio de Janeiro: DP&A/Faperj, 2006, p. 60-93.

CARDOSO, Maria Tereza Pereira. *Lei branca e justiça negra*: crimes de escravos nas vilas de São João del Rei e São José (1814-1852). Tese de Doutorado. Campinas: IFCH/Unicamp, 2002.

CARVALHO, José Murilo de. *A construção da ordem*: a elite política imperial; *Teatro de sombras*: a política imperial. 2ª ed. ver. Rio de Janeiro: Editora da UFRJ/Relume-Dumará, 1996.

CASTRO, Paulo Pereira de. "A 'experiência republicana', 1831-1840". In: *História Geral da Civilização Brasileira* – O Brasil Monárquico. Tomo II, v. 2. São Paulo: Difel, 1985.

GUIMARÃES, Lúcia Maria Paschoal. *Em nome da ordem e da moderação*: a trajetória da Sociedade Defensora da Liberdade e da Independência Nacional do Rio de Janeiro. Dissertação de Mestrado. Rio de Janeiro: IFCS/UFRJ, 1990.

_____. "Liberalismo moderado: postulados ideológicos e práticas políticas no período Regencial (1831-1837)". In: GUIMARÃES, Lúcia Maria Paschoal (org.). *O liberalismo no Brasil Imperial*: Orígenes, conceitos e práticas. Rio de Janeiro: Revan/UERJ, 2001.

GONÇALVES, Andréa Lisly. *Estratificação social e mobilizações políticas no processo de formação do Estado Nacional brasileiro*: Minas Gerais, 1831-1835. São Paulo: Hucitec; Belo Horizonte: Fapemig, 2008.

IGLÉSIAS, Francisco. "Minas Gerais". In: *História Geral da Civilização Brasileira* – O Brasil Monárquico. Tomo II, v. 2. São Paulo: Difel, 1985, p. 364-412.

_____. *Trajetória política do Brasil: 1500-1964*. 2ª ed. São Paulo: Companhia das Letras, 1993.

LE GOFF, Jacques. "Documento/Monumento". *Enciclopédia Einaudi*. Lisboa: Imprensa Nacional/Casa da Moeda, 1985, v. 1, p. 95-106.

_____. *História e Memória*. Trad. Bernardo Leitão et alli. 5ª ed. Campinas, SP: Editora da Unicamp, 2003.

LENHARO, Alcir. *As tropas da moderação*: o abastecimento da Corte na formação política do Brasil, 1808-1842. São Paulo: Símbolo, 1979.

LEVI, Giovani. "Usos da biografia". In: FERREIRA, M. de M. e AMADO, Janaína (org.). *Usos e Abusos da História Oral*. Rio de Janeiro: Editora da FGV, 1998.

MATTOS, Ilmar Rohloff de. *O tempo saquarema*: a formação do Estado Imperial. Rio de Janeiro: Access, 1994.

MOREL, Marco. *O período das Regências (1831-1840)*. Rio de Janeiro: Zahar, 2003.

MARTINS, Ana Luiza e DE LUCA, Tânia Regina. *História da imprensa no Brasil*. São Paulo: Contexto, 2008.

Neves, Lúcia Maria Bastos e Machado, Humberto Fernandes. *O Império do Brasil*. Rio de Janeiro: Nova Fronteira, 1999.

Rezende, Francisco de Paula Ferreira de. *Minhas Recordações*. Belo Horizonte: Imprensa Oficial, 1987.

Ribeiro, Gladys Sabina. *A liberdade em construção*. Rio de Janeiro: Relume-Dumará/ Faperj, 2002.

Ricci, Magda. *Assombrações de um padre regente*: Antônio Diogo Feijó (1784-1843). Campinas, sp: Editora da Unicamp/cecult-ifch, 2001.

Silva, Wlamir. *Liberais e povo*: a construção da hegemonia liberal moderada na província de Minas Gerais (1830-1834). São Paulo: Hucitec; Belo Horizonte: Fapemig, 2009.

_____. "A imprensa e a pedagogia liberal". In: Neves, Lúcia Maria Bastos P. *et al.* (orgs.). *História e imprensa*: representações culturais e práticas de poder. Rio de Janeiro: dp&a/Faperj, 2006, p. 37-59.

Souza, Otávio Tarquínio de. *Evaristo da Veiga*. Belo Horizonte: Itatiaia; São Paulo: Edusp, 1988. Coleção História dos Fundadores do Império do Brasil, v. 6.

_____."Evaristo da Veiga". *Revista do Brasil*, Rio de Janeiro, ano ii, nº 7, p. 20-27, jan. de 1939.

Veiga, Bernardo Saturnino da. *Almanach sul-mineiro*. Campanha: Tipographia do Monitor Sul-Mineiro, 1874.

Veiga, Luiz Francisco da. *O Primeiro Reinado estudado à luz da sciencia ou a revolução de 7 de abril de 1831, justificado pelo direito e pela história*. Rio de Janeiro: Tipografia de G. Leuzinger, 1877.

Veiga, João Pedro Xavier. *Ephemérides mineiras*. Belo Horizonte: Centro de Estudos Históricos e Culturais/Fundação João Pinheiro, 1998.

Wernet, Augustin. *Sociedades Políticas (1831-1832)*. São Paulo: Editora Cultrix, 1978.

Capítulo 3
Estratégias de cidadania e de sociabilidade no Oitocentos através das cartas de um comerciante português[1]

Raimundo César de Oliveira Mattos

Ao analisar o contexto do Vale do Paraíba Fluminense no período do Oitocentos, encontramos aquilo que Serge Bernstein[2] chama de cultura política, na medida em que esta realidade se manifestava por determinados padrões de conduta que, apesar de não homogêneos ou determinantes, na acepção direta da palavra, indicavam uma certa identidade que levava a elite agrária e outros grupos a criar a ideia de "boa sociedade" e a adotar uma série de comportamentos e estratégias de sociabilidade. Nesse contexto, destacou-se a figura de Manoel Antônio Esteves que, apesar de ter exercido um papel relevante em sua época, ainda não foi alvo de análise historiográfica. Tal análise pode ser feita através do importante acervo documental que deixou, notadamente sua correspondência, em sua antiga propriedade, a Fazenda Santo Antônio do Paiol, em Valença, interior do Estado do Rio de Janeiro.

Temas ligados à história política passaram um bom tempo à margem do interesse dos historiadores. No entanto, aos poucos a historiografia brasileira vem, pelo menos no trabalho de alguns autores, retomando essa temática. Segundo Gladys Sabina Ribeiro,[3] dois

---

1 Este trabalho está sendo desenvolvido no programa de doutorado da UERJ.
2 Cf. Bernstein, Serge. "A cultura política". In: Rioux, Jean-Pierre & Sirinelli, Jean-François. *Para uma História Cultural*. Lisboa: Editorial Estampa, 1998, p. 362-363.
3 Cf. Ribeiro, Gladys Sabina. "Legalidade, legitimidade e soberania no reconhecimento da Independência". In: Ribeiro, Gladys Sabina (org.). *Brasileiros e cidadãos. Modernidade política (1822-1930)*. São Paulo: Alameda, 2008, p. 17-18.

caminhos se formaram: um, encarando a política na esfera de gestão, retomando o papel do Estado, das instituições governamentais, dos grupos e/ou facções. Outro, no qual se enquadra o caso aqui levantado, aponta para a necessidade de se entender as experiências levadas a efeito por indivíduos e mesmo o surgimento de movimentos coletivos.

Os grupos organizados à volta de uma cultura de que nos fala Bernstein, no caso em foco, são exatamente as famílias de cafeicultores com todas as suas redes sociais e políticas. Via de regra, organizavam uma leitura de mundo, de se ver no mundo, refletindo-se na sociedade e criando regras comportamentais que melhor exprimissem o seu poder e a sua influência. O cunhado de Esteves, por exemplo, Joaquim Gomes Pimentel, foi responsável pela organização de um "Álbum de recortes de jornal e impressões de viajantes da fazenda Vista Alegre", conforme informa Ana Mauad.[4] Neste, recolheu as notícias publicadas nos jornais da região e da Corte a seu respeito, seus feitos e sua fazenda, construindo, assim, a sua autoimagem. É necessário que se destaque a importância que se dava à formação desta imagem e mesmo da auto-imagem por parte desses elementos que constituem a "boa sociedade", segundo interpretação de diversos autores. Pertencer a essa sociedade pressupunha ser de uma boa família. Este era um possível caminho para alcançar a cidadania.

Mas, o que significava ser cidadão no Brasil oitocentista? Que alcance tinha esse conceito? O que ele representava na vida das pessoas e de que maneira a diferenciação entre cidadão ativo, cidadão não ativo e não cidadão marcava a sociedade brasileira? E, ao mesmo tempo, de que forma conseguir a cidadania pode ser considerado uma maneira de se alcançar a identidade e de ser distinto naquela sociedade? A experiência de Manoel Antônio Esteves, imigrante português que se estabeleceu no Vale do Paraíba Fluminense, é ilustrativa dessa busca pela identidade e pela cidadania. A seu respeito, um jornal[5] local noticiava, em 1868, ano da morte do Visconde do Rio Preto,[6] principal cafeicultor da região e impulsionador da construção da linha férrea na cidade de Valença:

---

4   MAUAD, Ana Maria. "Imagem e autoimagem no Segundo Reinado". In: ALENCASTRO, Luiz Felipe de (org.). *História da Vida Privada no Brasil Império: a corte e a modernidade nacional*. São Paulo: Companhia das Letras, 1998, p. 10.

5   Nas transcrições de jornais e da correspondência de Manoel Antônio Esteves será feita a atualização da ortografia.

6   O Visconde do Rio Preto, Domingos Custódio Guimarães, proveniente de Minas Gerais, estabeleceu-se na região de Valença onde se tornou o mais destacado produtor rural, com notável influência no Rio de Janeiro. Foi oficial da Guarda Nacional, membro de diversas ordens nobiliárquicas, provedor da Irmandade da Santa Casa de Misericórdia de Valença. A

> (...) e nem o importantíssimo projeto do ramal morrerá sufocado pelo asfixiante hálito do desânimo, por que consta-nos que o prestimoso cidadão e importante fazendeiro do município o Sr. Manoel Antonio Esteves, tomara a peito tornar efetiva sua realização. *Vouloir c'est pouvoir.*
>
> Oxalá o Sr. Esteves queira, cremos que neste caso sua vontade – será hercúlea clava capaz de esmagar a hidra multicapite das impossibilidades e dificuldades.
>
> O Sr. Esteves por este fato torna-se credor dos nossos mais sinceros encômios, e da gratidão dos Valencianos.[7]

De fato, ele não apenas conseguiu levar adiante o projeto de construção da Estrada de Ferro União Valenciana, como conseguiu que uma de suas estações fosse construída na entrada de sua fazenda, o que facilitou em muito o escoamento da produção cafeeira. Observe-se que a matéria citada trata Manoel Esteves como "prestimoso cidadão", colocando em suas mãos a tarefa de não deixar morrer o projeto da construção do ramal da linha férrea. Obviamente, o tratamento não ocorre por acaso, pois ele já havia alcançado essa posição na sua plenitude. Pouco tempo após a morte do Visconde do Rio Preto, o mesmo jornal havia noticiado as intenções de Esteves em construir o ramal da estrada de ferro:

> Assevera-nos pessoa fidedigna, que o Sr. Manoel Antonio Esteves, rico fazendeiro deste município, pretende fazer à sua custa a estação intermediária da linha férrea de nosso ramal.
>
> Louvamos muito a intenção deste cavalheiro.[8]

Citando José Antônio Pimenta Bueno, Marquês de São Vicente, em livro publicado em 1857, Ilmar Mattos explica que "pode o homem ser nacional ou brasileiro e

---

sede de suas propriedades era a Fazenda Flores do Paraíso, considerada a "joia de Valença", onde introduziu a iluminação a gás em uma época em que o sistema ainda era desconhecido no Brasil (cf. TJADER, Rogério da Silva. *Visconde do Rio Preto: sua vida, sua obra. O esplendor de Valença*. Valença: Gráfica PC Duboc, 2004, p. 162).

7   *O Alagoas*. Valença, ano I, nº 8, 11 out. 1868.
8   *O Alagoas*. Valença, ano I, nº 7, 04 out. 1868.

não gozar de direitos políticos, mas não pode gozar de direitos políticos sem que seja brasileiro nato ou naturalizado".[9]

Manoel Antônio Esteves era português nascido a 27 de setembro de 1813, na Freguesia do Merufe (região do Rio Minho, ao norte de Portugal), Termo da Monção, Arcebispado de Braga. Não é conhecida com exatidão a data em que veio para o Brasil nem os motivos que o trouxeram para cá. Porém, a partir da análise de sua correspondência, sendo que as primeiras cartas datam de 1845, podemos constatar que neste ano ele já se encontrava estabelecido no Brasil, mais especificamente na Freguesia de Nossa Senhora da Conceição da Vila de Vassouras, onde possuía uma casa comercial e fazia negócios com importantes fazendeiros de café.[10] Era ele, então, comerciante e usurário. Em 4 de novembro de 1850, casou-se na vizinha Freguesia de Nossa Senhora da Glória de Valença com Maria Francisca das Dores, filha legítima de Francisco Martins Pimentel, açoreano da Ilha de São Miguel, e de Clara Maria Dutra, proprietários de terras na região da Vila de Valença. De comerciante conhecido, tornou-se, pelo matrimônio, proprietário de terras: recebeu como dote de casamento a Fazenda Santo Antônio do Paiol, cuja sede mandou reconstruir. Tendo a reconstrução ficado pronta em 1853, passou a residir no local. Em fevereiro de 1854, com a morte do sogro, aumentou o seu capital.

Tais arranjos familiares e alianças não eram coisa rara no período, muito menos restritos à região do Vale do Paraíba Fluminense. Sobre Minas Gerais, por exemplo, de onde partiram muitos elementos em demanda da serra fluminense e onde se destacava Valença por ser limítrofe com as terras mineiras, Mônica Ribeiro de Oliveira apresenta um relato interessante sobre tais contratos familiares:

> A abundância de arranjos matrimoniais revelava o esforço da consolidação de novas alianças políticas e econômicas, objetivando a estruturação de uma rede familiar complementar. Para Carlos Bacelar a seleção de cônjuges faria parte de uma estratégia de vida previamente pensada, visando à estruturação de uma rede de relações

---

9   MATTOS, Ilmar Rohloff de & GONÇALVES, Márcia de Almeida. *O Império da boa sociedade. A consolidação do Estado imperial brasileiro*. São Paulo: Atual, 2005, p. 15.

10 Entre estes, os irmãos Laureano Corrêa e Castro, feito Barão de Campo Belo em 1854, e Pedro Corrêa e Castro, Barão do Tinguá em 1848, membros de importante e ilustre família na aristocrática sociedade vassourense. Encontra-se uma carta de cada um deles enviada a Esteves no acervo documental em foco.

familiares, complementares às relações de cunho comercial. Quanto mais amplas as relações estabelecidas, mais acessível seria o progresso socioeconômico da família.[11]

O caso de Manoel Esteves, aliando-se mediante o casamento e as relações comerciais e financeiras com a Família Pimentel, exemplifica exatamente essa afirmativa.

Cartas e diários referentes ao Oitocentos são documentos de grande importância para a compreensão dos aspectos público e privado da sociedade da época. Manoel Antônio Esteves manteve, até 1879, ano de sua morte, farta correspondência com familiares, comissários de café, comerciantes e outros, da qual permaneceram preservadas em sua fazenda cerca de novecentas cartas, entre recebidas e enviadas, estas em menor número. O estudo de seus hábitos, atitudes sociais, políticas e econômicas pode se tornar possível mediante a análise desta correspondência, que, para ser compreendida, obriga à investigação das características particulares e conceituais que permitam também o entendimento da ação dos atores sociais no contexto cultural em que produziram as informações constantes nas cartas, bem como a verificação da influência do contexto histórico no estilo, na forma e no conteúdo da comunicação. Procurando classificar o material, preferimos enquadrá-lo no sistema utilizado por Tiago Miranda, citando Heinecke:

> No tocante aos vários tipos de cartas, Heinecke procura mostrar que elas formam dois grupos principais: de um lado, as de caráter erudito, subdivididas em filosóficas, matemáticas, filológicas, críticas, teológicas, jurídicas e históricas; de outro, as familiares e as 'de cerimônia' (elaborationes). Nesse caso, as primeiras destinam-se a conversas de indivíduos momentaneamente separados (inter absentes colloquium); já as segundas têm sua origem num propósito mais específico: de acordo com ele, podem ser, por exemplo, congratulatórias, petitórias, comendatícias, de pêsames ou de agradecimento.[12]

---

11 OLIVEIRA, Mônica Ribeiro de. *Negócios de famílias. Mercado, terra e poder na formação da cafeicultura mineira – 1780-1870.* Bauru: EDUSC, 2005, p. 171.

12 MIRANDA, Tiago C. P. dos Reis. "A arte de escrever cartas: para a história da epistolografia portuguesa do século XVIII". In: GALVÃO, Walnice Nogueira & GOTLIB, Nádia Battela (orgs.). *Prezado senhor, Prezada senhora. Estudos sobre cartas.* São Paulo: Companhia das Letras, 2000, p. 53.

Este tipo de acervo pode se enquadrar, ainda, no explicado por Manoel Salgado como textos que permitem a reconstituição de uma mensagem passada, nos termos em que foi formulada.[13] Neste sentido, as cartas podem revelar como se processava o relacionamento entre diversas pessoas na sociedade oitocentista e que tipo de interesses norteava essas relações.

É necessário entendermos aqui que as cartas de Manoel Esteves não se situam apenas no âmbito pessoal, familiar ou privado. Por quase meio século, são cartas recebidas das mais distintas pessoas, e incluem comissários de café e familiares que permaneceram em Portugal. Através delas podemos verificar, analisar e compreender a cultura política que propiciou o surgimento e a inserção social de um comerciante português, bem como exemplificar a sua busca pela identidade e pela cidadania na sociedade oitocentista. Esta análise vem de encontro exatamente ao que afirma Ângela de Castro Gomes:

> Tal constatação é plena de desdobramentos. Um deles é que, se a escrita de si é uma forma de produção de memória que merece ser guardada e lembrada, no caso da correspondência, o encarregado dos procedimentos de manutenção e arquivamento dos documentos é o "outro" a quem se destina a carta e que passa a ser seu proprietário. A escrita epistolar é, portanto, uma prática eminentemente relacional e, no caso das cartas pessoais, um espaço de sociabilidade privilegiado para o estreitamento (ou o rompimento) de vínculos entre indivíduos e grupos. Isso ocorre em sentido duplo, tanto porque se confia ao "outro" uma série de informações e sentimentos íntimos, quanto porque cabe a quem lê, e não a quem escreve (o autor/editor), a decisão de preservar o registro. A ideia de pacto epistolar segue essa lógica, pois envolve receber, ler, responder e guardar cartas.[14]

Assim, Manoel Esteves torna-se o "outro", a quem são confiadas informações e sentimentos íntimo; vive, desta forma, um espaço e uma rede de sociabilidade, ampliando e

---

13 Cf. GUIMARÃES, Manoel Luiz Salgado. "A disputa pelo passado na cultura histórica oitocentista no Brasil". In: CARVALHO, José Murilo de (org.). *Nação e cidadania no Império: novos horizontes*. Rio de Janeiro: Civilização Brasileira, 2007, p. 99.

14 GOMES, Ângela de Castro. *Escrita de Si, Escrita da História*. Rio de Janeiro: Editora da FGV, 2004, p. 19.

estreitando relações que ajudam a tecer o seu poder. Entretanto, retornando ao questionamento inicial, precisamos relembrar a contradição fundamental existente no Império brasileiro e que foi apontada por Maria Emília Prado, a partir da análise de escrito de Joaquim Nabuco: a aspiração de integração à civilização convivia cotidianamente com a presença da escravidão.[15] Seguindo a mesma autora, com a Independência houve uma pequena e sensível alteração no conceito de liberdade, permitindo-se aos homens livres desempenharem um papel menos figurativo no cenário político nacional. No novo Estado Nacional brasileiro:

> ... a liberdade era pré-requisito essencial ao ingresso na sociedade política. A liberdade, aliada a uma propriedade mínima, permitia a participação no jogo político que para se realizar não podia dispensar o concurso do grande proprietário.
>
> Do ponto de vista da sociedade política, a diferenciação entre maior ou menor pobreza representaria a ascensão, por exemplo, da categoria de votantes (todos os que possuíam renda anual superior a 100 mil-réis) à de eleitores (todos os possuidores de renda superior a 200 mil-réis). De toda maneira a renda necessária ao exercício dos cargos legislativos continuava inacessível à grande maioria dos homens livres. A importância em se deter maior renda pode ser vislumbrada também no fato de que isto possibilitava a aquisição de alguns escravos, e sua posse (...) viabilizava a dispensa de parte das rotineiras tarefas agrícolas, além de ser a melhor expressão de homogeneidade, uma vez que os homens se reconheciam nesse universo enquanto proprietários de escravos.[16]

Desta afirmativa podemos constatar a importância que representou para Manoel Esteves o seu casamento com a filha de um rico proprietário de terras, seja do ponto de vista pessoal, político ou social. Em algumas de suas cartas encontramos referências ao seu papel na família de sua esposa, constatando sua atuação à frente dos negócios do sogro,

---

15   Cf. PRADO, Maria Emília. "Ordem liberal, escravidão e patriarcalismo: ambiguidades do Império do Brasil". In: GUIMARÃES, Lúcia Maria Paschoal & PRADO, Maria Emília (orgs.). *O liberalismo no Brasil Imperial. Origens, conceitos e prática*. Rio de Janeiro: Editora Revan, 2001, p. 163.

16   PRADO, Maria Emília. "Ordem liberal, escravidão e patriarcalismo: ambiguidades do Império do Brasil", *op. cit.*, p. 177-178.

pouco entendido no ramo; como intermediário na resolução de problemas referentes a questões da sogra com seu segundo marido e como administrador da fazenda do cunhado, mesmo em prejuízo seu. Verifica-se também a parceria e a ampla confiança existente entre o fazendeiro e os seus comissários de café. Pela carta recebida do comissário Visconde de Condeixa,[17] em abril de 1853, podemos exemplificar o que foi referido:

> Meu amigo e Sr.
> Incluso remeto aberta uma carta para seu digno sogro o Sr. Francisco Martins Pimentel, de quem sem nenhumas ordens nem autorização fiz descontar em bilhetes do Tesouro o saldo que o mesmo Sr. aqui tinha em 31 do mês findo, a fim de lhe ir vendendo algumas coisas, cumprindo assim com nosso dever, procurando meios de dar algum interesse a quem também me ajuda.
> Como pode acontecer que o Sr. Pimentel não esteja ao fato do que são bilhetes do Tesouro, peço a V. S. que lhe explique asseverando-lhe que nenhum obstáculo pode haver em sacar quando queira, porque com os mesmos bilhetes se cumprirá as ordens com o mesmo desconto pelo tempo que faltar, e sempre fica o prêmio pelo tempo que lhe terá decorrido.
> Negociante doe-lhe o coração vendo dinheiro parado, e por isso fiz esta operação tomando a mim a responsabilidade por não ter nenhuma.
> Queira apresentar-me com muitos respeitos à sua Ilma. Sra. e responda a minha vontade por ser com muita estima.
>
> De V. S.
> Amigo
> Visconde de Condeixa[18]

Esta correspondência deixa claro que Francisco Pimentel pouco entendia de negociações comerciais e financeiras e que Manoel Esteves, apesar de não ser ainda um fazendeiro efetivo, usava de seus conhecimentos comerciais para administrar os negócios do sogro. Neste mesmo ano, Manoel Esteves retira-se para a sua fazenda. As ordens financeiras referentes aos negócios da família passaram a ser dadas pela sogra, Clara Maria Dutra,

---

17 Um dos principais comissários de Esteves era genro do Marquês de Paraná.
18 Correspondência de Manoel Antônio Esteves – nº 03, caixa 01, 1853.

e pelo cunhado, Joaquim Gomes Pimentel, futuro Visconde de Pimentel. No entanto, decorridos dez anos, Esteves continuou controlando de perto os negócios da família de sua esposa, fato este que se comprova através de cartas enviadas por comissários em 1863 e 1864, respectivamente:

> (...) Relativamente à conta da Sra. sua sogra, mandamos inclusa a cópia que V. S. pede: quanto porém ao aceite e assinatura da letra pelo saldo da conta da mesma Sra. não pode ser feito por seu atual marido o Sr. José Martins do Valle, por causa das cláusulas especiais do contrato do seu casamento. Consultando o advogado a este respeito, ele nos disse que o único meio seria o de passar a Sra. D. Clara uma procuração ao Sr. José Martins, por meio da qual lhe desse autorização para aceitar em nome dela as letras que por saldo das contas correntes lhe apresentássemos (...).
> Desejamos concordar com V. S. no melhor meio de conciliar as coisas a este respeito, mas sem prescindir do que for indispensável para legalidade de qualquer ato, no que bem sabemos que V. S. está de perfeito acordo.[19]

e

> (...) Vejo o que diz relativamente ao encargo que tomou na gerência da fazenda de seu cunhado Poyares, pois avalio devidamente os importantes serviços que lhe está prestando e com prejuízo seu, porque não lhe falta em que se ocupar em suas fazendas (...)[20]

No primeiro trecho vemos que o comissário remete para Manoel Esteves uma cópia da carta que já havia sido enviada para sua sogra. Aí afirmava concordar com ele em encontrar o melhor meio para conciliar a questão da mesma com seu novo marido e o convencer a tomar as melhores medidas legais e comerciais, deixando claro que fazia questão que Esteves estivesse realmente de perfeito acordo na resolução de tais problemas. Em outra carta, um novo comissário fala sobre o "encargo" que Esteves havia tomado por es-

---

19 Correspondência de Manoel Antônio Esteves – nº 07, caixa 01, 1863.
20 Correspondência de Manoel Antônio Esteves – nº 28, caixa 01, 1864.

tar à frente da gerência da fazenda de seu cunhado Poyares,[21] prestando importantes serviços a ele, ainda que vindo a prejudicar-se de alguma forma. Os dois textos evidenciam que Manoel Esteves ainda estava profundamente envolvido nas questões familiares e comerciais da família de sua esposa, mesmo após a morte do sogro e do novo casamento de sua sogra. Era, assim, tido como uma pessoa capaz de buscar soluções para os problemas enfrentados por esta família.

As duas primeiras redes de sociabilidade traçadas por Esteves são claras até este ponto. Inicialmente, ele se estabeleceu como comerciante, função de vital importância para os proprietários de terras. Depois, ele próprio se tornou um proprietário mediante o casamento. A possibilidade de crédito, sem dúvida, foi um fator que facilitava a tramitação de tais matrimônios. A manutenção das fortunas rurais não era possível sem crédito. O português comerciante era garantia de novos empréstimos, trazidos por ele e por sua fama no mercado, além de no comércio estar o acesso aos escravos, aos alimentos, aos mecanismos de produção agrícola, aos tecidos para vestimentas; afinal, tudo aquilo que os produtores rurais tinham necessidade para o funcionamento de suas fazendas e para gestão das suas vidas. A partir daí, organizou outra rede com diversos comissários de café. Por fim, chegou a dispensar boa parte da intermediação destes, uma vez que estabeleceu a sua própria firma comissária, Manoel Esteves & Filhos. É bom ressaltar que não se desligou totalmente da atuação desses intermediários, que desempenhavam um papel essencial no escoamento da produção cafeeira. Desta maneira, não havia limites claros entre negócios particulares, de famílias e políticos tratados entre fazendeiros e comissários de café. A importância destes últimos, aliás, é bem destacada por Raymundo Faoro, que explicita:

> Este é um grande capítulo na história econômica do Brasil, o que circula em torno do comissário, turvado, ensombrecido, esquecido. Dele, comerciante urbano, se irradiarão a energia, o sangue e a vibração que vivificam a fazenda, ditando a quantidade e a qualidade do plantio. Senhor do crédito será o senhor da safra, decretando a grandeza ou a ruína do fazendeiro. (...) O fazendeiro, quando visita o Rio de Janeiro, recebe as atenções pessoais do comerciante, que lhe aluga alojamentos, fornece-lhe meios para a pompa transitória,

---

21 Na verdade, Poyares era cunhado de sua esposa, Maria Francisca Esteves Pimentel, casado que era com sua irmã.

Linguagens e práticas da cidadania no século XIX 283

atenções dispensadas ao filho do agricultor, na escola ou nas suntuosas férias.[22]

Nas cartas recebidas por Esteves de seus comissários encontramos a comprovação do afirmado acima por Faoro. Destacamos as que tratam de seus dois filhos mais velhos, Francisco e Lúcio, que estudavam no Rio de Janeiro, no Colégio Santo Antônio. Em uma delas lemos:

> Il.mo Sr. Manoel Antônio Esteves
> Rio de Janeiro, 21 de abril de 1863
> Amigo e Sr.
> Confirmamos a nossa de 11 do corrente e de posse dos seus favores de 6 e 12 do mesmo, juntamos contas das suas 18ª e 19ª remessas constando de 178 sacos com café, liquidando 4.287$781 que ficam em seu crédito, e lhe debitamos no dia 11.600$000 pagos a Poyares e Cia. na conformidade de sua ordem, e ontem 60$000 pagos pela importância de 6 paletós e 6 calças de brim escuro para seus dignos filhos, de cujas quantias juntamos recibos. (...)
> De V. S.
> Amigos e certos criados
> Netto dos Reys e Cia.[23]

Esta, enviada pelo comissário Netto dos Reys (um dos mais frequentes correspondentes e que possuía firma na Rua Direita, nº 57 – Rio de Janeiro), deixa evidente como assuntos de negócios e assuntos familiares estavam interligados. Inicia a carta falando sobre remessas de café, débitos e créditos. Logo em seguida, fala sobre a compra de roupas para os filhos de Esteves, peças pessoais que eram escolhidas e adquiridas pelo próprio comissário, confirmando mais uma vez o exposto por Faoro. Mais um exemplo significativo disso:

> Rio de Janeiro, 7 de novembro de 1864
> Il.mo Sr. Manoel Antônio Esteves
> "Valença"

---

22 FAORO, Raymundo. *Os Donos do Poder*. São Paulo: Editora Globo, 2000, v. 2, p. 16.
23 Correspondência de Manoel Antônio Esteves – nº 04, caixa 01, 1863.

Meu bom amigo e Sr.

Confirmo a minha última em 28 do passado e acuso o recebimento de sua ordem da mesma data, que sacou sobre mim o favor de Poyares Lacerda e Cia., da quantia de 2.600$000, que me foi apresentada em 5 do corrente e nessa data cumpri como verá do recibo junto, que lhe fica debitado em conta.

Como lhe havia dito em minha última de 28 do passado, fui no dia 1º do corrente ao Colégio, buscar os seus dois caros filhos para mandar-lhes fazer as duas mudas de roupa preta, e os trouxe para esta sua casa aonde passarão os 2 dias, por serem dias santificados, e no dia 3 levei ao Colégio aonde ficarão plenamente satisfeitos e durante o tempo que aqui passarão muito contentes e estão bem nutridos e declaro, que os achei com muito adiantamento tanto um como o outro; mas especialmente o Chico é um talento raro e pela carta junta por ele escrita a seu caro Pai, verá o meu amigo que ele tem sabido aproveitar bem o tempo e por tanto aceite os meus parabéns e da minha parte os queira apresentar a sua cara Sra. por ter tão bom filhinhos.

Como sempre fico ao seu dispor, sendo com toda a estima.

De V. S.

Amigo

Manoel Joaquim Alves Machado[24]

Manoel Joaquim Alves Machado era outro comissário que fazia negócios com Esteves, cuja firma estava estabelecida na Rua do Hospício, nº 26. Em sua correspondência, além da costumeira prestação de contas em relação a saques e débitos, Machado dá detalhes sobre os favores familiares que fazia ao amigo e cliente. Entre estes, buscou seus dois filhos no colégio, mandou fazer para eles duas mudas de roupas e, em seguida, levou-os para a sua casa comissária, onde passaram dois dias santos. Após o feriado, levou-os novamente ao colégio e faz vários elogios sobre os progressos escolares de ambos. Todos estes detalhes deixam transparecer que o comissário era muito mais do que um simples representante comercial: era um amigo e parceiro, e a sua relação com o seu cliente era muito familiar, o que evidencia uma correlação entre as relações familiares e econômicas

---

24 Correspondência de Manoel Antônio Esteves – nº 40, caixa 01, 1864.

na sociedade cafeicultora.[25] Esse é, pois, outro fator que caracteriza a cultura política existente entre os cafeicultores oitocentistas e suas redes de sociabilidade. Vejamos mais um exemplo que deixa claro esta familiaridade entre parceiros comerciais:

> Ilmo. e Exmo. Sr. Comendador Antônio Coelho Netto dos Reys
> Tenho a satisfação de comunicar a V. Exª. que os Srs. Francisco e Lúcio Martins Esteves continuam a gozar n'este Colégio perfeita saúde, e que a par de bom comportamento, vão progredindo satisfatoriamente em seus estudos.
> Fico sendo com muita consideração
> Francisco Pereira de Souza
> Colégio de Santo Antônio
> Em 1 de outubro de 1865[26]

Francisco Pereira de Souza era o cônego responsável pelo Colégio Santo Antônio no Rio de Janeiro. Nesta carta, o cônego dá notícias sobre os estudos dos dois filhos de Esteves que estavam sob sua responsabilidade. Faz esta prestação a Netto dos Reys, não diretamente ao pai dos alunos, fato que mostra a importância familiar do comissário na vida do fazendeiro de café, que confiava plenamente a ele assuntos comerciais e íntimos. Em várias outras cartas encontramos comentários feitos pelos comissários que reforçam esta ideia de cumplicidade, como: "(...) Juntamos uma cartinha de seus filhos, os quais continuam a gozar de boa saúde"[27] e "Tenho sabido que seus caros filhos estão bons e vão muito bem em seus estudos".[28]

Segundo Maria Sylvia de Carvalho Franco, tratando da evolução da figura e do papel do comissário, o "aliciamento de clientes" para as casas comissárias ocorreu pela via das relações pessoais, de vizinhança, amizade e parentesco, chegando mesmo alguns desses estabelecimentos a possuírem agentes que percorriam as áreas de produção "pedindo café". Segundo a mesma autora, na fase de expansão da cultura cafeeira ocorreu uma verdadeira "pescaria de fazendeiros". Tendo firmado a freguesia, algumas dessas casas passaram a reunir

---

25 Cf. PAIVA, Fernanda Gonçalves de. *Família Esteves: um estudo das relações familiares e econômicas de uma família fluminense no século XIX*. Valença: Monografia de conclusão de curso apresentada ao CESVA, 2004.
26 Correspondência de Manoel Antônio Esteves – nº 08, caixa 01, 1865.
27 Correspondência de Manoel Antônio Esteves – nº 03, caixa 01, 1863.
28 Correspondência de Manoel Antônio Esteves – nº 09, caixa 01, 1863.

a produção de grandes regiões. Assim, concorda com Faoro que o comissário se tornou uma figura chave dentro do negócio do café. Isso determinou a possibilidade de práticas de comercialização em grande escala.[29] As redes de sociabilidade que uniam proprietários, comissários, agregados e outros se tornaram um recurso muito utilizado no Oitocentos. Eram um importante meio de manutenção e/ou obtenção de poder.

Instituições que uniam membros da boa sociedade também eram pontos de referência e locais onde as sociabilidades eram executadas. Segundo José Murilo de Carvalho,[30] a sociabilidade era uma dimensão importante, por sua relevância para a vida política. Este autor insistiu, então, na necessidade de análises mais cuidadosas e aprofundadas da vida associativa no século XIX. Citou como exemplo as irmandades religiosas, as associações filantrópicas assistenciais e profissionais. Manoel Esteves foi membro e provedor da Irmandade da Santa Casa de Misericórdia de Valença e estendeu as suas redes de sociabilidade até o seu país de origem, uma vez que igualmente se tornou membro da Irmandade da Misericórdia de Villa Nova de Famelicão, em 1876. Esta foi, então, outra rede de sociabilidade que desenvolveu. Mesmo que não tenha participado diretamente da vida política do município,[31] estabeleceu ligações que lhe granjearam prestígio político.

Outra forma de sociabilidade que podemos apontar é a participação no corpo de jurados, tal como destaca José Murilo de Carvalho.[32] O referido jornal *O Alagoas* traz, em várias de suas edições, listagens de pessoas convocadas para participar do júri. Em diversas delas encontramos o nome de Manoel Esteves, o que de acordo com Carvalho era um tipo de envolvimento dos cidadãos com o Estado, constituindo-se a mais importante delas, apesar de o alcance ser menor, pois exigia alfabetização. Era, no entanto, a mais intensa, uma vez que havia duas sessões do júri por ano, cada uma de 15 dias.[33] Quem participava do corpo de jurados acabava se aproximando do próprio exercício do poder e adquiria, assim, alguma noção do papel da lei. Desta forma, ainda que Manoel Esteves não estivesse ligado às disputas partidárias nem tenha sido encontrada alguma referência de que tenha se filiado a algum

---

29 Cf. Franco, Maria Sylvia de Carvalho. *Homens livres na ordem escravocrata*. São Paulo: Editora da Unesp, 1997, p. 172.

30 Cf. Carvalho, José Murilo de. "Introdução". In: Carvalho, José Murilo de. *Nação e cidadania no Império*: novos horizontes. Rio de Janeiro: Civilização Brasileira, 2007, p. 12.

31 Por participação direta na vida política aqui entendemos a filiação partidária e a disputa eleitoral.

32 Cf. Carvalho, José Murilo de. *Cidadania no Brasil. O longo caminho*. Rio de Janeiro: Civilização Brasileira, 2008, p. 37.

33 Carvalho, José Murilo de. *Cidadania no Brasil. O longo caminho*, p. 37.

grupo político, a participação no júri acabou lhe propiciando uma ligação estreita com o poder, possibilitando-lhe o estabelecimento de novas alianças e de amizades na Corte.

Uma das mais importantes alianças firmadas no Rio de Janeiro foi a amizade que nutriu com o Conselheiro Zacarias de Góes e Vasconcellos,[34] cuja filha se casou com o filho mais velho de Esteves. Em carta recebida em 1872, podemos verificar a estima e a posição de que gozava junto ao dito conselheiro:

> Rio, 18 de j° de 1872
> Ilmo. Sr. Comdor. Manoel Antonio Esteves
> Escrevo á V.S. Esta carta de que é portador o Sr. Vicente Antonio Paulino, que vai a essa cidade tratar de um negocio seu, cujo bom êxito será seguro se V.S. tomá-lo sob sua proteção.
> Rogo-lhe, pois que o proteja.
> Seu
> Amigo
> Z de Góes e Vasconcellos[35]

Neste pequeno texto Zacarias demonstra total confiança no amigo. Acredita que a sua proteção será suficiente para o bom êxito do negócio de uma outra pessoa. Ainda em outra carta, de julho de 1873, o mesmo Zacarias recomenda a Manoel Esteves um outro amigo, Francisco Manuel Grijó Quintanilha, nomeado juiz municipal do termo dessa cidade. Desejava que Esteves o tratasse "como se fora eu".[36] Tal confiança comprova que Manoel Esteves realmente havia alcançado as condições necessárias para ser considerado um "prestimoso cidadão", conforme fora chamado pela reportagem citada inicialmente. Além disso, mencionemos outra característica: a de pai preocupado com o futuro dos filhos, a fim de que alcançassem posições mais importantes do que aquelas que havia granjeado. A este respeito, José Murilo de Carvalho expõe os meios utilizados pela elite "a caminho do clube":

> O mais difícil era entrar. Um diploma de estudos superiores, sobretudo em direito, era condição *sine qua non* para os que pretendessem

---

34 Zacarias de Góes e Vasconcellos era advogado da Casa Comissária de Manuel Soares da Rocha, com quem Manoel Esteves mantinha relações comerciais e de amizade, e foi através deste comissário que ele travou contato com o conselheiro.

35 Correspondência de Manoel Antônio Esteves. Caixa 01, 1872.

36 Correspondência de Manoel Antônio Esteves. Caixa 01, 1873.

chegar até os postos mais altos. A partir daí vários caminhos podiam ser tomados, o mais importante e seguro sendo a magistratura, secundariamente a imprensa, a advocacia, a medicina, o sacerdócio. Em alguns casos, a influência familiar era suficientemente forte para levar o jovem bacharel diretamente à Câmara. O apoio familiar e dos amigos e o patronato dos líderes já estabelecidos era, aliás, presença constante em todos os passos da carreira.[37]

Aqui observamos como as redes de sociabilidade se entrelaçavam. O filho mais velho de Manoel Esteves, Francisco, casou-se com a filha de Zacarias de Góes e Vasconcellos, com quem já mantinha boas relações, citadas inclusive em sua correspondência com o pai. Em 1873, por exemplo, partindo para Pernambuco, Francisco enviou uma carta aos pais informando sobre a viagem e as cartas de recomendação que levava. Entre os comentários ele dizia: "Estive também hoje à tarde em casa do Conselheiro Zacarias. (...) O Conselheiro ainda está muito nosso amigo. Prometeu-me mandar cartas de recomendação para Pernambuco".[38]

Francisco e Lúcio recebiam constantes cartas dos pais, que demonstravam preocupação com a formação de ambos. Francisco formou-se na Faculdade de Direito do Recife. Após o casamento com Ana Carolina Vasconcellos, morou algum tempo em Paris, na década de 1880, onde nasceu o primeiro filho, Marcos Zacarias Manoel Esteves, em 3 de junho de 1883. Ali levaram uma vida de hábitos refinados. Já Lúcio tornou-se político e elegeu-se vereador. Todas essas ligações familiares e sociais, além da preocupação com o futuro dos filhos, são significativas na formação de redes de sociabilidade no Brasil oitocentista e visavam à construção de uma posição determinada no contexto histórico do período imperial.

Todos os membros da família estavam de acordo a respeito da importância dos estudos, como se percebe da carta enviada pela mulher de Esteves, Maria Francisca, ao filho mais velho:

---

37 CARVALHO, José Murilo de. *A construção da ordem. A elite política imperial*. Rio de Janeiro: Civilização Brasileira, 2008, p. 125.

38 Correspondência de Manoel Antônio Esteves. Caixa 01, 1873.

> Meu querido Filho
> (...)
> Sobre o Lucio deve olhar sempre para ele. Bem sabe que ele é mais novo e não tem experiência de mundo como vós. Temos tido muito prazer em teus estudos. Estimarei que continue sempre para me dar gosto.[39]

O filho também concordava com tal posição, expressa em resposta enviada à mãe:

> Minha querida Mãe
> (...)
> O Lucio está bem continuando da mesma maneira os seus estudos, assim como eu que sempre choro este tempo de ausência que longe de vós passo, ao mesmo tempo refletindo que se não fora assim, algum dia jamais pertencerei a sociedade, e por isso não há outro recurso senão estudar e sempre avançar e com todas as forças, que a minha inteligência permite.[40]

Nota-se aqui a preocupação clara de pertencimento àquela sociedade, sendo o estudo um dos recursos utilizados para se alcançar tal fim. Como demonstramos, tal objetivo foi plenamente alcançado por Manoel Esteves. Em carta ao filho, revelava o que realmente lhe interessava: "... do coração como Pai, eu nada preciso, só sim os seus adiantamentos nos seus estudos, e pagar o que devo como já disse para todos ficarem arranjados...".[41]

Era necessário criar redes de sociabilidade para se forjar identidade e alcançar um certo grau de cidadania. Contudo, podemos questionar qual era o alcance do conceito de cidadania, como o faz José Murilo de Carvalho ao indagar se um senhor de escravos poderia ser cidadão, poderia ter qualquer noção autêntica de liberdade civil quando escravizava semelhantes.[42] Obviamente, os conceitos são mutáveis, entretanto não deixa de ser óbvio que a ideia de liberdade civil era muito mais restrita do que hoje se imagina,

---

39 Correspondência de Manoel Antônio Esteves. Caixa 01, 1869.
40 Correspondência de Manoel Antônio Esteves. Caixa 01, 1869.
41 Correspondência de Manoel Antônio Esteves. Caixa 01, 1871.
42 Cf. CARVALHO, José Murilo de (org.). *Nação e cidadania no Império: novos horizontes.* Rio de Janeiro: Civilização Brasileira, 2007, p. 13.

o que também não deixa de ser uma contradição. Aliás, contradições parecem ser uma das marcas características do Oitocentos brasileiro, já apontadas por Joaquim Nabuco e destacadas por Maria Emília Prado:

> Está assim uma nação livre, filha da Revolução e dos Direitos do Homem, obrigada a empregar os seus juízes, a sua polícia, se preciso for o seu exército e a sua armada para forçar homens, mulheres e crianças a trabalhar noite e dia sem salário.[43]

O alcance das atividades de Manoel Esteves não se restringia apenas ao Vale do Paraíba nem mesmo ao território nacional. Como dito, quase no final da sua vida, tornou-se membro da Irmandade da Misericórdia de Villa Nova de Famelicão. Mais ainda: mantinha-se preocupado com a família que havia deixado em Portugal. Fato revelador desta profunda ligação familiar é a carta que recebeu, em agosto de 1865, de uma sobrinha chamada Joaquina Rosa Fernandes. Tendo esta recebido uma proposta de casamento, pedia conselho ao tio sobre a decisão a tomar e solicitava auxílio no dote, esclarecendo que dependia dele, ainda que estivesse distante:

> Meu querido tio do coração
> (...) Meu estimadíssimo tio participo-lhe que quer casar comigo um moço de Valladares é de muito boa família e a morte de seu pai e mãe tem um grande dote tem um irmão Doutor e outro Padre e também Doutor. Ora se isto se realizar querem que eu vá para a companhia deles, e eu me parece ser para mim muito vantajoso no presente e no futuro. Eu me parece que devo aproveitar-me d'esta ocasião (isto é se for sua vontade) pois Vm^{ce} bem conhece que eu não devo aspirar a outra coisa se não amparar-me, porque estou nesta casa sem saber na lei em que vivo. Trabalho não me falta agradecimentos poucos. Ora nestes casos o meu caro tio bem vê que isto para mim não é caso de vida, porque sou mulher, e devo amparar-me, e tenho agora boa ocasião se Vm^{ce} me ajudar. Este sujeito que me pretende exige saber quanto é meu dote, e eu não lhe posso dizer porque o não sei.

---

[43] In: PRADO, Maria Emília. *Ordem Liberal, escravidão e patriarcalismo: as ambiguidades do Império do Brasil*, p. 163.

> Por aqui consta que Vm^ce me quer fazer feliz, e se assim for rogo-lhe que seja agora para me ajudar a me unir aquela família pois conheço que para mim é grande felicidade. Vm^ce bem conhece que eu estou desamparada que meu amparo tem sido e é Vm^ce mas pode algum dia faltar-me e eu fico como Vm^ce entende.
>
> No entanto fico esperando as suas determinações para o meu governo que me parece que serão em meu favor pois Vm^ce é o juiz desta causa (...)[44]

Percebe-se, então, que a sua rede de sociabilidades estava bem alicerçada e a própria família colocava-o como arquiteto e juiz na formação de novas alianças. Não era apenas amparo o que sua sobrinha demandava. Queria igualmente conselho para realizar um bom casamento, com alguém que tivesse condições e pertencesse a uma boa família. O rapaz de quem falava tinha de fato este perfil: um grande dote, um irmão Doutor e outro que, além de Doutor, era também Padre. Na ausência dos pais, era o tio residente no Brasil que decidia e estabelecia o dote. Ele era responsável pela felicidade de sua sobrinha, pelo seu amparo, enfim, dava "as suas determinações para o meu governo".

Ao morrer em 1879, aos 66 anos de idade, Manoel Esteves deixou onze filhos, sendo oito ainda menores de idade. De acordo com seu testamento, elaborado em 10 de maio de 1879, deixou a quantia de 4 contos de réis à Santa Casa de Misericórdia de Valença, em um gesto típico dos afortunados do século XIX. O restante de sua herança deixou como capital de giro para a sociedade Manoel Esteves & Filhos. Os seus sócios ficaram obrigados a dividirem semestralmente os lucros, em partes iguais, a todos os seus filhos, enquanto estes vivessem, e depois aos filhos destes. Declarou, entre seus haveres, terras, plantações, estabelecimentos rurais, escravos, títulos de dívidas, ações de companhias, propriedades em Valença, a estação de Esteves na Estrada de Ferro União Valenciana e a dita sociedade comercial. Deixou, portanto, um rico patrimônio. Foi um dos raros casos na região em que isto aconteceu,[45] revelando profundo senso administrativo.

A sua trajetória de vida, no cenário provincial, mostra que a política imperial no Brasil oitocentista foi muito mais complexa e sofisticada do que os simples favoritismo e

---

[44] Correspondência de Manoel Antônio Esteves – nº 18, caixa 01, 1865.

[45] Apenas como comparação, seu cunhado, o Visconde de Pimentel, já em vida encontrava-se completamente endividado, inclusive com a irmã, Maria Francisca, casada com Esteves.

clientelismo geridos a partir da *grande política* que se desenrolava na sede da monarquia.[46] Estabeleceu uma intrincada rede de poder, uma busca pela identidade e pela cidadania que acabaram coroadas pela conquista de um título, ainda que não de baronato, mas de comendador por serviços prestados à Coroa e ao país:

> Abrindo-se aqui um parêntesis, orgulha-nos o fato de que, ao Comendador Esteves, foi conferido, pelo Governo Imperial, o título honorífico, em virtude de decisivo esforço e serviços de benemerência com que cooperou na efetivação da construção da E. F. União Valenciana. O Comendador Esteves foi, inegavelmente, um dos baluartes dessa ferrovia, e mereceu, por isso, elogio honroso da Corte, cujo documento, datado de 21 de junho de 1871, está assim redigido: – "A princesa Isabel, regente, em nome do Imperador o senhor D. Pedro Segundo, resolve nomear oficial da ordem da Rosa a Manoel Antônio Esteves, pelos serviços relevantes prestados na construção da Estrada de Ferro de Valença que, por iniciativa particular e sem auxílio do Governo, levou a efeito tão útil melhoramento para a agricultura do país".[47]

A compreensão do alcance do sentido da ideia de cidadania no Oitocentos continua, no entanto, em aberto.

Referências Bibliográficas

BERNSTEIN, Serge. "A cultura política". In: RIOUX, Jean-Pierre & SIRINELLI, Jean-François. *Para uma História Cultural*. Lisboa: Editorial Estampa, 1998.

CARVALHO, José Murilo de. *Cidadania no Brasil. O longo caminho*. Rio de Janeiro: Civilização Brasileira, 2008.

_____. *A construção da ordem. A elite política imperial*. Rio de Janeiro: Civilização Brasileira, 2008.

CARVALHO, José Murilo de (org.). *Nação e cidadania no Império: novos horizontes*. Rio de Janeiro: Civilização Brasileira, 2007.

---

46 GOUVÊA, Maria de Fátima Silva. *O Império das Províncias. Rio de Janeiro, 1822-1889*. Rio de Janeiro: Civilização Brasileira, 2008, p. 11.

47 IÓRIO, Leoni. *Valença de ontem e de hoje*. Valença: s. ed., 1953, p. 222.

Faoro, Raymundo. *Os Donos do Poder.* São Paulo: Editora Globo, 2000, v. 2.

Franco, Maria Sylvia de Carvalho. *Homens livres na ordem escravocrata.* São Paulo: Editora da Unesp, 1997.

Galvão, Walnice Nogueira & Gotlib, Nádia Battela (orgs.). *Prezado senhor, Prezada senhora. Estudos sobre cartas.* São Paulo: Companhia das Letras, 2000.

Gomes, Ângela de Castro. *Escrita de Si, Escrita da História.* Rio de Janeiro: Editora da FGV, 2004.

Gouvêa, Maria de Fátima Silva. *O Império das Províncias. Rio de Janeiro, 1822-1889.* Rio de Janeiro: Civilização Brasileira, 2008.

Guimarães, Manoel Luiz Salgado. "A disputa pelo passado na cultura histórica oitocentista no Brasil". In: Carvalho, José Murilo de (org.). *Nação e cidadania no Império: novos horizontes.* Rio de Janeiro: Civilização Brasileira, 2007.

Iório, Leoni. *Valença de ontem e de hoje.* Valença: s. ed., 1953.

Mattos, Ilmar Rohloff de & Gonçalves, Márcia de Almeida. *O Império da boa sociedade. A consolidação do Estado imperial brasileiro.* São Paulo: Atual, 2005.

Mauad, Ana Maria. "Imagem e autoimagem no Segundo Reinado". In: Alencastro, Luiz Felipe de (org.). *História da Vida Privada no Brasil. Império: a Corte e a modernidade nacional.* São Paulo: Companhia das Letras, 1998.

Miranda, Tiago C. P. dos Reis. "A arte de escrever cartas: para a história da epistolografia portuguesa do século XVIII". In: Galvão, Walnice Nogueira & Gotlib, Nádia Battela (orgs.). *Prezado senhor, Prezada senhora. Estudos sobre cartas.* São Paulo: Companhia das Letras, 2000.

Oliveira, Mônica Ribeiro de. *Negócios de famílias. Mercado, terra e poder na formação da cafeicultura mineira – 1780-1870.* Bauru: EDUSC, 2005.

Paiva, Fernanda Gonçalves de. *Família Esteves: um estudo das relações familiares e econômicas de uma família fluminense no século XIX.* Valença: Monografia de conclusão de curso apresentada ao CESVA.

Prado, Maria Emília. "Ordem liberal, escravidão e patriarcalismo: ambiguidades do Império do Brasil". In: Guimarães, Lúcia Maria Paschoal & Prado, Maria Emília (orgs.). *O liberalismo no Brasil Imperial. Origens, conceitos e prática.* Rio de Janeiro: Editora Revan, 2001.

Ribeiro, Gladys Sabina. "Legalidade, legitimidade e soberania no reconhecimento da Independência". In: Ribeiro, Gladys Sabina (org.). *Brasileiros e cidadãos. Modernidade política (1822-1930).* São Paulo: Alameda, 2008.

Capítulo 4
Encontros e desencontros em José do Patrocínio: a luta contra a indenização aos "Republicanos de 14 de maio"

Humberto Fernandes Machado

Em 1884, após retornar ao Brasil de uma viagem à Europa, José Carlos do Patrocínio (1853-1905) foi acusado de desvios de verbas da Confederação Abolicionista[1] e de pecúlios destinados à compra de alforria de escravos, os quais teriam servido, segundo os seus "detratores", para financiar suas despesas efetuadas no exterior. Em virtude dessas denúncias, escreveu a autobiografia intitulada "Uma Explicação", publicada na *Gazeta da Tarde*,[2] jornal de sua propriedade, descrevendo inúmeros episódios que justificariam a sua ascensão social e relatando sua luta contra a escravidão, ao mesmo tempo repudiando as acusações que lhe eram imputadas. Começou o texto enfatizando que foi alvo de "calúnias" e "injúrias".

> Há já muito tempo sou continuamente alvo das mais dolorosas calúnias e das mais cruciantes injúrias. Os meus adversários, em cuja vida privada nunca penetrei, muitas vezes só em respeito à

---

[1] *Gazeta da Tarde*, 18 de maio de 1883. Machado, Humberto Fernandes. *Palavras e Brados: A Imprensa Abolicionista do Rio de Janeiro. 1880-1888*. Tese de Doutorado. São Paulo: USP, 1991, p. 31. Sobre a ação da Confederação Abolicionista, ver também Silva, Eduardo. *As Camélias do Leblon e a abolição da escravatura: uma investigação de história cultural*. São Paulo: Companhia das Letras, 2003, p. 16-17.

[2] A autobiografia foi publicada em 29 de maio de 1884, sendo utilizada pelos biógrafos do jornalista, como, por exemplo: Magalhães Jr., Raimundo. *A Vida Turbulenta de José do Patrocínio*. Rio de Janeiro: Sabiá, 1969; Moraes, Evaristo de. *A Campanha Abolicionista (1879/1888)*. 2ª ed. Brasília: UnB, 1986; Orico, Osvaldo. *O Tigre da Abolição*. Rio de Janeiro: Gráfica Olímpica, 1953.

> compostura da imprensa, divertem-se em pintar-me como a chaga mais cancerosa da nossa sociedade.
>
> Até certo ponto a guerra satisfaz a minha vaidade. À proporção que a calúnia se torna mais furiosa, sinto crescer em torno do meu humilde nome a estima pública e fortalecer-se a dedicação dos meus amigos.
>
> Não quero, porém, deixar que por mais tempo o povo brasileiro acredite, sob palavra dos meus amigos, na minha honra e no desinteresse com que tenho servido à causa da abolição.[3]

Depois justificou a origem do dinheiro que custeou a ida à Europa, afirmando que as suas posses foram obtidas com o "trabalho, escudado na cooperação dos amigos". Finalizou o texto enfatizando que chamaria à "[...] responsabilidade todos os artigos injuriosos e caluniosos [...]", exigindo retratação perante os tribunais, sem explicitar, claramente, quem eram esses "detratores".[4] No entanto, nos números subsequentes da *Gazeta da Tarde* não teceu mais nenhum comentário sobre o assunto. O texto no qual Patrocínio se defendeu das acusações que lhe estavam sendo atribuídas deixa transparecer a preocupação do autor em justificar as suas ações e eliminar quaisquer sombras de dúvidas sobre sua honestidade.

Patrocínio, nesta pequena autobiografia, distinguiu três fases de sua vida. Na primeira, enfatizou a infância e adolescência, desde o seu nascimento (1853) até os primeiros contatos (1874) com os componentes do Clube Republicano e amigos que o influenciaram, não só em termos pessoais como, também, profissionais. Na segunda, salientou o início de sua carreira jornalística, período em que assimilou o pensamento abolicionista e republicano e, depois de seu ingresso na *Gazeta de Notícias* (1877), passou a ocupar um lugar de destaque na vida mundana da Corte. Na terceira, momento em que assumiu a propriedade da *Gazeta da Tarde* (1881), valorizou a sua atuação como um jornalista combativo contra a escravidão. Nesta ocasião casou-se com a filha de um eminente líder do Clube Republicano. Consideramos que esta fase se estendeu até 1888, momento da extinção legal do cativeiro, embora 1884, como já afirmamos, seja a data correspondente à publicação desta autobiografia.

Acrescentaríamos uma quarta, do estabelecimento da República, em 1889, até a sua morte, em 1905, correspondente à ausência de uma nova meta pela qual pudesse lutar,

---

3   *Gazeta da Tarde*, 29 de maio de 1884.
4   *Gazeta da Tarde*, 29 de maio de 1884.

porque a sua trajetória de vida esteve totalmente vinculada ao abolicionismo. Com a extinção legal da escravidão, uma das razões de sua existência encerrou-se, não significando, entretanto, que caísse no "ostracismo", já que manteve vínculos com a estrutura de poder, apesar da prisão e do exílio para o Amazonas, em 1892, por suas críticas à presidência de Floriano Peixoto (1891-1894), junto com outros opositores ao governo.

José Carlos do Patrocínio nasceu em Campos dos Goitacazes, na Província do Rio de Janeiro, da união do pároco João Carlos Monteiro, grande fazendeiro local, e de uma jovem negra, provavelmente ainda sua escrava, depois liberta, Justina Maria do Espírito Santo. O jornalista, na sua infância, habitava a propriedade paterna, tendo uma educação sob critérios similares aos aplicados aos filhos dos grandes proprietários no Brasil, o que não o impediu de confessar: "sou filho de uma pobre quitandeira". E, ainda: "do vigário de Campos que não me perfilhou, mas que toda a gente sabe que era meu pai".[5]

A infância de Patrocínio, segundo depoimento prestado posteriormente, transcorreu na casa da cidade ou na fazenda do Imbé, situadas em Campos, pertencentes ao pai. A instrução primária obteve nos colégios campistas. Quando menino, retornando de um passeio a cavalo, desferiu uma forte pancada com o cabo do chicote na cabeça de um velho escravo que demorou em abrir a porteira. O pai admoestou-o quando foi informado sobre o ocorrido. O jornalista considerou este episódio como o marco inicial de sua vida, pois lhe permitiu o aumento da capacidade de percepção sobre as condições de exploração dos cativos. Em função da aquisição de uma maior consciência, ele começou a entrar em atrito com o genitor por causa do tratamento dispensado aos escravos e à própria mãe, abandonando a casa paterna, aos 15 anos de idade, por causa das dificuldades de convivência.[6] Ainda menino se estabeleceu na Corte, em 1868, trabalhando "como quase servente" da farmácia da Santa Casa de Misericórdia. Com o auxílio de "amigos protetores" conseguiu estudar, o que lhe possibilitou o ingresso no Curso de Farmácia, de onde saiu diplomado no ano de 1874. Jamais, contudo, exerceu a profissão, sobrevivendo inicialmente como professor de "primeiras letras" a alunos particulares.[7]

---

5   *Gazeta da Tarde*, 29 de maio de 1884. Também, MAGALHÃES JR., Raimundo. *A Vida Turbulenta de José do Patrocínio*. Rio de Janeiro: Sabiá, 1969, p. 163-164.

6   SENA, Ernesto. *Rascunho e Perfis*. 2ª ed., Brasília: UnB, 1983, p. 300-301. Este texto, publicado inicialmente em 1905, transcreveu parte da autobiografia, servindo também como fonte básica, aos diversos biógrafos, para a reconstituição da vida do jornalista.

7   *Gazeta da Tarde*, 29 de maio de 1884.

O seu envolvimento com a propaganda republicana começou com a participação nas reuniões do Clube Abolicionista e Republicano de São Cristóvão, bem como na casa de um dos seus líderes, o Capitão Emiliano Rosa de Sena, seu futuro sogro. Foi assim que Patrocínio ampliou o seu círculo de amizades e o espaço que lhe abriu de forma definitiva as portas do jornalismo da Corte, inicialmente como conferente de revisão do jornal liberal *A Reforma*.[8] Ampliou o seu campo profissional, a partir de 1877, quando ingressou na *Gazeta de Notícias*, responsável pela coluna "Semana Política", utilizando o pseudônimo de Proudhomme. A influência de Pierre-Joseph Proudhon em Patrocínio está presente no *slogan* usado ao final dos seus textos, semelhante ao popularizado pelo publicista francês: "A escravidão é um roubo. Todo dono de escravo é um ladrão". (Proudhon afirmava que a propriedade é um roubo).[9] Trabalhou nesse jornal até 1881, quando rompeu com a direção em virtude da sua atuação mais contundente em relação ao movimento abolicionista.

No começo do ano de 1880, Patrocínio atuou na "Revolta do Vintém", reação popular, ocorrida no Rio de Janeiro, contra a taxa, criada pelo governo, que recaía sobre o transporte urbano, repassada para o usuário. As manifestações de protesto, ocorridas no centro da cidade, tiveram como consequência a destruição de bondes e uma repressão policial violenta, que resultou em mortos e feridos.[10] Elas marcaram profundamente o início da década, pois favoreceram a participação de novos atores no cenário político da Corte e do Império.[11] Pela primeira vez, os abolicionistas deixaram as discussões realizadas em

---

8   Fundado em 1869, foi um dos primeiros jornais antiescravistas da cidade do Rio de Janeiro, sendo superado por outros periódicos mais atuantes em meados da década de 1870. MAGALHÃES JR., *op. cit.*, p. 28.

9   Conforme MAGALHÃES JR., Raimundo. *A Vida Turbulenta de José do Patrocínio*. Rio de Janeiro: Sabiá, 1969, p. 42. ORICO, Osvaldo. *O Tigre da Abolição*. Rio de Janeiro: Gráfica Olímpica, 1953, p. 70. Sobre o pensador francês, ver: RESENDE, Paulo-Edgar A. e PASSETTI, Edson (orgs.). *Pierre-Joseph Proudhon*. Col. Grandes Cientistas Sociais. São Paulo: Ática, 1986. PROUDHON, Pierre Joseph. *O que é propriedade?* (1840). São Paulo: Martins Fontes, 1988. Neste texto o autor fez uma analogia entre a escravidão e a propriedade: "O que é a escravidão? [...] É o assassinato"; mais adiante, comparando-a com a propriedade: "O que é a propriedade? [...] É o roubo [...]", p. 15.

10 *Gazeta de Notícias*, 10 de janeiro de 1880.

11 GRAHAM, Sandra Lauderdale. "O Motim do Vintém e a Cultura Política do Rio de Janeiro em 1880", *in Revista Brasileira de História*, n°. 20. São Paulo: ANPUH/Marco Zero, agosto de 1990. Um vintém valia vinte réis.

salões fechados, ou no Parlamento, e ganharam as ruas, através de passeatas, palestras, conferências e comícios. O próprio Patrocínio, juntamente com outros participantes, foi ameaçado de prisão.[12]

Em 1881, Patrocínio adquiriu, com recursos colocados à sua disposição pelo sogro, parte da sociedade e, depois, a propriedade, da *Gazeta da Tarde*, que tinha acabado de perder um dos seus proprietários, José Ferreira de Menezes, um dos militantes abolicionistas da Corte, falecido subitamente. Segundo o articulista, o jornal atravessava uma grave situação financeira, que foi resolvida através de empréstimos: "[...] pedindo crédito e obtendo-o, satisfiz os meus compromissos, de modo que se evidenciava o meu trabalho e o meu sacrifício [...]".[13] A *Gazeta da Tarde* tornou-se o principal órgão abolicionista da Corte, servindo de veículo divulgador das conferências e manifestações abolicionistas, assim como de denúncias das mazelas do cativeiro.

A convocação das eleições, em 1884, ocasionou uma mobilização dos militantes para tentarem obter o maior número de vagas no Parlamento. Patrocínio acreditava que existiam também mecanismos políticos suficientes para minar os alicerces do cativeiro e que os abolicionistas deveriam ampliar seu espaço no Parlamento buscando, através de leis, a reforma das instituições. Neste contexto, é compreensível, portanto, o lançamento da candidatura do jornalista à Câmara dos Deputados, apoiada pela Confederação Abolicionista.[14]

No manifesto aos eleitores, de 24 de novembro de 1884, prometeu combater o cativeiro porque a abolição ganhou a "consciência pública", que havia se tornado mais "intransigente que os propagandistas". No entanto, mais adiante, demonstrava o seu poder de conciliar, nem que fosse para a obtenção de votos: "[...] se for eleito, proporei, de acordo com minhas opiniões expendidas na imprensa, [...] medidas que, parece, prepararão a lavoura para uma transformação radical e pacífica dentro de 5 anos [...]", sem explicitar como esta seria efetuada. A retórica do candidato estava de acordo com a atuação do militante. Patrocínio finalizou o texto reafirmando as suas convicções abolicionistas, situando-se como um dos mentores intelectuais das reformas que visavam ao "progresso da nação".

---

12   *Gazeta de Notícias*, 10 de janeiro de 1880. BERGSTRESSER, Rebeca. *The Movement for the Abolition of Slavery in Rio de Janeiro, 1880-1889*. Tese de Doutorado, mimeo. Stanford, 1973, p. 35-48; 101-102; 189-192. MACHADO, Humberto Fernandes. "O abolicionismo 'ganha as ruas' no Rio de Janeiro", In: *Revista da SBPH*. Curitiba: Sociedade Brasileira de Pesquisa Histórica, 1998.

13   *Gazeta da Tarde*, 29 de maio de 1884.

14   *Gazeta da Tarde*, 25 de setembro de 1884.

> É para essa obra de patriotismo e de civilização que eu, em nome da Confederação Abolicionista, convido o eleitorado do 3º Distrito do Município Neutro. Educado nos princípios do meu século e amando mais as minhas convicções do que as posições efêmeras, que só têm o valor moral dos indivíduos que as ocupam, não me prometem a nenhum partido, mas à Pátria, que procurarei abrir à cooperação de todos os povos com iguais direitos e deveres.[15]

Embora o sistema eleitoral censitário vigente, baseado no clientelismo que permeia até hoje a vida política brasileira, dificultasse a sua possível eleição, ele a situava como transcendental, pois seria uma forma de obter apoio para a causa abolicionista, ou seja, a "[...] esperança de respingar no eleitorado uma porção de simpatia popular, em que germinou, cresceu e avigorou-se a propaganda de igualdade humana [...]".[16] Mas a nova legislação eleitoral, estabelecida pela Lei Saraiva, de 1881, reduzindo drasticamente a participação política, tornou-se outro obstáculo à sua vitória.[17] Patrocínio não conseguiu ser eleito, mas considerou que cumpriu o seu dever na disseminação do programa da Confederação Abolicionista e afirmou sentir-se honrado por aqueles que "ampararam" a sua candidatura: "Agradeço-lhes, penhorado, a alta prova de consideração que me deram, prometendo-lhes continuar no caminho encetado com inquebrantável esforço".[18]

Patrocínio, durante o ano de 1886, participou de duas eleições. A primeira foi realizada em janeiro para preenchimento das vagas para a Câmara de Deputados, após sua dissolução, efetuada no final do ano anterior durante o governo do Barão de Cotegipe (1885-1888). Concorreu, pelo Município Neutro, sob os auspícios do Partido Republicano, com o apoio da Confederação Abolicionista. No seu manifesto, intitulando-se representante da "grande obra de reconstrução social", reafirmou as suas convicções republicanas e antimonarquistas, embora destacando o seu caráter abolicionista.

---

15 *Gazeta da Tarde*, 25 de novembro de 1884.
16 *Gazeta da Tarde*, 25 de novembro de 1884.
17 Sobre a Lei Saraiva e o clientelismo no Império, ver: GRAHAM, Richard. *Clientelismo e política no Brasil do século XIX*. Trad. de Celina Brandt. Rio de Janeiro: Editora da UFRJ, 1997.
18 *Gazeta da Tarde*, 5 de dezembro de 1884.

> Republicano desde os primeiros dias da lucidez do meu raciocínio, em toda parte a que pode chegar uma palavra minha, na imprensa como na tribuna popular, protestei sempre contra o sistema que nos enfraquece e desnatura os sentimentos e o caráter, que nos deforma e brutaliza os atos e as aspirações: a monarquia constitucional. [...] Pedindo os vossos sufrágios, Srs. eleitores, para aventurar-me à luta sem tréguas contra a monarquia e a escravidão.[19]

As eleições constituíram-se uma grande derrota para os abolicionistas, inclusive Patrocínio, pois o Gabinete Cotegipe utilizou todos os mecanismos da máquina governamental para preservar a maioria conservadora. O jornalista comentou, na *Gazeta da Tarde*, o resultado do escrutínio que expressava, segundo as suas palavras, a força de um governo baseado "na coerção política".[20] Apesar de derrotado, tentou novamente a carreira política, conseguindo uma cadeira de vereador na Câmara Municipal da Corte, após uma campanha que tinha como plataforma básica a eliminação do trabalho escravo da cidade do Rio de Janeiro.[21] Patrocínio não se destacou como legislador municipal em virtude de seu envolvimento com a luta antiescravista.

Por conta de problemas financeiros, Patrocínio associou-se, em meados de 1886, ao comerciante Luiz Ferreira de Moura Brito. Ao lado do título do jornal *Gazeta da Tarde*, observamos a referência à sociedade: Patrocínio & Brito, que se manteve até setembro de 1887, quando o abolicionista vendeu a sua parte.[22] Logo depois, no final de setembro de 1887, Patrocínio fundou um novo jornal, *Cidade do Rio*, no qual participou das celebrações por ocasião da assinatura da lei de 13 de maio – Lei Áurea –, que extinguiu oficialmente a escravidão no Brasil.

Apesar de ardoroso defensor da República e crítico contumaz do regime monárquico, Patrocínio sempre priorizou a luta contra o cativeiro. Nas páginas do *Cidade do Rio*, a Princesa Isabel (1846-1921) era acusada de omissa por permitir as arbitrariedades efetuadas durante o governo do Barão de Cotegipe contra os abolicionistas. O jornalista tornava patente a sua indignação aproveitando fatos rotineiros como prova do descaso da Regente. Por exemplo, quando ela assistia a uma peça de teatro era sinal de que se divertia

---

19 *Gazeta da Tarde*, 5 de janeiro de 1886.
20 *Gazeta da Tarde*, 16 de janeiro de 1886.
21 *Gazeta da Tarde*, 25 de abril de 1887.
22 *Gazeta da Tarde*, 1 de setembro de 1887.

sobre "[...] as lágrimas dos escravizados e salpicada do sangue dos nossos compatriotas [...]".[23] Em outro editorial, Patrocínio atacava a Princesa ao afirmar que a mesma não possuía talento para exercer o governo, o qual exigia uma dedicação que não podia ser dada por uma "[...] Senhora que se preocupa muito mais com as festas do carnaval do que com as angústias do país [...]".[24]

Quando pressentiu a possibilidade de "solução" para a "questão servil" através do governo mudou o tom do discurso, aprovando os atos da Princesa Isabel. Acompanhemos a oscilação do pensamento de Patrocínio. Tratando das festas carnavalescas, teceu elogios à Regente. Narrou as "batalhas de flores", embaladas ao som das marchas, como parte do cenário para que se encaminhassem estratégias para a eliminação do cativeiro: "[...] por entre as flores da batalha irrompia o pensamento em prol da abolição da escravatura. Presidindo ao flóreo tiroteio estava a Princesa Isabel, que de Nice nos trouxe essa inovação para as festas carnavalescas". Comentou a atitude dos príncipes, filhos da Princesa Isabel, que, através de um jornal, em Petrópolis, posicionaram-se a favor da abolição. Ressaltou que esta atitude só ocorreu em virtude do beneplácito da mãe. Concluiu o texto cobrando uma definição por parte do Gabinete Cotegipe, o qual deveria optar entre "ser abolicionista ou retirar-se do poder".[25]

A demissão do Gabinete Cotegipe foi perseguida por Patrocínio através do seu jornal: "[...] o ministério da escravidão não pode continuar sem ofensa ao país [...]"; solicitava à Regente que não conciliasse mais com aquele Gabinete, pois, assim, passaria à história como a "[...] imagem viva da hipocrisia, quando aliás é sabido que o seu coração está limpo dessa culpa [...]".[26] A queda de Cotegipe e a formação do ministério, sob a liderança de João Alfredo,[27] foram saudadas efusivamente por um editorial, do *Cidade do Rio*, assinado por Patrocínio: "[...] seja festejado esse extraordinário momento em que foi despedido do poder esse homem que pôs seu talento ao serviço das senzalas [...]".[28] Os elogios e a aproximação com a Princesa Isabel acentuaram-se. Em outro editorial do *Cidade do Rio*, logo depois da mudança do Gabinete, Patrocínio praticamente defendeu o

---

23 *Gazeta da Tarde*, 21 de novembro de 1887.
24 *Gazeta da Tarde*, 30 de janeiro de 1888.
25 *Cidade do Rio*, 15 de fevereiro de 1888.
26 *Cidade do Rio*, 26 de fevereiro de 1888.
27 João Alfredo Correia de Oliveira (1835-1915) presidiu o Conselho de Ministros de 10/03/1888 a 7/06/1889.
28 *Cidade do Rio*, 8 de março de 1888.

estabelecimento de um reinado sob a égide da Regente: "[...]Vossa Alteza está salva, pode reinar utilmente sobre este povo, digno de um governo honesto e patriótico [...]".[29]

Ocorreu um processo de mitificação da figura da Princesa Isabel com o apoio dos abolicionistas, mesmo sendo de matizes aparentemente diferentes. Joaquim Nabuco (1849-1910), no discurso proferido na Câmara, na sessão em que se discutia a extinção legal do escravismo, louvou a Regente, contribuindo desta forma para a criação da "heroica Redentora".

> [...] a Princesa Imperial merece a máxima gratidão do nosso povo. Nos meses em que o Imperador lhe confiou o Império ela achou tempo de fazer dele uma pátria, um país livre, com uma lágrima do seu coração de mãe ela cimentou em um dia essa união do trono com o povo que com toda a experiência dos homens e das coisas, seu pai não pode consolidar internamente em quarenta e sete anos de reinado.[30]

Após a abolição, Patrocínio exprimiu, através do *Cidade do Rio*, uma atitude de "gratidão" em relação à Princesa Imperial. A "sereníssima carola", que era, até então, criticada veementemente pelo jornalista, passou a ocupar um lugar de destaque na imprensa do Rio de Janeiro. Patrocínio assumiu a defesa da "Redentora", da "espartana coroada", da "alma de diamante", da "brasileira intemerata", a qual se cercou de um governo responsável, segundo suas palavras, para estabelecer uma "pátria reabilitada".[31] A sua atuação, nesse momento, provocou inúmeras críticas por parte dos republicanos, apesar de seus vínculos anteriores com o movimento republicano. Respondendo às acusações de que teria se ajoelhado, por ocasião da assinatura da "Lei Áurea", enfatizou:

> Quando foi que pedi, de joelhos, a libertação? Seria pedir de joelhos o manter-me dez anos em guerra contra tudo e contra todos os que não eram abolicionistas?.... Enquanto o Partido Republicano,..., comia tranquilamente o suor do negro, e tratava a chicote os seus

---

29 *Cidade do Rio*, 12 de março de 1888.
30 "Apresentação do Ministério João Alfredo", em 7 de maio de 1888, In: *Discursos Parlamentares. (1879-1889)*. São Paulo: Instituto Progresso Editorial, 1949, p. 327. Transcrito pelo *Cidade do Rio*, 10 de maio de 1888.
31 *Cidade do Rio*, 1 de junho de 1888.

> irmãos;...; o que era que eu fazia senão combater dia e noite na tribuna e na imprensa?
> Que fizeram os republicanos neste tempo? Qual o sacrifício coletivo por eles feito?
> ....
> Disse-o sempre: o meu único fito em meu país é cooperar. Antes de tudo, para a extinção da escravidão. Nunca iludi ninguém. Apoiei o Sr. Dantas, sendo entretanto republicano[...]
> Declarada de direito a extinção da escravidão, entendi que devia ficar ao lado do governo, para vê-la realizada de fato, o que ainda não se deu, por culpa do republicanismo de relho e indenização [...]
> Disse que hei de honrar a Princesa e que lhe agradeço, como ao governo, ter decretado a abolição [...].[32]

Em outro editorial, ele rechaçava as acusações, efetuadas pelos republicanos, de "vendido" ao governo porque o estava apoiando. Ironicamente, afirmava que era "vendido" ao ministério "que salvou a sua raça"; um "vendido" à Princesa Isabel por suas atitudes: "[...] mulher sagrada e meiga, boa e santa, que enquanto a república agachava miseravelmente diante da lavoura para apanhar-lhe votos, ela expunha a sua coroa a tufões desencontrados da falsa república [...]".[33] O grupo paulista do Partido Republicano (PRP), ainda em 1873, no seu primeiro Congresso, aprovou um manifesto no qual assegurava que: "Em respeito aos direitos adquiridos e para conciliar a propriedade de fato com o princípio da liberdade, a reforma se fará tendo por base a *indenização e o resgate*". Percebe-se, portanto, que a abolição não se apresentava como prioritária para muitos componentes do Partido Republicano, até para não ferir interesses dos fazendeiros de café, garantindo, assim, o "direito de propriedade".[34]

---

32 *Cidade do Rio*, 31 de julho de 1888. O jornalista se referiu a Manuel Pinto de Souza Dantas (1831-1894), que presidiu o Gabinete de Ministros (1884-1885) e apresentou um projeto gradual de eliminação do cativeiro, não conseguindo, entretanto, apoio do Parlamento.

33 *Cidade do Rio*, 28 de setembro de 1888.

34 "A Comissão permanente do Congresso Republicano à Província de São Paulo". *Correio Paulistano*, 6 de julho de 1873, citado por AZEVEDO, Elciene. *Orfeu de carapinha: a trajetória de Luiz Gama na imperial cidade de São Paulo*. Campinas: Editora da Unicamp, 1999, p. 140. Grifos nossos.

Logo, era lógico atritar-se com os republicanos, especialmente com aqueles que ele denominava "republicanos escravocratas", ou "de 14 de maio", alusão à mudança de atitude de alguns proprietários em relação à monarquia, que desejavam estabelecer, conforme as palavras de Patrocínio, uma república de "agricultores e advogados". O jornalista os acusava de tentarem preservar os seus privilégios, abandonando os ideais republicanos dos quais afirmava que nunca tinha se afastado, e apoiar os projetos que concediam uma indenização aos antigos senhores em virtude do término do cativeiro.[35]

Durante a discussão da lei que extinguia a escravidão, o Barão de Cotegipe (1815-1889) denunciava que ela violava os direitos de propriedade. Segundo ele, em discurso de 12 de maio de 1888, com a sua aprovação, o Estado poderia mais tarde decretar a "divisão das terras", sem "indenização", expropriando-as e não levando em consideração "o direito natural".[36] Logo, nada mais natural, como represália a eventuais ações do governo, que projetos a respeito de indenização começassem a ser apresentados ao Parlamento. O próprio Cotegipe, por exemplo, submeteu à apreciação do Senado, em 19 de junho, um pedido de autorização para a emissão de títulos para reembolso dos antigos proprietários.[37] Apesar dessa proposta, entre outras, ter sido rechaçada pelo Governo de João Alfredo, a indenização foi sistematicamente debatida no Parlamento.

Essa situação encontrava eco, principalmente, entre os proprietários de café do Vale do Paraíba Fluminense, o último baluarte da escravidão, completamente endividados

---

[35] A indenização aos senhores foi amplamente debatida no Parlamento em 1888. O Barão de Cotegipe, por exemplo, introduziu um projeto que previa o reembolso dos antigos proprietários, sendo rejeitado pela maioria dos parlamentares. CONRAD, Robert E. *Os Últimos Anos da Escravatura no Brasil: 1850-1888*. Trad. de Fernando de Castro Ferro. Rio de Janeiro: Civilização Brasileira, 1978, p. 334. Diversos números do *Cidade do Rio* criticaram, violentamente, esta e outras propostas, aventadas por setores escravistas, em especial aqueles de 11 e 20 de junho de 1888.

[36] *Anais do Senado*, 1888, v. I, p. 35. Sobre os debates ocorridos no Senado, com a participação do Barão de Cotegipe, a respeito da possibilidade de uma distribuição de terras para os libertos e receios de uma "reforma agrária" pela Monarquia, ver: URBINATI, Inoã Pierre Carvalho. *Ideias e Projetos de Reforma Agrária no final do Império (1871-1889): uma análise de seu sentido político e social*. Dissertação de Mestrado. Rio de Janeiro: UERJ, 2008.

[37] *Anais do Senado*, 1888, v. II, p. 109-111. CONRAD, Robert E. *Os Últimos Anos da Escravatura no Brasil: 1850-1888*. Trad. de Fernando de Castro Ferro. Rio de Janeiro: Civilização Brasileira, 1978, p. 334.

em virtude da baixa produtividade de suas terras.[38] Cabe ressaltar que dos nove votos, na Câmara dos Deputados, contra a lei de 13 de maio, oito pertenciam a representantes da Província do Rio de Janeiro, o outro era de Pernambuco. A indenização foi também intensamente debatida na Assembleia Legislativa Provincial, no segundo semestre de 1888, utilizando-se como argumento que o direito de propriedade não tinha sido levado em conta por parte do Estado Imperial.

Foi apresentado um projeto, por alguns deputados ligados à lavoura cafeeira, para ser encaminhado "[...] à Assembleia Geral Legislativa reclamando a indenização devida aos ex-senhores de escravos, desapropriados em virtude da lei de 13 de maio do corrente ano".[39] Inúmeros debates ocorreram na Assembleia, sendo que as propostas foram derrotadas, com alegações de que o estado não teria como arcar "[...] uma despesa tão grande para constituir a indenização da propriedade escrava [...]" e que os recursos deveriam ser direcionados para atrair "milhões de imigrantes" porque o país "[...] lucraria muito mais com essa introdução, do que com a indenização aos proprietários de escravos [...]".[40] Essas tentativas foram combatidas enfaticamente pelos abolicionistas, em especial por José do Patrocínio, responsabilizando o Barão de Cotegipe por essas iniciativas.

> Pouco se importa o Sr. barão de Cotegipe com suas contradições. Ontem, S. Ex.ª dizia no Governo à regente: não ceder ao abolicionismo porque ele é revolução; hoje, quando o escravismo se revoluciona, francamente, audaciosamente, apesar da sua impotência, filha da sua impopularidade, o Sr. barão de Cotegipe empunhou a bandeira revolucionária da indenização e quer plantá-la no Senado.
> S. Ex.ª. diz que está convencido de que a propriedade escrava é tão sagrada como a que mais o seja; [...]
> O nosso fim é outro: deixar demonstrado que o Sr. barão de Cotegipe tem apenas em vista, como demagogo, perturbar o início do terceiro reinado, em nome da escravidão.[41]

---

38 MACHADO, Humberto Fernandes. *Escravos, Senhores e Café. A crise da cafeicultura escravista do Vale do Paraíba Fluminense. 1860-1888*. Niterói: Cromos, 1993.

39 *Anais da Assembleia Legislativa Provincial do Rio de Janeiro*. Rio de Janeiro: Tip. Imperial e Constitucional de J. de Villeneuve & C., 30/08/1888, p. 39.

40 *Anais da Assembleia Legislativa Provincial do Rio de Janeiro*. Rio de Janeiro: Tip. Imperial e Constitucional de J. de Villeneuve & C., 09/10/1888, p. 270.

41 *Cidade do Rio*, 18 de junho de 1888.

Percebe-se, pelas palavras de Patrocínio, como ele vinculava a atuação de Cotegipe aos interesses dos proprietários que pleiteavam a indenização. Por outro lado, o que estava em jogo também era a preservação do regime monárquico. Para o jornalista, a aprovação de indenização "maculará" o governo, dificultando o estabelecimento de um terceiro reinado, retirando-lhe a "auréola redentora, sua maior força". Em número anterior do *Cidade do Rio*, acusava frontalmente os defensores da escravidão de desejarem "apoderar-se de novo do Governo", chefiado por João Alfredo.

> Para o Sr. barão de Cotegipe tudo serve. Se ele consegue arranjar maioria para a indenização, há de acontecer uma de duas: ou o Ministério retira-se, e neste caso a indenização atirará com os abolicionistas para o campo revolucionário; ou a Coroa dissolve a Câmara, e as novas eleições dão à nova assembleia a agitação revolucionária, que o escravagismo por todos os meios provoca para vingar-se da heroicidade da princesa, que fulminou a pirataria.[42]

Além da defesa intransigente da Princesa Isabel, Patrocínio elogiava a atuação do Gabinete João Alfredo, "o glorioso brasileiro" que retirou da "escravidão" a "mamadeira da boca", terminando com os "privilégios e vantagens" dos senhores de escravos. Mais adiante, na mesma linha, desferia comentários ferinos contra os "amigos do Barão de Cotegipe" que desejavam manter "o presente de casas, feito pelo Estado" e as "fazendas de saúva e samambaia". Enfim, para o abolicionista encerravam-se as benesses derivadas da escravidão. Segundo Patrocínio, a indenização ameaçava a consolidação da abolição porque os seus interessados queriam que ocorresse com "a lei de 13 de maio o mesmo que se deu com a de 7 de novembro de 1831", ou seja, outra lei para inglês ver. E mais adiante alertava:

> Que diabo! É preciso apanhar uma lambujem e a melhor é a república de tenentes-coronéis e barões, república que já nasce confiscada pelos indenizadores; república que é uma nova fazenda, cujo primeiro título é a dívida antes da fundação. Ah! Tartufos! Como a história os há de amaldiçoar.[43]

---

42 *Cidade do Rio*, 11 de junho de 1888.
43 *Cidade do Rio*, 11 de junho de 1888.

Patrocínio estabeleceu analogias entre as dificuldades que os abolicionistas enfrentaram com os Clubes da Lavoura, criados para preservar a estrutura escravista, e os Clubes Republicanos, compostos por proprietários ressentidos pela extinção da escravidão: "Os clubes neo-republicanos são os mesmos clubes de lavoura da escravidão. O tom, a ameaça são os mesmos. O povo que vê nas mãos da maioria desses republicanos das dúzias o calo do *chiqueirador* de eito [...] oligarquia que ontem era conservadora de fazer inveja e hoje ameaça eleger republicanos".[44]

Nesse mesmo editorial, ele enfatizou a necessidade de implementar medidas complementares para a eliminação dos resquícios da escravidão, como educação básica e distribuição de terras para os ex-escravos. Defendeu medidas mais efetivas que amparassem os libertos, pela "desapropriação das terras à margem das estradas de ferro e dos rios navegáveis".[45] Como Joaquim Nabuco já tinha assinalado: "as reformas sociais" deveriam prevalecer sobre as políticas e a emancipação teria que ocorrer paralelamente à "democratização" do solo. Uma é o complemento da outra. "Acabar com a escravidão, não basta; é preciso destruir a obra da escravidão."[46]

Acabar com a "obra da escravidão" significava, portanto, implementar medidas que alterassem a estrutura agrária, apoiando a ampliação da pequena propriedade e concedendo terras aos libertos. A política de imigração também era um dos fatores que justificariam a distribuição de terras como forma de incentivo à ocupação de "terras devolutas", conforme a Fala do Trono, do Imperador Pedro II (1825-1891), em 3 de maio de 1889. Afirmava que o governo tinha direito de "[...] desapropriar, por utilidade pública, os terrenos marginais das estradas de ferro, que não são aproveitados pelos proprietários e podem servir para núcleos coloniais".[47] Observa-se a semelhança entre a Fala do Imperador e as medidas preconizadas pelos abolicionistas, como Patrocínio e Joaquim Nabuco.

Percebe-se, pois, que havia uma oposição ferrenha, por parte dos antigos senhores, a reformas que minorassem os problemas decorrentes da herança da escravidão. Nada mais natural, portanto, que a bandeira republicana fosse vista por esses setores como a esperança de uma indenização pela perda de seus escravos, além de estancar os pleitos

---

44 *Cidade do Rio*, 18 de junho de 1888.

45 *Cidade do Rio*, 18 de junho de 1888.

46 "Conferência no Teatro Santa Isabel", 30 de novembro de 1884, In: *Conferências e Discursos Abolicionistas*. São Paulo: Instituto Progresso Editorial, 1949, p. 377-378.

47 Fala do Trono, 1889, p. 511. URBINATI, Inoã Pierre Carvalho. *Ideias e Projetos de Reforma Agrária no final do Império (1871-1889): uma análise de seu sentido político e social*. Dissertação de Mestrado. Rio de Janeiro: UERJ, 2008, p. 178.

dos abolicionistas em relação a uma "reforma agrária". A questão crucial relacionava-se à possibilidade de indenizar os proprietários que se bandearam para o movimento republicano, numa perspectiva oportunista – os "republicanos de 14 de maio" –, e que Patrocínio denominava também como os "neo-republicanos da indenização e aos seus patronos, que viram neles o melhor instrumento para os seus despeitos encanecidos".[48]

Já existia um relacionamento difícil entre Patrocínio e os republicanos decorrente das contradições e posições ambíguas quando abordavam o movimento abolicionista. Em uma conferência, realizada na cidade de Campinas, em 1886, Patrocínio definiu-se, em primeiro lugar, como: "[...] abolicionista que não recua, que assume a responsabilidade do que faz [...]" e, em segundo, "[...]como republicano, porque a monarquia era a "imprevidência, [...] fraude e corrupção [...] um abcesso no corpo humano, que é preciso rasgar para não danificar o organismo pela infecção purulenta".[49]

No mesmo texto, referindo-se ao Parlamento concluiu que este "[...] outrora um ninho de águias, é hoje um 'galinheiro' onde os perus que saem das festas do paço vão comer o 'milho' do orçamento [...]".[50] Terminou o discurso enfatizando que a "missão" dos republicanos "[...] é esclarecer o povo do atraso e das necessidades do país, e deve entrar mais resolutamente em ação [...]", não esperando por uma "solução" por parte da monarquia. Podemos observar a preocupação do jornalista com a plateia, constituída de líderes republicanos da região, na medida em que ressaltava a responsabilidade da república no encaminhamento das reformas necessárias para o "bem-estar" do país.[51]

No entanto, seus discursos contrários aos republicanos acentuaram-se quando pressentiu que a abolição da escravidão não estava entre as prioridades do grupo.

> Se a república, que se quer fundar no Brasil, pretende se limitar a escrever um programa e a deixar perdurar todos os erros sociais, contra os quais ela se insurge, melhor é deixar-nos ficar como estamos,

---

48 *Cidade do Rio*, 31 de julho de 1888.
49 "Conferência em Campinas", 17 de outubro de 1886, In: *Boletim da Academia Brasileira de Letras*, s/d., p. 42-43.
50 "Conferência em Campinas", 17 de outubro de 1886, In: *Boletim da Academia Brasileira de Letras*, s/d., p. 42. (Grifos do autor).
51 "Conferência em Campinas", 17 de outubro de 1886, In: *Boletim da Academia Brasileira de Letras*, s/d., p. 44-45.

porque ao menos a monarquia vai procurando mascarar diante da América e do mundo a nossa vergonha.[52]

Portanto, os conflitos com os republicanos antecederam a abolição. Com esta, as contradições se acentuaram, pois Patrocínio de forma nenhuma alterou o seu comportamento em relação à Princesa Isabel e ao gabinete de João Alfredo. Por ocasião do primeiro aniversário da assinatura da "Lei Áurea", o jornalista, através do *Cidade do Rio*, comentou o desenrolar do movimento abolicionista, rechaçando novamente as acusações de ter se "vendido" à "[...] Isabel, a Redentora, no dia 13 de maio; fui apenas reiterar o protesto abolicionista de fidelidade e solidariedade com a política atual da Coroa".[53]

Ele repudiou ainda a acusação feita pelos republicanos de que teria afirmado que o "sangue e a honra" abolicionistas estariam, sempre, ao lado do trono da Princesa. Ressalvou que a frase foi retirada, de forma isolada, de um texto, ignorando-se, propositalmente, o restante do seu discurso, pois, "[...] lançada em circulação sem considerações, que a precederam, semelhante frase, concordo, seria a mais terrível ameaça à democracia, a justificação prévia de todos os abusos do poder".[54]

Assim, várias polêmicas ocorreram entre o jornalista e os republicanos, caracterizando o que denominamos a "quarta fase" da vida de Patrocínio. Com a abolição e o apoio de Patrocínio à monarquia, os choques se acentuaram, provocando ataques diversos. Quintino Bocaiúva, Rui Barbosa e Silva Jardim entraram no rol dos seus desafetos, acusados pelo jornalista de serem defensores dos "republicanos escravocratas".[55]

Uma polêmica foi entabulada com Rui Barbosa (1849-1923) por causa das opiniões conflitantes sobre os "crimes" cometidos pelos escravos contra os senhores e feitores antes da abolição. Enquanto o jurista era contra perdoar tais crimes, Patrocínio alegava que eles foram produtos da própria violência da instituição escravista e, sendo assim, não havia por que imputar penas aos cativos. O jornalista pressionava o Imperador para que houvesse uma revisão das sentenças, decorrentes da lei de 10 de junho de 1835, que estabelecia a pena de morte ou prisão perpétua para aqueles que incorressem em tais crimes. Rui Barbosa afirmava que esta posição era consequência do abolicionismo radical e inconsciente de Patrocínio. A anistia aos ex-escravos só foi efetivada com a República.

---

52 *Gazeta da Tarde*, 27 de agosto de 1884.
53 *Gazeta da Tarde*, 8 e 13 de maio de 1889.
54 *Cidade do Rio*, 18 de maio de 1889.
55 Magalhães Jr., Raimundo. *A Vida Turbulenta de José do Patrocínio*. Rio de Janeiro: Sabiá, 1969, p. 246-254; 272-273.

As divergências com Quintino Bocaiúva (1836-1912) eram mais antigas: elas se originaram na Assembleia Geral do Partido Republicano, realizada em 1881, para a formalização da candidatura de Quintino Bocaiúva a deputado. O debate ocorrido entre os dois naquela reunião demonstrou as vacilações do líder republicano em relação à "questão servil". Quintino praticamente repudiou a abolição imediata e quaisquer medidas que, segundo as suas palavras, apelassem para a "*revolução material*". Ao mesmo tempo, censurou os abolicionistas, inclusive Patrocínio, por se situarem na fronteira da "agitação". A réplica do jornalista estabeleceu um verdadeiro divisor de águas entre os dois grupos: "Se o Partido Republicano quer fazer aliança com os Senhores de escravos, nós outros havemos de fazê-la até com o Imperador". Mais adiante, de uma forma irônica, caracterizou as palavras de Quintino como um "sussurro de cafezal".[56]

O antagonismo se aprofundou quando Quintino Bocaiúva foi derrotado na eleição para deputado, em 1888, por Ferreira Viana (1833-1903), candidato apoiado por Patrocínio, pela Confederação Abolicionista e, segundo expressão do *Cidade do Rio*, pelos "abolicionistas sinceros". Posteriormente, Ferreira Viana foi empossado na pasta da Justiça do Gabinete João Alfredo.[57]

Os desentendimentos entre os dois foram levados ao extremo devido aos conflitos de rua ocorridos na cidade do Rio de Janeiro entre republicanos e os membros da denominada "Guarda Negra da Redentora", defensores da monarquia do qual trataremos adiante. Quintino Bocaiúva acusava constantemente Patrocínio de ter se vendido ao Estado Imperial, em especial ao Ministério da Justiça, com a finalidade de obter recursos para cobrir os seus gastos excessivos e fazer frente às despesas com a manutenção do *Cidade do Rio*, que atravessava uma situação financeira difícil.[58] Após o estabelecimento da República, as divergências se atenuaram, provavelmente em virtude da ascensão de Quintino ao Ministério, quando assumiu a pasta das Relações Exteriores do governo

---

56 "Assembleia Geral do Partido Republicano", 15 de agosto de 1881, In: BOCAIÚVA, Quintino. *Ideias Políticas de Quintino Bocaiúva*. Brasília: Senado Federal; Rio de Janeiro: Fundação Casa de Rui Barbosa, 1986, p. 564; 567-569. Também *Gazeta da Tarde*, 9 de setembro de 1884.

57 13 de abril de 1888. Também *Cidade do Rio*, 18 e 20 de abril de 1888. Sobre as críticas de Quintino Bocaiúva às eleições, ver: "Carta a Rangel Pestana, Rio, 29 de maio de 1888", In: BOCAIÚVA, Quintino. *Ideias Políticas de Quintino Bocaiúva*. Brasília: Senado Federal; Rio de Janeiro: Fundação Casa de Rui Barbosa, 1986, p. 564; 567-569; 599-600. Também *Gazeta da Tarde*, 9 de setembro de 1884.

58 MAGALHÃES JR., Raimundo. *A Vida Turbulenta de José do Patrocínio*. Rio de Janeiro: Sabiá, 1969, p. 253-254-255. *Cidade do Rio*, 3 e 4 de janeiro de 1889.

provisório do Marechal Deodoro da Fonseca (1827-1892), e, também, pelo próprio processo de marginalização política de Patrocínio, nesse início da República.[59]

Antonio da Silva Jardim (1860-1891), ardoroso propagandista republicano, entrou também em rota de colisão com Patrocínio quando fez uma Conferência no Clube Ginástico Francês, próximo ao Largo do Rocio, no centro do Rio de Janeiro, em 30 de dezembro de 1888. Durante o evento, membros da Guarda Negra interromperam o discurso de Silva Jardim de forma violenta. O conflito generalizou-se, ocasionando uma "verdadeira batalha campal" entre libertos e republicanos, tendo como consequência inúmeros "feridos, e, talvez, mortos, dentre os da Guarda Negra", conforme o *Cidade do Rio*.[60] Silva Jardim responsabilizou o jornalista pelos acontecimentos em virtude do seu apoio àquela associação, afirmando que tal obra só foi possível porque ao lado do governo se encontrava um homem – Patrocínio – que disseminava o ódio e mentiras "[...] muito estúpidas, mas capazes de produzir impressão em cérebros quase incultos [...]", contra os republicanos.

> [...] a isso se prestou, por ambição de lucros diretos ou indiretos, por vaidade de gozo do aulicismo, ou por servilismo [...]. Este homem de cor, mas até então tolerado por todos os brancos, que jamais lhe haviam feito questão de raça, muito amado mesmo pela mocidade e pelo público generoso, em vista de uma suposta dedicação à causa dos escravos – converteu-se em órgão da dinastia, principalmente da Princesa D. Isabel, e do ministério, que apenas presidira ao ato parlamentar da abolição; e daí começou de sustentá-los, traidor então de sua raça, que por proletária no Brasil carece claramente, para o seu desenvolvimento de um regime republicano, traidor do partido a que dissera pertencer.[61]

---

59 *Cidade do Rio*, 5 e 6 de fevereiro de 1901.
60 *Cidade do Rio*, 31 de dezembro de 1888. Ver também MACHADO, Humberto F. "A Guarda Negra no contexto urbano do Rio de Janeiro", In: *Anais da xii Reunião da Sociedade Brasileira de Pesquisa Histórica*. Porto Alegre, 1992, p. 171 e segs.
61 JARDIM, Antonio da Silva. *Propaganda Republicana (1888-1889)*. Rio de Janeiro: Fundação Casa de Rui Barbosa/Conselho Federal de Cultura, 1978, p. 321-324.

Estas palavras de Silva Jardim servem para aquilatar como o jornalista havia se distanciado, pelo menos naquele momento, dos republicanos, além de demonstrarem um forte preconceito contra o negro Patrocínio – o "homem de cor", "tolerado por todos os brancos". Oportunismo, ou não, na verdade o propagandista da abolição apresentava todo um discurso contrário aos membros do Partido Republicano, endossando a opinião de uma parcela marginalizada da sociedade, especialmente aquela que ocupava o espaço urbano da Corte. A oposição aos defensores da república não se limitava a Patrocínio. A população mais humilde, incluindo os libertos, mulatos e brancos pobres, identificava a Princesa Isabel como a "heroína" e "defensora" dos oprimidos. As ideias republicanas não tinham grande penetração nos chamados "setores populares", sendo que o próprio Imperador detinha grande prestígio entre esses segmentos.[62]

A Guarda Negra, criada em meados de 1888, constituída por negros e mulatos, que se propunha a defender a Princesa Isabel e a monarquia, no fundo era um reflexo da insatisfação desses segmentos marginalizados pela estrutura de poder contra a posição discriminadora das elites e do movimento republicano. A proliferação desses grupos, incluindo a Guarda Negra e os capoeiras, derivou da ausência de condições para o exercício pleno da cidadania. Os grupos utilizavam expedientes notoriamente considerados escusos para a obtenção de meios para a sua sobrevivência. Esses segmentos despossuídos, nas comemorações festivas pela abolição, elegeram como heróis aquelas figuras com as quais se identificavam, tais como: a Princesa Isabel e José do Patrocínio.

Patrocínio foi acusado de ser um dos idealizadores da sociedade, assim como o governo, através do Ministro da Justiça Ferreira Viana, e de utilizá-la para impedir as manifestações republicanas. Concretamente, o *Cidade do Rio* dava cobertura à Guarda Negra nos seus noticiários.[63] Por exemplo, a primeira matéria a respeito do grupo apareceu

---

62 CARVALHO, José Murilo de. *Os Bestializados, O Rio de Janeiro e a República que não foi*. São Paulo: Companhia das Letras, 1987.

63 Especialmente, os exemplares do jornal correspondentes a 16 de janeiro e julho de 1889. MACHADO, Humberto F. "A Guarda Negra...", In: RICCI, Maria Lúcia de Souza Rangel. *Guarda Negra: Perfil de uma Sociedade em Crise*. Campinas: M.L.S.R. Ricci, 1990, p. 84-5; 123-5. ORICO, Osvaldo. *O Tigre da Abolição*. Rio de Janeiro: Gráfica Olímpica, 1953, p. 204-5. MAGALHÃES JR., Raimundo. *A Vida Turbulenta de José do Patrocínio*. Rio de Janeiro: Sabiá, 1969, p. 249-50. GERSON, Brasil. *O Sistema Político do Império*. Salvador: Progresso Editora, 1970, p. 48-49. SOARES, Carlos Eugênio Líbano. *A negregada instituição: os capoeiras na Corte Imperial, 1850-1890*. Rio de Janeiro: Access, 1999, p. 251-266. GOMES, Flávio dos Santos. "No meio de águas turvas (Racismo e Cidadania no alvorecer da República: a Guarda Negra na Corte (1888-

naquele jornal através de um convite da "Liga dos Homens de Cor", convocando os homens negros a fazerem a sua inscrição. Ela se propunha, de uma maneira vaga, a defender os interesses dos libertos.[64]

O *Cidade do Rio* buscou estabelecer um grau de legitimidade para a Guarda Negra com objetivo de evitar que ela fosse tachada simplesmente como um grupo de capoeiras e capangas que fazia arruaças, conforme acusações dos republicanos. Para isso, publicou seu estatuto no intuito de demonstrar que se tratava de uma agremiação política, com um programa definido, uma Diretoria eleita, sendo uma das suas metas a defesa da Princesa Isabel e da monarquia, além de aliança com a Confederação Abolicionista e ampliação de sua ação para as províncias.[65] Em outro número, o jornal enfatizava o caráter de "gratidão" da associação à Princesa Isabel, repudiando as acusações de que tinha sido criada pelo governo visando a garantir o Terceiro Reinado. O editorial assinalava a participação de homens que

> [...] juraram defender a princesa, [...], essa sociedade defensiva não foi porém, criada pelo governo mas sim pelo coração. É composta exclusivamente por libertos – são os 13 de maio organizados em exército que tomando a gratidão por estandarte, prestaram o juramento sagrado de pagar a liberdade da raça com um ato de amor [...]
> A Guarda Negra da regência não conta no seu número um assalariado, os homens que a compõem [...] vieram do eito, vieram do trabalho, vieram da escravidão.[66]

O jornal de Patrocínio servia de espaço para as respostas da associação às acusações dos órgãos republicanos, em especial de *O País*, que, sob a direção de Quintino Bocaiúva, a

---

1889)"; *Estudos Afro-Asiáticos*; RJ (21): 75-96, dezembro de 1991. SILVA, Ana Carolina Feracin da. *De "papa-pecúlios" a Tigre da Abolição: a trajetória de José do Patrocínio nas últimas décadas do século XIX*. Tese de Doutorado em História. Campinas: Unicamp, 2006. MATTOS, Augusto Oliveira. *A proteção multifacetada: as ações da Guarda Negra da Redemptora no ocaso do Império. Rio de Janeiro (1888-1889)*. Dissertação de Mestrado em História. Brasília: UnB, 2006.

64   6 de junho de 1888.
65   10 de julho de 1888.
66   31 de outubro de 1888. Ver MACHADO, Humberto F. "A voz do morro na passagem do Império para a República", In: BATISTA, Marta Rosseti & GRAF, Márcia Elisa Campos (orgs.). *Cidades Brasileiras II. Políticas Urbanas e Dimensão Cultural*. São Paulo: IEB/USP, 1999, p. 96-97.

classificava como composta de desordeiros a serviço do governo. O chefe da Guarda Negra, Clarindo de Almeida, retrucou as matérias daquele jornal que a denominavam de "refúgio de desordeiros" e diziam que ela provocava "desassossego à população", declarando que "o nosso fim não é levantar o homem de cor contra o branco, mas restituir ao homem de cor o direito que lhe foi roubado, de intervir nos negócios públicos".[67] O *Cidade do Rio* enfatizava, em diversos números, que a abolição afastaria do trono os possuidores de escravos e, portanto, era natural que os libertos se tornassem aliados da monarquia. Para o jornal, os "novos cidadãos" desejavam "ver sentada no trono do Brasil aquela que os libertou", e não o "[...]Sr. Dr. Silva Jardim que a não serem os seus discursos, ainda nada deu de útil e proveitoso à sua pátria". Mais adiante, defendia a Guarda Negra:

> É necessário que fique bem claro que essa congregação de homens agradecidos é a consequência lógica das bravatas publicadas nos manifestos dos seus ex-senhores, e que o fim a que se propuseram, reunindo-se era e é provar ao país que sabem com os seus corpos fazer uma muralha capaz de receber as balas que os neo-republicanos dirijam à sua redentora. É preciso que se saiba bem, que a Guarda Negra se organizou para resistir e não atacar.[68]

Para os simpatizantes de uma mudança de regime político, a Guarda Negra representava uma manipulação dos ex-escravos por um governo decadente. Consideramos essa posição precipitada, assim como situar José do Patrocínio como seu mentor intelectual. A associação surgiu como decorrência das atitudes dos republicanos em relação às camadas mais humildes da população. Por outro lado, cabe registrar que existia, pelo menos na cidade do Rio de Janeiro, um envolvimento dos libertos com a monarquia, pois o discurso dos republicanos não conseguia empolgar as "camadas populares". Podemos exemplificar com a já citada Conferência de Silva Jardim. Ora, quem eram as pessoas que a assistiram? Achamos difícil encontrar entre os participantes da palestra, no *Clube Ginástico Francês*, libertos, negros ou brancos pobres.

Com a República, acentuou-se a repressão aos integrantes da Guarda Negra. Portanto, as notícias a seu respeito começaram a desaparecer do jornal de Patrocínio. Porém, observamos como o jornalista ainda buscava traçar um perfil da associação, destacando que os seus propósitos iniciais de defesa da Princesa Isabel visavam a evitar um golpe dos

---

67 3 de janeiro de 1889.
68 5 de janeiro de 1889.

setores escravistas. Comentou que a Guarda Negra desejava aprimorar o "coração da raça redimida, educando e preparando para a vida os nossos recentes concidadãos". Repudiou as acusações de que a corporação era um "bando de capoeiras assalariados", mas sim um grupo de libertos "agradecidos à Princesa".[69] Expressou uma espécie de lamúria fúnebre sobre a tumba da Guarda Negra, enterrada ao som dos clarins da parada militar que derrubou a monarquia. Para Patrocínio, os seus componentes almejavam a implantação de reformas necessárias para a integração do negro no mundo dos brancos, tais como: distribuição de terras para o assentamento dos libertos no campo e ampliação de instrução básica para que o país pudesse ingressar na era do "progresso" e da "civilização", evitando-se, assim, a marginalização dos ex-escravos. No entanto, a República, como foi estabelecida, tornou os setores marginalizados da sociedade ainda mais marginalizados. Assim, nada mais natural do que a notícia sobre um grupo de populares que, no dia 22 de novembro de 1889, dava "vivas à monarquia e morte aos republicanos".[70]

Não causa estranheza, portanto, que Patrocínio ficasse marginalizado com a República, apesar de suas tentativas de conciliação com os novos detentores do poder. O sentimento de "gratidão" o fez aproximar-se da monarquia e do Gabinete de João Alfredo, assumindo a defesa intransigente da Princesa Isabel. Com a ascensão do Gabinete Ouro Preto, em junho de 1889, o jornalista iniciou, paulatinamente, um armistício com os republicanos. Durante o segundo semestre do ano, os editoriais do *Cidade do Rio* começaram a modificar os comentários a respeito da República. Em julho, assinou uma matéria que reafirmava, categoricamente, a sua posição em relação aos partidos: não estava filiado a nenhum, porém era "republicano só pela República".[71] Às vésperas do término do Império, ele condenava as autoridades governamentais pelo tratamento dispensado ao Exército.[72] No dia 15 de novembro de 1889, como fez no dia 13 de maio de 1888, Patrocínio saudou o governo engrossando as fileiras daqueles que diziam existir um grande entusiasmo pela vitória do Exército.[73] A figura da República substituiu a da "Redentora". O "Proclamador Civil da República", como ele se autodenominou, após obter uma moção de apoio da Câmara de Vereadores da Corte ao novo regime, deslocou o Proudhomme, abolicionista. Entretanto, estas mudanças de comportamento não

---

69   20 de novembro de 1889.
70   *Cidade do Rio*, 22 de novembro de 1889.
71   *Cidade do Rio*, 27 de julho de 1889.
72   *Cidade do Rio*, 14 de novembro de 1889.
73   *Cidade do Rio*, 15 de novembro de 1889.

conseguiram atenuar a desconfiança com que os novos governantes republicanos o tratariam até a sua morte em 1905.

Referências Bibliográficas

Fontes

Anais do Senado, 1888, v. I e v. II.

Anais da Assembleia Legislativa Provincial do Rio de Janeiro. Rio de Janeiro: Tip. Imperial e Constitucional de J. de Villeneuve & C., 30/08/1888 e 09/10/1888.

Periódicos

Cidade do Rio, 15 e 26 de fevereiro de 1888; 8 de março de 1888; 12 de março de 1888; 18 e 20 de abril de 1888; 10 de maio de 1888; 1, 6, 11, 18 e 20 de junho de 1888; 10 e 31 de julho de 1888; 28 de setembro de 1888; 31 de outubro de 1888; 31 de dezembro de 1888; 3, 4, 5 e 16 de janeiro de 1889; 18 de maio de 1889; 27 de julho de 1889; 14, 15, 20 e 22 de novembro de 1889; e 6 de fevereiro de 1901.

Correio Paulistano, 6 de julho de 1873.

Gazeta da Tarde, 18 de maio de 1883; 29 de maio de 1884; 27 de agosto de 1884; 9 e 25 de setembro de 1884; 25 de novembro de 1884; 5 de dezembro de 1884; 5 e 16 de janeiro de 1886; 25 de abril de 1887; 1 de setembro de 1887; 21 de novembro de 1887; 30 de janeiro de 1888; 8 e 13 de maio de 1889.

Gazeta de Notícias, 10 de janeiro de 1880.

Livros, artigos e teses

"Apresentação do Ministério João Alfredo", em 7 de maio de 1888, In: *Discursos Parlamentares. (1879-1889)*. São Paulo: Instituto Progresso Editorial, 1949.

"Conferência em Campinas", 17 de outubro de 1886, In: *Boletim da Academia Brasileira de Letras*, s/d.

AZEVEDO, Elciene. *Orfeu de carapinha: a trajetória de Luiz Gama na imperial cidade de São Paulo*. Campinas: Editora da Unicamp, 1999.

BERGSTRESSER, Rebeca. *The Movement for the Abolition of Slavery in Rio de Janeiro, 1880-1889*. Tese de Doutorado, mimeo. Stanford, 1973.

BOCAIÚVA, Quintino. *Ideias Políticas de Quintino Bocaiúva*. Brasília: Senado Federal; Rio de Janeiro: Fundação Casa de Rui Barbosa, 1986.

CARVALHO, José Murilo de. *Os Bestializados, O Rio de Janeiro e a República que não foi*. São Paulo: Companhia das Letras, 1987.

CONRAD, Robert E. *Os Últimos Anos da Escravatura no Brasil: 1850-1888*. Trad. de Fernando de Castro Ferro. Rio de Janeiro: Civilização Brasileira, 1978.

Fala do Trono, desde o ano de 1823 até o ano de 1889. Brasília: Instituto Nacional do Livro, 1977.

GERSON, Brasil. *O Sistema Político do Império*. Salvador: Progresso Editora, 1970.

GOMES, Flávio dos Santos. "No meio de águas turvas (Racismo e Cidadania no alvorecer da República: a Guarda Negra na Corte (1888-1889)"; *Estudos Afro-Asiáticos*; RJ (21): dezembro de 1991.

GRAHAM, Richard. *Clientelismo e política no Brasil do século XIX*. Trad. de Celina Brandt. Rio de Janeiro: Editora da UFRJ, 1997.

GRAHAM, Sandra Lauderdale. "O Motim do Vintém e a Cultura Política do Rio de Janeiro em 1880", In: *Revista Brasileira de História*, nº. 20. São Paulo: ANPUH/Marco Zero, agosto de 1990.

JARDIM, Antonio da Silva. *Propaganda Republicana (1888-1889)*. Rio de Janeiro: Fundação Casa de Rui Barbosa/Conselho Federal de Cultura, 1978.

MACHADO, Humberto Fernandes. *Palavras e Brados: A Imprensa Abolicionista do Rio de Janeiro. 1880-1888*. Tese de Doutorado. São Paulo: USP, 1991.

_____. "A Guarda Negra no contexto urbano do Rio de Janeiro", In: *Anais da XII Reunião da Sociedade Brasileira de Pesquisa Histórica*. Porto Alegre, 1992.

_____. *Escravos, Senhores e Café. A crise da cafeicultura escravista do Vale do Paraíba Fluminense. 1860-1888*. Niterói: Cromos, 1993.

_____. "A voz do morro na passagem do Império para a República", In: BATISTA, Marta Rosseti & GRAF, Márcia Elisa Campos (orgs.). *Cidades Brasileiras II. Políticas Urbanas e Dimensão Cultural*. São Paulo: IEB/USP, 1999.

_____. "O abolicionismo 'ganha as ruas' no Rio de Janeiro", In: *Revista da SBPH*. Curitiba: Sociedade Brasileira de Pesquisa Histórica, 1998.

MAGALHÃES JR., Raimundo. *A Vida Turbulenta de José do Patrocínio*. Rio de Janeiro: Sabiá, 1969.

Mattos, Augusto Oliveira. *A proteção multifacetada: as ações da Guarda Negra da Redemptora no ocaso do Império. Rio de Janeiro (1888-1889)*. Dissertação de Mestrado em História. Brasília: UnB, 2006.

Moraes, Evaristo de. *A Campanha Abolicionista (1879-1888)*. 2ª ed. Brasília: UnB, 1986.

Nabuco, Joaquim. *O Abolicionismo. Conferências e Discursos Abolicionistas* (1883). São Paulo: Progresso Editorial, 1949.

Orico, Osvaldo. *O Tigre da Abolição*. Rio de Janeiro: Gráfica Olímpica, 1953.

Proudhon, Pierre-Joseph. *O que é propriedade?* (1840). São Paulo: Martins Fontes, 1988.

Resende, Paulo-Edgar A. e Passetti, Edson (orgs.). *Pierre-Joseph Proudhon*. Col. Grandes Cientistas Sociais. São Paulo: Ática, 1986.

Ricci, Maria Lúcia de Souza Rangel. *Guarda Negra: Perfil de uma Sociedade em Crise*. Campinas: M.L.S.R. Ricci, 1990.

Sena, Ernesto. *Rascunho e Perfis*. 2ª ed. Brasília: UnB, 1983, p. 300-301.

Silva, Ana Carolina Feracin da. *De "papa-pecúlios" a Tigre da Abolição: a trajetória de José do Patrocínio nas últimas décadas do século XIX*. Tese de Doutorado em História. Campinas: Unicamp, 2006.

Silva, Eduardo. *As Camélias do Leblon e a abolição da escravatura: uma investigação de história cultural*. São Paulo: Companhia das Letras, 2003, p. 16-17.

Soares, Carlos Eugênio Líbano. *A negregada instituição: os capoeiras na Corte Imperial, 1850-1890*. Rio de Janeiro: Access, 1999, p. 251-266.

Urbinati, Inoã Pierre Carvalho. *Ideias e Projetos de Reforma Agrária no final do Império (1871-1889): uma análise de seu sentido político e social*. Dissertação de Mestrado. Rio de Janeiro: UERJ, 2008.

Capítulo 5
Reverenciando as letras:
espaços de consagração e construção da cidadania

Tânia Maria Tavares Bessone da Cruz Ferreira

> Sob o céu do Brasil a bananeira abre-se em fruto e o português rebenta em brasileiro. Eis o formidável princípio! O brasileiro é o português desabrochado. Eça de Queiroz e Ramalho Ortigão.[*]

Um dos surpreendentes impactos populares de um texto literário no Brasil foi a reação violenta que tiveram os pernambucanos quando tomaram conhecimento do teor de *As Farpas*, de Eça de Queiroz e Ramalho Ortigão, publicadas entre maio de 1871 e outubro de 1872. O episódio descambou para um conflito entre brasileiros e comerciantes e imigrantes portugueses, com quebra-quebra e destruição de casas comerciais e ensejou uma resposta irada de um brasileiro, José Simões de Pinto Correa, em *Os Farpões*. Mas, se tomarmos como exemplo outros debates e críticas pela imprensa, este poder mobilizador da palavra escrita foi se construindo muito lentamente no Brasil.

Só em 1808, com a chegada da Corte de Portugal no Rio de Janeiro, foi possível a formação de um novo cenário, quando se assistiu a necessidade básica de criação de uma sociedade culta e ilustrada ao seu redor, contribuindo para aquilo que Norbert Elias denominou de processo civilizador.[2] A recriação do aparelho central do Estado português em terras americanas despertou a antiga colônia para uma modernização segundo

---

1   Agradeço às bolsistas Renata Rodriguez e Thatiane Abreu (Pibic/UERJ/CNPq) pelo levantamento documental dos periódicos citados neste texto.

*   Queiroz, Eça de. *Os brasileiros*. Rio de Janeiro: Língua Geral, 2000, p. 115.

2   Elias, Norbert. *O processo civilizacional*. Lisboa: Dom Quixote, 1989, v. 1.

padrões europeus. A presença da Corte contribuiu, assim, decisivamente para alterar o estilo de vida no Brasil, principalmente no tocante ao próprio comportamento social.

Os prazeres dos sentidos e da vida social desenvolveram-se antes de se aperfeiçoarem as artes e as ciências. Uma nova concepção de sociabilidade, copiada do modelo europeu, sobretudo francês, conduziu ao aumento de festas e saraus da elite. O luxo penetrou na cidade com a *moda* influenciada pelo estabelecimento de casas comerciais destinadas a atender a uma parcela restrita da sociedade, mas que ditava as regras do bom gosto.[3]

Paralelamente, implantou-se a Imprensa Régia, pelo decreto de 13 de maio de 1808. Além de documentos oficiais, ela cuidou da publicação de jornais e de muitas obras de cunho científico e literário. De forma idêntica, instalou-se a Biblioteca Nacional, com um acervo trazido de Portugal, composto de cerca de 60 mil livros, constando de obras diversas de autores estrangeiros, de manuscritos, de incunábulos e de vários outros opúsculos. Na linguagem laudatória da época, essa Real Biblioteca era "a primeira e mais insigne que existe no Novo Mundo, não só pelo copioso número de livros de todas as ciências e artes impressos nas línguas antigas e modernas", mas também "pela preciosa coleção de estampas, manuscritos e outras ricas e singulares coisas que muito a enriquecem".[4]

Assim, os anos que se seguiram ao início do Oitocentos ampliaram de forma muito significativa as opções existentes na vida cultural do país. Tratava-se, sem dúvida, de um projeto cultural e político voltado para a homogeneização das elites e para o estabelecimento de uma felicidade pública em moldes ilustrados. Contudo, apesar de uma tênue influência tanto inglesa, após os tratados de comércio de 1810, quanto francesa, sentida sobretudo após 1815, com a restauração dos Bourbons, foi a herança cultural portuguesa que se fez sentir predominante, até o momento da Independência do Brasil, através de um processo de quase completa identidade cultural e que tinha na metrópole o principal pólo de atração.

Desde as suas origens, a imprensa no Brasil trabalhou com um conceito muito frequente nos jornais ingleses que eram colunas ou sessões específicas para discutir e apresentar livros recentemente publicados, o que se denominou posteriormente de resenhas.

A figura do editor não existia tal como a compreendemos no presente, mas os jornais e revistas procuravam selecionar algumas publicações para comentar e sugerir ao leitor. Não havia uma proliferação de publicações que ensejassem uma importância mais

---

[3] Para a vida quotidiana desse período, ver SILVA, Maria Beatriz Nizza da. *Vida privada e quotidiana no Brasil: na época de D. Maria I e D. João VI*. Lisboa: Estampa, 1993. Cf. NORTON, Luís. *A Corte de Portugal no Brasil*. 2ª ed. São Paulo/Brasília: Editora Nacional/INL, 1979, p. 101.

[4] SANTOS, Luís Gonçalves dos. *Memórias para servir à história do Reino do Brasil*. Belo Horizonte/São Paulo: Itatiaia/EDUSP, 1981, v. 1, p. 308-309.

significativa para esses comentários sobre livros na imprensa, e portanto os debates que se desdobravam tinham mais a ver com opiniões individuais e não debates de um campo literário no sentido contemporâneo.

Em *O Patriota, jornal literário, político, mercantil* (Rio de Janeiro, 1813 e 1814),[5] havia uma sessão nas páginas finais que divulgava as obras mais recentes, acrescidas de um pequeno comentário sobre o texto, suas qualidades, às vezes com teor laudatório, quando muito algumas discussões genéricas, mas em geral uma síntese da opinião dos redatores, ou especificamente de homens eruditos ligados às *belas letras*.[6] Espécie de textos fundadores, estas resenhas inaugurariam a tradição na imprensa brasileira de registrar, comentar e criticar obras saídas do prelo e que se considerasse objeto de reflexão. Esta seria mais uma forma de contribuir na divulgação, mas também orientar os leitores, pois os livros, na medida do aumento de seus títulos, em volume e importância, exigiram cada vez mais formas de classificação.[7]

Nas páginas de *O Patriota* apareceram diversos tipos de divulgação de obras europeias, sendo algumas francesas, e geralmente autorizadas, isto é, aquelas de autores não censuráveis pelas autoridades locais, mesmo que algumas obras e autores ainda fossem alvos de censura e das más condições das relações políticas entre portugueses e franceses. Portanto, as mudanças de condições das resenhas em jornais da segunda metade do século XIX foram acontecendo paulatinamente, à medida que se constituía um campo intelectual autônomo, processo que só vai se consolidar no século XX.

No caso de *O Patriota* eram frequentes as divulgações sobre obras em honra a personagens de grande destaque na vida pública, civil, militar ou religiosa. A dedicatória, tal como descreve Ana Carolina Delmas,[8] era a forma mais frequente de se homenagear príncipes ou mecenas que apoiavam ou eram objeto de publicações de odes, elegias ou poe-

---

5   Ver CD ROM de todo o conjunto digitalizado do jornal realizado pela Biblioteca Nacional *O Patriota, jornal literário, político, mercantil* que inclui também a publicação da obra *O Patriota 1813-1814. Índice Histórico*. Diana Zaidman. Direção e apresentação prof. José Honório Rodrigues. Coleção Mattoso Maia. Niterói: UFF/CEUFF.

6   Expressão muito utilizada no século XIX e que incluía diversas categorias de livros, sobretudo os de literatura.

7   CHARTIER, Roger. *Au bord de la falaise. L'Histoire entre certitudes et inquietude*. Paris: Albin Michel, 1998, p. 259.

8   DELMAS, Ana Carolina Galante. "*Do mais fiel e humilde vassalo*": uma análise das dedicatórias impressas do período joanino, mimeo, Dissertação de Mestrado, PPGH/UERJ, agosto de 2008.

mas, redigidos pelos próprios colaboradores do jornal. Este foi o caso do texto[9] "Elogio Histórico do Sereníssimo Senhor D. Pedro Carlos de Bourbon e Bragança, Almirante General da Armada Real Portuguesa, Composto e dedicado ao Príncipe N. S. o Senhor D. João, Príncipe Regente de Portugal e das Conquistas". Narrava as circunstâncias da vida de seu herói como elegia à morte deste senhor, e obteve do autor dos comentários um grande elogio e reconhecimento por ser, segundo sua avaliação, uma obra muito apreciada: "Como esta obra anda entre as mãos de todos, escuso acrescentar cousa alguma ao conceito, que o Público tem já formado dos talentos poéticos do autor".

De qualquer forma, nos seus primeiros momentos, a crítica a um texto pela imprensa pretendia mais expô-lo à curiosidade dos leitores em geral, e menos a despertar polêmicas. À medida que a imprensa se consolida e a crítica literária se profissionaliza o teor da resenha muda significativamente. Nesse caso específico a crítica literária não tinha atingido o patamar que permitiria torná-la detratora de um texto, ou possibilitar que ele viesse a ser reverenciado pelo público. Neste texto, retomarei alguns modelos que exemplificam estas mudanças, ou seja, alguns recortes temporais nos quais as resenhas adquiriram feições diferenciadas, abandonando o teor laudatório para atingir o nível de polêmicas.

Portanto, desde suas primeiras experiências impressas, foi frequente no Brasil que os redatores divulgassem, comentassem e avaliassem livros e publicações com as mais diversas pretensões, inclusive as que considerassem de importância civilizatória[10] com objetivos fundamentados na máxima socrática de que a virtude e o conhecimento poderiam ser ensinados.[11] No entanto, como tornar estes elementos armas eficazes de reparação para as novas gerações encontrarem, com facilidade, os princípios que as aproximassem do saber e por desdobramento da civilização? Haveria que se promover no Brasil um grande esforço coletivo, considerando os índices de analfabetismo[12] e as dificuldades inerentes aos grandes espaços geográficos que permaneciam intocados com poucas bi-

---

9   *O Patriota* III: 113, março de 1813.

10 *Apud* PALLARES-BURKE, Maria Lúcia. *The Spectator, o teatro das Luzes. Diálogo e imprensa no século XVIII*. São Paulo: Editora Hucitec, 1995, p. 17.

11 PALLARES-BURKE, Maria Lúcia. *The Spectator, o teatro das Luzes. Diálogo e imprensa no século XVIII*. São Paulo: Editora Hucitec, 1995, p. 57-58.

12 Os índices de analfabetismo no Brasil da segunda metade do século XIX variavam em torno de 75% a 85%, de acordo com os diferentes levantamentos da época. Ver INSTITUTO BRASILEIRO DE GEOGRAFIA E ESTATÍSTICA. Repertório Estatístico do Brasil: Quadros Retrospectivos, nº 1. Rio de Janeiro: Serviço Gráfico do IBGE, 1941.

bliotecas, escolas rareadas, em municípios distantes, e livros com baixa circulação, além de poucos exemplares por edição.

Portanto, a aventura de escrever nestes tempos tinha várias possibilidades e armadilhas, submetendo-se todos ao controle das autoridades. Todos os envolvidos, escritores ou políticos, corajosos ou bajuladores, ou ainda homens de letras desejosos de divulgar suas opiniões e ideias, pretendiam de alguma forma atingir um maior público leitor fornecendo, além de informações históricas, peças literárias e relatos científicos para cultivar. Não sem riscos financeiros e pessoais, pois dependiam de subscrições e outros apoios que permitissem a manutenção dos periódicos. A venda de jornais também dependia da ampliação do público leitor e se restringia aos poucos letrados, no contexto de uma maioria analfabeta. Os autores de livros ou redatores de jornais e revistas nem sempre puderam usufruir de sua venda, a ponto de prescindir de outros rendimentos e "viver de literatura", exclusivamente. Esta máxima era particularmente evidente no século XIX, quando ainda se constituíam os fundamentos legais que permitiriam a definição dos direitos sobre a autoria de um texto.

Um dos elementos que muito contribuíram para a ampliação do público leitor foi a publicação da tradução de folhetins franceses no Brasil, principalmente porque, apesar do grande número de analfabetos, muitos destes textos eram narrados em voz alta e tiveram nas leitoras femininas um novo e potencial público, reconhecido inclusive por autores como José de Alencar. Este fenômeno foi mundial e há diversos episódios relatados que dão conta de leitores norte-americanos aguardando nos cais os vapores que chegavam da Inglaterra com os capítulos das obras de Dickens. Houve também proprietários de jornais que se viram obrigados a reformular suas publicações devido às exigências de autores, pois em muitos casos os leitores ficavam furiosos com sua ausência de seu folhetim preferido. Portanto, desde meados do século, o sucesso dos folhetins franceses ampliou-se e ajudou a alavancar a venda dos jornais que os publicavam. Tornaram-se muito criticados pelos "grandes" da literatura mundial, por considerá-los literatura fútil, mas seu consumo sobrepujou muitas opiniões.

Rapidamente, o folhetim francês[13] ganhou muitos adeptos no Brasil. Houve um consumo consistente de alguns autores, hoje praticamente ignorados. Um deles foi Paul de Kock.[14] Autor muito prolífico, produziu para o teatro, mas foi assíduo produtor de

---

13   MEYER, Marlyse. *Folhetim. Uma história*. São Paulo: Companhia das Letras, 1996.
14   Capturado de gallica.bnf.fr/anthologie/piece.asp. O nome completo era Charles Paul de Kock. Nasceu em Passy, Paris, em 1794 e morreu em Saint Denis, em 1871.

romances populares em fascículos. Muitas de suas publicações incluíam ilustrações, e tinham boa qualidade gráfica, mas a preferência era por exemplares com papel mais barato, com objetivo de vendê-los a preços mais acessíveis. Escrevia copiosamente e chegou a produzir cerca de quatrocentos textos, entre romances, *vaudevilles* e melodramas. Adquiriu imensa popularidade na França, antes de ser muito apreciado no Brasil. Seus textos tinham muitos diálogos e humor, e até mesmo Chateaubriand considerava-o como um grande inspirador para os leitores: "Com ele se pode rir e ter esperanças".[15]

Outro autor muito consumido na França e no Brasil era Ponson de Terrail.[16] Teve sucesso mais duradouro que Kock e era considerado um dos mestres do romance-folhetim. Terrail optou por viver de seus textos, desde 1850. Seu sucesso mais marcante foi *As aventuras de Rocambole*, publicadas nos jornais e que foram reunidas em coleções a partir de 1884. *As aventuras de Rocambole*, herói que misturava características de vilão e vingador, de tão cheias de intrincadas peripécias geraram o termo *rocambolesco*. Paul de Kock tinha grande capacidade de trabalho, chegando a escrever, nos piores anos, cerca de trinta títulos. Como era muito prolífero, passou a fornecer material para muitos jornais parisienses, ao mesmo tempo.

Estes autores de romances e textos de aventuras, considerados pelos mais sofisticados como literatura popular, sem muita respeitabilidade literária, foram a meu ver responsáveis pela constituição de um público leitor assíduo que reformulou o mercado editorial, também no Brasil. Primeiramente publicados como pé de página ou encarte nos jornais, depois encartados em volumes que vendiam mais facilmente, mereceram dos tipógrafos e livreiros encomendas que sedimentaram a produção de muitos autores nacionais.

Mas esta receptividade entre o público em geral não os tornavam bem avaliados por cronistas, romancistas e críticos mais exigentes. No entanto, passaram a ser objetos de curiosidade ou críticas, e eram citados frequentemente em artigos e crônicas de jornais. Mesmo Machado de Assis, que não se declarara leitor do *Rocambole*, usava vez por outra situações retiradas da obra em suas crônicas e artigos em jornais do Rio de Janeiro.

A julgar pelas coleções das bibliotecas particulares, Ponson, com textos que traduziam uma grande imaginação e estavam povoados de um grande viés para a inverossimilhança, e para o sentido de aventura, atingiu um forte público cativado primeiramente pelos fragmentos publicados nos jornais, tal como tinha acontecido na França.

---

15 Capturado de gallica.bnf.fr/anthologie/piece.asp.
16 Capturado de www.roman-daventures.info/auteurs/france/francais3.htm. Pierre Aléxis, visconde de Ponson du Terrail, nasceu em Montmeur, França, em 8 de julho de 1829 e morreu em Bordeaux no dia 10 de janeiro de 1871.

Seu sucesso foi tanto que Ponson é considerado como um dos pioneiros entre aqueles que puderam sobrepujar seus interesses de autor aos dos editores e donos de jornais. Há inclusive uma anedota contada por vários de seus biógrafos que é muito esclarecedora, neste sentido. Aborrecido com os recursos que recebia pelos seus escritos, Ponson pressionou seus editores por um aumento. A demanda foi negada, e Ponson escreveu um último capítulo do *Rocambole* deixando todos os personagens como prisioneiros, dentro de um cofre inexpugnável. Naturalmente criou um suspense e deixou seus leitores curiosíssimos quanto ao desfecho.

Os editores, cientes da demanda, lutaram para conseguir redatores substitutos que resolvessem a questão, e dessem um desfecho interessante à história. Porém, ninguém apresentou um texto satisfatório, que resolvesse a trama. No entanto, os leitores estavam ávidos, e nada da sequência das aventuras. Aos editores nada restou que concordarem com as exigências de Ponson. Rapidamente ele apresentou um novo capítulo que começava mais ou menos assim: "depois de se libertarem do interior do cofre, Rocambole e seus companheiros...", e assim continuou sua saga, sem que ninguém argumentasse contra sua solução ao *imbroglio*.

Nas bibliotecas particulares muitas das obras eram coleções encadernadas dos *Mistérios de Paris* que foi escrito por outro folhetinista parisiense, Eugène Sue.[17] Estas bibliotecas pertenciam a leitores que eram médicos ou advogados e ainda guardavam uma formação humanista fundamentada no interesse por obras literárias mais sólidas, de origens diversas, não só os folhetins. Além da presença destes livros em inventários, havia comentários sobre eles em colunas e textos de jornais, nas listagens das visitas às bibliotecas públicas, em correspondências particulares, memórias e outros registros. Tanto os proprietários de fascículos encadernados quanto os leitores em geral deixaram claro que os poemas, romances, folhetins e toda espécie de literatura exposta nas livrarias tinham consumidores, homens e mulheres, que eram atraídos por este objeto de consumo cada vez mais acessível no Brasil da transição do século XIX para o XX.[18] As livrarias do Rio de Janeiro anunciavam em jornais os conjuntos encadernados ou novas publicações para

---

17 Joseph Marie Eugène Sue nasceu em Paris em 20 de janeiro de 1804 e morreu em 3 de agosto de 1857, era médico cirurgião, participou de várias batalhas no período napoleônico. Teve extraordinário sucesso como escritor.

18 Rio de Janeiro. *Jornal do Commercio*. 8 e 27 jan. 1870, 13, 30 e 31 mar. 1870; para o aumento das especificações, ver Rio de Janeiro. *Jornal do Commercio*. 18 mai. 1872 e 21 dez. 1875: "Eneas Ponte... honrado com a confiança do Exmo. Sr. Conselheiro José Martiniano de Alencar faz importante leilão ... com Gabinete de Leitura e biblioteca", com descrição detalhada de livros e autores.

manter seus leitores atualizados quanto às remessas de livros recebidos. Os jornais por sua vez logo se adaptaram ao formato do folhetim e depois passaram a integrá-los em uma publicação onde também anunciavam as novidades.

O folhetim era traduzido e distribuído sem nenhum tipo de censura institucional. Porém os textos redigidos ou adaptados para apresentações teatrais tornaram-se objeto de controle e críticas mais sistemáticas. No Conservatório Dramático, no ano de 1844, André Pereira Lima, um dos encarregados de autorizar textos adaptados para o teatro, produziu alguns documentos que revelavam com clareza os critérios utilizados: decoro no uso da linguagem, prudência no manejo de termos políticos e respeito aos padrões morais do tempo. Em pareceres comentava os textos de forma erudita e demonstrava atualização quanto ao sucesso deles na Europa, caracterizando-os muitas vezes como meras traduções, elaboradas às pressas, devido ao seu bom acolhimento no exterior.[19] Eram sempre obras à maneira dos folhetins, que não tinham maior pretensão cultural, segundo sua opinião.

Através de seus pareceres tem-se uma espécie de termômetro da popularidade de um livro, em comentários indiretos. Ao censurar o drama *Les Mystères de Paris*, extraído do romance homônimo, escreveu: "Ninguém há aí que não conheça o romance intitulado – *Os mistérios de Paris* – de Eugenio Sui" (*sic*), admitindo a sua grande popularidade, reforçada a partir da leitura dos anúncios do *Jornal do Commercio*. Para Pereira Lima a principal qualidade do romance era "descrever os vícios da baixa plebe, os crimes dos malfeitores discriminados pela sociedade, e por isso o leitor ao alcance de conhecer o mal para evitá-lo". Para o censor, a peça não manteve o mesmo caráter "didático", embora a tenha liberado.[20]

A imprensa não tinha constituído ainda uma prática de críticas e comentários que se assemelhasse às resenhas literárias. Somente a partir da segunda metade do século, esta marcha para adquirir maturidade foi se acentuando, permitindo a presença em jornais e revistas dos chamados críticos profissionais. Para Raul Antelo a crítica literária no Brasil "buscava distinguir como definir, por exemplo, a diferença entre escrita "criativa" e "reflexiva", entre "intelectuais" e "escritores", ou entre "originalida-

---

19 Biblioteca Nacional – Seção de Manuscritos. André Pereira Lima. i-2, 1, 4C, 1844; i- 2, 2, 1, 4B, 1 1844 e i- 2, 1, 11, 1844.

20 Biblioteca Nacional – Seção de Manuscritos. André Pereira Lima. i-2, 1, 4C, 1844; i- 2, 2, 1, 4B, 1 1844 e i- 2, 1, 11, 1844.

de" e "mimetismo", e atingiu um público leitor que vai paulatinamente se constituir como uma esfera pública laicizada".[21]

É bom destacar que nem todas as publicações tinham o espaço e definição específica para comportar as resenhas, mas a preocupação com a divulgação de leituras era o fio condutor destas crônicas ou destes textos formais sobre livros. Algumas participações em jornais adquiriram importância, e consolidaram um público leitor que buscava as críticas a livros dos mais variados temas, da ficção à ciência.

Mesmo em meados do século, o tratamento dado a esse tipo de publicação não tinha atingido um patamar de profissionalização. Na década de setenta muitos redatores explicitaram suas vulnerabilidades, demonstrando como as pressões para que redigissem seus textos chegavam das mais diversas formas. Um caso interessante foi publicado na *Gazeta de Notícias* do Rio de Janeiro. Aqui a resenha foi solicitada pelo próprio autor, e o resenhista não escondeu o fato.[22] Capistrano de Abreu, na coluna *Livros e Letras*, acusou o recebimento de uma carta solicitando comentários sobre um livro denominado *Filha do Crime*. Na carta enviada à redação o autor pedia que seu livro fosse apreciado "pelos membros do referido periódico", o que se tornou uma deixa para o crítico realizar reflexões sobre seu papel e dos críticos em geral. Começou com uma parábola sobre as escolhas e demonstrou como era comezinha a vida daqueles que tinham que se dedicar a estas tarefas:

> Dizem os poetas que, ao começar a vida, viu-se Hércules alternativamente atraído pela Volúpia e pelo Dever.
> Uma lhe mostrava campos floridos, cenas risonhas, caminhos largos e sombreados, uma vida, em suma, que se tecia de delícias a fluírem perenials.
> Outra rasgava-lhe aspectos muito menos prazenteiros, mas no fim erguia-lhe o lugar de semideus nos páramos do Olimpo e no seio das multidões.
> O crítico vê-se também muitas vezes traído por duas tendências diversas. Uma é a de escrever sempre, haja ou não livros novos, despertem eles o espírito em uma elação de movimento, ou borrifem-no do tédio e inércia que o livro mau produz de modo quase infalível. Outra é de só

---

21 ANTELO, Raul. *As revistas literárias no Brasil*. Capturado em outubro de 2005, com o seguinte endereço: http://www.cceufsc.br/~nelic/Boletim_de_Pesquisa/index2.htm.

22 *Gazeta de Notícias*. Rio de Janeiro, 18 de novembro de 1879, ano v.

> escrever quando sentir um desejo forte e espontâneo; a necessidade de chamar as vistas para uma avezinha que ergue o adejo; a obrigação de atirar do santuário um ídolo de pés de barro, que a lisonja, as considerações, o elogio mútuo ali indevidamente colocaram.[23]

O crítico deveria respeitar uma rotina e não tinha autonomia para recusar determinadas demandas, mesmo que já tivesse certo reconhecimento de seu papel. A volúpia ou o dever não significavam escolhas, mas formavam sua rotina. Sua saída era mais o dever, se considerarmos sua conclusão:

Somos propensos a obedecer antes à última consideração do que à primeira. Não compreendemos que se exija que venhamos assinar o ponto só porque é terça ou sexta. Por isto tínhamos resolvido ficar em casa hoje que não há livros a estudar, e ficaríamos, se não tivéssemos de dar uma notícia literária de muita importância.[24]

A ironia é evidente e, ao que parece, as obrigações sempre pairavam acima das vontades, e por dever de ofício havia-se que comentar as obras mais irrelevantes. Neste mesmo ano, 1879, na mesma *Gazeta de Notícias*,[25] o tema é a *Revista do Instituto Histórico e Geográfico*, sobre o qual também faz reflexões que são cheias de paradoxos, novamente colocando os limites do papel do crítico:

> O Instituto contém a disposição de serem admitidos em seu seio aqueles unicamente que têm escrito trabalhos históricos e geográficos. Às vezes abrem-se exceções – uma está a escapar-nos do bico da pena... mas exceções são exceções, e nós que a elas não temos direito também nelas não nos podem fiar.
> Havendo de ceder à imposição regulamentar, hesitamos mais; já escolhemos até o assunto. Vamos escrever a história do Instituto Histórico, uma história curiosíssima, onde estão traçados em caracteres indeléveis os progressos da história pátria, a dignidade de nossas letras, os efeitos da proteção sobre a literatura, enfim a origem e desenvolvimento da literatura oficial.

---

23 *Gazeta de Notícias*. Rio de Janeiro, 18 de novembro de 1879, ano v.
24 *Gazeta de Notícias*. Rio de Janeiro, 18 de novembro de 1879, ano v.
25 *Gazeta de Notícias*. Rio de Janeiro, 5 de dezembro de 1879, ano v.

> O último número da Revista Trimensal do Instituto Histórico e Geográfico e Etnográfico Brasileiro, agora recebido, era um ensejo para a publicação. Mas não aproveitá-lo-emos porque outros trabalhos mais urgentes nos ocupam e mesmo brevemente haverá nova oportunidade, porque a revista é trimensal.[26]

O tema era grave e acadêmico, mas Capistrano novamente retoma questões ligadas ao apetite do comentarista para determinados temas, em determinados momentos e parece fazer uma hierarquia de comentários: os mais ou menos urgentes, os eruditos ou aqueles que mais pareciam *fait divers*. O tom ameno não chega a se caracterizar como uma crítica literária, tal como passou a ser praticada mais tarde no Brasil.

Em outro artigo, Capistrano escreveu sobre a publicação de artigo polêmico de Machado de Assis na *Revista Brasileira*, quando aproveita para comentar que o considera uma exceção e "um ato de coragem" emitir uma opinião polêmica:

> É possível que o artigo que o Sr. Machado de Assis dedicou à nova (?) no último número da Revista Brasileira, desperte mais um protesto.
> Um negar-lhe-á talvez o direito de medir as raízes de alheias convicções. Outros discutirão a conveniência de tratar de política a propósito de literatura. Outro perguntará por que não julga conveniente citar Spencer sobre as tendências literárias quem aduziu a sua opinião sobre a ineficácia da instrução como elemento moralizador. Talvez até haja quem diga que o ilustrado escritor serviu-se de linguagem para disfarçar a ideia, e que seus conceitos são às vezes tão vagos e sutis, que não se pode perceber bem o que significam.
> Por nossa parte, congratular-nos-emos com o autor pelo ato de coragem, porque dizer francamente a sua opinião, sem descair na louvaminha, nem tombar na detração sistemática, é muito raro neste meio pesado que nos vicia. Reconhecermos que o desejo de acertar foi quase sempre coroado de sucesso. Declararemos que a imparcialidade vai de princípio ao fim do estudo conscencioso.

A coragem de emitir opiniões contundentes destacada pelo historiador vem integrada a um tema que seria debatido por décadas: "a conveniência de tratar de política a

---

26 *Gazeta de Notícias*. Rio de Janeiro, 5 de dezembro de 1879, ano v.

propósito de literatura". O tom de elogio destacava o autor por "nem descair na louvaminha, nem tombar na detração sistemática" e era sempre cordial, mesmo nos pequenos toques de discordância. Uma polêmica mais radical não era o tom mais comum.

Mas, em fins da década de oitenta, o tom dos debates originários de resenhas subiu vários níveis, e em fins do Império, e com o estabelecimento da República, as polêmicas políticas, literárias e ideológicas fervilhavam na imprensa. É bom destacar que as relações luso-brasileiras estavam no centro de muitas questões. Em virtude de todo contexto como o aumento da imigração portuguesa para o Brasil, a escravidão e os conflitos gerados nos centros urbanos transbordavam e punham em campos opostos intelectuais, jornalistas e literatos.

Sena Freitas, padre lazarista português, estabelecido desde a década de setenta no Brasil, exímio polemista, costumava publicar resenhas nas quais expunha suas ideias, debatendo questões de moral, ética e estilo que fizeram história no período.

Um destes debates marcou sua trajetória como importante polemista católico, e ficou conhecido como uma "polêmica célebre", quando escapa de uma simples convivência entre intelectuais, e manifesta-se de forma conflitante.

Algumas convicções que tinha quanto à importância da crítica literária registrou em carta de 1879, na qual fez uma defesa da forma como ela deveria ser desenvolvida:

> O escritor que publica um trabalho, de que natureza for, submete-se *ipso facto* ao juízo da crítica literária. Ora, a crítica literária, se não me engano, tem um sacerdócio, e um sacerdócio capital, que não deve declinar; é o de saber as impreteríveis leis da boa literatura, protestando energicamente contra o avanço, mais ou menos contagioso, das aberrações literárias...[27]

Portanto a polêmica era um traço importante nas suas atividades intelectuais, da qual não abriu mão em nenhuma situação, mesmo que ela incomodasse pessoas próximas. Já tinha uma definição clara do que era o terreno espinhoso do crítico. Seus textos tiveram grande aceitação em Portugal, inclusive com narrativas de viagens que foram publicadas com muito sucesso.[28]

---

27   Carta de Sena Freitas de 22/01/1879. Manuscritos. G 26 -3. RGPL.
28   PAULA, Glória Santana. "A procura do exotismo nas viagens de Sena Freitas: a viagem a Istambul", In: ABREU, Luís Machado de *et alli*. *Homem de Palavra. Padre Senna Freitas*. Lisboa: Roma Editora, 2008.

No Brasil, o debate mais célebre que travou foi com o escritor Júlio César Ribeiro Vaughn, conhecido como Júlio Ribeiro. Quando o romance de Ribeiro denominado *A carne* (1888) foi publicado recebeu críticas, em sua maioria, negativas, mas sem grandes radicalizações. Na verdade, foi uma recepção fria por parte de literatos e homens de letras. Esta atitude diferiu da reação de Sena Freitas, que publicou em jornal paulista um texto intitulado *A carniça* que se tornou o fundamento do debate. Com sua verve habitual teceu uma crítica sarcástica aos aspectos negativos da obra, destacando sua oposição à admitida influência de Emile Zola, e ao erotismo que considerou excessivo. Esta forma de tratamento crítico não era nova para Sena Freitas. Em várias oportunidades, até mesmo nos trechos da correspondência guardada no Real Gabinete Português de Leitura, transpareciam a ojeriza que nutria por autores como Eugène Sue e Emile Zola. De estilo irônico, o artigo enquadrava-se na tradição de debates anteriores, nos quais argumentava sobre suas convicções religiosas, e procurava desqualificar os argumentos de seus oponentes. Portanto, *A carniça*, publicado no *Diário Mercantil*, era radicalmente crítico contra a obra de Ribeiro. Definia com clareza o repúdio que nutria quanto aos romances daqueles autores que chamava de a "*macaquinada do estúpido realismo*". O tom crítico, o humor ferino foi trabalhado à minúcia, e incluiu farpas que atingiram desde o suporte da obra até questões mais literárias:

> *A Carne* é um romance de 278 páginas, elegantemente impresso em Portugal e editado em S. Paulo pelo livreiro Teixeira, emérito comprador em grosso de charqueada. Meus parabéns calorosos[...]O livro custa 3$000, como já disse. É provável que a 2ª edição, se aparecer, e aparecer expurgada, custe o dobro. Não será caro. Eu não comprei a 1ª edição e dava 6$ por aquele incontestável primor de estilo, com a placenta de menos. Mas neste caso o romance reduzido às meras descrições aberrantes do âmago do enredo, à dedicatória e à capa.[29]

A reação de Ribeiro ao texto foi emocionada e agressiva, identificando na crítica um ataque pessoal. Como resposta, dedicou duras páginas a responder Sena Freitas, começando por declarar que era o padre que buscou a contenda:

---

29   *Apud* SANTANA, Jeová. *Mal da leitura em* A carne *de Júlio Ribeiro*. Capturado em http://www.unicamp.br/iel/memoria/ensaios/maldacarne.html. Ver também o artigo de autoria de J.J. Sena Freitas no *Diário Mercantil*. São Paulo. Catálogo Biblioteca Nacional, p. 47, 06, 04. *A carniça* – polêmica entre o padre Sena Freitas e Júlio Ribeiro.

> Violada esta condição, invadidos meus domínios, atacada minha pessoa, o caso torna-se outro: eu arregaço-me, torno o aziar, atiro-me á besta, sujeito-a, cavalgo-a, faço-a virar á direita, á esquerda, depois, quando a vejo quebrada, mansa, de velhas murchas, desmonto e, com um pontapé amistoso, mando-a em paz ás moscas do brejal.[30]

No entanto, não foi somente Freitas que criticou o livro, mas suas palavras parecem ter atingido de maneira veemente a Ribeiro. Intelectuais como José Veríssimo e Sílvio Romero também apontaram as fraquezas do romance, destacaram algumas inverossimilhanças, e enfatizaram o caráter erótico do texto, características negadas posteriormente por Júlio Ribeiro, mas sem a mesma contundência. Outros críticos, favoráveis ao romance, refutaram que os pontos mais criticáveis da obra fossem a tensão sexual e o anticlericalismo, destacando aspectos humanistas presentes na narrativa.

No século XX a polêmica foi copilada em uma obra publicada por Victor Caruso. Recebeu uma introdução cuidadosa do escritor Orígenes Lessa. Nela Orígenes Lessa[31] contrapôs Sena Freitas e Júlio Ribeiro, expondo as razões do padre e de Ribeiro, ao mesmo tempo em que enfatizava a pequenez do debate:

> O próprio Senna Freitas, no seu grosso sorriso, teria muita vontade de saber onde a jovem macrocéfala conseguira recolher tanto latim e grego, zoologia e botânica, farmacopeia e toxicologia. [...] O livro passaria despercebido não descesse ele de Júlio Ribeiro, com toda a sua projeção nacional, não fosse o seu aspecto combativo, a sua atitude desassombrada diante da província que tirita de escândalo, não fossem certos quadros e descrições dignos de antologia, proclamados por todos os críticos, não fossem, principalmente, as cenas que o fazem lido ainda hoje por todos os ginasianos no período

---

30 RIBEIRO, Júlio. In: *Uma polêmica célebre* [Júlio Ribeiro e Padre Senna Freitas]. Compilação de Victor Caruso e Prefácio de Orígenes Lessa. São Paulo: Edições Cultura Brasileira, 1934, p. 20.

31 RIBEIRO, Júlio. In: *Uma polêmica célebre* [Júlio Ribeiro e Padre Senna Freitas]. Compilação de Victor Caruso e Prefácio de Orígenes Lessa. São Paulo: Edições Cultura Brasileira, 1934, p. 16-17.

das primeiras espinhas e leituras, como lembrou ainda há pouco Agripino Grieco.[32]

A opção de Ribeiro na réplica foi por um viés ufanista, no qual desqualificava o padre e justificava sua obra. Em *O urubu Sena Freitas*, Ribeiro diz que "tenho a reputação feita de escritor agressivo, de escritor virulento. Virulento sou, agressivo não".[33] Mas também reconhece: "Uma coisa cumpre que fique liquidada: esta triste questão com o padre Sena Freitas não é uma questão de princípios, é uma questão pessoal, é o que há de mais exclusivamente pessoal".[34] Orígenes Lessa percebeu a especificidade do caso e enfatizou que [...] *se as condenações não faltaram, de grandes e pequenos, justas ou injustas nenhuma teve o dom de causar ódio. Eram críticas literárias. Era exame impessoal. Senna Freitas, não. Amigo até à véspera, conviva da sua mesa, autor de graves e solenes mesuras, de largos elogios bem cantados, à queima roupa ou pela imprensa, ele surpreende um dia o hospedeiro amável*[...].[35]

Novamente, Lessa expõe o ponto de vista de Júlio Ribeiro e a paixão que está entranhada nas respostas às críticas de Sena Freitas:

> Júlio Ribeiro escrevera *A Carne*. Senna Freitas falara em "*Carniça*". E Júlio Ribeiro, que nunca deixara uma injúria sem resposta, que nunca perdera um insulto, que fora sempre o último a falar, o autor da última palavra ou da última estocada em todos os prélios que tivera, não rejeita mais este. O outro farejara "Carniça"? Era um "Urubu". E enche de espanto as gentes da pávida e pequenina Pauliceia de então,

---

32 RIBEIRO, Júlio. In: *Uma polêmica célebre* [Júlio Ribeiro e Padre Senna Freitas]. Compilação de Victor Caruso e Prefácio de Orígenes Lessa. São Paulo: Edições Cultura Brasileira, 1934, p. 16-17.

33 Cf. texto de RIBEIRO, Júlio. "O urubu Sena Freitas". In: *Uma polêmica célebre* [Júlio Ribeiro e Padre Senna Freitas]. Compilação de Victor Caruso e Prefácio de Orígenes Lessa. São Paulo: Edições Cultura Brasileira, 1934. Disponível em de http://www.casadobruxo.com.br/poesia/j/julior02.htm

34 RIBEIRO, Júlio. "O urubu Sena Freitas". In: *Uma polêmica célebre* [Júlio Ribeiro e Padre Senna Freitas]. Compilação de Victor Caruso e Prefácio de Orígenes Lessa. São Paulo: Edições Cultura Brasileira, 1934, p. 27. Disponível em de http://www.casadobruxo.com.br/poesia/j/julior02.htm.

35 Cf. Introdução de Orígenes Lessa em *Uma polêmica célebre* [Júlio Ribeiro e Padre Senna Freitas]. Compilação de Victor Caruso e Prefácio de Orígenes Lessa. São Paulo: Edições Cultura Brasileira, 1934, p. 18.

com a mais virulenta, a mais feroz, a mais memorável de quantas polêmicas já se travaram pela imprensa paulista.[36]

Houve uma tentativa final de reconciliação, quando Sena Freitas tomou conhecimento da morte eminente de Ribeiro, em 1890. Duas versões vieram à luz: a do próprio Sena Freitas que divulgou tê-lo procurado em casa, no leito de morte, momento em que teria sido perdoado. Familiares e amigos de Ribeiro rejeitaram esta versão e declararam ser o padre Sena Freitas um intruso, na casa de um moribundo, que se recusou a recebê-lo e a perdoá-lo.[37]

As paixões despertadas neste debate se evidenciaram em um momento no qual a crítica literária ainda amadurecia no Brasil. As convicções de ambos levaram ao paroxismo uma questão que poderia ter se restringido a um debate literário, sem o personalismo que desencadeou.

Fazer uma resenha seria um longo aprendizado, que dependeria de fatores ainda em consolidação no Brasil. E lembrando as palavras de Capistrano, quando surgissem vários autores e editores que tivessem a "coragem de externar sua opinião", sem que isto levasse a um conflito nos moldes daquele enfrentado por Sena Freitas e Júlio Ribeiro.

Haveria necessidade de tempo e mais escolaridade para que se criasse um público leitor mais exigente e não só aqueles que apreciavam relaxar lendo o *Rocambole*. No entanto, este tipo de livro muitas vezes alcança as graças de leitores insuspeitos ou surpreendentes. Marlyse Meyer em sua obra *Folhetim*[38] menciona vários destes leitores famosos: Graciliano Ramos, Pedro Nava, e até Jean Paul Sartre lendo o *Pardaillan* de Zevaco, outro folhetinista célebre, também no Brasil, que foi traduzido através da revista *Fon-Fon*. No mesmo livro Meyer indica também um texto de Monteiro Lobato ao falar das *cidades mortas* do Vale da Paraíba: "Itaóca [...] pobre lugarejo perdido no espinhaço da serra [...] tem, oficialmente, 5 mil habitantes [...] que leram o *Rocambole* a fio e assinam as folhas governistas".[39]

---

36 Cf. "Introdução" de Orígenes Lessa em *Uma polêmica célebre* [Júlio Ribeiro e Padre Senna Freitas]. Compilação de Victor Caruso e Prefácio de Orígenes Lessa. São Paulo: Edições Cultura Brasileira, 1934, p. 13.

37 RIBEIRO, Júlio e FREITAS, José Joaquim de Sena. In: *Uma polêmica célebre*. Compilação de Victor Caruso e Prefácio de Orígenes Lessa. São Paulo: Edições Cultura Brasileira, 1934.

38 MEYER, Marlyse. *Folhetim*. São Paulo: Companhia das Letras, 1996. Ver também *As mil faces de um herói canalha e outros ensaios*. Rio de Janeiro: Editora da UFRJ, 1998.

39 MEYER, Marlyse. *Folhetim*. São Paulo: Companhia das Letras, 1996.

Mas nós pretendíamos apenas responder, é verdade que parcialmente, o que liam os cariocas e encontramos nas resenhas apenas algumas respostas, além dos livros que não mereciam essas críticas, mas permitiam que muitos se deliciassem com a leitura frívola dos romances folhetins. Está claro que não liam só estas obras, mas a preferência por textos de folhetins deixou marcas importantes no imaginário brasileiro.

Referências Bibliográficas

Biblioteca Nacional

Seção de Manuscritos

André Pereira Lima. I-2, 1, 4C, 1844; I- 2, 2, 1, 4B, 1 1844 e I- 2, 1, 11, 1844.

Seção de Periódicos

A Gazeta de Notícias. Rio de Janeiro, anos 1879, 1881 a 1883.

Jornal do Commercio. Rio de Janeiro, anos 1870, 1872 e 1875.

O Patriota, jornal literário, político, mercantil que inclui também a publicação da obra *O Patriota 1813-1814. Índice Histórico*. Diana Zaidman. Direção e apresentação prof. José Honório Rodrigues. Coleção Mattoso Maia. Niterói: UFF/CEUFF.

Real Gabinete Português de Leitura

Carta de Sena Freitas de 22/01/1879. Manuscritos. G 26 -3.

CHARTIER, Roger. *Au bord de la falaise. L'Histoire entre certitudes et inquiétude*. Paris: Albin Michel, 1998.

CORÇÃO, Gustavo. Apresentação de Crônicas, in *Obras Completas* de Machado de Assis. Rio de Janeiro: Editora Nova Aguillar, 1979, v. III.

DELMAS, Ana Carolina Galante. *"Do mais fiel e humilde vassalo": uma análise das dedicatórias impressas do período joanino*, mimeo, Dissertação de Mestrado, PPGH/UERJ, agosto de 2008.

EÇA DE QUEIROZ. *Os brasileiros*. Rio de Janeiro: Língua Geral, 2000.

ELIAS, Norbert. *O processo civilizacional*. Lisboa: Dom Quixote, 1989, v. 1.

INSTITUTO BRASILEIRO DE GEOGRAFIA E ESTATÍSTICA. Repertório Estatístico do Brasil: Quadros Retrospectivos, nº 1. Rio de Janeiro: Serviço Gráfico do IBGE, 1941.

Machado de Assis. *Obras Completas*. Rio de Janeiro: Editora Nova Aguillar, 1979, v. iii.

Meyer, Marlyse. *As mil faces de um herói canalha e outros ensaios*. Rio de Janeiro: Editora da ufrj, 1998.

Meyer, Marlyse. *Folhetim*. São Paulo: Companhia das Letras, 1996.

Nora, Pierre (dir.). *Les mots*, no livro *La Nation* (***) *Les Lieux de mémoire*. Paris: Gallimard, 1984/1986.

Norton, Luís. *A Corte de Portugal no Brasil*. 2ª ed. São Paulo/Brasília: Editora Nacional/Inl, 1979.

Pallares-Burke, Maria Lúcia. *The Spectator, o teatro das Luzes. Diálogo e imprensa no século xviii*. São Paulo: Editora Hucitec, 1995.

Paula, Glória Santana. "A procura do exotismo nas viagens de Sena Freitas: a viagem a Istambul", In: Abreu, Luís Machado de *et alli*. *Homem de Palavra. Padre Senna Freitas*. Lisboa: Roma Editora, 2008.

Ribeiro, Júlio. In: *Uma polêmica célebre*. Compilação de Victor Caruso e Prefácio de Orígenes Lessa. São Paulo: Edições Cultura Brasileira, 1934.

Santos, Luís Gonçalves dos. *Memórias para servir à história do Reino do Brasil*. Belo Horizonte/São Paulo: Itatiaia/Edusp, 1981, v. 1.

Silva, Maria Beatriz Nizza da. *Vida privada e quotidiana no Brasil: na época de D. Maria i e D. João vi*. Lisboa: Estampa, 1993.

Starobinski, Jean. *As máscaras da civilização. Ensaios*. São Paulo: Companhia das Letras, 2001.

Meio Eletrônico

Antelo, Raul. *As revistas literárias no Brasil*. Disponível em http://www.cceufsc.br/~nelic/Boletim_de_Pesquisa/index2.htm.

Kock, Paul de. Disponível em gallica.bnf.fr/anthologie/piece.asp

Terrail, Ponson de. Disponível em www.roman-daventures.info/auteurs/france/francais3.htm.

Ribeiro, Júlio. "O urubu Sena Freitas". In: *Uma polêmica célebre*. Edições Cultura Brasileira, 1934. Disponível em http://www.casadobruxo.com.br/poesia/j/julior02.htm

Santana, Jeová. *Mal da leitura em A carne de Júlio Ribeiro*. Disponível em http://www.unicamp.br/iel/memoria/ensaios/maldacarne.html

Capítulo 6
A quimera da *Atlantida* e
a luso-brasilidade (1915-1921)

Lucia Maria Paschoal Guimarães

Em 1974, o historiador Joaquim Barradas de Carvalho (1920-1980) parecia apreensivo com o futuro político e econômico da nação lusíada, após o advento da Comunidade Econômica Europeia. A pátria se encontrava perante uma encruzilhada, no seu ponto de vista. Ou marchava na direção do continente, ou tomava o caminho do oceano. A última alternativa se lhe afigurava mais promissora, a "única condição para que Portugal volte a ser ele próprio".[1] Mas essa opção, assegurava o historiador, "(...) passava forçosamente pela formação de (...) uma autêntica Comunidade Luso-Brasileira, uma Comunidade Luso-Brasileira que não seja apenas sentimental e ortográfica, (...), nem aquela comunidade que não passou, ainda, de Júlio Dantas para cá, Pedro Calmon para lá..."[2]

A proposta de Barradas de Carvalho não constituía propriamente uma novidade. Retomava os fios de um antigo projeto, que cingira intelectuais das duas nacionalidades nas primeiras décadas do século passado, voltado para o fortalecimento das relações luso-brasileiras. Seu principal veículo de divulgação foi uma revista cultural,

---

1 CARVALHO, Joaquim Barradas de. *Rumo de Portugal. A Europa ou o Atlântico? (Uma perspectiva histórica)*. Lisboa: Livros Horizonte, 1974, p. 81 (Coleção Horizonte, nº 26).

2 CARVALHO, Joaquim Barradas de. *Rumo de Portugal. A Europa ou o Atlântico? (Uma perspectiva histórica)*. Lisboa: Livros Horizonte, 1974, p. 79 (Coleção Horizonte, nº 26).

editada em Lisboa, entre 1915 e 1920, a *Atlantida. Mensário Artístico, Literário e Social para Portugal e Brasil*.[3]

Ilustração nº 1

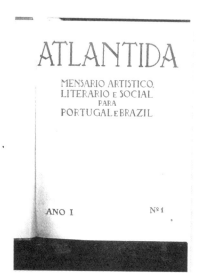

Capa do primeiro número da *Atlantida*

O texto que se segue pretende examinar as motivações que levaram à criação daquele periódico e tecer algumas reflexões sobre o seu conteúdo programático, autores e leitores. A par disso, apresenta os primeiros resultados de uma investigação, que integra empreendimento acadêmico mais amplo, envolvendo professores da Universidade Nova de Lisboa (UNL) e da Universidade do Estado do Rio de Janeiro (UERJ), devendo incorporar-se à Coleção Revistas de Ideias e Cultura, organizada pelo Seminário Livre de História das Ideias (UNL). Projeto, aliás, que à sua maneira também segue as pegadas da *Atlantida*, pois tem contribuído para estreitar os laços entre o Brasil e Portugal.[4]

*****

---

3   Daqui por diante denominada apenas *Atlantida*.
4   Convênio celebrado entre as Universidades Nova de Lisboa e do Estado do Rio de Janeiro, em julho de 2007.

Desde o rompimento diplomático de 1894, fruto da acolhida por navios de guerra portugueses a oficiais da Marinha brasileira, que se insurgiram contra o governo do presidente Floriano Peixoto,[5] os tradicionais vínculos de amizade que uniam o Itamaraty ao Paço das Necessidades andavam um tanto quanto estremecidos. É bem verdade que houve algumas tentativas para reanimá-los, a exemplo de uma visita do rei D. Carlos ao Rio de Janeiro, programada para junho de 1908, a propósito das comemorações do centenário da abertura dos portos, plano que acabou frustrado pelo assassinato do Monarca, em 1 de fevereiro daquele ano.[6]

No entanto, apesar daquele relativo "afrouxamento" no âmbito dos contatos oficiais, informalmente, as relações literárias luso-brasileiras atravessavam uma fase de grande florescimento, estimuladas pelo aparecimento de novos almanaques, jornais e magazines,[7] nos quais participavam intelectuais de ambas as nacionalidades. A distância física que separava os colaboradores não impedia que esses periódicos se tornassem lugares de fermentação intelectual e de relação afetiva, ao mesmo tempo viveiros e espaços de sociabilidade, tal como define François Sirinelli, ao analisar os mecanismos que movimentam as complexas engrenagens dos espaços culturais.[8]

---

5   A crise fora provocada pela decisão, do conde de Paraty, de conceder asilo em navios de guerra portugueses aos oficiais da Marinha brasileira, que se haviam insurgido contra o governo do marechal Floriano Peixoto, na revolta da Armada. Apesar do restabelecimento das relações oficiais em 1895, mediante gestões da Inglaterra, perdurou durante muito tempo no Brasil um sentimento antilusitano, cultivado pelos setores nacionalistas mais acerbados.

6   Diversos eventos já estavam programados, quando a notícia do regicídio chegou ao Brasil, inclusive, a convocação de congresso luso-brasileiro de história, planejado pelo barão do Rio Branco, para ter lugar no Instituto Histórico e Geográfico Brasileiro. Ver GUIMARÃES, Lucia Maria P. *Da Escola Palatina ao Silogeu*. Instituto Histórico e Geográfico Brasileiro (1889-1938). Rio de Janeiro: Editora do Museu da República, 2007, p. 31.

7   Sobre o surto que propiciou a multiplicação das revistas portuguesas no início do século XX, ver SEABRA, José Augusto. "Revistas e movimentos culturais no primeiro quarto do século". In: REIS, Antonio *et alii*. *Revistas, ideias e doutrinas. Leituras do pensamento contemporâneo*. Apresentação de Zília Osório de Castro. Introdução de Luís Crespo de Andrade. Lisboa: Livros Horizonte, 2003, p. 21.

8   SIRINELLI, François. "Os intelectuais". In: RÉMOND, René (org.). *Por uma história política*. Rio de Janeiro: Editora da UFRJ/Editora da FGV, 1996, p. 294. Ver, ainda, a interessante abordagem proposta por GORI, Emma. "Um *lobby* pacifista e elitista: o Grupo de Bloomsbury". In: DI

Em Portugal, nas páginas d'*A Águia*, editada na cidade do Porto (1910-1930), publicavam-se contribuições de Ronald de Carvalho, Coelho Neto, Vicente de Carvalho e Lima Barreto, ao lado das de Teixeira de Pascoaes, Antonio Sérgio e Jaime Cortesão. A *Atlantida* (1915-1920) era dirigida a quatro mãos: em Lisboa, por João de Barros e no Rio de Janeiro, por Paulo Barreto, o popular João do Rio. O mesmo se observa em relação à revista *Orpheu* (1915), de duração efêmera, mas muito expressiva, cujo primeiro número foi preparado por Fernando Pessoa e Ronald de Carvalho.[9]

No lado de cá do Atlântico, o panorama se apresentava bem semelhante. Os principais órgãos da imprensa divulgavam com regularidade textos de autores portugueses, como Alberto de Oliveira, Maria Amália Vaz de Carvalho, Luís da Câmara Reys, Carlos Malheiro Dias e Jaime de Séguier, que assinava, inclusive, uma coluna no *Jornal do Commercio*. No diário *O País* destacavam-se as crônicas de Justino Montalvão, as "Cartas de Lisboa", de José Maria Alpoim, as "Cartas de Paris", de Xavier de Carvalho, bem como os artigos de Santo Tirso.[10]

Entre os temas mais discutidos pelos letrados distinguia-se o da conveniência de se estabelecer uma comunidade luso-brasileira. A questão fora levantada pela primeira vez por Silvio Romero (1851-1914), um dos fundadores da Academia Brasileira de Letras, na conferência "O elemento português no Brasil", pronunciada no Gabinete Português de Leitura do Rio de Janeiro, e publicada em Lisboa em 1902.[11] É interessante notar que o acadêmico, alguns anos antes, na sua *História da Literatura Brasileira* (1888),[12] se mostrara um censor implacável da matriz cultural lusíada. No entanto, mudou de opinião e passaria a defendê-la vigorosamente, receoso da veracidade de certas notícias veiculadas por jornais europeus:

> (...) Berlim. Os pangermanistas estão atualmente ocupados com um projeto de organização mais sólida de um acordo entre os colonos

---

Masi, Domenico. *A emoção e a regra: os grupos criativos na Europa de 1850 a 1950*. Rio de Janeiro: José Olympio, 1997, p. 131-170.

9   Ver Saraiva, Arnaldo. *Modernismo brasileiro e modernismo português. Subsídios para o seu estudo e para a história das suas relações*. Campinas: Editora da Unicamp, 2004, p. 23.

10 Saraiva, Arnaldo. *Modernismo brasileiro e modernismo português. Subsídios para o seu estudo e para a história das suas relações*. Campinas: Editora da Unicamp, 2004, p. 23.

11 Cf. Romero, Silvio. *O elemento português no Brasil* (Conferência). Lisboa: Tipografia da Companhia Nacional Editora, 1902.

12 Cf. Romero, Silvio. *História da Literatura Brasileira*. 7ª ed. Rio de Janeiro: José Olympio; Brasília: Inl, 1980, v. 4 e 5.

alemães no Brasil. Tem havido em diversas cidades da Alemanha conferências cujo fim é enviar alguns pastores, padres e mestre-escolas ao sul do Brasil. Na cidade de Magdeburgo um dos oradores declarou que parte do sul do Brasil é terra alemã e que deverá mais tarde pertencer ao império germânico.[13]

A preocupação externada por Silvio Romero não era infundada. De fato, nos estados meridionais do Brasil existia forte concentração de emigrantes teutões, na sua maioria reunidos em comunidades, onde "(...) a língua portuguesa brilha pela ausência," conforme denunciava Romero. Alarmado, ele argumentava que "(...) a língua, por si só, na era presente serve para individualizar a nacionalidade, é por isso que os alemães consideram a pátria alemã todo e qualquer sítio onde é falada a língua alemã." Antevia que por volta de oitenta ou cem anos, no mais tardar, o núcleo do "(...) Rio Grande do Sul, ao que parece o mais populoso e compacto, tornar-se-á independente e, estendendo a mão ao de Santa Catarina, aliar-se-á com ele, formando ambos a nova nacionalidade".[14]

A integridade da Terra de Santa Cruz parecia estar em risco e Silvio Romero defendia a necessidade de fortalecer os elementos que a constituíam historicamente como nação luso-brasileira, em especial o idioma. Contudo, ele ainda iria mais longe nas suas advertências, sinalizando que a ambição germânica não se limitava ao território brasileiro: "(...) Portugal também faz parte das nações pequenas, mas também pertence ao grupo dos ameaçados, quando não diretamente nas suas plagas europeias, de modo inequívoco na África." Para enfrentar o perigo comum, o escritor sugeria que os dois países se unissem e formassem uma federação.[15]

As inquietações que afligiam Silvio Romero por certo também afetavam a intelectualidade lusa. Nos primórdios do século passado, de acordo com Eduardo Lourenço, o Brasil representava para Portugal uma espécie de espaço compensatório – uma dimensão simbólica no imaginário da grandeza da nação, tal como fora a Índia e depois viria a ser

---

13 Cf. ROMERO, Silvio. *O elemento português no Brasil* (Conferência). Lisboa: Tipografia da Companhia Nacional Editora, 1902, p. 35.

14 Cf. ROMERO, Silvio. *O elemento português no Brasil* (Conferência). Lisboa: Tipografia da Companhia Nacional Editora, 1902, p. 35.

15 Cf. ROMERO, Silvio. *O elemento português no Brasil* (Conferência). Lisboa: Tipografia da Companhia Nacional Editora, 1902, p. 3-41.

a África.[16] Mas a ideia de celebrar uma aliança com a antiga colônia americana só viria a ser expressa publicamente, em 1909, por Coelho de Carvalho, na Academia das Ciências de Lisboa.

Por aquela mesma ocasião, a Sociedade de Geografia decidiu lançar um concurso de monografias sobre "o modo mais eficaz de promover a união moral com a mãe pátria" dos portugueses residentes no Brasil e anunciou a intenção de organizar uma expedição ao interior do país. Logo em seguida, o presidente da Sociedade, Zófimo Consiglieri Pedroso, na sessão de 10 de agosto de 1909, apresentaria um plano que ficou conhecido por *Acordo Luso-Brasileiro*. Propôs a instituição de um grupo de trabalho permanente, encarregado de estudar medidas para a consecução dos seguintes objetivos: negociar tratados de arbitragem, de cooperação internacional e de comércio; ensejar a criação de entrepostos comerciais e a construção de palácios de exposição em Lisboa e no Rio de Janeiro; promover na medida do possível a unificação da legislação civil e comercial; encorajar a cooperação intelectual – científica, literária e artística –, conferindo equivalência de direitos ou de títulos aos diplomados de um país que decidissem trabalhar no outro; planejar visitas recíprocas de intelectuais, artistas, industriais e comerciantes, bem como fomentar a convocação de congressos científicos e a colaboração entre jornalistas, editores, associações culturais, pedagógicas, artísticas e beneficentes.[17]

O ambicioso programa terminou por permanecer no terreno das intenções, pois seu autor faleceu pouco tempo depois de expô-lo. De mais a mais, havia poucas chances de levá-lo avante, considerando a atmosfera de instabilidade política que marcou o fim da monarquia e o advento da República portuguesa, em 1910.

A ideia de instituir uma comunidade luso-brasileira só voltaria a ser ventilada com intensidade após a deflagração da Primeira Grande Guerra. No parlamento português, vozes nacionalistas manifestavam suas preocupações diante do avanço do imperialismo germânico. O deputado João Menezes, por exemplo, assinalava que "(...) Brasileiros e portugueses têm de pensar, hoje mais do que nunca, em estreitar suas relações políticas, podendo ir muito além duma aliança".[18]

---

16 LOURENÇO, Eduardo. *O labirinto da saudade*. 4ª ed. Lisboa: Publicações Dom Quixote, 1991, p. 41.

17 Sobre o "Acordo Luso-Brasileiro", ver RIO, João do. *Portugal d'agora. Lisboa. Porto. Notas de viagem. Impressões*. Rio de Janeiro: H. Garnier Livreiro Editor, 1911, p. 289-292.

18 MENEZES, João *apud* SIMÕES, Nuno. *Actualidade e permanência do Luso-Brasilismo* (Conferências e discursos). Lisboa: Edição do Autor, 1960, p. 34.

O contexto da guerra também favoreceria a disseminação de culturas políticas nacionalistas no Brasil. Porém, as opiniões sobre aquelas fórmulas se dividiam. Havia quem repudiasse a ideia de uma aliança com Portugal. Herdeiros da vertente mais radical do nacionalismo, admiradores de Floriano Peixoto, a quem veneravam como modelo de civismo, responsabilizavam a colonização lusa pelo atraso cultural, econômico e social do país. Nessa corrente, entre outras figuras, sobressaíam o médico e pedagogo Manoel Bonfim, além dos escritores Antonio Torres, Felix Amélio, Jackson de Figueiredo e Álvaro Bomilcar, que disseminavam o antilusitanismo em publicações como *O Tempo*, *Brazilea* e *Gil Blas*, além de incitar a população a participar de campanhas antiportuguesas.[19]

Os defensores do congraçamento cultural e político com a antiga metrópole, por seu turno, percebiam no legado lusíada o fator dominante da construção da nacionalidade, baseados na afinidade linguística, na história e na ocupação do território. A tese desfrutava da acolhida não apenas de destacados membros da colônia portuguesa no Rio de Janeiro, como também de intelectuais da envergadura de Olavo Bilac, de Afrânio Peixoto, de Paulo Barreto e de Graça Aranha, quatro atuantes membros da Academia Brasileira de Letras. Graça Aranha chegou a afirmar que "(...) A união política entre Portugal e Brasil, consequência da unidade moral das duas raças, seria a grande expressão internacional da raça portuguesa".[20] Já o nome de Paulo Barreto, ou melhor, o seu pseudônimo literário mais famoso, João do Rio, acabaria ligado a um dos esforços mais significativos para estimular o aprofundamento das relações entre os dois países: a criação da revista *Atlantida*, fruto da sua associação com o poeta, político, publicista e pedagogo português João de Barros (1881-1960), "um incansável apóstolo da aproximação luso-brasileira, como cidadão e governante, como conferencista e escritor", nas palavras de José Carlos Seabra Pereira.[21]

---

19 Ver ALVES, Jorge Luís dos Santos. "Duas interpretações da nacionalidade brasileira". *Anais da xx Reunião da Sociedade Brasileira de Pesquisa Histórica*. Rio de Janeiro, 2005, p. 223.

20 Cf. ARANHA, Graça *apud* RODRIGUES, Bitencourt. *Uma Confederação Luso-Brasileira. Prováveis alianças e grupamentos de nações. Fatos, opiniões e alvitres*. Lisboa: Livraria Clássica Editora, 1923, p. 8.

21 Cf. PEREIRA, José Carlos de Seabra *apud* SARAIVA, Arnaldo. *Modernismo brasileiro e modernismo português. Subsídios para o seu estudo e para a história das suas relações*. Campinas: Editora da Unicamp, 2004, p. 81-82.

Ilustração nº 2

João Paulo Alberto Coelho Barreto nascera no Rio de Janeiro, em 5 de agosto de 1881. Era filho de D. Florência dos Santos Barreto e do educador Alfredo Coelho Barreto, um adepto do positivismo, que batizou o menino na igreja positivista, na esperança de que viesse a abraçar a doutrina de Augusto Comte. Fez os primeiros estudos com o próprio pai e aos 16 anos já colaborava nos principais diários fluminenses. Notabilizou-se como o primeiro homem de imprensa a ter o senso do noticiário moderno. Criador da crônica social, um dos mais notáveis escritores da *Belle Époque* tropical, costumava usar diversos pseudônimos, *x*, *Caran d'ache, Joe, Pall Mall*, José Antonio José e João do Rio, o mais conhecido, conforme já se disse. Ingressou na Academia Brasileira de Letras em 1910. Envolveu-se em causas controvertidas e cumpriu uma trajetória acidentada na vida privada, pontuada por ataques dos seus desafetos. Bem humorado, porém irônico, companheiro de aventuras da sensualíssima Isadora Duncan, apesar de reconhecido como homossexual, possuía personalidade contraditória, na opinião do amigo Gilberto Amado: "(...) dentro dele lutavam duas correntes: a do velho Barreto, o "filósofo", o professor, voltado para o recolhimento, e a de d. Florência, coberta de plumas e tilintante de balangandãs sempre a pular dentro dele".[22] Realizou diversas viagens à Europa e consta que guardava grande frustração, porque não conseguira ser nomeado embaixador do Brasil em Portugal, cargo a que aspirava ardentemente. Faleceu no Rio de Janeiro, a 23 de junho de 1921. Seus funerais no Cemitério de São João Batista, no bairro de Botafogo, mobilizaram a cidade. O cortejo foi seguido por cerca de 100 mil pessoas, na maioria membros da numerosa colônia lusa.

---

22 AMADO, Gilberto *apud* RODRIGUES, Antonio Edmilson Martins. *João do Rio. A cidade e o poeta – o olhar do flâneus na belle époque tropical*. 1ª ed. Rio de Janeiro: Editora da FGV, 2000, p. 18-19.

Segundo um dos seus desafetos, o cronista Antonio Torres, "(...) os motoristas portugueses deram até automóvel de graça a quem quisesse acompanhar o cadáver".[23]

Sob o pseudônimo de João do Rio, Paulo Barreto deixou vasta obra, compreendendo diversos gêneros do jornalismo, da literatura e da dramaturgia. Algumas dessas contribuições foram reunidas em livros, a exemplo de *Vida vertiginosa*, *Portugal d'agora*,[24] *No tempo de Wenceslau...*, *Fados e canções de Portugal*, *As religiões do Rio*, *Momento literário* e *A alma encantadora das ruas*, título que lhe serviu de proficiência intelectual para a admissão no Instituto Histórico e Geográfico Brasileiro, em 1907. Curiosamente, na biografia do polêmico literato, divulgada pela Academia Brasileira de Letras, não há nenhum registro a respeito da sua militância na defesa do luso-brasileirismo, nem tampouco da revista que dirigiu a quatro mãos com João de Barros.[25]

O entrosamento dos dois Joões, ao que parece, originou-se de uma leitura casual. João de Barros relata que publicara um ensaio, no periódico francês *La Révue*, a respeito das tendências contemporâneas das letras portuguesas. Pouco depois, para sua surpresa, ao abrir a *Gazeta de Notícias* do Rio de Janeiro, deparou com uma nota sobre o tal ensaio, redigida por alguém que se assinava apenas *Joe*. A referência servia de mote para lavrar um protesto contra o fato de que as notícias da literatura lusíada só chegavam ao Brasil através da França. Empenhou-se, então, para desvendar a identidade do misterioso autor e concluiu que *Joe* era um dos pseudônimos de Paulo Barreto, ou de João do Rio, como se queira.

Os futuros parceiros se avistariam pela primeira vez, em 1908, durante uma das visitas do escritor carioca a Portugal. O encontro ocorreu na cidade do Porto, promovido pelos irmãos Lello e marcou o início de uma sólida amizade. João do Rio relembraria o episódio, salientando que durante a conversa descobriram fortes afinidades, a começar pelas ideias políticas, pois ambos eram partidários do regime republicano. Além disso, preocupavam-se com o futuro incerto das relações luso-brasileiras, uma vez que "(...) se o Brasil se interessava menos por Portugal do que pela França, Portugal não se interessava,

---

23 TORRES, Antonio *apud* RODRIGUES, Antonio Edmilson Martins. *João do Rio. A cidade e o poeta – o olhar do flâneus na belle époque tropical*. 1ª ed. Rio de Janeiro: Editora da FGV, 2000, p. 49.

24 A obra *Portugal d'agora* é dedicada a João de Barros e a Manoel de Sousa Pinto. Ver RIO, João do. *Portugal d'agora. Lisboa, Porto, notas de viagem, impressões*. Rio de Janeiro: H. Garnier Livreiro-Editor, 1911.

25 Cf. ACADEMIA Brasileira de Letras. *Acadêmicos*. Biografia de Paulo Barreto (João do Rio). http://www.academia.org.br/abl/cgi/cgilua.exe/sys/start.htm?infoid=329&sid=261. Acessado em 23 de novembro de 2007.

ou antes, ignorava tudo do Brasil".[26] A solução do problema, por certo, demandava ações oficiais mútuas; contudo, eles poderiam somar esforços e, quem sabe, criar uma revista literária para estimular a luso-brasilidade.

O plano ganhou fôlego com a vinda de João de Barros ao Brasil, em 1912. Anos mais tarde, em uma conferência, ele justificaria seu entusiasmo nos seguintes termos:

> (...) É preciso trabalhar muito para que se extinga o desconhecimento que separa as duas nações. O mais urgente, porém, creio que será estabelecer e desenvolver uma sólida aproximação das duas mentalidades, das duas literaturas, das duas artes. Criado esse veículo essencial, mais de metade do trabalho estará feito. E bom seria que – reservadas as diferenças essenciais impostas pelo meio, uma mesma alma palpitasse na vida mental dos dois países. Na verdade, é necessário erguer, sobre o vasto Atlântico, um continente al que nos ligue de vez (...).[27]

Mas o fortalecimento dos laços entre Brasil e Portugal fundamentava-se não apenas na necessidade de erguer um *continente moral*, ligando os dois países irmãos. A este argumento de João de Barros cabe complementar com outro, de João do Rio, isto é, de que "(...) A guerra veio definitivamente forçar a publicação".[28] Com efeito. O batismo literário da *Atlantida. Mensário Artístico, Literário e Social para Portugal e Brasil* teve lugar em Lisboa, a 15 de novembro de 1915, data que pretendia homenagear a passagem do vigésimo-sexto aniversário da proclamação da República no Brasil. O novo periódico foi recebido com entusiasmo por outros congêneres, a exemplo d'*A Águia*, que manifestou "(...) fé ardente nos seus altos destinos".[29]

---

26 Cf. Rio, João do. "O aparecimento de um grande mensário artístico-literário-social para Portugal e Brasil". *A Rua*. Rio de Janeiro, 05 de novembro de 1915, p. 2.

27 Cf. Barros, João de. *Caminho da Atlantida. Uma campanha luso-brasileira*. Lisboa: Livraria Profissional, [1919?], p. x e xi.

28 João do Rio. "O aparecimento de um grande mensário artístico-literário-social para Portugal e Brasil". *A Rua*. Rio de Janeiro, 05 de novembro de 1915, p. 2.

29 *A Águia*, dezembro de 1915, p. 252-253. Ver, também, o agradecimento dos diretores da *Atlantida. Atlantida*. Lisboa, n° 3, 15 de janeiro de 1916. Apud Conceição, Cecília Dias de Carvalho Henriques da. *A revista Atlantida. Documento sociocultural e literário de uma época*. "Um braço mental" entre Portugal e o Brasil. Dissertação de Mestrado apresentada ao

A denominação *Atlantida* fora escolhida por João do Rio. Ele se inspirou na lenda do continente perdido, para designar de forma semântica um projeto que buscava (re) estabelecer a ligação entre as duas partes do mundo que as águas do oceano haviam separado.[30] O subtítulo, *Mensário Artístico, Literário e Social para Portugal e Brasil,* além de indicativo da periodicidade, resumia o seu teor programático e destacava-lhe o caráter binacional.

Ilustração nº 3

Foto da folha de rosto da *Atlantida*.

Na folha seguinte, em posição de destaque, exibia-se a informação de que a revista recebia o "(...) alto patrocínio de S. Ex.ᵃˢ os ministros das Relações Exteriores do Brasil e dos Estrangeiros e do Fomento de Portugal", acompanhada dos votos de congratulações, formulados por aquelas autoridades, respectivamente, os doutores Lauro Muller, Augusto Soares e Manuel Monteiro. Este último qualificava o empreendimento de "(...) um esteio

---

Departamento de Literaturas Românicas na Faculdade de Ciências Sociais e Humanas da Universidade Nova de Lisboa. Lisboa, 1997, p. 18.

30   Inicialmente, por sugestão de Manoel de Oliveira Pinto, a publicação deveria chamar-se *Atlântico*, em homenagem ao emblemático oceano singrado pelos navegadores portugueses, em cujas margens se situavam as duas nações. Ver CONCEIÇÃO, Cecília Dias de Carvalho Henriques da. *A revista Atlantida. Documento sociocultural e literário de uma época. "Um braço mental" entre Portugal e o Brasil.* Dissertação de Mestrado apresentada ao Departamento de Literaturas Românicas na Faculdade de Ciências Sociais e Humanas da Universidade Nova de Lisboa. Lisboa, 1997.

seguro da indispensável aproximação intelectual e econômica entre as duas Pátrias irmãs". As três mensagens, por sinal, levam a conjeturar se os cumprimentos não passavam de mera retórica ou se constituíam vestígios de um possível envolvimento dos governos no projeto editorial. De qualquer modo, sob a forma de *manifesto*,[31] os diretores da *Atlantida* procuravam justificar o empreendimento e explicitar a sua linha programática:

> (...) Há muito tempo que a publicação d'uma revista literária que defendesse os interesses comuns do Brasil e de Portugal se impunha e se tornava indispensável. (...) As características especialíssimas criadas pela Guerra europeia determinaram um irresistível movimento de solidariedade entre aqueles países e aqueles povos que vivem d'um mesmo ideal, que se alimentam da mesma tradição ou que descendem do mesmo tronco originário. (...). Acontece, porém, que não se conhecem. (...) É precisamente para que Portugal conheça o Brasil e que o Brasil mais se aproxime de Portugal e melhor se conheça, que se vai publicar a Atlantida. (...) É uma obra patriótica esta nossa. E ensinando as duas democracias que o Oceano Atlântico separa, a melhor amar-se e compreender-se a Atlantida tentará substituir, *no domínio intelectual e social* aquele lendário continente que dantes ligou a América à Europa...[32] (o grifo é nosso).

O *manifesto* contém algumas pistas que vale a pena explorar. Sobretudo, no que diz respeito à associação entre a guerra e o lançamento de uma revista que se afirmava voltada apenas para os domínios *intelectual e social*. João de Barros oferece indícios da conexão, em uma conferência pronunciada no Ateneu Comercial do Porto, em 1919, quando fez um comentário sobre as pretensões alemãs na América do Sul.[33] Reportou-se, em parti-

---

31 Acreditamos, tal como evidencia Jean-François Sirinelli, que o Manifesto de lançamento da *Atlantida* constitui um *excelente sismógrafo* para examinar a influência e a amplitude das ações dos intelectuais que estiveram à frente do projeto. Cf. SIRINELLI, Jean-François. *Intellectuels et passions françaises. Manifestes et pétitions au xxe siècle*. Paris: Gallimard, 1990, p. 13-15.

32 Cf. *Atlantida*. Lisboa, nº 1, novembro de 1915.

33 Cf. BARROS, João de. *A aproximação luso-brasileira e a paz*. Paris/Lisboa: Livrarias Aillaud e Bertrand, 1919, p. 16-17.

cular, à existência de um programa de emigração direcionado para a conquista do Brasil, elaborado por um certo Sr. Lange, e ao projeto do pensador Otto Richard Tannenberg, sintetizado no livro *A Grande Alemanha: a obra do século XX*.[34]

Reconhecido como obra paradigmática do pangermanismo,[35] o livro de Tannenberg desqualifica a colonização ibérica no Novo Mundo. A incapacidade da Espanha e de Portugal de governarem suas possessões no ultramar teria provocado a formação de numerosos Estados independentes, onde a raça branca permaneceu minoritária, razão pela qual tais países dificilmente conseguiriam superar a pobreza crônica e o atraso atávico. Contrastando com esse quadro, o pensador alemão aponta a situação privilegiada dos Estados Unidos da América do Norte, nação de ascendência anglo-saxã, cuja prosperidade ele atribui à preponderância maciça de caucasianos na população *yankee*.

Otto Tannenberg induzia promover o branqueamento demográfico dos Estados de origem ibérica, uma espécie de condição *sine qua non* para atingirem padrões europeus de civilização. Neste sentido, aconselhava a partilha da América do Sul entre as três grandes potências imperialistas, a Inglaterra, os Estados Unidos e a Alemanha. A esta última caberia o território situado desde o litoral brasileiro, na altura da cidade do Rio de Janeiro, até o oceano Pacífico, nas proximidades do porto chileno de Antofagasta.

O projeto da *Alemanha do Sul* realizar-se-ia em longo prazo, devendo estar concluído por volta de 1950, calculava o seu idealizador. No Brasil, é importante frisar, a área aludida abrigava numerosos núcleos de emigrantes teutões, o que conferia forte credibilidade ao plano. Explica-se, assim, porque o chamado "mapa de Tannenberg" hoje em dia ainda continua a ser evocado como documento emblemático de uma pretendida expansão nazista na América latina.

---

34 Tannenberg, Otto Richard. *Le rêve allemand! La plus grande Allemagne. L'oeuvre du 20e siècle*. Traduit en français de l'ouvrage Gross-Deutschland, publié en 1911. Lausanne: Payot, 1916.

35 Entende-se como pangermanismo o movimento que apregoava a união dos povos de língua alemã em um único Estado.

Ilustração nº 4 – Mapa de Tannenberg

Fonte: Graça Aranha. "Prefácio". In: Chéradame, André. *O plano pangermanista desmascarado*. Rio de Janeiro: Livraria Garnier, 1917, p. xxxiii.

Mas, para além das elucubrações de Tannenberg sobre o devir dos países ibero-americanos, existia um problema contemporâneo bem mais urgente a resolver, e por certo conhecido de João de Barros: a cobiça germânica sobre as possessões portuguesas na África austral.

No momento, não vem ao caso discorrer sobre as manobras diplomáticas do *kaiser* Guilherme II, nem tampouco enumerar as sucessivas incursões do seu Exército em Angola e em Moçambique. Todavia, não se pode perder de vista que as investidas ao território angolano, quando articuladas com as ditas aspirações de conquista no continente americano, apontam para uma questão fundamental de geopolítica: a perspectiva da presença alemã nas duas margens do Atlântico Sul. Sintomaticamente, diversos militares portugueses tangenciariam o problema, pronunciando-se favoráveis à formação de uma comunidade luso-brasileira. O comandante Nunes Ribeiro, por exemplo, inferia taxativo que "(...) A garantia do domínio do mar no Atlântico Sul é e será sempre um objetivo comum aos dois países". Seu colega de arma, o capitão de mar e guerra Henrique Lopes de Mendonça,[36] historiador e autor da letra do hino nacional, *A Portuguesa*, iria mais longe: batia-se por uma *Confederação luso-brasileira*. Previa alinhamentos estratégicos no Atlântico, através de novas coligações. No hemisfério norte, reunindo a Inglaterra com os Estados Unidos, e no sul Portugal com o Brasil, alianças que "(...) impor-se-iam ao mundo não com intuitos ambiciosos de imperialismo guerreiro, mas como garantia inabalável de paz e de progresso universal".[37] Opinião análoga seria emitida pelo general João de Almeida, antigo governador de Angola, aconselhando a federação dos dois países, por meio de uma aliança de natureza militar, diplomática e econômica.[38] A par dessas manifestações, há que mencionar a missão enviada pelo governo de Lisboa ao Rio de Janeiro, em 1918, a pretexto de cumprimentar o presidente Wenceslau Braz, pela decisão de declarar guerra contra o Império alemão e seus aliados.[39] Portanto, diante do cenário aqui exposto em rápidas pinceladas, é possível inferir que ao lado do objetivo revelado de fortalecer os laços culturais luso-brasileiros, outras motivações também concorreram para precipitar o aparecimento da revista binacional.

Os trabalhos de redação e de impressão da *Atlantida* se realizavam na cidade de Lisboa,[40] sob a responsabilidade do editor Pedro Bordallo Pinheiro.[41] Nos créditos do periódico não consta a existência de um corpo editorial permanente, nem indicação da quantidade de exemplares que circulava a cada tiragem. Informa-se apenas que, em Portugal, a assinatura anual custava 2$80, a semestral 1$50, enquanto o número avulso

---

36 Henrique Lopes de Mendonça, em 1923, seria eleito sócio correspondente da Academia Brasileira de Letras.

37 SIMÕES, Nuno. *Actualidade e permanência do Luso-Brasilismo* (Conferências e discursos). Lisboa: Edição do Autor, 1960, p. 36-37.

38 ALMEIDA, João de. *Visão do crente*. Porto: Companhia Portuguesa, 1918.

39 A missão chefiada pelo ex-ministro Alexandre Braga era integrada por José de Carvalho, Marcelino Mesquita, Augusto Gil, Fausto Guedes Teixeira, além dos militares, capitão de fragata Judice Biker e tenente-coronel Antonio Figueiredo Campos. Ver Universidade de Chicago. *Brazilian Government, Ministerial Repports, Relações Exteriores*, 1917-1918, p. 176-177. http://brazil.crl.edu/bsd/bsd/u1788/000224.html. Acessado em 24 de setembro de 2007.

40 O escritório da *Atlantida* funcionava no Largo do Conde Barão, nº 41, enquanto que a redação se localizava na Rua Barata Salgueiro, 41 r/c.

41 Pedro Bordallo Pinheiro (1890-?) era sobrinho-neto do conhecido caricaturista e pintor Rafael Bordallo Pinheiro.

podia ser adquirido por $25. Já no Brasil, vendiam-se apenas assinaturas anuais e semestrais, aos preços de 12$50 e de 7$00, respectivamente, quantias razoavelmente acessíveis para a época, considerando o bom padrão gráfico da publicação.

A *Atlantida* possuía editoração de qualidade. De formato sóbrio, impressa em papel mate, alguns textos eram ilustrados com desenhos e fotografias, outros decorados com caprichadas vinhetas artísticas. A disposição das matérias respeitava certa ordem, de maneira a formar dois conjuntos distintos, cujo número de páginas podia variar bastante. O primeiro bloco agregava contribuições literárias, artigos, ensaios e biografias, bem como reproduções de telas de pintores famosos. O segundo era composto por três seções fixas, a saber: "Revista do Mês" – constando da síntese dos principais fatos culturais e políticos ocorridos no período; "Livros" – espaço destinado à divulgação do lançamento de publicações e às resenhas críticas; "Notícias e Comentários" – segmento reservado às cartas de leitores e observações do gênero. Aceitava-se publicidade paga, em geral, reclames de empresas, escritórios, lojas, bancos e companhias de seguro, porém não há menção sobre valores cobrados a anunciantes.

Seu conteúdo privilegiava majoritariamente o domínio das letras – poesia e prosa. Os artigos, ensaios e biografias, sempre em menor número, além de contemplar temas ligados à problemática das relações luso-brasileiras, costumavam versar sobre assuntos culturais variados. Os colaboradores não percebiam remuneração e, no que respeita à sua nacionalidade, as fontes levantadas apontam a preeminência dos portugueses. Porém, a constatação não pode ser tomada como sinal de desprestígio do periódico, apesar da sua proposta não contar com o apoio unânime da intelectualidade brasileira, como já se sublinhou. O predomínio dos conterrâneos de Camões, em larga medida, deve ser atribuído ao estado de guerra, que tornava bem mais difícil a comunicação e o transporte regular entre o Rio de Janeiro e Lisboa.[42]

---

42 Existem sucessivas notas explicativas da direção da revista, procurando justificar a ausência de colaborações de autores brasileiros previamente anunciadas e que deixaram de ser publicadas, devido aos transtornos provocados pela guerra.

Linguagens e práticas da cidadania no século XIX 355

Ilustração nº 5

Foto de Olavo Bilac em Lisboa, com Guerra Junqueiro e os diretores da *Atlantida*.

O inventário dos quatro primeiros números da *Atlantida* revela a presença de poemas de Olavo Bilac, de Antonio Correia d'Oliveira, de Júlio Dantas, de Augusto Gil, de Oscar Lopes, de João de Barros e de Mário de Alencar; de contos de Afrânio Peixoto, de Júlia Lopes de Almeida, de Teixeira de Queiroz, de Manoel de Sousa Pinto; de crônicas de Aquilino Ribeiro, de João do Rio, de Aurélio da Costa Ferreira, de João Luso e de Humberto d'Avelar. Nomes de sólida reputação na esfera literária luso-brasileira, conquanto representem correntes estéticas e teóricas diversas. Aliás, a *mélange*, quem sabe, possa explicar por que especialistas de história da literatura, apesar de fazerem reiteradas menções à revista e a seus diretores, não aprofundam a análise do seu conteúdo, à exceção do trabalho acadêmico de Cecília Dias de Carvalho Henriques da Conceição, desenvolvido na Universidade Nova de Lisboa.[43]

De qualquer maneira, o ecletismo confirma a intenção anunciada por João de Barros de acolher figuras de todos os quadrantes do mundo letrado, "sem virar a casaca", ou seja, sem abrir mão do republicanismo dos fundadores. Mas a mistura de tendências constituía

---

43 Ver CONCEIÇÃO, Cecília Dias de Carvalho Henriques da. *A revista Atlantida. Documento sociocultural e literário de uma época. "Um braço mental" entre Portugal e o Brasil.* Dissertação de Mestrado apresentada ao Departamento de Literaturas Românicas na Faculdade de Ciências Sociais e Humanas da Universidade Nova de Lisboa. Lisboa, 1997.

uma estratégia calculada. Buscava atrair novos simpatizantes para a causa da revista e conquistar um público leitor mais numeroso.[44] A mesma prática se nota na mescla dos autores de artigos, ensaios e biografias. O leque compreendia desde políticos da envergadura do positivista Teófilo Braga e do ministro Manuel Monteiro, até diplomatas como Hélio Lobo, Veloso Rebelo e Alberto d'Oliveira, passando por figuras conhecidas do panorama cultural luso-brasileiro, a exemplo do arquiteto Raul Lino, de Luís da Câmara Reys, de Bento Carqueja, de Moreira Teles, de Aureliano Leal e de Victor Vianna, entre outros.

Quadro nº 1
Atlantida: Classificação e quantificação do material publicado (novembro/1915 a fevereiro/1916)

Assunto	Nov./1915	Dez./1915	Jan./1916	Fev./1916	Total
Arquitetura	-	-	-	01	01
Belas-Artes	01	01	01	-	03
Biografias	02	01	-	-	03
Diplomacia	-	-	-	01	01
Direito	-	-	-	01	01
Educação			02	01	03
História	01	01	01	-	03
Letras (poesia)	04	02	04	03	13
Letras (prosa)	02	02	03	03	10
Política	-	-	-	01	01
Relações Luso-Brasileiras	03	01	02	-	06
Total	13	08	13	11	45

Fonte: Quadro elaborado com base nos artigos publicados na *Atlantida*, nos 1, 2, 3 e 4, relativos, respectivamente, aos meses de novembro de 1915, dezembro de 1915, janeiro de 1916 e fevereiro de 1916.

A classificação por assunto e a respectiva quantificação demonstram a preponderância do campo das letras (poesia e prosa), privilegiado em mais da metade do total do material publicado. Em seguida, com incidência bem menos expressiva, aparece a temática da luso-brasilidade. As matérias restantes distribuem-se de maneira relativamente equilibrada, entre áreas consideradas representativas do domínio cultural.

---

44 Ver carta de João de Barros, In: CONCEIÇÃO, Cecília Dias de Carvalho Henriques da. *A revista Atlantida. Documento sociocultural e literário de uma época. "Um braço mental" entre Portugal e o Brasil*. Dissertação de Mestrado apresentada ao Departamento de Literaturas Românicas na Faculdade de Ciências Sociais e Humanas da Universidade Nova de Lisboa. Lisboa, 1997. *Passim*.

Dos seis textos que tratam das relações entre Brasil e Portugal, quatro merecem um rápido comentário, devido às abordagens que desenvolvem. São trabalhos cujos enfoques extrapolam o tradicional argumento da afinidade linguística, embora nenhum deles explicite uma definição clara do que poderia vir a ser uma "comunidade luso-brasileira".

O artigo "Relações luso-brasileiras", de autoria de Antonio Carlos Moreira Teles,[45] publicado na edição de lançamento da *Atlantida*, sobressai-se pelo pragmatismo. Brasileiro, radicado em Lisboa, professor e homem de imprensa, o autor restabelece os fios de continuidade entre o projeto da revista e o plano esboçado por Consiglieri Pedroso, referido como "a iniciativa mais brilhante" para promover o estreitamento das duas nações.

Moreira Teles se detém na análise de dois problemas crônicos, que se arrastavam desde o século XIX e careciam de solução por parte dos altos escalões de ambos os governos: as ausências de um acordo postal e de uma convenção literária. Além disso, discute as causas políticas e econômicas do fracasso de um empreendimento recente, voltado para a criação de uma companhia de navegação de bandeira portuguesa, com linhas regulares para os principais portos brasileiros.[46]

Outro brasileiro, o professor e crítico de arte Vitor Viana,[47] no artigo "Brasil – Portugal", oferece uma reflexão sobre o alcance das trocas comerciais e culturais entre os dois países, enfatizando a existência de interesses recíprocos nesse intercâmbio. Para Viana, do ponto de vista português, o Brasil continuava a ocupar o posto de melhor mercado intelectual e desaguadouro natural da sua emigração. Posição que também lhe trazia benefícios, assegura o professor, pois os produtos, os livros e os costumes oriundos da antiga metrópole eram elementos que concorriam para o fortalecimento da nacionalida-

---

[45] Antonio Carlos Moreira Teles trabalhou na embaixada do Brasil e durante algum tempo dirigiu a Agência Telegráfica Americana. Ver *Atlantida*. Lisboa, nº 20, junho de 1917, p. 704. Estudioso dos problemas luso-brasileiros, publicou, entre outros trabalhos, o livro *Brasil e Portugal*. Cf. TELES, Moreira. *Brasil e Portugal – Apontamentos para a história das relações dos dois países*. Lisboa: Edição do Autor (depositária: Livraria Ventura Abrantes), s.d. (1914).

[46] TELES, Moreira. "Relações luso-brasileiras". *Atlantida*. Lisboa, nº 1, novembro de 1915, p. 62-67.

[47] Vítor Viana nasceu na cidade do Rio de Janeiro, em 23 de dezembro de 1881. Dedicou-se ao jornalismo e desempenhou diversas funções públicas. Foi bibliotecário da Escola Nacional de Belas-Artes, exerceu o magistério. Foi professor de Geografia Industrial e de História das Indústrias na Escola Nacional de Artes e Ofícios Wenceslau Brás. Ingressou na Academia Brasileira de Letras em 11 de abril de 1935. Faleceu no Rio de Janeiro, em 21 de agosto de 1937, e deixou expressiva obra bibliográfica nas áreas da educação e da cultura.

de, tal como os emigrantes auxiliavam no processo de assimilação de outros estrangeiros introduzidos no país.[48]

No ensaio "Os portugueses no Brasil", o escritor e diplomata Alberto d'Oliveira faz um diagnóstico original dos fatores que afetavam o relacionamento luso-brasileiro. Na sua percepção, o principal entrave na aproximação dos dois países não se situava na esfera do comércio, da navegação ou da emigração, mas sim no âmbito do que denomina de "tradicionalismo culto".

Para Alberto d'Oliveira, em virtude do reinado americano de D. João VI, a Terra de Santa Cruz desfrutava de uma situação singular, uma vez que fora a única colônia que os portugueses souberam fazer nação. Isto significava distinguir "(...) acima da sua americanidade e até da sua latinidade, a sua emancipada e altiva lusitanidade, para manter entre os povos da América a sua verdadeira autonomia, não só territorial, mas moral e histórica".[49] No entanto, lamentava que as referências culturais lusas perdessem espaço no Brasil, em detrimento de um cosmopolitismo, que se inspirava tanto em Paris "(...) a capital intelectual", quanto nos Estados Unidos "(...) a musa econômica".[50] A transformação se operava de maneira veloz e urgia revertê-la.

Todavia, em Portugal, os assuntos relativos ao Brasil costumavam ser ignorados, até mesmo nas camadas mais cultas. O desconhecimento deixava o campo aberto para a expansão da influência cultural daqueles poderosos rivais. Diga-se de passagem, consoante essa argumentação, Alberto d'Oliveira sugeriu à Academia das Ciências de Lisboa recomendar ao governo a criação de uma cadeira de história, geografia e literatura brasileiras nas Faculdades de Letras.[51]

O ex-cônsul no Rio de Janeiro e sócio correspondente da Academia Brasileira de Letras assinalaria, ainda, outro obstáculo a vencer: o desdém da sociedade lusíada com os chamados "brasileiros" – os conterrâneos que se dirigiam para o Novo Mundo, onde

---

48 Ver VIANA, Vitor. "Brasil – Portugal". *Atlantida*. Lisboa, nº 3, janeiro de 1916, p. 195-204.

49 Ver D'OLIVEIRA, Alberto. "Os portugueses no Brasil". *Atlantida*. Lisboa, nº 3, janeiro de 1916, p. 195-204.

50 D'OLIVEIRA, Alberto. "Os portugueses no Brasil". *Atlantida*. Lisboa, nº 3, janeiro de 1916, p. 195-204.

51 Cf. *Atlantida*. Lisboa, nº 2, dezembro de 1915, p. 189. O indicativo foi abraçado pela Faculdade de Letras de Lisboa com a introdução da disciplina Estudos Brasileiros nos currículos dos cursos de humanidades, a partir de 1916. A implantação da cadeira, todavia, devido a uma série de contratempos, só veio a se concretizar em 1923, com um ciclo de conferências do historiador e diplomata Oliveira Lima.

faziam fortuna e voltavam para matar as saudades da pátria, tipos como os retratados por Eça de Queiroz nas *Farpas*, alvos de caricaturas na imprensa e de anedotas mordazes. Preconceito que à sua maneira também traduzia o mal-estar das elites em relação à dependência econômica da antiga colônia e ao desagrado para com a emigração, que roubava a sua melhor força de trabalho.[52]

Talvez a contribuição mais instigante do conjunto aqui selecionado seja o artigo "Solidariedade ethino-econômica", escrito por Bento Carqueja, da Universidade do Porto.[53] Não pela originalidade do enfoque, mas sim pela permanência da velha mentalidade colonial, ainda que camuflada por doutrinas científicas contemporâneas. Dizendo-se adepto da antropogeografia de Ratzel e inspirado em livro recente, a *Storia della colonizzacione europea al Brazile*, de um certo Vicenzo Grossi,[54] o autor lança mão das "afinidades étnicas" para sugerir a (re)introdução de certas práticas no intercâmbio comercial entre os dois países.

Carqueja afiança que Portugal possuía a localização geográfica perfeita para se tornar o entreposto mais favorável à colocação de mercadorias brasileiras no Velho Mundo. Recorda, inclusive, que a reexportação de bens oriundos da República sul-americana, no exercício de 1913, alcançara a soma de 102 contos, quantia nada desprezível! Com base neste dado, propõe realizar um levantamento de campo minucioso em todas as regiões do país, de maneira a identificar matérias-primas e artigos em geral, de interesse do mercado europeu. Os resultados da pesquisa serviriam de fundamento para a negociação de futuros tratados de comércio, consoante uma política que se assentava na "solidariedade étnica". Mas, em que consistiria essa política? A resposta parecia simples. O Brasil concederia tratamento preferencial à "mãe pátria" no seu sistema de comércio exterior. Reduziria os impostos cobrados sobre a exportação de mercadorias para a velha metrópole, que as revenderia por preços mais altos para outras praças, auferindo assim boa margem de lucro.

---

52   Ver SARAIVA, Arnaldo. *Modernismo brasileiro e modernismo português. Subsídios para o seu estudo e para a história das suas relações*. Campinas: Editora da Unicamp, 2004, p. 71.

53   Cf. CARQUEJA, Bento. "Solidariedade ethino-econômica". *Atlantida*. Lisboa, nº 3, janeiro de 1915, p. 210-214.

54   Segundo Bento Carqueja, Vincenzo Rossi empreendera uma viagem ao Brasil para "buscar novas luzes para guiar emigrantes italianos e comerciantes na conquista de novos mercados de trabalho e de comércio". O material coletado fora reunido no livro *Storia della colonizzacione europea al Brazile*. Esta obra, no entanto, parece ser desconhecida no Brasil.

O professor se mostrava tão convencido da viabilidade do plano, a ponto de argumentar: "(...) a nossa situação de nação colonial veda-nos, é certo, larga aceitação a determinados produtos brasileiros, mas não são esses produtos que mais possam afetar o comércio das colônias portuguesas".[55] Até o momento, não há nenhuma pista da repercussão da proposta de Bento Carqueja no Brasil. Entretanto, dá para imaginar o alvoroço que certamente teria despertado nos setores nacionalistas mais radicais. Basta lembrar que o seu plano se assemelhava a certas medidas recolonizadoras, apresentadas nas Cortes de Lisboa de 1820, cuja defesa intransigente desaguou nos sucessos da proclamação da Independência.

Revistas de ideias e de cultura costumam ter vida efêmera, na maior parte das vezes abreviada pela escassez de recursos. A *Atlantida* foi uma exceção. Circulou com periodicidade bem regular entre 1915 e 1920, o que reforça a nossa suspeita de que se tratava de uma publicação patrocinada pelos governos das duas Repúblicas. Até o nº 36, de março de 1919, o periódico manteve uma linha editorial coerente com objetivos traçados por seus fundadores e expressos no *Manifesto* de lançamento.[56] Assim, ao lado da permanente reflexão doutrinária acerca da conveniência da criação da aproximação luso-brasileira, ocupava-se de questões literárias, históricas e artísticas coetâneas, o que lhe proporcionava uma dimensão política e ao mesmo tempo cultural.[57]

Porém, tudo leva a crer que com o fim da guerra e cessado o perigo alemão, os fundadores da *Atlantida* tencionavam alterar o foco da publicação e alçar voos mais ambiciosos. A partir do nº 37, que provavelmente corresponde a abril de 1919, a revista deixou de ostentar o subtítulo "Mensário artístico, literário e social para Portugal e Brasil", para se converter em "Órgão do pensamento latino no Brasil e em Portugal". Naquela altura, passou a ser gerida por três diretores, com a inclusão do brasileiro Graça Aranha, que ficava sediado em Paris.

Até o encerramento das suas atividades, em 1920, as páginas da *Atlantida* veicularam contribuições da nata da intelectualidade que se movimentava no eixo Lisboa – Rio de Janeiro. Testemunhos de uma época, os textos desses autores merecem reabilitação. Se, por um lado, suas concepções conquistaram muito mais adeptos nos meios letrados

---

55   Ver Carqueja, Bento, *op. cit.*, p. 213.

56   Cf. Sirinelli, Jean-François. *Intellectuels et passions françaises. Manifestes et pétitions au xxe siècle*. Paris: Gallimard, 1990, p. 132-139.

57   Ver a esse respeito Andrade, Luís Crespo de. "Introdução". In: Reis, Antonio *et alli*. *Revistas, ideias e doutrinas. Leituras do pensamento contemporâneo*. Apresentação de Zília Osório de Castro. Introdução de Luís Crespo de Andrade. Lisboa: Livros Horizonte, 2003, p. 11-16.

do que no âmbito político-institucional, por outro, despertaram memoráveis polêmicas. Pelo menos no cenário brasileiro dos anos 1910-1920, marcado pelo acirramento do nacionalismo intransigente e por campanhas de xenofobia, sobretudo antilusitanas, que identificavam aquelas propostas como manifestações de colonialismo cultural, defendidas por traidores da pátria em conluio com emigrantes portugueses.[58]

Seja como for, a saída de cena da revista não implicaria o fim do projeto abraçado por seus idealizadores. Se João do Rio faleceu subitamente meses após a sua extinção, João de Barros e a rede de intelectuais que se formara ao redor da *Atlantida* sobreviveram-na, continuaram a disseminar suas propostas e influenciaram novas gerações.[59] Não por acaso, passado mais de meio século do seu desaparecimento, o historiador Barradas de Carvalho voltaria a aventar a conveniência da formação de uma comunidade luso-brasileira. De maneira bem mais pragmática do que as aspirações culturais acalentadas pelos dois Joões, convém acrescentar.

Referências Bibliográficas

ACADEMIA Brasileira de Letras. *Acadêmicos*. Biografia de Paulo Barreto (João do Rio). http://www.academia.org.br/abl/cgi/cgilua.exe/sys/start.htm?infoid=329&sid=261.

ALMEIDA, João de. *Visão do crente*. Porto: Companhia Portuguesa, 1918.

ALVES, Jorge Luís dos Santos. "Duas interpretações da nacionalidade brasileira". *Anais da XX Reunião da Sociedade Brasileira de Pesquisa Histórica*, Rio de Janeiro, 2005, p. 217-228.

_____. *Malheiro Dias e o luso-brasileirismo – Um estudo de caso das relações culturais Brasil-Portugal*. Tese de Doutorado. Rio de Janeiro: Programa de Pós-Graduação de História da UERJ, 2008.

---

58 Não é demais lembrar que João do Rio se tornou o principal alvo daqueles movimentos, atacado quase que diariamente pela imprensa, a exemplo da celeuma criada em torno da "questão dos poveiros". O episódio envolveu emigrantes naturais de Póvoa do Varzim, os quais não se quiseram naturalizar brasileiros e se repatriaram. Estabelecidos no Rio de Janeiro e especializados na pesca de alto-mar, não se misturavam com os brasileiros, nem com seus próprios patrícios de outras localidades. Segundo o escritor Lima Barreto, os "poveiros" formariam uma colônia dentro da própria colônia lusitana no Rio.

59 Cf. GUIMARÃES, Lucia Maria P. "À sombra das chancelarias. O lado oculto do Congresso Luso-Brasileiro de História". *Revista do IHGB*. Rio de Janeiro, 168 (437): 49-66, outubro/dezembro de 2007.

Barros, João de. *A aproximação luso-brasileira e a paz*. Paris/Lisboa: Livrarias Aillaud e Bertrand, 1919.

_____. *Caminho da Atlantida. Uma campanha luso-brasileira*. Lisboa: Livraria Profissional, [1919?].

Brasil, Relatório do Sr. Ministro das Relações Exteriores, 1917-1918. *Brazilian Government, Ministerial Repports, University of Chicago*, p. 176-177. http://brazil.crl.edu/bsd/bsd/u1788/000224.html.

Camilotti, Virginia Célia. *João do Rio: ideias sem lugar*. Uberlândia (mg): Editora da Universidade Federal de Uberlândia (edufu), 2008.

Carvalho, Joaquim Barradas de. *Rumo de Portugal. A Europa ou o Atlântico? (Uma perspectiva histórica)*. Lisboa: Livros Horizonte, 1974. (Coleção Horizonte, nº 26).

Chéradame, André. *O plano pangermanista desmascarado*. Tradução de Graça Aranha. Rio de Janeiro: Livraria Garnier, 1917.

Conceição, Cecília Dias de Carvalho Henriques da. *A revista Atlantida. Documento sociocultural e literário de uma época. "Um braço mental" entre Portugal e o Brasil*. Dissertação de Mestrado apresentada ao Departamento de Literaturas Românicas na Faculdade de Ciências Sociais e Humanas da Universidade Nova de Lisboa. Lisboa, 1997.

Gori, Emma. "Um *lobby* pacifista e elitista: o Grupo de Bloomsbury". In: Di Masi, Domenico. *A emoção e a regra: os grupos criativos na Europa de 1850 a 1950*. Tradução de Elia Ferreira Edel. Rio de Janeiro: José Olympio, 1997, p. 131-170.

Guimarães, Lucia Maria P. "Nos subterrâneos das relações luso-brasileiras, dois estudos de caso". In: _____. et alli. *Afinidades Atlânticas: impasses, quimeras e confluências nas relações luso-brasileiras*. Rio de Janeiro: Quartet, 2009, p. 129-176.

_____. *Da Escola Palatina ao Silogeu*. Instituto Histórico e Geográfico Brasileiro (1889-1938). Rio de Janeiro: Editora do Museu da República, 2007.

_____. "À sombra das chancelarias. O lado oculto do Congresso Luso-Brasileiro de História". *Revista do ihgb*. Rio de Janeiro, 168 (437): 49-66, outubro/dezembro de 2007.

Lourenço, Eduardo. *O labirinto da saudade*. 4ª ed. Lisboa: Publicações Dom Quixote, 1991.

Reis, Antonio *et alli*. *Revistas, ideias e doutrinas. Leituras do pensamento contemporâneo*. Apresentação de Zília Osório de Castro. Introdução de Luís Crespo de Andrade. Lisboa: Livros Horizonte, 2003.

Rio, João do. "O aparecimento de um grande mensário artístico-literário-social para Portugal e Brasil". *A Rua*, Rio de Janeiro, 05 de novembro de 1915, p. 2.

_____. *Portugal d'agora. Lisboa, Porto, notas de viagem, impressões.* Rio de Janeiro: H. Garnier Livreiro-Editor, 1911.

Rodrigues, Antonio Bitencourt. *Uma Confederação Luso-Brasileira. Prováveis alianças e grupamentos de nações. Fatos, opiniões e alvitres.* Lisboa: Livraria Clássica Editora, 1923.

Rodrigues, Antonio Edmilson Martins. *João do Rio. A cidade e o poeta – o olhar do flâneus na belle époque tropical.* 1ª ed. Rio de Janeiro, Editora da fgv, 2000.

Romero, Silvio. *História da Literatura Brasileira.* 7ª ed. Rio de Janeiro: José Olympio; Brasília: Inl, 1980, v. 4 e 5.

_____. *O elemento português no Brasil* (Conferência). Lisboa: Tipografia da Companhia Nacional Editora, 1902.

Saraiva, Arnaldo. *Modernismo brasileiro e modernismo português. Subsídios para o seu estudo e para a história das suas relações.* Campinas: Editora da Unicamp, 2004.

Simões, Nuno. *Actualidade e permanência do Luso-Brasilismo* (Conferências e discursos). Lisboa: Edição do Autor, 1960.

Sirinelli, Jean-François. *Intellectuels et passions françaises. Manifestes et pétitions au xxᵉ siècle.* Paris: Gallimard, 1990.

_____. "Os intelectuais". In: Rémond, René (org.). *Por uma história política.* Tradução Dora Rocha. Rio de Janeiro: Editora da ufrj/Editora da fgv, 1996, p. 231-269.

Tannenberg, Otto Richard. *Le rève allemand! La plus grande Allemagne. L'oeuvre du 20e siècle. Traduit en français de l'ouvrage Gross-Deutschland, publié en 1911.* Lausanne: Payot, 1916.

Teles, Antonio Moreira. *Brasil e Portugal – Apontamentos para a história das relações dos dois países.* Lisboa: Edição do Autor (depositária: Livraria Ventura Abrantes), s.d., (1914).

Notas biográficas

Parte I A construção da cidadania através dos impressos

Capítulo 1 – **Isabel Lustosa**

Mestre em Ciência Política e Sociologia no Instituto Universitário de Pesquisas do Rio de Janeiro, IUPERJ, em 1991; doutora em Ciência Política pelo Instituto Universitário de Pesquisas do Rio de Janeiro, IUPERJ, em 1997. Pesquisadora titular da Fundação Casa de Rui Barbosa.

Capítulo 2 – **Guilherme Paulo Pereira das Neves**

Mestre em História pela Universidade Federal Fluminense, UFF, em 1984; doutor em História Social pela Universidade de São Paulo, em 1994; estágio de pós-doutorado junto ao IHGB – Instituto Histórico e Geográfico Brasileiro, em 1999. Professor Associado III da Universidade Federal Fluminense. Pesquisador Principal do PRONEX – CNPq – Faperj – "Raízes do privilégio", coordenado por Ronaldo Vainfas. Pesquisador do CNPq.

Capítulo 3 – **Aline Pinto Pereira**

Mestre em História Social pelo PPGH/ UFF, em 2007; doutoranda em História Social na Universidade Federal Fluminense, com o projeto "Em nome da soberania: a Guerra da Cisplatina e suas repercussões políticas na Imprensa e no Parlamento (1825-1834)", sob orientação da Professora Doutora Gladys Sabina Ribeiro. A pesquisa conta com financiamento do CNPq.

Capítulo 4 – Ariel Feldman

Mestre em Historia pela Universidade Federal do Paraná, em 2006; doutorando em História Social pela Universidade de São Paulo, sob orientação da Professora Doutora Márcia R. Berbel. A pesquisa conta com financiamento do cnpq.

Capítulo 5 – Gladys Sabina Ribeiro

Mestre em História do Brasil pela Universidade Federal Fluminense, em 1987; doutora em História Social do Trabalho pela Universidade Estadual de Campinas, em 1997. Professora Associada iii do Departamento de História da Universidade Federal Fluminense. É Coordenadora Executiva e Pesquisadora do pronex "Dimensões da cidadania no século xix". Centro de Estudos do Oitocentos (ceo)/pronex – cnpq – Faperj. Pesquisadora do cnpq. É Cientista do Nosso Estado – Faperj.

Parte ii Processos políticos e cidadania nas Províncias

Capítulo 1 – Marcelo Cheche Galves

Mestre em História pela Universidade Estadual Paulista Júlio de Mesquita Filho, em 2000; doutor em História pela Universidade Federal Fluminense, uff, em 2010. Professor do Departamento de História e Geografia da Universidade Estadual do Maranhão.

Capítulo 2 – Dilton Oliveira de Araújo

Mestre em Ciências Sociais, Mestrado pela Universidade Federal da Bahia, ufba, em 1992; doutor em História pela Universidade Federal da Bahia, ufba, em 2006. Professor Adjunto iii na Universidade Federal da Bahia.

Capítulo 3 – Suzana Cavani Rosas

Mestre em História pela Universidade Federal de Pernambuco, em 1986; doutora em História pela Universidade Federal de Pernambuco, em 1999. Professora Adjunta i da Universidade Federal de Pernambuco. Chefe do Departamento de História da ufpe.

Capítulo 4 – Paulo César Gonçalves

Mestre em História Econômica pela Faculdade de Filosofia, Letras e Ciências Humanas da usp, em 2002; doutor em História Econômica pela Universidade de São Paulo, em 2008. Professor do Departamento de História da Unesp (*Campus* de Assis). Pós-doutorando da Cátedra Jaime Cortesão, fflch/usp.

Capítulo 5 – **Silvia Carla Pereira de Brito Fonseca**

Mestre em Ciências Sociais em Desenvolvimento, Agricultura e Sociedade pela Universidade Federal Rural do Rio de Janeiro, em 1998; doutora em História Social pela Universidade Federal do Rio de Janeiro, em 2004. Professora visitante da Universidade do Estado do Rio de Janeiro.

Parte III Impressos, correspondência e política na construção da cidadania

Capítulo 1 – **Lúcia Maria Bastos Pereira das Neves**

Mestre em História pela Universidade Federal Fluminense, UFF, em 1996; doutora em História Social pela Universidade de São Paulo, em 1992; estágio de pós-doutoramento em 2009, na UERJ. Professora titular de História Moderna da Universidade do Estado do Rio de Janeiro. Pesquisadora do PRONEX "Dimensões da cidadania no século XIX". Centro de Estudos do Oitocentos (CEO)/PRONEX – CNPq – Faperj. Pesquisadora do CNPq. É Cientista do Nosso Estado – Faperj.

Capítulo 2 – **Marcos Ferreira de Andrade**

Mestre em História pela Universidade Federal de Minas Gerais, UFMG, em 1996; doutor em História pela Universidade Federal Fluminense, UFF, em 2005. Professor da Universidade Federal de São João del-Rei, UFSJ.

Capítulo 3 – **Raimundo César de Oliveira Mattos**

Mestre em História Social pela Universidade Severino Sombra, em Vassouras, em 2003. Doutorando em História na UERJ. Professor titular do Curso de História do Centro de Ensino Superior de Valença. Doutorando em História Política pelo PPGH da UERJ.

Capítulo 4 – **Humberto Fernandes Machado**

Mestre em História pela Universidade Federal Fluminense, em 1983; doutor em História Social pela Universidade de São Paulo, em 1991. Professor Associado III da Universidade Federal Fluminense.

Capítulo 5 – **Tânia Maria Tavares Bessone da Cruz Ferreira**

Mestre em História pela Universidade Federal Fluminense, UFF, em 1993; doutora em História Social pela Universidade de São Paulo, USP. Professora Adjunta do Departamento de História, UERJ. Pesquisadora do PRONEX "Dimensões da cidadania no século XIX".

Centro de Estudos do Oitocentos (CEO)/PRONEX – CNPq – Faperj. Pesquisadora do CNPq. É Cientista do Nosso Estado – Faperj.

Capítulo 6 – **Lucia Maria Paschoal Guimarães**

Mestre em História Social pela Universidade Federal do Rio de Janeiro, em 1990; doutora em História Social pela Universidade de São Paulo, em 1994; estágios de pós-douramento na Cátedra Jaime Cortesão da FFLCH/USP, entre 2005-2006, e de pesquisa sabática na Universidade Nova de Lisboa, entre 2008-9. Professora Titular de Teoria da História e Historiografia da Universidade do Estado do Rio de Janeiro. Pesquisadora do PRONEX "Dimensões da cidadania no século XIX". Centro de Estudos do Oitocentos (CEO)/PRONEX – CNPq – Faperj. Pesquisadora do CNPq. É Cientista do Nosso Estado – Faperj.

Esta obra foi impressa em Santa Catarina na primavera de 2010
pela Nova Letra Gráfica & Editora. No texto foi utilizada a fonte
Minion, em corpo 10,5, com entrelinha de 15 pontos.